Hess / Weis
Insolvenzrecht

Insolvenzrecht

Tipps und Taktik

von

Dr. Harald Hess
Rechtsanwalt, Fachanwalt für Insolvenzrecht
und Arbeitsrecht

und

Dr. Michaela Weis
Richterin

2., neu bearbeitete Auflage

CFM

C. F. Müller Verlag
Heidelberg

Bibliografische Information Der Deutschen Bibliothek

Die Deutsche Bibliothek verzeichnet diese Publikation
in der Deutschen Nationalbibliografie; detaillierte bibliografische Daten
sind im Internet über < http://dnb.ddb.de > abrufbar.

Printed in Germany
Satz: Strassner ComputerSatz, Leimen
Druck: Medien Druck Unterland, Flein

ISBN 3-8114-5065-4

Vorwort

Seit In-Kraft-Treten der Insolvenzordnung zum 01.01.1999 ist die Rechtsprechung und Literatur noch unübersichtlicher geworden – zumal der Gesetzgeber mit dem Insolvenzrechtsänderungsgesetz 2001 zum 01.12. 2001 wesentliche Änderungen in Kraft gesetzt hat, die weit reichende Auswirkungen haben werden. Durch die Möglichkeit der Restschuldbefreiung besteht insbesondere bei den Schuldnern ein hohes Informationsinteresse. Literatur und Rechtsprechung sind eingearbeitet, wenn es erforderlich erschien.

Das Werk soll dem Leser eine Einführung in die komplexe Materie vermitteln und gleichzeitig auch die Informationen enthalten, die erforderlich sind, um Gläubiger und Schuldner zu beraten.

Zur Veranschaulichung sollen die plastischen Beispiele dienen, ohne dass das Werk jedoch einen Kommentar zur InsO zu ersetzen vermag.

Mainz, im August 2002 *Die Verfasser*

Benutzerhinweise

Erlauben Sie uns vorweg ein paar praktische Hinweise für die Nutzung dieses Buches.

Die einzelnen Bände der Reihe »Tipps und Taktik« beschränken sich inhaltlich auf ein Rechtsgebiet, in dem sie dem Rechtsanwalt die richtige Mandatsarbeit erleichtern sollen. Hierzu gehören die durchgehenden Randnummern und das ausführliche Stichwortverzeichnis, die ein schnelles Nachschlagen einzelner Punkte ermöglichen. Eine weitere Hilfe stellen die mitgeführten Tipps in der Marginalienleiste dar. Darüber hinaus werden Muster, Checklisten und Tabellen, sowie Beispiele in einem jeweils eigenen Gelbton und Merksätze in Grau unterlegt.

Muster
Checklisten, Tabellen
Beispiele
Merksätze

Da die Reihe »Tipps und Taktik« ausschließlich von Praktikern für Praktiker geschrieben wurde, ist der Verlag für Anregungen aus der Praxis seiner Leser sehr dankbar.

Inhaltsverzeichnis

Abkürzungsverzeichnis

a.A.	anderer Ansicht, andere Auffassung
a.a.O.	am angegebenen Ort
a.E.	am Ende
a.F.	alte Fassung
Abs.	Absatz
AFG	Arbeitsförderungsgesetz
AG	1. Ausführungsgesetz 2. Aktiengesellschaft 3. Amtsgericht 4. Zeitschrift „Die Aktiengesellschaft“
AktG	Aktiengesetz
Allg. RegE	Allgemeiner Regierungsentwurf
AnfG	Anfechtungsgesetz
Anm.	Anmerkung
AnwBl.	Anwaltsblatt
ArbGG	Arbeitsgerichtsgesetz
ArbPlSchG	Arbeitsplatzschutzgesetz
arg. e. contrario	argumentum ex contrario (Umkehrschluss)
ARGE	Arbeitsgemeinschaft
Art.	Artikel
Aufl.	Auflage
BA	Bundesanstalt für Arbeit
BAG	Bundesarbeitsgericht
BAnz.	Bundesanzeiger
BayObLG	Bayerisches Oberstes Landgericht
BayVBl	Bayerische Verwaltungsblätter
BB	Zeitschrift „Der Betriebsberater“
BBiG	Berufsbildungsgesetz
Bd.	Band
Begr. RegE	Begründung Regierungsentwurf
BErzGG	Bundeserziehungsgeldgesetz
BetrAVG	Gesetz zur Verbesserung der betrieblichen Altersversorgung
BetrVG	Betriebsverfassungsgesetz
BGB	Bürgerliches Gesetzbuch
BGBl	Bundesgesetzblatt
BGH	Bundesgerichtshof
BGHZ	Entscheidungen des Bundesgerichtshofes in Zivilsachen
BNotO	Bundesnotarordnung
BRAGO	Bundesrechtsanwaltsgebührenordnung
BRAK Mitt.	Mitteilungen der Bundesrechtsanwaltskammer
BRAO	Bundesrechtsanwaltsordnung
Bsp.	Beispiel
BT-Drucks	Bundestagsdrucksache
BVerfG	Bundesverfassungsgericht
BVerfGE	Entscheidungen des Bundesverfassngsgerichts
bzgl.	bezüglich
bzw.	beziehungsweise
c.i.c.	culpa in contrahendo
Co	Compagnie
d.h.	das heißt
DB	Zeitschrift „Der Betrieb“
ders.	derselbe
dgl	dergleichen
DGO	Deutsche Gemeindeordnung
DGVZ	Deutsche Gerichtsvollzieherzeitung
dies.	dieselben
DM	Deutsche Mark
DStR	Zeitschrift „Deutsches Steuerrecht“
Dtz	Deutsch-Deutsche Rechts-Zeitschrift
DVBI	Zeitschrift „Deutsches Verwaltungsblatt“
DStZ	Deutsche Steuerzeitung

DZWIR	Deutsche Zeitschrift für Wirtschaftsrecht
€	Euro
EGInsO	Einführungsgesetz zur Insolvenzordnung
etc.	et cetera
EWG-VO	Verordnung bezüglich der EWG
EWiR	Zeitschrift „Entscheidungen zum Wirtschaftsrecht“
EWIV	Europäische Wirtschaftliche Interessenvereinigung
EzInsR	Entscheidungssammlung zum Insolvenzrecht
f./ff.	folgend/fortfolgend(e)
Fa.	Firma
FGG	Gesetz über die Angelegenheiten der freiwilligen Gerichtsbarkeit
FGO	Finanzgerichtsordnung
FLF	Zeitschrift „Finanzierung, Leasing, Factoring“
franz	französisch
FS	Festschrift
GBl	Gesetzblatt
GBO	Grundbuchordnung
geb.	geboren
gem.	gemäß
GenG	Genossenschaftsgesetz
GesO	Gesamtvollstreckungsordnung
GG	Grundgesetz
GKG	Gerichtskostengesetz
GmbHG	Gesetz betreffend die Gesellschaften mit beschränkter Haftung
GmbHR	Zeitschrift „GmbH-Rundschau“ (ab 1984)
GmbH-Rdsch.	Zeitschrift „GmbH-Rundschau“ (bis 1983)
grds.	grundsätzlich
GVBl	Gesetz und Verordnungsblatt
GVG	Gerichtsverfassungsgesetz
h.M.	herrschende Meinung
HGB	Handelsgesetzbuch
i.d.F.	in der Fassung
i.d.R.	in der Regel
i.S.d.	im Sinne des (der)
i.V.m.	in Verbindung mit
IDW	Institut der Wirtschaftsprüfer
InsO	Insolvenzordnung
InsolvenzRHdb	Insolvenzrechtshandbuch
InsVV	Insolvenzrechtliche Vergütungsverordnung
InVo	Zeitschrift „Insolvenz und Vollstreckung“
JurBüro	Zeitschrift „Das Juristische Büro“
JuS	Zeitschrift „Juristische Schulung“
KG	1. Kommanditgesellschaft 2. Kammergericht
KGaA	Kommanditgesellschaft auf Aktien
KO	Konkursordnung
Komm.	Kommentar
krit.	kritisch
KSchG	Kündigungsschutzgesetz
KTS	Zeitschrift „Konkurs-, Treuhand- und Schiedsgerichtswesen“ (Fortsetzung von KuT)
LG	Landgericht
m.a.W.	mit anderen Worten
m.w.N.	mit weiteren Nachweisen
MDR	Monatszeitschrift für Deutsches Recht
Mio	Million
MiZi	Mitteilung in Zivilsachen
Münch/Komm	Münchner Kommentar
MwSt	Mehrwertsteuer
NJW	Neue Juristische Wochenschrift
Nr.	Nummer
NRW	Nordrhein-Westfalen
NZI	Neue Zeitschrift für Insolvenzrecht
o.g.	oben genannte
OHG	Offene Handelsgesellschaft
OLG	Oberlandesgericht
PartGG	Gesetz zur Schaffung von Partnerschaftsgesellschaften

PKW	Personenkraftwagen
PSVaG	Pensionssicherungsverein auf Gegenseitigkeit
RA	Rechtsanwalt
RAe	Rechtsanwälte
RAin	Rechtsanwältin
Rdsch.	Rundschau
RegE	Regierungsentwurf
RG	Reichsgericht
RGBl	Reichsgesetzblatt
RGZ	Entscheidungen des Reichsgerichts in Zivilsachen
RJW	Zeitschrift „Recht der internationalen Wirtschaft“
Rpfleger	Zeitschrift „Der Deutsche Rechtspfleger“
RpflG	Rechtspflegergesetz
Rn.	Randnummer
Rz.	Randziffer
S.	Seite
s.	siehe
s.o.	siehe oben
s.u.	siehe unten
SchwbG	Schwerbehindertengesetz
SGB III	Sozialgesetzbuch – Arbeitsförderung
sog.	sogenannte
StGB	Strafgesetzbuch
StPO	Strafprozeßordnung
u.a.	unter anderem
u.U.	unter Umständen
UStDV	Umsatzsteuerdurchführungsverordnung
VAG	Versicherungsaufsichtsgesetz
VergVO	Verordnung über die Vergütung des Konkursverwalters, des Vergleichsverwalters, der Mitglieder des Gläubigerausschusses und der Mitglieder des Gläubigerbeirats
VerlG	Gesetz über das Verlagsrecht
VersR	Zeitschrift „Versicherungsrecht“
vgl.	vergleiche
VglO	Vergleichsordnung
VwBl	Verwaltungsblatt
WG	Wohngemeinschaft
WM	Wertpapier-Mitteilungen
Wpg	Zeitschrift „Die Wirtschaftsprüfung“
WP-Handbuch	Wirtschaftsprüfer-Handbuch
WuB	Entscheidungssammlung zum Wirtschafts- und Bankrecht
z.B.	zum Beispiel
Zeup	Zeitschrift für Europäisches Privatrecht
ZInsO	Zeitschrift für das gesamte Insolvenzrecht
ZIP	Zeitschrift für Wirtschaftsrecht
ZKW	Zeitschrift für das gesamte Kreditwesen
ZPO	Zivilprozeßordnung
z.T.	zum Teil
ZVG	Zwangsversteigerungsgesetz
zzgl.	zuzüglich
ZZP	Zeitschrift für Zivilprozeß

Literaturverzeichnis

Kommentare, Monographien

Arens, Peter, Willensmängel bei Parteihandlungen im Zivilprozeß, 1968
Balz, Manfred/Landfermann, Hans-Georg, Die neuen Insolvenzgesetze, 2. Aufl., 1999
Baumann, Jügen/Alisch, Herbert, Konkurs und Vergleich, 2. Aufl., 1981
Baumbach, Adolf/Hueck, Alfred, Kommentar zum AktG, 13. Aufl., 1968
Bindemann, Reinhard, Handbuch Verbraucherkonkurs, 1. Aufl., 1997
Bley, Erich, Die Haftung des Gemeinschuldners für Masseansprüche, ZZP 62(1941) 111
Bley, Erich/Mohrbutter, Jürgen, Kommentar VglO, 4. Aufl., 1980
Blomeyer, Arwed, Zivilprozeßrecht, 2. Aufl., 1985
Boehle-Stamschräder, A./Kilger, Joachim, Vergleichsordnung, Kommentar, 2. Aufl., 1986
Bork, Reinhard, Einführung in das neue Insolvenzrecht (1995), 2. Aufl., 1998
Braun, Eberhard, Insolvenzordnung (InsO), Kommentar, 2001
Braun, Eberhard/Uhlenbruck, Wilhelm, Unternehmensinsolvenz: Grundlagen, Gestaltungsmöglichkeiten, Sanierung mit der Insolvenzordnung, 1997
Breutigam, Axel/Blersch, Jürgen/Goetsch, Hans-Wilhelm, Kommentierung zur Insolvenzordnung, (Loseblatt) Steinel, 2001
Dassler, Gerhard/Schiffhauer, Horst/Gerhardt, Walter/Muth, Johannes N., Gesetz über die Zwangsversteigerung und Zwangsverwaltung, 12. Aufl., 1991
Eickmann, Dieter/Irschlinger, Friedrich/Kreft, Gerhart/Flessner, Axel/Kirchhof, Hans-Peter/Landfermann, Hans-Georg/Marotzke, Wolfgang, Heidelberger Kommentar InsO, 2. Aufl. 2001
Enneccerus, Ludwig/Nipperdey, Heinz Carl, Allgemeiner Teil des Bürgerlichen Rechts, Bd. II, 14. Aufl., 1955
Forsblad, Kirsten, Restschuldbefreiung und Verbraucherinsolvenz im künftigen deutschen Insolvenzrecht, 1997
Gottwald, Peter, Insolvenzrechtshandbuch, 1990
Haarmeyer, Hans/Wutzke, Wolfgang/Förster, Karsten, Kommentar zur Gesamtvollstreckungsordnung, 4. Aufl., 1998
Hefermehl, Wolfgang, Kommentar zum AktG, 1973/1974
Hegmanns, Ekkehard, Der Gläubigerausschuß 1986, eine Untersuchung zum Selbstverwaltungsrecht der Gläubiger im Konkurs
Hess, Harald/Weis, Michaela/Wienberg, Rüdiger, InsO, Kommentar, 2. Aufl., 2001
Hess, Harald/Binz, Fritz, Formulare und Muster zum Insolvenzrecht, 2. überarbeitete Aufl., 2000
Hess, Harald/Binz, Fritz/Wienberg, Rüdiger, GesO, 3. Aufl., 1996

Hess, Harald/Boochs, Wolfgang/Weis, Michaela, Steuerrecht in der Insolvenz, 1996

Hess, Harald/Obermüller, Manfred, Die Rechtsstellung der Verfahrensbeteiligten nach der InsO, 1996

Hess, Harald/Mitlehner, Stephan, Steuerrecht, Rechnungslegung Insolvenz, 2001

Hess, Harald, Insolvenzrecht, RWS Insolvenzrecht Grundkurs, 5. Aufl., 1999

Hess, Harald/Kraneman, Karl R./Weis, Michaela, Insolvenzrecht, RWS Aufbaukurs, 4. Aufl., 2000

Hess, Harald/Obermüller, Manfred, Insolvenzplan, Restschuldbefreiung und Verbraucherinsolvenz, 1998

Jaeger, Ernst/Henkel, Wolfram, Konkursordnung, Großkommentar, 9. Aufl. 1997

Jaeger, Ernst/Weber, Friedrich, KO, Kommentar, 8. Aufl., 1958

Kilger, Joachim/Schmidt, Karsten, Insolvenzgesetze KO/VglO/GesO, 17. Aufl., 1997

Kirchhof, Hans-Peter/Lwowski, Hans-Jürgen, Stürmer, Rolf (Hrsg.), Münchener Kommentar, Bd. 1, 2001; Bd. 2, 2002

Kohte, Wolfhard/Ahrens, Martin/Grothe, Hugo, Verfahrenskostenstundung, Restschuldbefreiung und Verbraucherinsolvenzverfahren, 2. Aufl., 2002

Kübler, Bruno M./Prütting, Hanns, Das neue Insolvenzrecht, Bd. I, 1994, InsO, Bd. II, 1994, EGInsO

Kübler, Bruno M./Prütting, Hanns (Hrsg.) InsO, Kommentar zur Insolvenzordnung Bd. I u. II 1999

Kuhn, Georg/Uhlenbruck, Wilhelm, KO, Kommentar, 2. Aufl. 1994

Lüke, Gerhard, Insolvenzrecht, 1985 (Prüfe Dein Wissen)

Lutter, Marcus/Hommelhoff, Peter, GmbH-Gesetz, Kommentar, 14. Aufl., 1995

Martinek, Michael, Moderne Vertragstypen, JuS-Schriftenreihe, Bd. III 1993

Meyer/Landrut, Großkommentar zum AnfG, 3. Aufl., 1973

Nerlich, Jörg/Römermann, Volker, (Hrsg.) Insolvenzordnung, Kommentar, Loseblatt, Steinel, November 2000

Obermüller, Manfred, Insolvenzrecht in der Bankpraxis, 5. Aufl., 1997

Palandt, Otto, Bürgerliches Gesetzbuch, Kommentar, 61. Aufl., 2002

Pape, Gerhard/Uhlenbruck, Wilhelm, Insolvenzrecht, 2002

Pohlmann, Ulrich, Befugnisse und Funktionen des vorläufigen Insolvenzverwalters, 1998

Rebmann, Kurt/Säcker, Franz-Jürgen/Rixecker, Roland, Münchner Kommentar, Bürgerliches Gesetzbuch, 3. Aufl., 1992 – 1999

Schmidt, Karsten, Handelsrecht, 4. Aufl., 1984

Scholz, Franz, Kommentar zum GmbHG, Teil 1, 8. Aufl., 1993, Teil 2, 8. Aufl., 1995

Smid, Stefan (Hrsg.), Insolvenzordnung (InsO), 2. Aufl., 2001

Smid, Stefan/Zeuner, Martin, GesO, Kommentar, 2. Aufl., 1994

Staudinger, Kommentar zum BGB, 1999

Temme, Ulrich, Die Eröffnungsgründe der Insolvenzordnung, 1997

Thomas, Heinz/Putzo, Hans, Zivilprozeßordnung, 20. Aufl., 1997

Uhlenbruck, Wilhelm, Die GmbH & Co KG in Krise, 2. Aufl., 1988
Wimmer, Klaus, (Hrsg.) Frankfurter Kommentar zur InsO, 3. Aufl., 2002
Wolf, Hans J./Bachof, Otto, Verwaltungsrecht, Bd. II, 4. Aufl., 1976
Wolf, Hans-Jochen/Hintzen, Udo, Pfändbare Gegenstände von A bis Z, 1. Aufl., 1996
Zöller, Richard, (Hrsg.) Zivilprozeßordnung, 23. Aufl., 2002

Aufsätze

Ahlers, Hans-Dieter, Die Anstaltslast bei den Gewährträgern von Sparkassen, ZKW 1974, 57
Arens, Peter, Willensmängel bei Parteihandlungen im Zivilprozeß, 1968
Arnold, Hans, Die Restschuldbefreiung nach der Insolvenzordnung, DGVZ 1996, 65
Auler, Wolf-D., Der Überschuldungsstatus als Bewertungsproblem, DB 1976, 2169
Berges, Der Rechtsgehalt der wirtschaftlichen Betrachtung im Konkurs, KTS 1999
Beule, Dieter, Die Umsetzung der Insolvenzordnung in Nordrhein-Westfalen, ZInsO 1998, 200
Biletzki, Steuerrechtliche Haftung des GmbH-Geschäftsführers nach Eintritt der Konkursreife, NJW 1997, 1548
Bork, Reinhard, Prozeßkostenhilfe für den Schuldner des Insolvenzverfahrens?, ZIP 1998, 1209
Braun, Eberhard, Die Bedrohung der Konkurskultur durch Berufsgesellschaften mit beschränkter Haftung als Konkursverwalter, BB 1993, 2172
Burger, Anton/Schellberg, Bernhard, Die Auslösetatbestände im neuen Insolvenzrecht, BB 1995, 261
Busch, Klaus-Peter/Graf Schlicker, Marie Luise, Restschuldbefreiung mit Prozeßkostenhilfe, InVo 1998, 269
Canaris, Claus-Wilhelm, Inhaberschaft und Verfügungsbefugnis bei Bankkonten, NJW 1973, 825 ff.
Drukarczyk, Jochen, Kapitalerhaltungsrecht, Überschuldung und Konsistenz – Besprechung der Überschuldungs-Definition in BGH WM 1992, 1650
Drukarczyk, Jochen/Schüler, Andreas, Zahlungsunfähigkeit, drohende Zahlungsunfähigkeit und Überschuldung als Insolvenzauslöser, Kölner Schrift zur Insolvenzordnung 1997, 57
Eckert, Dieterich, Die Feststellung und Befriedigung des Insolvenzgläubigerrechts, in Kölner Schrift zur Insolvenzordnung 1997, 579
Eickmann, Dieter, Höchstpersönliches Verwalterhandeln oder Delegationsbefugnis, KTS 1986, 197
ders., Das allgemeine Veräußerungsverbot nach § 106 KO und Einfluß auf das Grundbuch-, Vollstreckungs- und Zwangsversteigerungsverfahren, KTS 1974, 202

Enders , Horst Reiner, Anwaltsgebühren im neuen Insolvenzverfahren Teil I, II, III, JurBüro 1999

Esch, Günter, Nachlaßzugehörigkeit vererbter Personengesellschaftsbeteiligungen, NJW 1984, 339

Funke, Rainer, Restschuldbefreiung und Prozeßkostenhilfe, ZIP 1998, 1708

Gerhardt, Walter, Verfügungsbeschränkungen in der Eröffnungsphase und nach Verfahrenseröffnung, in Kölner Schrift zur Insolvenzordnung 1997, 159

Helwich, Günther, Neuordnung der Zuständigkeitsregelungen in künftigen Insolvenzverfahren, MDR 1997, 13

ders., Neuordnung der vorläufigen Insolvenzverwaltung im künftigen Insolvenzrecht, MDR 1998, 516

Henning, Kai, Die praktische Umsetzung des Verbraucherinsolvenzverfahrens, InVo 1996, 288

Hess, Harald/Weis, Michaela, Das Verbraucherinsolvenzverfahren nach der InsO, InVo 1996, 113

Hintzen, Udo, Sicherungsmaßnahmen im Insolvenzeröffnungsverfahren, ZInsO 1998, 75

Hoffmann, Helmut, Insolvenzkostenhilfe für Verbraucherinsolvenzverfahren, NZI 1999, 53

Kaempfe, Hasso, Die Partenreederei als Kaufmann – Gedanken zu einer Reform, MDR 1982, 975

Kempter, Fritz-Eckehard, Das Partnerschaftsgesellschaftsgesetz, BRAK Mitt. 1994, 122

Kleber, Claus-D., Zur Konkursfähigkeit und Insolvenzsicherung juristischer Personen des öffentlichen Rechts, ZIP 1982, 1299

Knoll, Heinz-Christian/Schüppen, Matthias, Die europäische wirtschaftliche Interessenvereinigung (EWiV), Gesellschaftsrechtliche Grundlagen, WiB 1994, 889

Kohlmann, G./Giemulla, Elmar, Die strafrechtliche Verantwortung des Geschäftsführers einer GmbH & Co KG nach dem 1. Gesetz zur Bekämpfung der Wirtschaftskriminalität, GmbH-Rdsch. 1978, 53

Kraemer, Joachim, Die Restschuldbefreiung im Spannungsfeld zwischen Steuerrecht und Insolvenzordnung, DStZ 1995, 399

Kupsch, Peter, Bilanzierungsproblematik und Vorstandspflichten bei Verlust in Höhe der Hälfte des Grundkapitals und bei Überschuldung, Wpg 1982, 273

Lent, Friedrich, Zur Lehre von der Partei kraft Amtes, ZZP 62, 129

Lorenz, Kann der Konkursantrag durch den Gläubiger nach Ablehnung mangels Masse (§ 207 Abs. 1 KO) noch zurückgenommen werden?, KTS 1963, 237

Maier, Werner, Insolvenzordnung und Prozeßkostenhilfe, Rechtspfleger 1999, 1

Maier-Reimer, Georg, Fremdwährungsverbindlichkeiten, NJW 1985, 2049

Malgorzata, Liwinska, Die Wahl der Verfahrensordnung bei gleichzeitigem Vorliegen eines Konkurs- und Insolvenzantrages, DZWiR 1999, 186

Mathews, Kurt, Zahlungsunfähigkeit, Zahlungseinstellung und Überschuldung im Konkurs- und Vergleichsrecht, Wpg 1950, 250
Menger, Hans-Peter, Die Überschuldung des Unternehmens – Entstehung, Feststellung, Rechtsfolgen, Beseitigung, GmbH-Rdsch. 1982, 221
Merz, Franz, Die Rechtsordnung des Bundesgerichtshofs zum Insolvenzrecht, WM 1983, 106
Mohrbutter, Jürgen, Konkurs und Zwangsversteigerung, KTS 1958, 81
Mönning, Rolf-Dieter, Die Auswahl des Verwalters als Problem der Qualitätssicherung, Kölner Schrift zur Insolvenzordnung 1997, 275
Moxter, Adolf, Ist bei drohendem Unternehmenszusammenbruch das bilanzrechtliche Prinzip der Unternehmensfortführung aufzugeben?, Wpg 1980, 345
Mühlberger, Dietmar, Rechtliche Bestandssicherung der GmbH & Co KG und Haftungsrisiken für Geschäftsführer und Gesellschafter bei Überschuldung, GmbH-Rdsch. 1977, 146
Müller, Gerd, Geschäftsführerhaftung für Neugläubigerschäden. Eine kritische Nachbetrachtung zur Änderung der Rechtsprechung des BGH der Haftung aus § 64 GmbHG
Müller, Hans-Peter, Bilanzierungsprobleme bei der Erstellung eines Überschuldungsstatus nach § 19 Abs. 2 InsO, in Kölner Schrift zur Insolvenzordnung 1997, 97
Müller-Gugenberger, EWiV – Die neue europäische Gesellschaftsform, NJW 1989, 1449
Obermüller, Manfred, Konkursanmeldung bei Zahlungsunfähigkeit und Überschuldung, DB 1973, 267
Obermüller, Manfred/Livonius, Barbara, Auswirkungen der Insolvenzrechtsreform auf das Leasinggeschäft, DB 1995, 27
Oebbecke, Jan-Bernd, Die Anstaltslast – Rechtspflicht oder politische Maxime, DVBl 1981, 960
Onusseit, Dietmar, Die Umsatzsteuer – Ein Dauerthema in der Insolvenz, KTS 1994, 3
Pape, Gerhard, Fünf Jahre Gesamtvollstreckungsordnung, DtZ 1995, 218
ders., Unzulässige Konkursanträge aufgrund vorläufig vollstreckbarer Schuldtitel, NJW 1993, 297
ders., Restschuldbefreiung und Masselosigkeit, Rpfleger 1997, 237
ders., Wirksamkeitsprobleme im Insolvenzeröffnungsverfahren, ZInsO 1998, 61
ders., Konkursverwalter mit beschränkter Haftung, ZIP 1993, 737
ders., Zur Regelung der Insolvenz privater Verbraucher nach der Insolvenzordnung, Rpfleger 1995, 133
Papke, Horst, Zum Begriff der Zahlungsunfähigkeit, DB 1969, 735
Peitzsch, Wolfram, Konkursfähigkeit der öffentlich-rechtlichen Kreditanstalten in Bayern, BayVBl 1971, 178
Pribilla, Max E., Die Überschuldungsbilanz, KTS 1958, 1
Raiser, Rolf, Probleme des Versicherungs- und Konkursrechts zur Feuersicherung sicherungsübereigneter Sachen, VersR 1954, 203

Reiner, in Festschrift für Boujong zum 65. Geb. 1996, S. 415 ff., herausgegeben von Ebenroth, Carsten Thomas

Säuberlich, Fritz, Ausnahmen von der Beitragspflicht zur Insolvenzsicherung und Konkursausfallgeld bei juristischen Personen des öffentlichen Rechts, BB 1979, 168

Schaub, Bernd, Die GmbH in der Krise – Kriterien für die Feststellung von Zahlungsunfähigkeit, Verschuldung und Kreditunwürdigkeit, DStR 1993, 1483

Schedlbauer, Hans, Auslösung und Durchführung von Insolvenzprüfungen, DB 1984, 2205

Schmidt, Bernd, Das (neue) Spannungsverhältnis zwischen Insolvenzverwalter und Grundpfandgläubiger, InVo 1999, 73

Schmidt, Karsten, Das Vollstreckungs- und Insolvenzrecht der stillen Gesellschaft, KTS 1977, 1 ff.

ders., Die stille Liquidation – Stiefkind des Insolvenzrechts, ZIP 1982, 9

ders., Partnerschaftsgesetzgebung zwischen Berufsrecht, Schuldrecht und Gesellschaftsrecht, ZIP 1993, 633

ders., Der Konkursverwalter als Gesellschaftsorgan und als Repräsentant des Gemeinschuldners – Versuch einer Konkursverwaltertheorie für heute und morgen, KTS 1984, 345

Schmidt-Räntsch, Ruth, Verbraucherinsolvenzverfahren und Restschuldbefreiung, in Kölner Schrift zur Insolvenzordnung 1997, 117

Scholz Verbraucherinsolvenz und Restschuldbefreiung nach der Insolvenzordnung (InsO) Teil 1, FLF 1995, 88

Schuhmacher, Silvia, Restschuldbefreiung für natürliche Personen nach dem künftigen deutschen Insolvenzrecht, ZEuP 1995, 576

Schuler, Der Sonderkonkurs des ehelichen Gesamtguts, NJW 1958, 1609

Seeger, Siegbert, Die konkursrechtliche Behandlung von Finanz-Leasing-Verträgen über bewegliche Sachen, KTSW 1974, 6

Skrotzki, Zur Frage der Kostenentscheidung bei Rücknahme der Konkursanträge, KTS 1957, 29

Smid, Stefan, Prozeßkostenhilfe für den Eigenantrag des Gemeinschuldners im Insolvenzverfahren nach geltendem Recht, NJW 1994, 2678

Stoll, Tonio, Zur Konkursfähigkeit juristischer Personen des öffentlichen Rechts, KTS 1992, 521

Stoppok, Gerhard, Der Leasingvertrag aus der Sicht der jüngsten BGH-Rechtsprechung, Die Bank 1982, 132

Thomas, Jürgen, Mindestquote als Voraussetzung für die Restschuldbefreiung, in Kölner Schrift zur Insolvenzordnung 1997, 1205

Uhlenbruck, Wilhelm, Die Vergütung von Hilfskräften des Konkursverwalters, KTS 1976, 35

ders., Die Kostenpflicht bei Antragserledigung im Konkurseröffnungsverfahren, MDR 1970, 644

ders., Die juristische Person als Insolvenzverwalter nach dem Entwurf einer Insolvenzordnung (InsO) AnwBl. 1993, 453

Ulmer, Peter, Konkursantragspflicht bei Überschuldung der GmbH und Haftungsrisiken bei Konkursverschleppung, KTS 1981, 469
Unger, Klaus, Das Rechtsschutzbedürfnis beim Konkursantrag, KTS 1962, 205
Veit, Klaus Rüdiger, Die Definition der Zahlungsunfähigkeit als Konkursgrund, ZIP 1982, 273
Vorpeil, Klaus, Aufrechnung bei währungsverschiedenen Forderungen, RIW 1993, 529
Westphalen, Graf v. Friedrich, Leasing und Konkurs, BB 1988, 218
Wilhelm, Jan, Konkursantragspflicht des GmbH-Geschäftsführers und Quotenschaden, ZIP 1993, 1833
Wolf, Thomas, Nochmals: Zur Passivierung eigenkapitalersetzender Gesellschaftsdarlehen ohne Rangrücktritt, DB 1997, 1833

Wichtige insolvenzrechtliche Begriffe

Absonderungsrecht	Berechtigung, aus dem Erlös eines Massegegenstandes Vorabbefriedigung zu verlangen.
Abweisung mangels Masse	Abweisung der Eröffnung eines Insolvenzverfahrens durch das Insolvenzgericht, in den Fällen, in denen die Masse nicht zur Deckung der Verfahrenskosten, d.h. Gerichtskosten und Vergütung ausreicht (s. Rn. 360).
Aussonderungsrecht	Berechtigung, einen nicht zur Masse gehörigen Gegenstand vom Insolvenzverwalter (s. Rn. 779 ff.) herauszuverlangen (z.B. aus Eigentum).
Masseverbindlichkeit	Verbindlichkeit, die vor den Insolvenzforderungen aus der Masse erfüllt wird; unterschieden wird zwischen *Massekosten* und *sonstigen Masseverbindlichkeiten.*
Eröffnungsbeschluss	Beschluss des Insolvenzgerichts über die Eröffnung des Insolvenzverfahrens (s. Rn. 362 ff.).
Eröffnungsverfahren	Zeitraum zwischen Stellung des Insolvenzantrages und der Entscheidung des Insolvenzgerichts über die Eröffnung oder Abweisung des Insolvenzverfahrens; geht häufig mit der Anordnung von Sicherungsmaßnahmen einher.
Insolvenzforderung	Aus der Masse zu befriedigende Forderung; I. werden erst nach Befriedigung der Masseverbindlichkeiten berücksichtigt; Differenzierung zwischen *einfachen* I. und *nachrangigen* I., d.h. solchen, die erst nach den einfachen I. erfüllt werden.
Insolvenzgläubiger	Gläubiger, dem eine *Insolvenzforderung* zusteht.
Insolvenzgrund (s. auch Eröffnungsgrund)	Tatbestand, der die Eröffnung eines Insolvenzverfahrens rechtfertigt (vgl. Rn. 172); unterschieden wird zwischen *drohender Zahlungsunfähigkeit, Zahlungsunfähigkeit* und *Überschuldung.*
Insolvenzplan	Von den Gläubigern anzunehmender Plan, in dem eine von der gesetzlichen Regelabwicklung abweichende Insolvenzabwicklung vorgesehen werden kann (s. Rn. 700 ff.); kann vom Insolvenzverwalter und dem Schuldner vorgelegt werden.
Insolvenzverwalter	Vom Insolvenzgericht eingesetzte sachkundige Person, meist RA, StB, WP, dem die Abwicklung des Insolvenzverfahrens, d.h. die Verwertung und Verteilung der Masse obliegt.
Masse (s. auch Insolvenzmasse)	Das den Insolvenzgläubigern zum Zweck der anteiligen Befriedigung zur Verfügung stehende pfändbare Vermögen des Schuldners.

Quote	Anteilig an die Insolvenzgläubiger ausgeschütteter Betrag, sofern die Masse nicht zur Befriedigung aller Verbindlichkeiten ausreicht.
Restschuldbefreiung	Kann natürlichen Personen als Schuldnern gewährt werden, dic nach Abschluss eines Insolvenzverfahrens ihr pfändbares Einkommen für die Dauer von 7 Jahren an einen Treuhänder abtreten (s. Rn. 1014 ff.).
Verbraucherinsolvenzverfahren	Vereinfachtes Insolvenzverfahren zur Abwicklung der Insolvenz von Privatleuten und Kleingewerbetreibenden, dem ein gerichtlicher und außergerichtlicher Schuldenbereinigungsversuch vorangehen muss (s. Rn. 69, 963 ff.); Durchführung ist regelmäßig Voraussetzung für den Zugang zum Restschuldbefreiungsverfahren.
vorläufiger Insolvenzverwalter	Ersetzt den früheren Sequester; kann im Rahmen von Sicherungsmaßnahmen im Eröffnungsverfahren bestellt werden; Vorläufer des Insolvenzverwalters.

1. Abschnitt
Einleitung

A. Zweck des Insolvenzverfahrens

(Einzelzwangsvollstreckung/ Gesamtvollstreckung Priorität/Verlustgemeinschaft)

Seinem Wesen nach gehört das Insolvenzrecht zum **Zwangsvollstreckungsrecht**, da es die Verwertung des schuldnerischen Vermögens und die Verteilung des Erlöses an die Gläubiger bezwecken soll. Es unterscheidet sich jedoch in wesentlichen Punkten vom Recht der Einzelzwangsvollstreckung. Während der Einzelzwangsvollstreckung das Prinzip zugrunde liegt, demjenigen Gläubiger Befriedigung zu verschaffen, der als Erster in das Vermögen des Schuldners vollstreckt (Prioritätsprinzip), sollen diese Grundsätze im Insolvenzverfahren gerade nicht gelten. Dies hätte nämlich eine Bevorzugung der aggressiveren Gläubiger zur Folge, während Gläubiger, die dem Schuldner z.B. eine Stundung gewähren würden, das Nachsehen hätten. 1

Im Insolvenzrecht wird deshalb von einer **Verlustgemeinschaft der Gläubiger** ausgegangen. Das schuldnerische Vermögen soll möglichst gleichmäßig unter alle Gläubiger verteilt werden. Einzelnen Gläubigern soll die Befriedigung zu Lasten der übrigen unmöglich gemacht werden. An diesem Punkt setzt auch das Recht der Insolvenzanfechtung an, wonach derjenige, der in gläubigerbenachteiligender Art und Weise Kenntnis der Krise vom Schuldner vor der Verfahrenseröffnung etwas erlangt hat, zur Rückgewähr desselben an den Insolvenzverwalter verpflichtet wird. 2

3 Das Prinzip der **Gläubigergleichbehandlung** wird jedoch an einigen Stellen durchbrochen. In erster Linie ist hierbei an die Massegläubiger zu denken, die vor den einfachen Insolvenzgläubigern befriedigt werden. Hintergrund dieser Vorzugsbehandlung ist der Umstand, dass anderenfalls der Insolvenzverwalter keine Möglichkeit hätte, den schuldnerischen Betrieb auch nur zeitweise fortzuführen. Eine Sonderbehandlung genießen auch die Absonderungsberechtigten, welche vorrangig aus dem Erlös der ihnen zur Sicherheit übertragenen Gegenstände befriedigt werden.

B. Vermögensorientierung des Insolvenzverfahrens

I. Bestmögliche Verwertung

Anders als nach früheren Rechtsordnungen, in denen der Schuldner persönlich mit Leib und Leben für seine Schulden haften musste[1], ist die Haftung nach modernem Insolvenzrecht auf das Vermögen beschränkt, das ihm zur Zeit der Verfahrenseröffnung gehört und das er später erlangt (Insolvenzmasse, § 1 InsO). 4

Im Wege der bestmöglichen Verwertung soll dieses Vermögen zu einem möglichst hohen Erlös veräußert und der Erlös an die Gläubiger ausgekehrt werden. Die Verwertung obliegt grundsätzlich dem Insolvenzverwalter. Dieser kann sich jedoch Dritter bedienen, wenn die Verwertung durch diese Personen einen höheren Erlös verspricht. 5

Oftmals wird auch bei der Verwertung eines Gesamtbetriebes ein höherer Erlös zu erzielen sein, als bei der Veräußerung der einzelnen Vermögensgegenstände. Aus diesem Grund sieht die Insolvenzordnung vor, dass auch die mit Absonderungsrechten belasteten Gegenstände z.B. Sicherungseigentum, abgetretene Forderungen nunmehr durch den Verwalter verwertet werden können. 6

II. Sanierung (durch Umgestaltung der Finanzstruktur eines Unternehmens)

Eine Sanierung des schuldnerischen Unternehmens kommt dann in Betracht, wenn noch Aussichten bestehen, dass sich das Unternehmen nach Durchführung von Sanierungsmaßnahmen wieder auf dem Markt behaupten kann. 7

1 Vgl. dazu *Hess* in Hess/Weis/Wienberg InsO vor § 1 Rz. 17 ff.

8 Unter Sanierung ist u. a. die Umgestaltung der Finanzstruktur des Unternehmens zu verstehen. Diese kann auf vielerlei Art und Weise geschehen, z.B. durch Zuführung neuen Haftungskapitals, aber auch durch Aufnahme weiterer Gesellschafter oder durch Umgestaltung der Unternehmensform.

III. Liquidation / Sanierung

9 Die Entscheidung, ob das schuldnerische Unternehmen liquidiert oder eine Sanierung durchgeführt werden soll, obliegt nach der Insolvenzordnung den Gläubigern. In der ersten Gläubigerversammlung, dem sog. Berichtstermin, legt der Insolvenzverwalter die wirtschaftliche Gesamtsituation des Unternehmens den Gläubigern dar und zeigt Handlungsmodalitäten auf.

10 Aufgrund dieses Verwalterberichts treffen die Gläubiger die Entscheidung, ob das schuldnerische Unternehmen stillgelegt oder vorläufig fortgeführt werden soll (§ 157 InsO). In dem Berichtstermin können die Gläubiger den Insolvenzverwalter auch mit der Ausarbeitung eines Insolvenzplanes betrauen, wobei den Gläubigern auch das Recht zusteht, dessen Ziele vorzugeben. In dem Insolvenzplan können z.B. Sanierungsmaßnahmen aber auch alternative Verwertungsformen wie der Unternehmensverkauf vorgeschlagen werden.

IV. Einbindung der absonderungsberechtigten Gläubiger

11 Eines der wesentlichen Reformziele der Insolvenzordnung war es, die absonderungsberechtigten Gläubiger stärker als bisher in das Verfahren einzubeziehen. Hintergrund dieses Gedankens war zum einen der Umstand, dass es den Sicherungsgläubigern verwehrt werden soll, zur Betriebsfortführung notwendige Vermögensgegenstände aus der Masse zu entnehmen. Aus diesem Grund ist die frühere Regel, wonach der Sicherungsnehmer gem. § 129 Abs. 2 KO zur Verwertung berechtigt war, ins Gegenteil verkehrt worden (§§ 165, 166 Abs. 1 InsO).

Zum anderen soll auch dem Umstand Rechnung getragen werden, dass der Insolvenzverwalter häufig einen Großteil seiner Zeit zur Feststellung von Sicherungsrechten verwendet. Dem Verwertungserlös aus dem Sicherungsgut ist daher ein Feststellungsbeitrag in Höhe von 4 % und ein Verwertungskostenbeitrag in Höhe von 5 % des Erlöses zugunsten der Masse vorweg zu entnehmen. Sofern bei der Verwertung Umsatzsteuer anfällt, ist diese ebenfalls von dem Erlös zu entnehmen. 12

V. Frühzeitige Eröffnung des Insolvenzverfahrens

Einer der Hauptkritikpunkte der früheren Konkursordnung war der Umstand, dass ein Eröffnungsantrag häufig erst dann gestellt wurde, wenn kein ausreichendes Vermögen mehr vorhanden war. Dies hatte u.a. zur Folge, dass viele Verfahren mangels Masse erst gar nicht eröffnet wurden; vgl. hierzu die tabellarische Übersicht bei *Hess/Weis/Wienberg*, InsO vor § 1 Rz. 193. Diesen Missständen versucht die InsO mit einer Reihe von masseanreichernden Maßnahmen entgegenzutreten. 13

So soll durch die Schaffung des neuen **Insolvenzgrundes der drohenden Zahlungsunfähigkeit** der Zeitpunkt des Eröffnungsantrages vorverlegt werden, wenn übersehbar ist, dass innerhalb eines überschaubaren Zeitraumes der Eintritt der Insolvenz unvermeidbar ist. Um zu verhindern, dass die Gläubiger bereits im Vorfeld der Insolvenz ihre Schuldner mit der Drohung eines Eröffnungsantrages unter Druck setzen, kann der Antrag auf Eröffnung des Insolvenzverfahrens aus dem Gesichtspunkt der drohenden Zahlungsunfähigkeit nur durch den Schuldner erfolgen. Unterlässt der Schuldner in dieser Situation den Insolvenzantrag zu stellen, so ist dies nicht sanktioniert. 14

Die engere Fassung des bereits im früheren Recht bekannten Eröffnungsgrundes der Zahlungsunfähigkeit soll ebenfalls eine rechtzeitige Verfahrenseröffnung ermöglichen. Anders als bisher kommt es in Zukunft nicht mehr darauf an, ob ein dauerndes Unvermögen des Schuldners vorliegt, die fälligen und nachhaltig eingeforderten Geldschulden wenigstens zu einem wesentlichen Teil zu erfüllen.[2] Ausreichend ist nach neuem Recht vielmehr für die Annahme der **Zahlungsunfähigkeit**, dass der Schuldner nicht mehr in der Lage ist, die fälligen Zahlungspflichten zu erfüllen. 15

2 Vgl. *RGZ* 50, 39, *RG* 151, 412, *RGZ* 100, 62, *BGH* WM 1997, 2134.

Dies ist in der Regel der Fall, wenn der Schuldner seine Zahlungen eingestellt hat (§ 17 Abs. 2 InsO)[3].

Indizien für die Zahlungsunfähigkeit können u.a. sein:

- Einstellung des Geschäftsbetriebs,
- Nichtzahlung der Energielieferungen,
- Nichtzahlung der Löhne und Gehälter,
- Nichtzahlung von Krankenkassenbeiträgen und/oder der Steuerverbindlichkeiten.

16 Dem Ziel, eine frühzeitige Antragstellung zu fördern, dient die Vorschrift des § 26 Abs. 3 InsO, wonach derjenige, der seine gesetzliche Pflicht zur Insolvenzantragstellung als Vertreter einer insolventen Gesellschaft verzögert oder unterlässt (z.B. als Geschäftsführer der GmbH nach § 64 GmbHG; als Vorstandsmitglieder einer AG nach § 92 Abs. 2, 268 Abs. 2, 278 Abs. 3, 283 Abs. 4 AktG; als Vorstandsmitglieder einer Genossenschaft nach § 99 GenG), für einen eventuellen Verfahrenskostenvorschuss der Gläubiger haftet.

17 Um die Schuldner zu einer frühzeitigeren Insolvenzantragstellung zu motivieren, sieht die InsO die Möglichkeit der **Eigenverwaltung** unter der Aufsicht eines Sachwalters (§ 270 ff. InsO) vor. Hierbei behält der Schuldner im Wesentlichen seine Verwaltungs- und Verfügungsbefugnis über das zur Insolvenzmasse gehörende Vermögen, während der Sachwalter neben Aufsichtsfunktionen eine Reihe von abgestuften Mitwirkungs- und Zustimmungsrechten innehat. Die Praxis ist bei der Anordnung der Eigenverwaltung zurückhaltend, weil im Regelfall Managementfehler die Insolvenz häufig mit verursacht haben. Wurde bei Stellung des Insolvenzantrages das Management ausgewechselt und ist das neue Management für die Geschäftsführung oder Vorstandstätigkeit geeignet, kann mit einer höheren Akzeptanz der Eigenverwaltung gerechnet werden.

VI. Verteilungsgerechtigkeit

18 Durch die Abschaffung der früheren Konkursvorrechte (z.B. zugunsten des Fiskus und der Arbeitnehmer), die in systemwidriger Weise einzelne Gläubigergruppen bevorzugten, soll die Verteilungsgerechtigkeit im In-

3 Vgl. dazu *Hess/Weis/Wienberg*, InsO § 17 Rz. 19 ff.; *Pape*, in KP, § 17 Rz. 17 ff.

solvenzverfahren erhöht werden. Lediglich zwischen den nicht nachrangigen Gläubigern (§ 38 InsO) und den nachrangigen Gläubigern (§ 39 InsO) (z.B. Zinsansprüche der Gläubiger ab Eröffnung des Insolvenzverfahrens; Geldstrafen, Geldbußen, Ordnungsgelder, Zwangsgelder; Forderung auf unentgeltliche Leistung des Schuldners, Forderung auf Rückgewähr kapitalersetzender Darlehen eines Gesellschafters; Forderungen mit Nachrangvereinbarungen) besteht ein Rangverhältnis. Kein Rangverhältnis besteht zwischen den nicht nachrangigen Gläubigern und Absonderungsberechtigten, auch wenn Absonderungsberechtigten höhere Befriedigungschancen hinsichtlich ihrer Forderungen eingeräumt sind. Ziel dieser Maßnahme ist die Erreichung einer höheren Quote für die Gläubigergesamtheit.

VII. Restschuldbefreiung

Durch die Schaffung des Restschuldbefreiungsverfahrens soll dem redli- **19**
chen Schuldner die Möglichkeit gegeben werden einer, oft lebenslangen, Haftung zu entgehen. Anders als nach dem früheren Recht, wonach natürliche Personen als Schuldner, nach Abschluss des Konkursverfahrens, noch mindestens 30 Jahre nach Feststellung der Forderungen zur Konkurstabelle dem Nachforderungsrecht der Gläubiger ausgesetzt waren, kann der Schuldner als natürliche Person, nunmehr nach **unbeanstandetem** Durchlaufen einer 6-jährigen Wohlverhaltensperiode und, wenn keine Versagungsgründe vorliegen (§ 290 InsO), einen wirtschaftlichen Neuanfang beginnen.

C. Gesetzliche Grundlagen

I. Insolvenzordnung

20 Das Insolvenzrecht ist in erster Linie in der Insolvenzordnung vom 05.10. 1994 (BGBl. I, S. 2866) geregelt, die die Regelungsmaterien der Konkursordnung, der Vergleichsordnung und der Gesamtvollstreckungsordnung abgelöst und das Insolvenzverfahren zu einem einheitlichen Verfahren zusammengefasst hat. Zu beachten ist allerdings, dass diese Verfahrensordnungen für sogenannte Altverfahren, in denen der Eröffnungsantrag vor dem 01.01.1999 gestellt wurde, auch weiterhin anwendbar bleiben. Im Anschluss an ein laufendes Konkursverfahren kann den Schuldnern, die natürliche Personen sind, die Restschuldbefreiung nicht gewährt werden, weil die Konkursordnung ein solches Verfahren nicht vorsieht. Da die Abwicklung von Insolvenzverfahren naturgemäß häufig einige Jahre

Übersicht 1

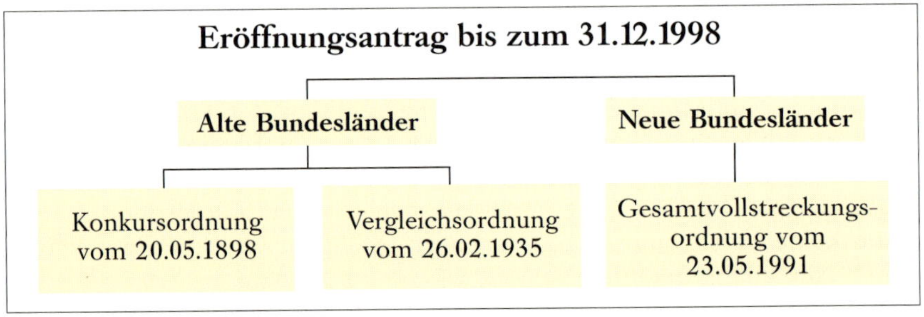

Übersicht 2

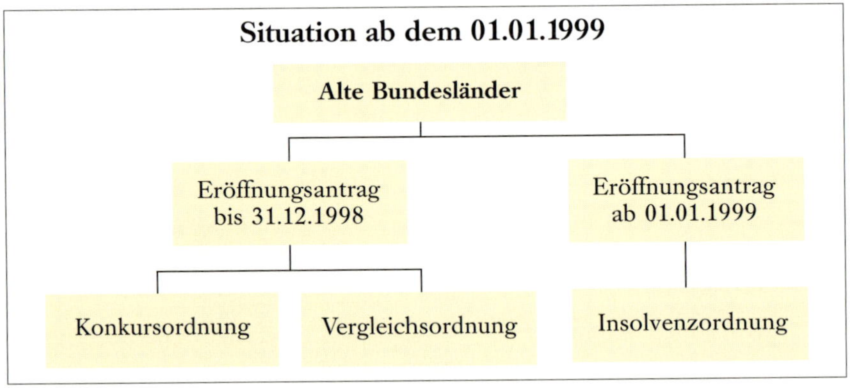

Übersicht 3

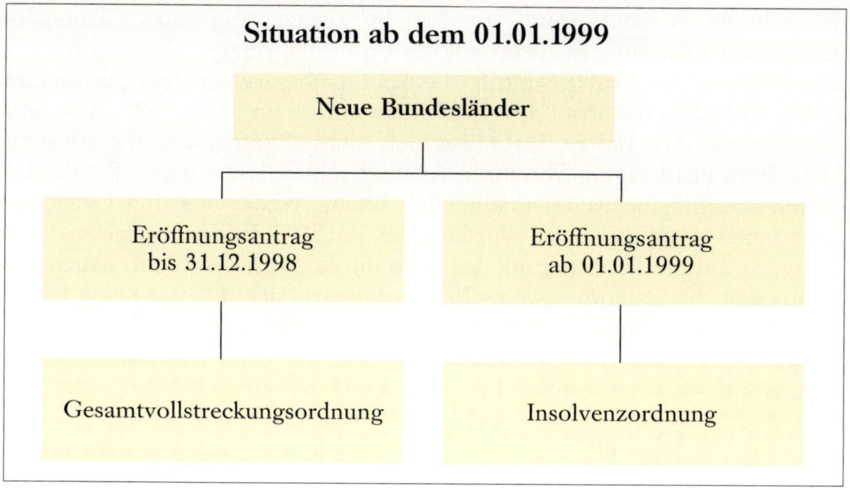

in Anspruch nehmen kann, ist noch für einen geraumen Zeitraum mit dem Nebeneinander der vier Verfahrensordnungen zu rechnen.

Exkurs:

Umstritten war die Frage, welcher Antrag Vorrang genießt, wenn ein vor 21
dem 31.12.1998 gestellter Konkursantrag (bzw. Gesamtvollstreckungsantrag) mit einem späteren Insolvenzantrag zusammentrifft. Das *OLG Celle* (vom 29.03.1999 – 2 W 26/99 EzInsR Art. 103 EGInsO Nr. 1) und das *LG Lüneburg* (vom 01.03.1999 – 3 T 6/99 – EzInsR Art. 103 EGInsO Nr. 4) haben zu Recht einen Vorrang des Insolvenzverfahrens verneint. Die Fortgeltung des bisherigen Rechts wird nur in zwei Teilbereichen vorgesehen:

Zum einen sollen Konkurs-, Vergleichs- und Gesamtvollstreckungsverfahren, die vor dem In-Kraft-Treten der Neuregelungen beantragt worden sind, nach den bisherigen Gesetzen durchgeführt werden (Art. 107, 103 EGInsO). Zum anderen soll die Vollstreckungsbeschränkung des § 18 Abs. 2 Satz 3 GesO zugunsten eines Schuldners, über dessen Vermögen ein Gesamtvollstreckungsverfahren durchgeführt worden ist, nach dem In-Kraft-Treten der InsO fortbestehen (Art. 111 Abs. 1, Art. 108 Abs. 1 EGInsO).

Dies bedeutet auch, dass ein Konkursantrag, der am Ende des Jahres 22
1998 gestellt wurde, nicht durch einen Vergleichsantrag nach der VglO nach dem 01.01.1999 unterlaufen werden konnte. Auch ein Insolvenzantrag verbunden mit einem Insolvenzplanvorschlag kann keine Wirkungen in Bezug auf den Konkursantrag auslösen. Der Eigenkonkursantrag

des Schuldners hat Vorrang vor dem Insolvenzantrag eines Gläubigers nach dem 01.01.1999. Insoweit gilt das Prioritätsprinzip[4]. Dieses gilt auch im Verhältnis des Konkursantrages eines Gläubigers vor dem Jahresende zu einem Insolvenzantrag des Schuldners nach dem 01.01.1999. Aus dem Wortlaut des Art. 103 EGInsO lässt sich nicht ableiten, dass die vor dem 31.12.1998 beantragten Verfahren eröffnet sein müssen, damit für sie das bisher einschlägige Recht maßgeblich bleibt. Weder aus den Gesetzesmaterialien noch aus dem Wortlaut des Art. 103 EGInsO ergeben sich Hinweise auf die Verdrängung des alten durch das neue Recht.[5] Auch das Insolvenzrechtsänderungsgesetz 2001 hat in Art. 103a EGInsO eine Übergangsregelung normiert, wonach alle Insolvenzverfahren die vor dem 01.12.2001 eröffnet worden sind, nach den bis dahin geltenden Regeln abgewickelt werden. Soweit bei In-Kraft-Treten des Gesetzes über anhängige Insolvenzverfahren noch nicht entschieden war, erfolgt die Abgrenzung, ob jemand Verbraucher oder Kaufmann ist, nach dem neuen Recht.

II. Insolvenzvergütungsverordnung (InsVV)

23 Hinsichtlich der Insolvenzverwaltervergütung enthält § 65 InsO eine Verordnungsermächtigung zugunsten des Bundesministeriums der Justiz. Aufgrund dieser Ermächtigung wurde die insolvenzrechtliche Vergütungsverordnung vom 19. August 1998 (BGBl. I, S. 2205 – InsVV) erlassen.

24 Neben der Masseermittlung und der Insolvenzverwaltervergütung werden in der InsVV auch die Vergütungen des vorläufigen Insolvenzverwalters (§ 11 InsVV), des Sachwalters (§ 12 InsVV), des Treuhänders im vereinfachten Insolvenzverfahrens (§ 13 InsVV), des Treuhänders im Restschuldbefreiungsverfahrens (§ 14 ff. InsVV) und der Gläubigerausschussmitglieder (§ 17 InsVV) geregelt.

---

4 Vgl. dazu auch *Lipinkska* Die Wahl der Verfahrensordnung bei gleichzeitigem Vorliegen eines Konkurs- und Vergleichsantrages, DZWIR 1999, 186.

5 A.A. *AG Flensburg* vom 24.02.1999 – 5 O N 127/98 – EzInsR Art. 103 EGInsO Nr. 2; *AG Magdeburg* vom 26.01.1999 – 37 N 1016/98 – ZInsO 1999, 114 EzInsR Art. 102 EGInsO Nr. 3.

Vergütung des Insolvenzverwalters gemäß § 2 InsVV (ohne Zu- und Abschläge für besonders arbeitsintensive bzw. besonders einfache Verfahren)		
Teilungsmasse	**Vergütung netto**	**Vergütung brutto**
5.000,00 €	2.000,00 €	2.320,00 €
25.000,00 €	10.000,00 €	11.600,00 €
500.000,00 €	37.750,00 €	43.790,00 €

Beispiel 1

Die Vergütung des vorläufigen Verwalters in Insolvenzantragsverfahren beträgt einen Bruchteil des verwalteten Vermögens und bezieht die gesamte Masse (einschließlich der Sicherungsrechte der Gläubiger) ein, auf die sich die Sicherungstätigkeit des Verwalters bezieht.

Vergütung des Treuhänders im Verbraucherinsolvenzverfahren gemäß § 13 InsVV		
Teilungsmasse	**Vergütung netto**	**Vergütung brutto**
2.500,00 €	375,00 €	435,00 €
5.000,00 €	750,00 €	870,00 €
25.000,00 €	3.750,00 €	4.350,00 €

Beispiel 2

Vergütung eines Sachwalters im Eigenverwaltungsverfahren gemäß § 12 InsVV		
Teilungsmasse	**Vergütung netto**	**Vergütung brutto**
5.000,00 €	1.200,00 €	1.392,00 €
25.000,00 €	6.000,00 €	6.960,00 €
500.000,00 €	22.650,00 €	26.274,00 €

Beispiel 3

Für Altverfahren, die noch nach Maßgabe der Konkurs-, Vergleichs- oder Gesamtvollstreckungsordnung eröffnet wurden, findet weiterhin die Vergütungsverordnung vom 15.05.1960 (BGBl. I S. 637 – VergVO) Anwendung. 25

III. Anfechtungsgesetz (AnfG)

26 Im Rahmen der Insolvenzrechtsreform wurde auch das frühere Anfechtungsgesetz vom 21.07.1879 (RGBl S. 277 – AnfG 1879) durch ein neues Gesetz über die Anfechtung von Rechtshandlungen eines Schuldners außerhalb des Insolvenzverfahrens (AnfG 1999) ersetzt. Hintergrund dieser Neuregelung war der Umstand, dass sich das frühere Anfechtungsgesetz in vielen Punkten als nicht durchsetzungsfähig erwiesen hatte, weil es findigen Schuldnern in vielen Fällen gelungen war, Vermögensgegenstände beiseite zu schaffen.

27 Ziel des Anfechtungsgesetzes ist es, die Gläubiger auch außerhalb der Insolvenz davor zu schützen, dass ein Schuldner pfändbare Vermögensgegenstände ihrem Zugriff entzieht. Anders als das insolvenzrechtliche Anfechtungsrecht der §§ 129 ff. InsO, das bereits mit der Eröffnung eines Insolvenzverfahrens entsteht, kommt das Anfechtungsrecht außerhalb der Insolvenz erst in dem Augenblick zum Tragen, in dem ein Gläubiger einen vollstreckbaren Titel gegen den Schuldner erlangt, und wenn aus diesem die Vollstreckung fruchtlos versucht worden ist. Folge der Anfechtung ist ein **Rückgewähranspruch** gegenüber demjenigen, der aufgrund der benachteiligenden Handlung etwas vom Schuldner in anfechtbarer Weise erlangt hat.

IV. Rechtspflegergesetz (RpflG)

28 Im Rechtspflegergesetz, das durch Art. 14 EGInsO mit Wirkung zum 01.01.1999 geändert wurde, finden sich Vorschriften über die funktionale Zuständigkeit der Richter bzw. Rechtspfleger im Insolvenzverfahren.

29 Gemäß § 3 Nr. 2 RPflG werden dem Rechtspfleger im Wege der Vorbehaltsübertragung Verfahren nach der Insolvenzordnung übertragen, wobei jedoch bestimmte Geschäfte, die in § 18 RPflG näher aufgeführt sind, dem Richter vorbehalten sind. Hierbei handelt es sich

- um das Verfahren bis zur Entscheidung über den Eröffnungsantrag,
- das Verfahren über einen Schuldenbereinigungsplan,
- über bestimmte Entscheidungen im Zusammenhang mit dem Restschuldbefreiungsantrag des Schuldners.

Darüber hinaus kann sich der Richter gem. § 18 Abs. 2 RPflG das Insolvenzverfahren ganz oder teilweise vorbehalten, sofern und solange er dies für geboten erachtet. 30

V. Zivilprozeßordnung (ZPO)

Zur Anwendbarkeit der Zivilprozeßordnung ist wie folgt zu differenzieren: Zum einen enthält die ZPO unmittelbar anwendbare Vorschriften über das Insolvenzverfahren. So beinhaltet der durch Art. 18 EGInsO neu eingefügte § 19a ZPO eine Regelung, wonach der allgemeine Gerichtsstand des Insolvenzverwalters durch den Sitz des Insolvenzgerichts bestimmt wird. Dies bedeutet, dass eine Klage gegen den Insolvenzverwalter nicht mehr notwendigerweise am Wohnort des Verwalters erhoben werden muss. 31

Eine weitere unmittelbar anwendbare Vorschrift stellt § 240 ZPO dar, der die Unterbrechung anhängiger Rechtsstreite durch die Eröffnung eines Insolvenzverfahrens normiert. Neu ist in diesem Zusammenhang die Regelung des § 240 Satz 2 ZPO, wonach eine Unterbrechung bereits im Insolvenzeröffnungsverfahren eintritt, wenn die Verwaltungs- und Verfügungsbefugnis über das schuldnerische Vermögen auf einen vorläufigen Insolvenzverwalter übergeht. 32

Neben den unmittelbar anwendbaren Vorschriften ist die Verweisung des § 4 InsO auf die Vorschriften der ZPO zu beachten (siehe dazu im Einzelnen unten Rz. 128 ff. 33

VI. Zwangsversteigerungsgesetz (ZVG)

Im ZVG befinden sich in den §§ 30d, 30e, 30f, 153b, 153c Vorschriften, die die Einstellung der Zwangsversteigerung bzw. Zwangsverwaltung auf Antrag des Insolvenzverwalters bzw. des vorläufigen Insolvenzverwalters regeln. Hintergrund dieser Bestimmungen ist der Umstand, dass der Insolvenzverwalter in vielen Fällen auf die Nutzung des Betriebsgeländes weiter angewiesen ist und die Insolvenzmasse zusammengehalten z.B. ein Unternehmen funktionsfähig gehalten werden soll. Die einstweilige Einstellung der Zwangsversteigerung auf Antrag des Insolvenzverwalters 34 ist jedoch mit der Auflage anzuordnen, dass der Insolvenzverwalter ab dem Berichtstermin die laufend geschuldeten Zinsen binnen zwei Wochen nach Fälligkeit aus der Insolvenzmasse an den Gläubiger zu zahlen hat (§ 30e ZVG). Dadurch sollen Nachteile der Gläubiger durch die verzögerte Verwertung ausgeglichen werden.

VII. Freiwillige Gerichtsbarkeit (FGG)

35 § 141a FGG regelt die Löschung von Aktiengesellschaften, Kommanditgesellschaften auf Aktien und Gesellschaften mit beschränkter Haftung im Falle der vorangegangenen Durchführung eines Insolvenzverfahrens, wenn kein Vermögen mehr vorhanden ist.

VIII. Gerichtskostengesetz (GKG)

36 Im GKG finden sich kostenrechtliche Regelungen hinsichtlich des gerichtlichen Insolvenzverfahrens. So enthält z.B. § 37 GKG eine Regelung zur Ermittlung des Gegenstandswertes, der sich im eröffneten Insolvenzverfahren grundsätzlich nach dem Wert der Insolvenzmasse zur Zeit der Verfahrensbeendigung bemisst.

37 § 37 Abs. 2 GKG bestimmt den Gegenstandswert im Eröffnungsverfahren nach dem Forderungsbetrag des antragstellenden Gläubigers, bzw. sofern der Wert der Insolvenzmasse geringer ist, nach diesem Wert.

38 § 38 GKG enthält eine Kostenregelung bezüglich der sofortigen Beschwerde des Schuldners im Eröffnungsverfahren.

39 Eine weitere wichtige Vorschrift findet sich im § 50 GKG, in der die Frage der Kostenschuldnerschaft im Insolvenzverfahren geregelt ist. Hiernach ist grundsätzlich der Schuldner auch Kostenschuldner, es sei denn ein Eröffnungsantrag wurde abgewiesen oder zurückgenommen. In diesem Fall haftet der Antragsteller als Kostenschuldner. Für die Kosten haftet auch ein Insolvenzgläubiger, der die Versagung oder den Widerruf der Restschuldbefreiung beantragt.

40 In Anlage 1 zum GKG finden sich ab Nr. 4110 die maßgeblichen Gebühren-
Kostentabelle rentatbestände für das Insolvenzverfahren.

Nr.	Gebührentatbestand	Gebührenbetrag oder Satz der Gebühr nach § 11 Abs. 2 GKG
	Teil 5. Besondere Verfahren zur Befriedigung der Gläubiger	
	I. Insolvenzverfahren; Schifffahrtsrechtliche Verteilungsverfahren	
	1. Insolvenzverfahren	
	a) Eröffnungsverfahren	
5110	Verfahren über den Antrag des Schuldners auf Eröffnung des Insolvenzverfahrens	0,5
	Die Gebühr entsteht auch, wenn das Verfahren nach § 306 InsO ruht	
5111	Verfahren über den Antrag eines Gläubigers auf Eröffnung des Insolvenzverfahrens	0,5 mindestens 100 EUR
	b) Durchführung des Insolvenzverfahrens auf Antrag des Schuldners, auch wenn das Verfahren gleichzeitig auf Antrag eines Gläubigers eröffnet wurde	
5112	Durchführung des Insolvenzverfahrens	2,5
	Die Gebühr entfällt, wenn der Eröffnungsbeschluss auf Beschwerde aufgehoben wird.	
5113	Einstellung des Verfahrens vor dem Ende des Prüfungstermins nach §§ 207, 211, 212, 213 InsO oder § 3 des Ausführungsgesetzes zum deutsch-österreichischen Konkursvertrag	
	Die Gebühr 5112 ermäßigt sich auf	0,5
5114	Einstellung des Verfahrens nach dem Ende des Prüfungstermins nach §§ 207, 211, 212, 213 InsO oder § 3 des Ausführungsgesetzes zum deutsch-österreichischen Konkursvertrag	
	Die Gebühr 5112 ermäßigt sich auf	1,5
	c) Durchführung des Insolvenzverfahrens auf Antrag eines Gläubigers	
5115	Durchführung des Insolvenzverfahrens	3,0
	Die Gebühr entfällt, wenn der Eröffnungsbeschluss auf Beschwerde aufgehoben wird.	
5116	Einstellung des Verfahrens vor dem Ende des Prüfungstermins nach §§ 207, 211, 212, 213 InsO oder § 3 des Ausführungsgesetzes zum deutsch-österreichischen Konkursvertrag	
	Die Gebühr 5115 ermäßigt sich auf	1,0
5117	Einstellung des Verfahrens nach dem Ende des Prüfungstermins nach §§ 207, 211, 212, 213 InsO oder § 3 des Ausführungsgesetzes zum deutsch-österreichischen Konkursvertrag	
	Die Gebühr 5115 ermäßigt sich auf	2,0

Nr.	Gebührentatbestand	Gebührenbetrag oder Satz der Gebühr nach § 11 Abs. 2 GKG
	d) Besonderer Prüfungstermin und schriftliches Prüfungsverfahren (§ 177 InsO)	
5118	Prüfung von Forderungen je Gläubiger	**13,00 EUR**
	e) Restschuldbefreiung	
5119	Entscheidung über den Antrag auf Versagung oder Widerruf der Restschuldbefreiung (§§ 296, 297, 300, 303 InsO)	**30,00 EUR**
	2. Schifffahrtsrechtliches Verteilungsverfahren	
5120	Verfahren über den Antrag auf Eröffnung des Verteilungsverfahrens	**1,0**
5123	Durchführung des Verteilungsverfahrens	**2,0**
5125	Prüfung von Forderungen in einem besonderen Prüfungstermin (§ 11 der Seerechtlichen Verteilungsordnung) je Gläubiger	**13,00 EUR**
	3. Beschwerdeverfahren	
5130	Verfahren über die Beschwerde gegen die Entscheidung über den Antrag auf Eröffnung des Insolvenzverfahrens	**1,0**
5131	Verfahren über die Beschwerde gegen die Entscheidung über den Antrag auf Versagung oder Widerruf der Restschuldbefreiung	**50,00 EUR**
5132	Verfahren über die Beschwerde nach § 4d InsO:	
	Die Beschwerde wird verworfen oder zurückgewiesen	**25,00 EUR**
	Wir die Beschwerde nur teilweise verworfen oder zurückgewiesen, kann das Gericht die Gebühr nach billigem Ermessen auf die Hälfte ermäßigen oder bestimmen, dass eine Gebühr nicht zu erheben ist.	
5133	Verfahren über Rechtsbeschwerde:	
	Soweit die Rechtsbeschwerde verworfen oder zurückgewiesen wird	**2,0**
5135	Verfahren über nicht aufgeführte Beschwerden, die nicht nach anderen Vorschriften gebührenfrei sind:	
	Soweit die Beschwerde verworfen oder zurückgewiesen wird	**1,0**

IX. Bundesrechtsanwaltsgebührenordnung (BRAGO)

41 Die §§ 72 ff. BRAGO enthalten die Gebührenregelungen, die für die Berechnung des anwaltlichen Honorars im Zusammenhang mit der Durchführung von Insolvenzverfahren und Restschuldbefreiungsverfahren maßgeblich sind.

Beispiel 4

RA-Gebühren im Insolvenzverfahren

Beratung des Schuldners im Rahmen einer außergerichtlichen Schuldenbereinigung mit anschließendem Insolvenzantrag

RA Roland S. berät den Schuldner Fritz I. im Zusammenhang mit der Erstellung eines außergerichtlichen Schuldenbereinigungsplanes und bereitet nach dessen Scheitern auch die Stellung eines Insolvenzantrages vor. Die zur Verfügung stehende Insolvenzmasse beträgt 7.669,38 €. RA S. hat insgesamt 35 Gläubiger des Fritz I. angeschrieben. RA S. bittet seine Rechtsanwaltsgehilfin Ines K. um Erstellung der Kostenrechnung.

Kostenrechnung

10/10 Gebühr aus 7.669,38 € § 31 Abs. 1 Nr. 1, § 72 BRAGO	412,00 €
(die 3/10 Gebühr des § 72 Abs. 1 Satz 1 BRAGO erhöht sich gemäß § 72 Abs. 1 Satz 2 BRAGO auf eine 10/10 Gebühr, wenn der RA auch im Verfahren über den Schuldenbereinigungsplan tätig wird	
Auslagen pauschal § 26 BRAGO (Porto, Telefon)	20,00 €
USt. 16 %	69,12 €
Summe	501,12 €

Beispiel 5

Außergerichtliche Beratung des Schuldners und anschließende Vertretung im Insolvenzverfahren

RA Tobias O. berät die zahlungsunfähige W-GmbH über die Voraussetzungen und Folgen eines Insolvenzantrages. RA O. stellt den Insolvenzantrag und berät die W-GmbH auch während des nachfolgenden Insolvenzverfahrens.

Bei einer Masse von 352,791,40 € kann er seine Tätigkeit wie folgt abrechnen:

a) Außergerichtliche Beratung

8/10 Beratungsgebühr gemäß § 20 Abs. 1 Satz 1 BRAGO	2.019,20 €
Auslagen pauschal § 26 BRAGO	20,00 €
USt. 16 %	326,27 €
Summe:	2365,47 €

b) Insolvenzantragstellung und Vertretung im Insolvenzverfahren	
3/10 Geschäftsgebühr, § 72 Abs.1 Abs. 1 BRAGO für Tätigkeit im Zusammenhang mit der Insolvenzantragstellung	429,30 €
hierauf Anrechnung einer 3/10 Gebühr, § 20 Abs. 1 S. 4 BRAGO	429,30 €
Zwischensumme	858,60 €
5/10 Gebühr für Beratung im Insolvenzverfahren, § 73 BRAGO	1.262,00 €
Auslagen pauschal § 26 BRAGO	20,00 €
USt. 16%	205,12 €
Summe:	1.487,12 €
Insgesamt:	2.365,47 €
zzgl.	1.487,12 €
Endsumme:	3.852,59 €
Ergebnis: RA O. kann **3.852,59 €** abrechnen.	

Beispiel 6

Anmeldung einer Insolvenzforderung

RAin Wiebke S. vertritt die Fa. K-KG im Insolvenzverfahren über das Vermögen ihres Kunden I-OHG. In diesem Zusammenhang meldet sie eine Insolvenzforderung von 30.674,51 € zzgl. 2.300,81 Zinsen und Kosten (Gegenstandswert daher: 32.978,33 €) namens und in Vollmacht der K-KG an.

3/10 Gebühr § 75 BRAGO	249,00 €
Auslagen pauschal § 26 BRAGO	20,00 €
USt. 16%	43,04 €
Summe:	312,04 €

X. Bürgerliches Gesetzbuch (BGB)

42 Das Bürgerliche Gesetzbuch hat durch die InsO einige einschneidende Änderungen erfahren. Neben der redaktionellen Änderung vieler Paragrafen wurde beispielsweise § 42 BGB, der die Auswirkungen des Insolvenzverfahrens auf einen rechtsfähigen Verein regelt, neu gefasst. Damit wird in erster Linie klargestellt, dass die Eröffnung eines Insolvenzverfahrens die Auflösung des Vereins zur Folge hat. Zudem wird geregelt,

unter welchen Voraussetzungen die Fortsetzung des aufgelösten Vereins in Betracht kommt.

Im Zusammenhang mit dem Vereinsrecht steht auch § 75 BGB, der regelt, dass neben der Eröffnung des Insolvenzverfahrens und der Aufhebung des Beschlusses über die Eröffnung des Insolvenzverfahrens auch die Bestellung eines vorläufigen Insolvenzverwalters mit Verwaltungs- und Verfügungsbefugnis, die Einstellung und Aufhebung des Verfahrens sowie Überwachung der Insolvenzplanerfüllung und deren Aufhebung im Vereinsregister einzutragen ist. **43**

Eine ganz wesentliche Änderung zum früheren Recht ist die Streichung des § 419 BGB, der im Fall der Übertragung des Gesamtvermögens die Haftung des Erwerbers normierte. Hintergrund der Aufhebung dieser Vorschrift ist der Umstand, dass hierdurch häufig eine außergerichtliche Sanierung von Unternehmen durch Übertragung auf einen neuen Unternehmensträger erschwert wurde. **44**

Eine weitere bedeutende Neuregelung enthält § 455 Abs. 2 BGB, wonach Vereinbarungen nichtig sind, durch die bei einem Kaufvertrag der Übergang des Eigentums davon abhängig gemacht wird, dass der Käufer Forderungen eines Dritten, insbesondere eines mit dem Verkäufer verbundenen Unternehmens, erfüllt. Hiervon wird in erster Linie der sog. **Konzernvorbehalt** erfasst. **45**

Eine rechtsdogmatisch weit reichende Neuregelung enthält § 925 Abs. 1 Satz 3 BGB, der es ermöglicht, die Auflassung eines Grundstücks in einen gerichtlich zu bestätigenden Insolvenzplan aufzunehmen. Diese Regelung steht im Sachzusammenhang mit § 228 InsO, wonach in einem Insolvenzplan auch die Willenserklärungen zur Änderung sachenrechtlicher Verhältnisse aufgenommen werden sollen. **46**

Insolvenzverwalter Gerhard A. kann demnach einen Insolvenzplan vorlegen, in dem u.a. vorgesehen ist, das Betriebsgelände des Schuldners Udo F. an den Käufer Helmut K. zu veräußern. Im gestaltenden Teil des Insolvenzplans sind also alle Regelungen aufzunehmen, die üblicherweise in einen notariellen Grundstückskaufvertrag aufgenommen werden müssen. **47**

XI. Gesetz betreffend die Gesellschaften mit beschränkter Haftung (GmbHG)

47a Insolvenzrechtlich relevante Regelungen finden sich in erster Linie in den §§ 32a und b GmbHG, in denen die eigenkapitalersetzenden Darlehen geregelt sind. Danach können Gesellschafter als Gläubiger von Darlehen, die sie der Gesellschaft zu einem Zeitpunkt gewährt haben, in dem ordentliche Kaufleute Eigenkapital zugeführt hätten, den Rückzahlungsanspruch in der Insolvenz nur als nachrangige Insolvenzgläubiger (§ 39 InsO) geltend machen. Nach § 32b GmbHG besteht ein Erstattungsanspruch gegenüber denjenigen Gesellschaftern, denen innerhalb des letzten Jahres vor Verfahrenseröffnung ein eigenkapitalersetzendes Darlehen zurückgezahlt wurde.

48 Im Zusammenhang mit der Insolvenzvermeidung stehen die eingefügten §§ 58a bis f GmbHG, die eine Herabsetzung des Stammkapitals zum Ausgleich von Wertminderungen oder zur Verlustdeckung zum Inhalt haben (vereinfachte Kapitalherabsetzung). Hierdurch wird es den Gesellschaftern ermöglicht, eine eingetretene Unterbilanz ohne Einhaltung eines Sperrjahres zu beseitigen.[6]

Vereinfachte Kapitalherabsetzung

Muster einer vereinfachten Kapitalherabsetzung
(vgl. *Heidel* in *Heidel/Pauly/Amend*, Anwaltformulare, Dokument 317)

Verhandelt zu Mainz

am 15.06.2002

Vor mir, dem unterzeichnenden Notar Walter W. mit dem Amtssitz in Mainz

erschien

Frau Anastasia A., wohnhaft Hauptstraße 74, 55130 Mainz, Kaufmann, geb. am 30. März 1947

– dem Notar von Person bekannt –

Die Erschienene erklärte, nicht für sich selbst, sondern als alleinvertretungsberechtigte Geschäftsführerin der Firma A-Baustoffe-GmbH sowie gemäß der im Original beigefügten Vollmachten von Balduin B., Claudius C., und Detlev D., Firma D-Heizungsbau zu handeln.

Die Erschienene erklärte, handelnd wie angegeben, zur notariellen Beurkundung das Folgende:

6 *Heidel* in Heidel/Pauly/Amend, AnwaltFormulare, 1997, S. 968.

Die von mir Vertretenen sind die alleinigen Gesellschafter der im Handelsregister des Amtsgerichts Mainz unter HRB ____ eingetragenen Schrott und Müll GmbH (nachfolgend Gesellschaft). Die von mir Vertretenen halten die folgenden Geschäftsanteile des insgesamt 700.000 € betragenden Stammkapitals der Gesellschaft:

Balduin B.	220.000 €
Claudius C.	120.000 €
Fa. A-Baustoffe GmbH	120.000 €
Fa. D-Heizungsbau GmbH	120.000 €
Jürgen Gutmann	120.000 €

Das Stammkapital ist voll einbezahlt und vollständig vertreten.

Die Erschienene erklärte außerdem, dass die Gesellschaft im vergangenen Geschäftsjahr 1998 einen Jahresfehlbetrag in Höhe von 300.000 € erlitten hat, wodurch das Eigenkapital auf 400.000 € gesunken ist. Kapital- und Gewinnrücklagen sind aufgelöst, ein Gewinnvortrag ist nicht vorhanden. Das Stammkapital soll gemäß § 58a Abs. 1 GmbHG vereinfacht herabgesetzt werden.

Dies vorweggeschickt halte ich unter Verzicht auf alle Formen und Fristen der Einberufung und Ankündigung hiermit eine Gesellschafterversammlung der Gesellschaft ab und beschließe einstimmig:

I. Kapitalherabsetzung

Gemäß § 58a Abs. 1 GmbHG beschließen wir die Herabsetzung des Stammkapitals der Gesellschaft von 700.000 € auf 400.000 €. Die Herabsetzung soll dazu dienen, den in der Bilanz zum 31.12.2001 ausgewiesenen Bilanzverlust auszugleichen.

Die Nennbeträge der Geschäftsanteile werden wie folgt angepasst:

Balduin B.	124.000 €
Claudius C.	69.000 €
Fa. A-Baustoffe GmbH	69.000 €
Fa. D-Heizungsbau GmbH	69.000 €
Jürgen Gutmann	69.000 €

II. Änderung des Gesellschaftsvertrages

§ 3 S. 1 des Gesellschaftsvertrages lautet wie folgt:

Das Stammkapital der Gesellschaft beträgt 400.000 €.

III. Jahresabschluss

Den Jahresabschluss für das Geschäftsjahr 2001, in dem die Kapitalherabsetzung berücksichtigt ist, stellen wir hiermit gemäß Anlage fest.

Diese Niederschrift wurde der Erschienenen vom Notar vorgelesen, von ihr genehmigt und wie folgt eigenhändig unterschrieben.

Unterschrift A.   Unterschrift Notar

49 Die Auflösung einer GmbH durch die Eröffnung des Insolvenzverfahrens ist in § 60 Abs. 1 Nr. 4 GmbHG geregelt. § 65 GmbHG regelt die Anmeldung der Auflösung zum Handelsregister.

50 Eine ganz wesentliche Bestimmung enthält § 64 GmbHG. Hierin wird die Antragspflicht der Geschäftsführer im Fall des Eintritts der Zahlungsunfähigkeit oder Überschuldung der GmbH geregelt. Der Antrag auf Eröffnung des Insolvenzverfahrens muss in diesem Fall innerhalb von 3 Wochen nach Eintritt des Insolvenzgrundes gestellt werden. Sofern die Geschäftsführer den Antrag pflichtwidrig unterlassen oder verzögern, haften sie nach § 64 Abs. 2 GmbHG für Zahlungen, die nach Eintritt des Insolvenzgrundes geleistet wurden. Daneben sind sie gem. § 84 Abs. 1 Nr. 2 GmbHG strafrechtlich verantwortlich, falls sie die rechtzeitige Stellung des Insolvenzantrags unterlassen haben. Im Fall der Versäumung der Insolvenzantragsfrist droht den Geschäftsführern eine Freiheitsstrafe von bis zu drei Jahren oder eine Geldstrafe.

TIPP
3-Wochenfrist beachten

XII. Genossenschaftsgesetz (GenG)

51 Insolvenzrechtlich relevante Vorschriften finden sich an verschiedenen Stellen des Genossenschaftsgesetzes. So regelt § 34 GenG die Haftung von Vorstandsmitgliedern, die nach Eintritt der Zahlungsunfähigkeit oder Überschuldung Zahlungen auf Verbindlichkeiten der Gesellschaft geleistet haben.

52 § 76 GenG normiert die Verpflichtung von ausgeschiedenen Genossen zur Leistung von Nachschüssen im Fall der Eröffnung eines Insolvenzverfahrens, § 87a GenG regelt die Pflicht zur Leistung von Nachschüssen zur Abwendung eines Insolvenzverfahrens.

53 §§ 98, 99 GenG ergänzen die § 16 ff. InsO hinsichtlich der Eröffnungsgründe für ein Insolvenzverfahren über das Vermögen einer Genossenschaft. So stellt nach § 98 GenG die Überschuldung bei der Genossenschaft nur dann einen Grund das Insolvenzverfahren zu eröffnen dar, wenn die Nachschusspflicht der Genossen auf eine Haftsumme begrenzt ist und die Überschuldung 1/4 des Gesamtbetrages der Haftsummen aller Genossen übersteigt, die Genossen keine Nachschüsse zu leisten haben oder die Genossenschaft aufgelöst ist.

54 § 99 GenG regelt die Insolvenzantragspflicht entsprechend § 64 GmbHG.

Die Eröffnung eines Insolvenzverfahrens und gleichgestellte Tatbestände sind von Amts wegen § 102 GenG in das Genossenschaftsregister einzutragen. 55

In § 105 ff. GenG ist die Nachschusspflicht der Genossen für den Fall der Eröffnung des Insolvenzverfahrens weiter konkretisiert. 56

XIII. Gesetz zur Verbesserung der betrieblichen Altersversorgung (BetrAVG)

Das Gesetz zur Verbesserung der betrieblichen Altersversorgung (BetrAVG) enthält in § 7 BetrAVG eine umfassende Regelung zur Sicherung der Versorgungsansprüche im Fall der Eröffnung eines Insolvenzverfahrens über das Vermögen des Arbeitgebers. In diesem Fall haben die gesicherten Arbeitnehmer einen Anspruch gegenüber dem Pensionssicherungsverein auf Gegenseitigkeit (PSVaG) als Träger der Insolvenzsicherung (§ 14 BetrAVG). 57

XIV. Sozialgesetzbuch (SGB III)

Die §§ 183 ff., 206, 314, 316, 320, 323, 327, 359 ff. SGB III enthalten die früher im Arbeitsförderungsgesetz (AFG) geregelten Bestimmungen über das Insolvenzgeld (früher Konkursausfallgeld), das den Arbeitnehmern im Fall der Eröffnung eines Insolvenzverfahrens (bzw. eines gleichgestellten Tatbestandes) über das Vermögen ihres Arbeitgebers gewährt wird. Hiernach haben die Arbeitnehmer für die letzten 3 Monate des Arbeitsverhältnisses vor der Insolvenz Anspruch auf Insolvenzgeld in Höhe des bisherigen Nettogehaltes, wenn über das Vermögen des Arbeitgebers das Insolvenzverfahren eröffnet wurde, wenn der Antrag auf Eröffnung des Insolvenzverfahrens mangels Masse abgewiesen wurde oder der Arbeitgeber seine Betriebstätigkeit im Inland vollständig eingestellt hat und die Eröffnung eines Insolvenzverfahrens offensichtlich mangels Masse aussichtslos ist. 58

Eine entscheidende Neuregelung gegenüber dem bisherigen Recht besteht darin, dass auch im Fall der Sanierung im Wege eines Insolvenzplanes für die Arbeitnehmer ein Anspruch auf Insolvenzgeld besteht, wäh- 59 rend nach der früheren Vergleichsordnung (VglO) kein Konkursausfallgeld-Anspruch bestanden hat.

Beispiel 7

Insolvenzgeldvorfinanzierung

Geschäftsführer Alfred H. stellt am 01.04.2001 Insolvenzantrag über das Vermögen der H-GmbH. Die Löhne und Gehälter der 34 Arbeitnehmer sind seit März 2001 rückständig. Der vorläufige Insolvenzverwalter Thomas I. beabsichtigt das Unternehmen fortzuführen und die Arbeitsplätze weitgehend zu erhalten. Er teilt den Arbeitnehmern mit, dass ihnen für den vergangenen Monat März und für die beiden kommenden Monate April und Mai Insolvenzgeld in Höhe des Nettolohnes gewährt werden kann. Er trifft nach Zustimmung durch das Arbeitsamt mit der U-Bank eine Vereinbarung, wonach diese sich bereit erklärt, den Arbeitnehmern das ihnen zustehende Insolvenzgeld darlehensweise vorzufinanzieren, wenn diese im Gegenzug die ihnen zustehenden Lohn- und Gehaltsansprüche an die U-Bank verkaufen.

XV. Strafgesetzbuch (StGB)

60 Das Insolvenzstrafrecht ist im Wesentlichen in den §§ 283, 283a bis d StGB geregelt. § 283 StGB stellt als Sonderdelikt Bankrotthandlungen des Schuldners unter Strafe, z.B. das Beiseitebringen oder Verschleudern von Vermögensgegenständen nach Eintritt der Überschuldung oder bei drohender und eingetretener Zahlungsunfähigkeit.

Beispiel 8

Bankrotthandlung

Uli G. ist zahlungsunfähig, da er zwei Rechnungen über 5,3 Mio bzw. 6,2 Mio € für ein Großbauprojekt nicht bezahlen kann. Da er nicht beabsichtigt, seinen luxuriösen Lebensstil einzuschränken, überweist er am 05.02.2002 die noch auf dem Geschäftskonto befindlichen 3,5 Mio € auf eines seiner Konten auf den Bahamas. Seinen PKW Rolls-Royce verkauft er, um an Bargeld zu gelangen, weit unter Wert. Um sein Handeln bis zu seiner Flucht zu verheimlichen, verbrennt er einen Großteil seiner schriftlichen Aufzeichnungen. Uli G. wird auf dem Flughafen Frankfurt verhaftet, als er gerade dabei ist, auf einen Flug nach Nassau/Bahamas einzuchecken.

Uli G. hat sich nach § 283 StGB wegen Beiseitebringens der Geldforderung gegenüber seiner Bank[7] sowie wegen Verschleuderns seines PKW Rolls-Royce und anschließendem Beiseitebringens des Erlöses strafbar gemacht. Außerdem hat er den Tatbestand des § 283 Abs. 1 Nr. 6 StGB durch das Zerstören der Handelsbücher erfüllt. Uli G. erwartet eine Haftstrafe bis zu 5 Jahren oder eine Geldstrafe.

7 Vgl. *Hess/Weis/Weinberg* InsO, Art. 60 EGInsO, § 283 StGB Rz. 7.

§ 283a StGB normiert Regelbeispiele für besonders schwere Bankrott-fälle. 61

Beispiel 9

Schwerer Bankrott

> Uli G. wusste schon bei Aufnahme seiner Geschäftstätigkeit, dass sein auf dem Schneeballprinzip basierendes Geschäftskonzept früher oder später wirtschaftlich zusammenbrechen würde.
>
> In diesem Fall hat sich Uli G. des schweren Bankrottes nach § 283a StGB strafbar gemacht, da er sich mit besonderer Rücksichtslosigkeit über die Interessen seiner Gläubiger hinwegsetzte.[8]

§ 283b StGB regelt als abstrakter Gefährdungstatbestand die Verletzung von Buchführungsverpflichtungen. 62

Beispiel 10

Verletzung der Buchführungspflicht

> Kaufmann Gunter L. hat sich bereits lange vor der Insolvenz seiner Firma angewöhnt, einen Teil der Belege nicht zu verbuchen. Da er zudem einige nicht ganz einwandfreie Geschäfte tätigt, unterlässt er es zum Teil, die Namen seiner Geschäftspartner anzugeben, um Nachforschungen unmöglich zu machen.
>
> L. hat sich der Verletzung der Buchführungspflicht nach § 283b StGB strafbar gemacht, da er seine Bücher bewusst mangelhaft geführt hat.

Die Begünstigung eines Schuldners im Vorfeld der Insolvenz wird durch 63
§ 283d StGB unter Strafe gestellt. Hiernach macht sich strafbar, wer in Kenntnis der desolaten Vermögenssituation des Schuldners dessen Vermögensbestandteile Beiseite schafft oder in sonstiger Weise den Gläubigern entzieht.

Das Insolvenzstrafrecht hat durch die Neuregelungen des Insolvenzrechts 64
unwesentliche redaktionelle Anpassungen erfahren.

Insolvenzstrafrechtliche Regelungen finden sich daneben auch in ande- 65
ren Gesetzen, z.B. in dem § 84 GmbHG, § 401 Aktiengesetz, welche die strafrechtliche Haftung bei Verletzung der gesetzlichen Insolvenzantragspflicht regeln.

8 Vgl. *Hess/Weis/Weinberg* InsO, Art. 60 EGInsO § 283a Rz. 3.

D. Grundzüge des Insolvenzverfahrens

66 Das Insolvenzverfahren ist nach § 11 InsO zulässig über das Vermögen von natürlichen Personen, Personengesellschaften, Vermögensmassen und über die juristischer Personen. Je nach Rechtsform des Schuldners ändert sich der Ablauf des Verfahrens.

I. Juristische Person

67 **Juristische Personen**

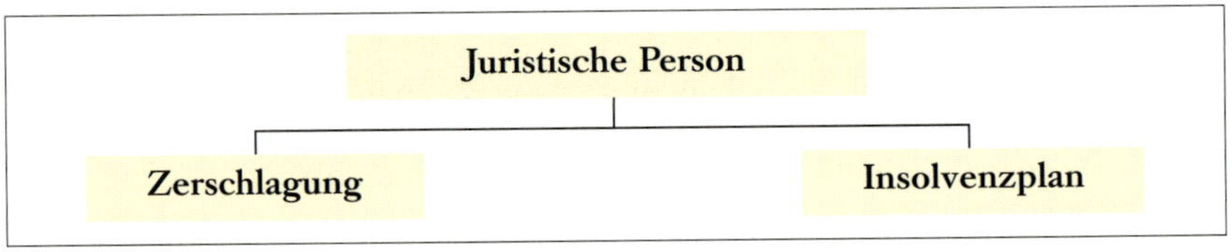

II. Kaufmann

68 **Kaufmann**

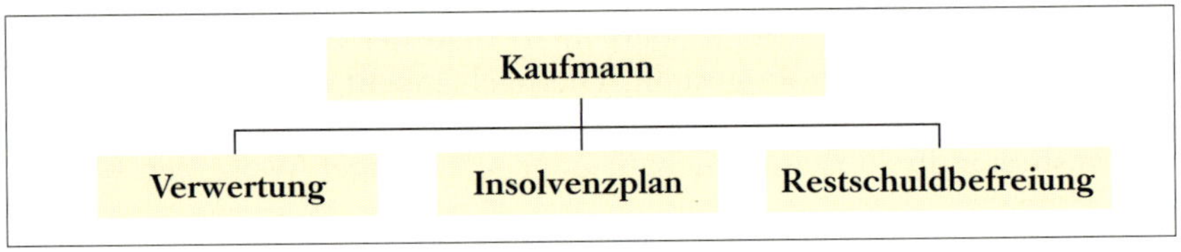

III. Verbraucherinsolvenzverfahren

69 **Verbraucherinsolvenzverfahren**

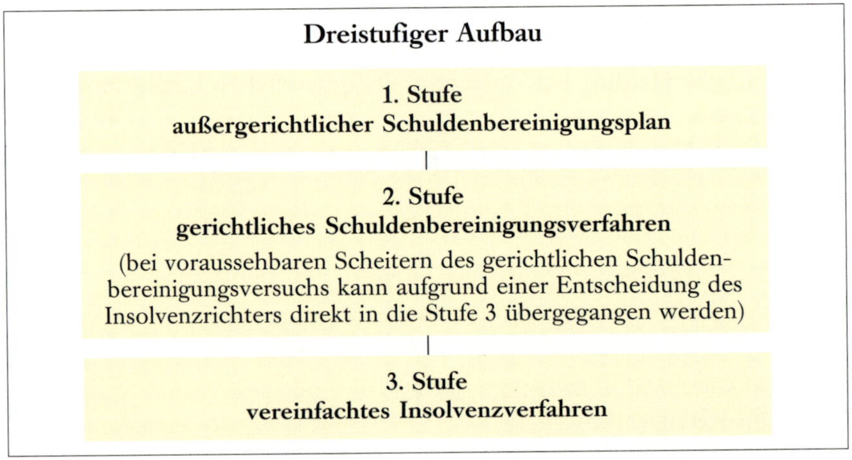

Geltungsbereich

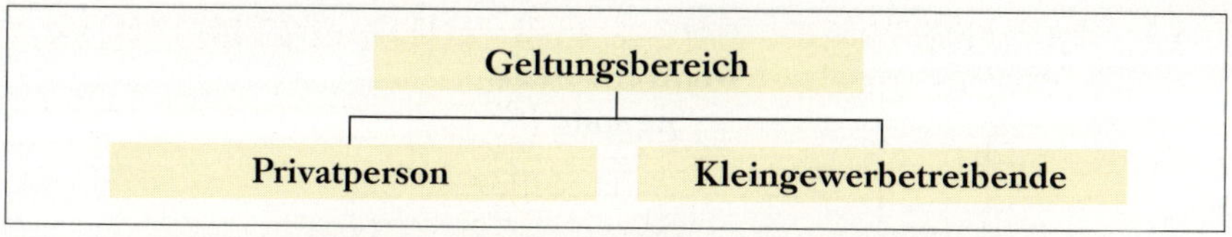

Außergerichtliche Schuldenbereinigung

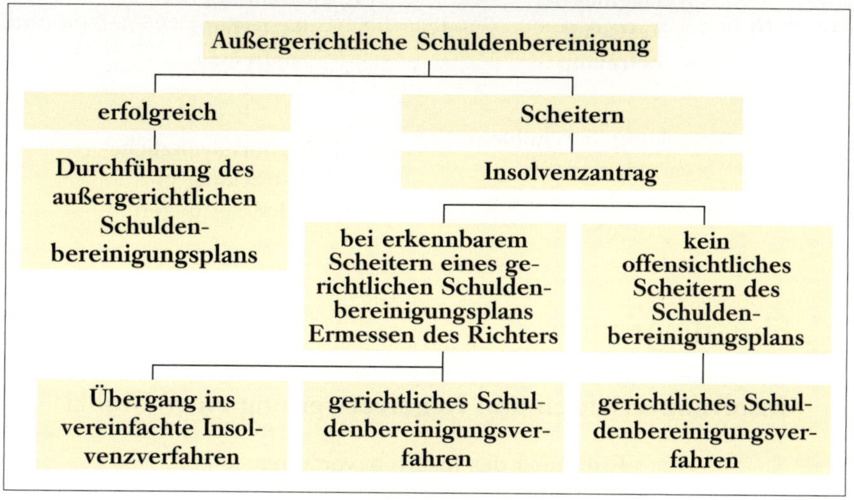

Gerichtliches Schuldenbereinigungs-verfahren

Vereinfachtes Insolvenz-verfahren

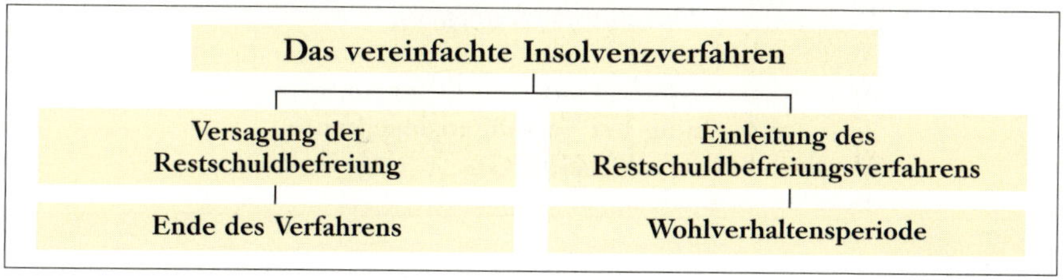

Restschuld-befreiungsverfahren

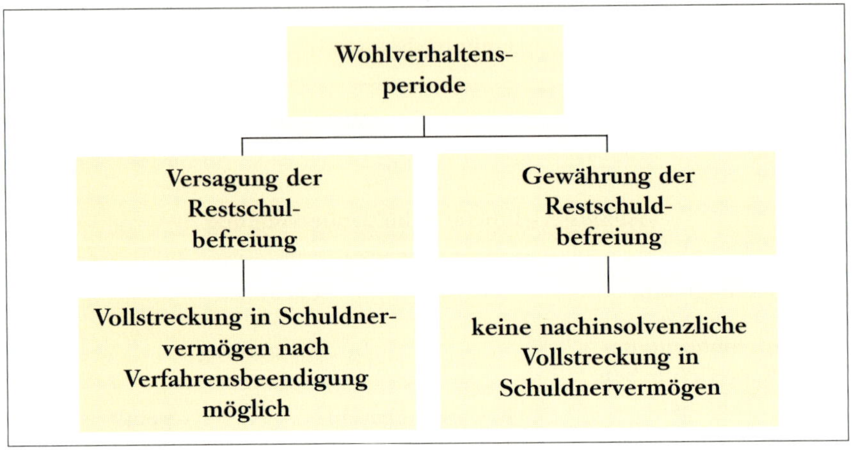

IV. Flussdiagramm

70

Flussdiagramm:

1. Insolvenzverfahren und Regelverwertung bei der GmbH

Insolvenzverfahren und Regelverwertung einer GmbH

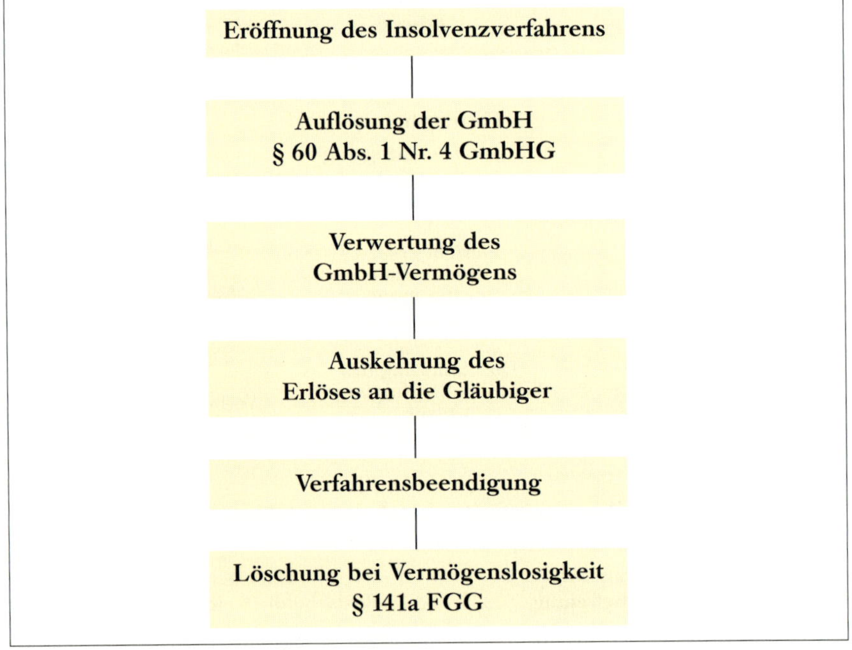

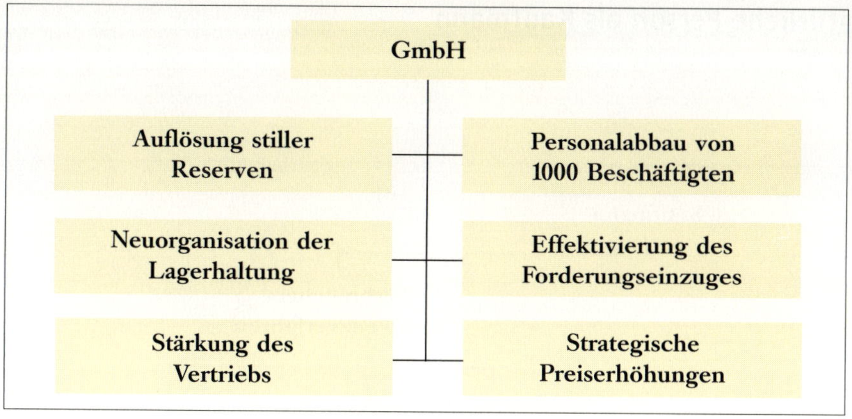

71

2. Insolvenzverfahren und Insolvenzplan einer leistungswirtschaftlichen Sanierung

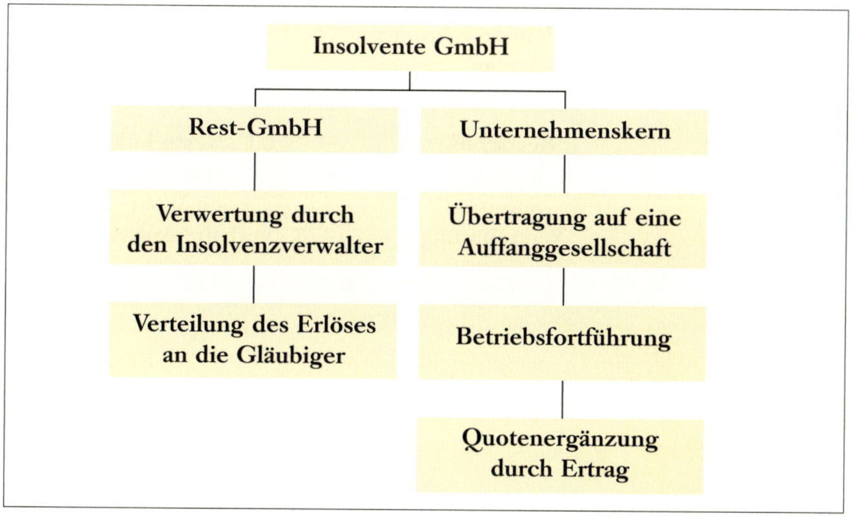

72

3. Insolvenzverfahren mit einem Insolvenzplan (Übertragung eines Unternehmenskerns bei vereinbarter Regelverwertung durch den bisherigen Verwalter)

4. Insolvenzverfahren für eine natürliche Person als Kaufmann

73

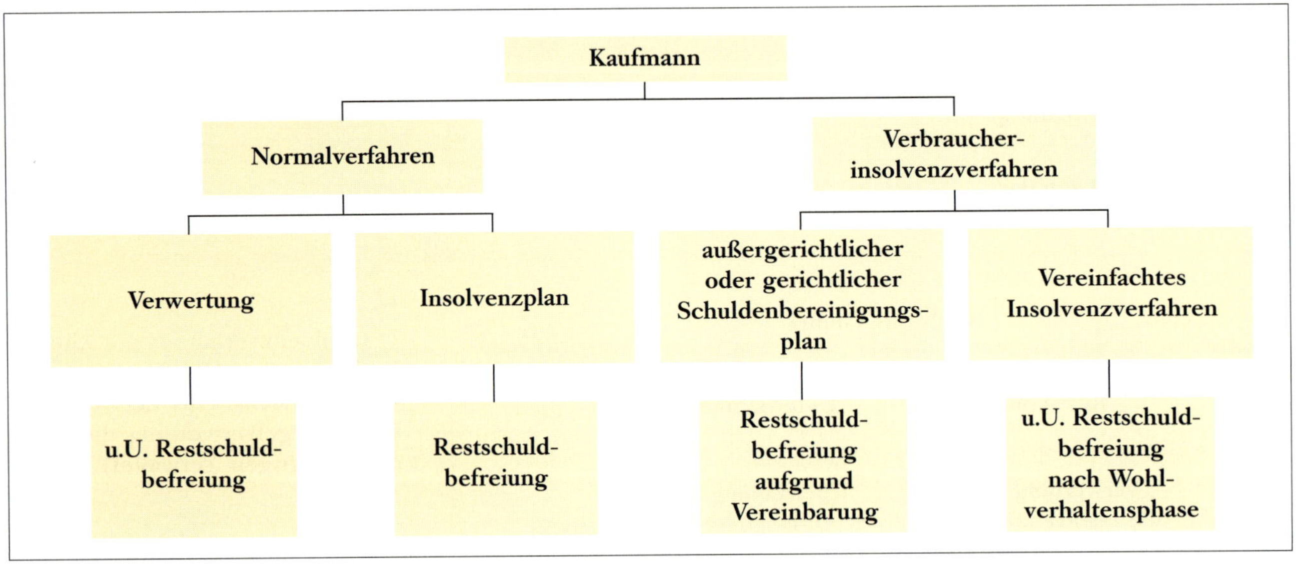

2. Abschnitt
Das Insolvenzverfahren

A. Die Insolvenzfähigkeit

§ 11 InsO regelt, wer als insolvenzfähig anzusehen ist, d.h. über wessen 74
Vermögen ein Insolvenzverfahren eröffnet werden kann.

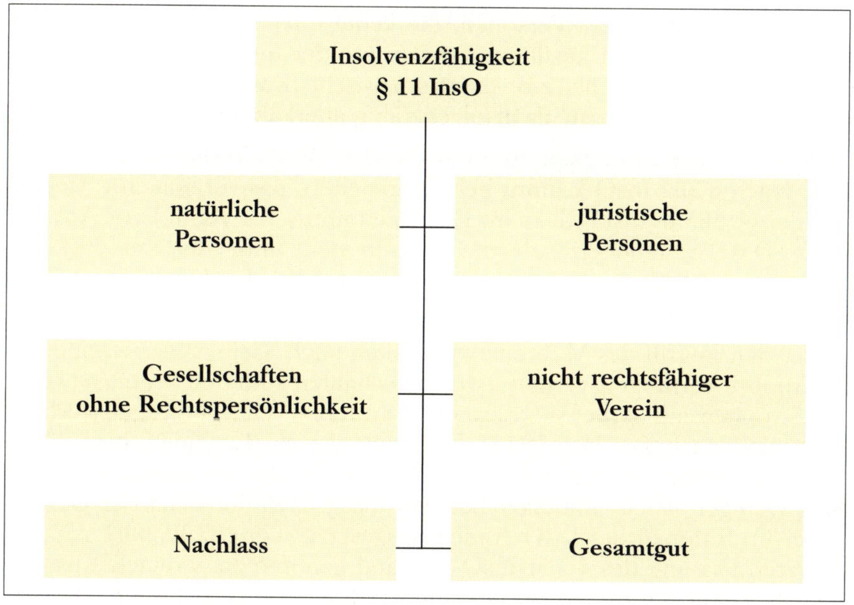

I. Natürliche Person

75 Uneingeschränkt insolvenzfähig sind alle natürlichen lebenden Personen, unabhängig von ihrem Alter, ihrem Geisteszustand und ihrer Nationalität.

1. Kaufmann

76 Die Insolvenzfähigkeit der Kaufleute hinsichtlich ihres persönlichen Vermögens ergibt sich unmittelbar aus § 11 Abs. 1 InsO.

2. Verbraucher

77 Auch Verbraucher, d.h. Personen, die keine oder eine nur geringfügige gewerbliche Tätigkeit ausüben, werden von der Insolvenzordnung (§ 11 Abs. 1 InsO) anders als z.B. das französische KonkursG[9], das nur auf Kaufleute anwendbar ist, als insolvenzfähig anerkannt.

78 Von der Insolvenzfähigkeit zu unterscheiden ist die Verfahrenszuständigkeit. Nach § 304 InsO kommt bei Verbrauchern das vereinfachte Verfahren der §§ 305 ff. InsO (dazu im Einzelnen unten Rz. 963 ff.) zur Anwendung. Das Verbraucherinsolvenzverfahren steht unter der Zulässigkeitsvoraussetzung, dass zunächst eine außergerichtliche Einigung auf der Basis eines Schuldenbereinigungsplanes versucht wurde.

Unter den Begriff des Verbrauchers[10] fallen auch Kleingewerbetreibende, sofern ihre Vermögensverhältnisse überschaubar sind und gegen sie keine Forderungen aus Arbeitsverhältnissen bestehen. Die Vermögensverhältnisse sind nach der in § 304 II InsO enthaltenen Legaldefinition überschaubar, wenn der Schuldner zum Zeitpunkt der Insolvenzantragstellung weniger als 20 Gläubiger hat. Mit dieser Definition hat der Gesetzgeber im Rahmen des InsO-Änderungsgesetzes vom 07.09.2001 von der früheren Fassung des § 304 InsO Abstand genommen, wonach Kleingewerbetreibende ohne Rücksicht auf ihre Gläubigerzahl unter das Verbraucherinsolvenzverfahren fielen. Rückständige Sozialversicherungsbei-

9 Vgl. dazu *Hess/Weis/Wienberg* InsO, Art. 102 EGInsO Rz. 344 ff.
10 Vgl. auch die Definition in § 13 BGB.

träge oder rückständige Lohnsteuer sind Ansprüche aus Arbeitsverhältnissen, so dass in einem solchen Fall das Regelinsolvenzverfahren einschlägig ist und zwar selbst dann, wenn der Schuldner weniger als 20 Gläubiger hat.

Bei Kaufleuten, über deren Vermögen bereits nach früherem Recht ein Konkursverfahren eröffnet worden war, kann ein Verbraucherinsolvenzverfahren in Hinblick auf den nach Konkurseröffnung erlangten Neuerwerb in Betracht kommen, da nach der KO von dem Konkursbeschlag nur das Vermögen erfasst wurde, das dem Schuldner zur Zeit der Verfahrenseröffnung gehörte. Dies gilt auch für den Fall, dass das Verfahren nach der Konkursordnung noch nicht abgeschlossen ist. 78 a

Beispiel 11

Antrag auf Insolvenzverfahren trotz KO-Verfahrens

Über das Vermögen der Immobilienkauffrau Sch. wurde 1997 ein Konkursverfahren eröffnet. Da Sch. in den Genuss der Restschuldbefreiung gelangen möchte, mit dem Abschluss des laufenden Konkursverfahrens in absehbarer Zeit aber nicht zu rechnen ist, stellt Sch. am 01.03.1999 wegen Zahlungsunfähigkeit einen Antrag auf Eröffnung eines Insolvenzverfahrens über ihr Neuvermögen.

Bei Antragstellung legt sie neben einer Reihe anderer Unterlagen u.a. auch den gescheiterten Schuldenbereinigungsplan und die Bestätigung eines Rechtsanwaltes vor, wonach der Versuch einer außergerichtlichen Einigung gescheitert ist.

II. Personenhandelsgesellschaften

Die Insolvenzfähigkeit der sogenannten Gesellschaften ohne Rechtspersönlichkeit ergibt sich aus § 11 Abs. 2 Nr. 1 InsO. Unter den Begriff der Gesellschaft ohne Rechtspersönlichkeit fallen die nachfolgend aufgeführten Personengesellschaften. 79

1. Offene Handelsgesellschaft (OHG)

Eine Gesellschaft ohne Rechtspersönlichkeit stellt die Offene Handelsgesellschaft dar, die zwar keine rechtsfähige juristische Person ist[11], aber 80

11 Vgl. *BGH* vom 16.02.1961 – III ZR 71/60, NJW 1961, 1021.

unter ihrem Namen klagen und verklagt werden kann (§ 124 HGB) und über ein weitgehend verselbstständigtes Vermögen verfügt.[12]

81 Die **Insolvenzfähigkeit** der OHG beginnt mit der Entstehung der Gesellschaft[13], und zwar regelmäßig mit der Eintragung der Gesellschaft in das Handelsregister (§ 123 Abs. 1, § 161 Abs. 2 HGB). Bei fehlender Eintragung der Gesellschaft kann sich die Insolvenzfähigkeit auch aus dem Aspekt einer bereits entstandenen BGB-Gesellschaft[14] (bei der Vorgründungsgesellschaft) bzw. einer faktischen OHG (nach Aufnahme des kaufmännischen Geschäftsbetriebes) ergeben.

82 Mit der fehlerhaften (faktischen) Gesellschaft nicht zu verwechseln ist die sog. **Scheingesellschaft**[15]; hier geriert sich eine Personenmehrheit als OHG, ohne dass überhaupt ein (wenigstens schlüssiger) Gesellschaftsvertrag vorliegt oder auch nur ein vollkaufmännisches Gewerbe beabsichtigt oder betrieben wird. Derartige Scheingesellschaften sind nicht insolvenzfähig.

TIPP

Wenn sie als Gläubiger den Verdacht haben, dass über das Vermögen des Schuldners bereits ein Insolvenzverfahren anhängig ist, ziehen sie Erkundigungen über das Insolvenzgericht am Wohnort des Schuldners bzw. bei Gesellschaften am Sitz der Schuldnerin ein. Anhängige und eröffnete Insolvenzverfahren sind darüber auch in der Indat unter www.rws-verlag.de abrufbar.

Beispiel 12

Klage gegen insolvente Gesellschaft

Über das Vermögen der Bauunternehmerin J & K OHG in München wurde am 28.02.2002 das Insolvenzverfahren eröffnet. Der Lieferant U. klagt gegen den in Wiesbaden ansässigen Gesellschafter J. auf Zahlung noch ausstehender 8.500,00 € vor dem AG Wiesbaden. J. erhält eine Ladung zum Verhandlungstermin am 05.06.2002. Da er sich zu diesem Zeitpunkt im Urlaub auf den Bahamas befindet, bleibt er dem Termin unentschuldigt fern. Gegen das daraufhin ergangene Urteil wendet J. ein, wegen des Insolvenzverfahrens über das Gesellschaftsvermögen sei das Urteil zu Unrecht ergangen.

J hat Recht. Zwar erfasst die Insolvenzmasse, obgleich alle Gesellschafter Schuldner sind, nur das Gesamthandsvermögen. Im Insolvenzverfahren über das Vermögen einer OHG kann die persönliche Haftung der Gesellschafter für die Verbindlichkeiten der Gesellschaft (§ 128 HGB) aber gemäß § 93 InsO nur vom Insolvenzverwalter geltend gemacht werden, um die Begünstigung einzelner Gläubiger zu vermeiden. Anders als bisher

12 *Kilger/K. Schmidt* KO/VglO/GesO, § 209 KO, 1.
13 *Kilger/K. Schmidt* KO/VglO/GesO, a.a.O.
14 Zur Insolvenzfähigkeit der BGB-Gesellschaft s. unten Rz. 84 ff.
15 Vgl. dazu *Jaeger/Weber* KO, §§ 209, 210 Rz. 4.

§ 212 KO ist die Haftung der Gesellschafter in § 93 InsO nicht explizit auf den Ausfall beschränkt. Dies ergibt sich jedoch aus § 199 S. 2 InsO, wonach den Gesellschaftern der Überschuss auszukehren ist.[16]

Beispiel 13

Ausgeschiedene OHG-Gesellschafter

In der Zeit zwischen der Bestellung der Ware und der Lieferung unter Eigentumsvorbehalt scheidet J aus der OHG aus. K. führt die Firma alleine fort. Über sein Vermögen wird kurz nach Lieferung der Ware das Insolvenzverfahren eröffnet. Der Insolvenzverwalter lehnt nach dem Berichtstermin die Erfüllung des Kaufvertrages ab (§ 107 Abs. 2 InsO). Haftet der solvente J.?

Infolge der Ablehnung der Vertragserfüllung steht U. ein Schadensersatzanspruch wegen Nichterfüllung gegen die Gesellschaft zu (§ 103 Abs. 2 InsO). Da J. nach Maßgabe der §§ 128, 159, 142 HGB für die bis zu seinem Austritt dem Grunde nach entstandenen Forderungen auch im Fall der Geschäftsübernahme durch einen anderen Gesellschafter forthaftet, hat U., sofern er auf sein Aussonderungsrecht verzichtet, gegen J. einen Schadensersatzanspruch wegen Nichterfüllung, der während des Insolvenzverfahrens jedoch nur vom Insolvenzverwalter geltend gemacht werden kann (§ 93 InsO).

2. Kommanditgesellschaft (KG)

Die Insolvenzfähigkeit der Kommanditgesellschaft ergibt sich ebenfalls aus § 11 Abs. 2 Nr. 1 InsO. Dies gilt auch für die GmbH & Co. KG. 83

3. BGB-Gesellschaft

Die Insolvenzfähigkeit der BGB-Gesellschaft war bislang nur im Bereich der Gesamtvollstreckungsordnung (§ 1 Abs. 1 Satz 1 GesO) anerkannt.[17] 84

BGB-Gesellschaften kommen in der Wirtschaftspraxis in einer Reihe von Varianten vor, z.B. 85

- Sicherheitenpools von mehreren Sicherungsnehmern zur gemeinsamen Durchsetzung der Sicherungsrechte (s.u.),

16 Vgl. *Wittkowski* in *Nerlich/Römermann* InsO § 93 Rz. 6.
17 Vgl. *Hess/Binz/Wienberg* GesO § 1 Rz. 10; *Kilger/K. Schmidt* KO/VglO/GesO § 1 GesO, 1c.

- Zusammenschlüsse von Freiberuflern zur gemeinsamen Praxisausübung (z.B. Ärzte, Rechtsanwälte, Architekten, Steuerberater, Wirtschaftsprüfer),
- zeitlich befristete Gelegenheitsgesellschaften (z.B. zur Durchführung eines Bauprojektes; typisches Beispiel hierfür ist die Arbeitsgemeinschaft des Baugewerbes (ARGE),
- überbetriebliche Zusammenschlüsse, z.B. Kartelle, Holdings, Gemeinschaftsbetriebe),
- gemeinsame Führung eines gewerblichen Unternehmens durch die Partner einer nichtehelichen Lebensgemeinschaft.

86 Als BGB-Gesellschaft insolvenzfähig ist auch die **Vorgründungsgesellschaft,** d.h. eine zum Zweck der Gründung einer GmbH oder AG eingegangene Verpflichtung mehrerer zukünftiger Gesellschafter.[18]

Beispiel 14

BGB-Gesellschaft

Das homosexuelle Paar D. und L. betreibt gemeinsam ein Szenerestaurant. Wegen hoher Zahlungsrückstände trägt sich der Bierlieferant B. mit dem Gedanken, einen Insolvenzantrag zu stellen. Er fragt den Rechtsanwalt R. um Rat. R erfährt auf Nachfrage, dass der Brauereivertrag mit B. von D. und L. gemeinsam abgeschlossen wurde. D. hatte des Weiteren zum Zweck des Restaurantbetriebes Tische und Stühle beschafft, während L die technische Ausrüstung, d.h. Kassen, Computer, Faxgerät und Telefon beigesteuert hat. Da beide in dem Restaurant mitarbeiten, und die erwirtschafteten Beträge offensichtlich in die gemeinsame Kasse fließen, entschließt sich R., einen Insolvenzantrag gegen die BGB-Gesellschaft, bestehend aus D und L, zu stellen.

Beispiel 15

BGB-Gesellschaft

Der Boutiquebesitzer Farrani (F) hat Ludwig L. Kleidung im Wert von 3.000,– € verkauft. Die Bezahlung sollte kulanterweise auf Rechnung erfolgen. Nachdem L. auch auf mehrmalige Mahnung hin nicht zahlt und F. von den Zahlungsschwierigkeiten der Restaurantbesitzer erfährt, entschließt er sich zur Stellung eines Insolvenzantrages.

Da die Forderung des F. nicht die BGB-Gesellschaft betrifft, sondern das persönliche Vermögen des L. tangiert, kommt nur der Antrag auf Eröffnung eines Insolvenzverfahren über das Vermögen des L. in Betracht.

18 Vgl. *Hess/Weis/Wienberg* InsO § 11 Rz. 15, 31.

4. Sonderformen der BGB-Gesellschaft

Zusammenschlüsse in **Sicherheitenpools** können insolvenzfähige BGB-Gesellschaften sein, deren Zweck es ist, die vom Schuldner oder Dritten gewährten Sicherheiten gemeinsam zu verwerten und den Erlös zu teilen. Beim Sicherheitenpoolvertrag schließen sich die dinglich oder schuldrechtlich gesicherten Gläubiger in der Insolvenz des gemeinsamen Schuldners zusammen, um durch eine gemeinsame Rechtsverfolgung tatsächliche Probleme bei der Ermittlung des Sicherungsgutes – die besonders bei Verarbeitung und Vermischung oder ungenauer Buchhaltung des Schuldners entstehen – zu verhindern und eine größtmögliche Befriedigung zu erlangen.[19] Werden die Sicherheiten nur im Rahmen einer unechten Treuhand auf einen Dritten übertragen, so liegt keine BGB-Gesellschaft vor, weil es an einem gemeinsamen Vermögen fehlt. Beim **Stimmrechtspool** schließen sich mehrere Gesellschafter zusammen mit dem Ziel, durch die gemeinsame Stimmrechtsausübung auf die Gesellschaft Einfluss zu nehmen. Hierbei wird kein Gesellschaftsvermögen gebildet, so dass keine BGB-Gesellschaft zustande kommt. 87

Ein **Patentpool** liegt vor beim Zusammenschluss mehrerer Einzelpatentinhaber. Zweck eines solchen Pools ist die optimale Verwertung der Patentrechte.[20] Bei einer einfachen Patentgemeinschaft gewähren die Vertragspartner sich gegenseitig die Nutzungsrechte an den jeweiligen Patenten, bei der treuhänderischen Patentgemeinschaft werden die Patente mehrerer Vertragspartner dergestalt zusammengefasst, dass sie auf ein Gemeinschaftsorgan übertragen werden, um dann im Wege einzelner Lizenzverträge auf die Partner übertragen zu werden.[21] 88

5. Partenreederei

Eine Partenreederei i.S.d. § 489 HGB liegt vor, wenn mehrere Personen ein ihnen gemeinschaftlich gehörendes Schiff zum Erwerb durch die Seefahrt auf gemeinsame Rechnung verwenden. Hierbei handelt es sich um eine Gesamthand und nicht um eine Form des Miteigentums[22]. 89

---

19 *Martinek* Moderne Vertragstypen, JuS-Schriftenreihe Bd. III, S. 143, *Obermüller* Handbuch Insolvenzrecht, Rz. 1249 ff.
20 *Martinek* a.a.O., Bd. III, S. 193.
21 *Martinek* a.a.O., Bd. III, S. 195.
22 *K. Schmidt* Handelsrecht, 4. Aufl. 1984, S. 107.

90 Die Partenreederei stellt eine Gesellschaft eigener Art dar, die klagen und verklagt werden kann.[23] Im Außenverhältnis ist sie ähnlich wie eine OHG zu behandeln. Schon bisher war die Partenreederei in entsprechender Anwendung der OHG-Regeln gem. § 209 KO konkursfähig.[24]

91 Da die Partenreederei, nachdem sie lange Zeit selten vorkam, in den letzten Jahren wieder erhebliche zahlen- und größenmäßige Bedeutung erlangt hat, hat der Gesetzgeber sie in § 11 Abs. 2 Nr. 1 InsO ausdrücklich als insolvenzfähig bezeichnet.

6. Partnerschaftsgesellschaft

92 Ihrer Rechtsnatur nach ähnelt die Partnerschaftsgesellschaft einer OHG (§ 7 Abs. 2 PartGG verweist u.a. auf § 124 HGB).

93 Die Partnerschaft ist als Gesamthandsgemeinschaft keine juristische Person, dieser aber als Rechtssubjekt und Trägerin des Gesellschaftsvermögens stark angenähert.[25] Eine Neuregelung enthält § 8 PartGG bezüglich der Haftung der Partner. Diese lehnt sich in den Grundzügen an §§ 128 ff. HGB an, wonach die Partner gesamtschuldnerisch neben dem Gesellschaftsvermögen haften.

94 Es besteht darüber hinaus die Möglichkeit, die vertragliche Haftung wegen fehlerhafter Berufsausübung auf einen Partner, der für das Vertragsverhältnis die Verantwortung übernommen hat, zu beschränken.[26]

95 Die Eröffnung des Insolvenzverfahrens und die Abweisung mangels Masse lösen die Partnerschaft auf. Die Eröffnung des Insolvenzverfahrens über das Vermögen eines Partners bewirkt hingegen nicht die Auflösung der Gesellschaft, sondern nur den Ausschluss dieses Partners.

23 *RG* vom 17.04.1909 – Rep 1218/08 – *RGZ* 71, 26.
24 *Kaempfe* Die Partenreederei als Kaufmann – Gedanken zu einer Reform, MDR 1982, 975, 976.
25 *K. Schmidt* Partnerschaftsgesetzgebung zwischen Berufsrecht, Schuldrecht und Gesellschaftsrecht, ZIP 1993, 633.
26 *Kempter* Das Partnerschaftsgesellschaftsgesetz, BRAK Mitt. 1994, 122, 124.

7. Europäische Wirtschaftliche Interessenvereinigung (EWIV)

Nach § 1 des EWIV-Ausführungsgesetzes vom 14.04.1988 (BGBl. 1 S. 514) finden auf die EWIV die Vorschriften über die OHG, mithin auch deren Insolvenzregeln entsprechende Anwendung.[27] Die EWIV ist nach deutschem Sachenrecht gem. § 11 Abs. 2 Nr. 1 InsO insolvenzfähig. **96**

Auf der Grundlage von Art. 235 EWG-Vertrag wurde mit der EWG-VO Nr. 2137/85 vom 25.07.1985 über die Schaffung einer Europäischen Wirtschaftlichen Interessenvereinigung (EWIV) erstmals eine Gesellschaftsform europäischen Rechts geschaffen (kurz: EWIV-VO). **97**

Ihrer Struktur nach ist die EWIV eine der französischen „groupement d'interet économique (GIE)“ nachgebildete rechtlich verselbstständigte Personengesellschaft mit unbeschränkter gesamtschuldnerischer Haftung ihrer Mitglieder und ähnelt damit am ehesten der deutschen OHG[28]. Dementsprechend zieht das bundesdeutsche Recht das Recht der OHG ergänzend heran.[29] Die EWIV soll nach den Vorstellungen des Gesetzgebers nicht selbst eine wirtschaftliche Tätigkeit ausüben, sondern vielmehr Möglichkeiten für die internationale Zusammenarbeit ihrer Mitglieder eröffnen.[30] **98**

Die Insolvenz der EWIV unterliegt gem. Art. 36 Satz 2 EWIV-VO den nationalen Insolvenzrechten – welches Recht anwendbar ist, bestimmt sich damit nach dem internationalen Privatrecht des jeweiligen Landes bzw. sofern das Europäische Konkursübereinkommen in Kraft treten sollte, nach diesem.[31] **99**

Gem. Art. 36 EWIV hat die Eröffnung des Insolvenzverfahrens über das Vermögen der Vereinigung nicht automatisch eine Verfahrenseröffnung gegen die Mitglieder zur Folge.[32] **100**

27 BT-Drucks. 12/2443 S. 112; s. auch *Knoll/Schüppen* WiB 1994, 889.
28 *Müller-Gulgenberger* EWIV – Die neue europäische Gesellschaftsform, NJW 1989, 1449, 1451.
29 § 1 EWIV-AG; *Wegener* a.a.O.
30 *Wegener* a.a.O.
31 *Gallske* Die Europäische Wirtschaftliche Interessenvereinigung (EWIV) – eine neue supranationale Unternehmensform als Kooperationsinstrument in der Europäischen Gemeinschaft, DB 1985, 1 ff., 10.
32 Vgl. *Gauske* DB 1985, 1, 10, 20.

8. Faktische Gesellschaften

101 Insolvenzfähig sind die faktische Personengesellschaft, die fehlerhafte Personengesellschaft, die Vor- und Vorgründungsgesellschaft einer offenen Handelsgesellschaft und einer Kommanditgesellschaft.

9. Nicht insolvenzfähige Personenmehrheiten

102 Nicht insolvenzfähig sind demgegenüber

- die stille Gesellschaft des Handelsgesetzbuches. Zulässig ist jedoch das Insolvenzverfahren über das Vermögen des Inhabers der stillen Gesellschaft; dessen Insolvenz oder die Insolvenz des stillen Gesellschafters lösen die Gesellschaft auf[33],
- die Scheingesellschaft, bei der sich eine Personenmehrheit als offene Handelsgesellschaft geriert, ohne dass ein Gesellschaftsvertrag, oder auch nur ein vollkaufmännisches Gewerbe beabsichtigt ist. Sie ist nicht insolvenzfähig, weil es schon an der Parteifähigkeit fehlt.

III. Sondermasse des Zivilrechts

1. Nachlass

103 Die Insolvenzfähigkeit des Nachlasses ergibt sich aus §§ 11 Abs. 2 Nr. 2, 315 InsO.

104 Im Fall des Nachlassinsolvenzverfahrens betrifft die Gesamtvollstreckung nicht das Vermögen einer natürlichen oder juristischen Person, sondern ein nicht rechtsfähiges Sondervermögen. Das Insolvenzverfahren über den Erbteil als solchen ist unzulässig.

105 Schuldner sind die Erben, soweit sie Träger des Sondervermögens sind; es handelt sich also um eine Sonderinsolvenz der Erben.[34] Gem. § 1975

33 *Kuhn/Uhlenbruck* KO, § 207 Vorbem. C 1. *Obermüller* DB 1973, 268; *Schmidt* KTS 1977, 1 ff., 65 ff.

34 *Baumann/Alisch* § 14 I 1b; s. im Einzelnen Rz. 10.

BGB wird die Haftung des Erben für die Nachlassverbindlichkeiten auf den Nachlass beschränkt, wenn das Nachlassinsolvenzverfahren eröffnet worden ist.

Die Eigenart als Sonderinsolvenzverfahren bedingt eine völlige Trennung von dem "normalen" Insolvenzverfahren über das Vermögen des Erben und auch der als Insolvenzobjekt jeweils in Betracht kommenden Vermögensmassen[35]. **106**

Zum einen sind ein Nachlassinsolvenzverfahren und die eventuelle Eigeninsolvenz des Erben verfahrensmäßig getrennt, und zwar unabhängig davon, ob die Erbschaft angenommen worden oder die Erbenhaftung noch nach Maßgabe der bürgerlich-rechtlichen Bestimmung[36] beschränkbar ist.[37] So ist die Eröffnung eines Nachlassinsolvenzverfahrens z.B. auch dann noch möglich, wenn der Erbe die Frist zur Inventarerstellung gemäß § 1994 BGB versäumt hat und aus diesem Grund unbeschränkt haftet.[38] Auf Seiten des Erben ist in diesem Fall allerdings trotz der Eröffnung des Nachlassinsolvenzverfahrens eine Berufung auf die Haftungsbeschränkung des § 1975 BGB verwehrt. **107**

Darüber hinaus ist die Teilnahmeberechtigung der Gläubiger davon abhängig, auf welche der Vermögensmassen sich ihre Forderungsberechtigung bezieht. Insolvenzgläubiger im Nachlassinsolvenzverfahren sind ausschließlich die Nachlassgläubiger, als die Gläubiger von Nachlassverbindlichkeiten i.S.d. § 325 InsO. Die Eigengläubiger der Erben können am Nachlassinsolvenzverfahren nicht teilnehmen, auch nicht bei unbeschränkter Haftung des Erben für die Nachlassverbindlichkeiten. **108**

Der Erbe eines überschuldeten Nachlassers sollte zur Vermeidung der persönlichen Haftung das Nachlassinsolvenzverfahren einleiten, sofern nicht eine Ausschlagung der Erbschaft in Betracht kommt. **TIPP**

Im gesonderten Eigeninsolvenzverfahren der Erben können die Nachlassgläubiger nur nach Maßgabe des § 331 i.V.m. § 52 InsO neben den eigentlichen Gläubigern ihre Ausfallforderung geltend machen. Das Objekt des Nachlassinsolvenzverfahrens ist der Nachlass eines Verstorbenen (§ 1922 BGB) oder eines nach Maßgabe der Bestimmungen des Verschollenheitsgesetzes für tot Erklärten.[39] **109**

---

35 Vgl. insoweit *Kuhn/Uhlenbruck* KO, § 214 Rz. 14: keine Auflösung der Gesellschaft; vgl. auch zur Nachlasszugehörigkeit vererbter Personengesellschaftsbeteiligungen *Esch* NJW 1984, 339, 342.

36 Vgl. §§ 1975 ff. BGB.

37 Vgl. *Baumann/Alisch* a.a.O.

38 *Lück* PdW S. 200.

39 *Kilger/K. Schmidt* KO/VglO/GesO, § 214 KO, 1; s. zum Wiederauftauchen eines Verschollenen *Kilger/K. Schmidt* KO/VglO/GesO, § 216 KO, 4.

Beispiel 16

Nachlassinsolvenzverfahren

Nach dem Tod ihrer in Mainz ansässigen Tante S., die als Kauffrau in Wiesbaden tätig war, befürchtet die Alleinerbin L. die Inanspruchnahme durch Gläubiger der S. Sie beantragt daher beim AG Mainz die Eröffnung des Nachlassinsolvenzverfahrens über den Nachlass der S. In dem Eröffnungsantrag beruft sich L auf Überschuldung.

L. ist als Erbin gemäß § 317 InsO zwar insolvenzantragsberechtigt, das AG Mainz wird über den Antrag auf Eröffnung des Nachlassinsolvenzverfahrens jedoch nicht entscheiden, da es nicht örtlich zuständig ist. Grundsätzlich ist nach § 315 Satz 1 InsO das Insolvenzgericht am letzten Wohnsitz des Verstorbenen zuständig; etwas anderes gilt aber, wenn wie im vorliegenden Fall der Mittelpunkt der wirtschaftlichen Tätigkeit an einem anderen Ort lag (§ 315 Satz 2 InsO). Das AG Mainz wird auf Antrag der L das Verfahren an das zuständige Insolvenzgericht in Wiesbaden verweisen. Dieses wird das Nachlassinsolvenzverfahren eröffnen, wenn tatsächlich eine Überschuldung des Nachlasses besteht, da im Nachlassinsolvenzverfahren, anders als bei der Insolvenz noch lebender Personen sowohl Überschuldung als auch Zahlungsunfähigkeit als Eröffnungsgründe in Betracht kommen (§ 320 InsO).

Beispiel 17

Nachlassinsolvenzverfahren

Abwandlung 1: Zum Zeitpunkt des Eröffnungsantrages war bereits die Nachlassverwaltung angeordnet. Der Nachlassverwalter N. stellt einen Insolvenzantrag. Die bereits bestehende Nachlassverwaltung hindert die Eröffnung eines Nachlassinsolvenzverfahrens nicht, da die Nachlassverwaltung einen anderen Zweck als das Nachlassinsolvenzverfahren verfolgt. Während das Nachlassinsolvenzverfahren die Verwertung und Verteilung der Masse zum Gegenstand hat, ist die Nachlassverwaltung darauf gerichtet, die Masse zu erhalten und Verbindlichkeiten der Gläubiger zu erfüllen.[40] Als Nachlassverwalter ist N. nach § 317 Abs. 1 InsO zur Stellung eines Eröffnungsantrages berechtigt.

Beispiel 18

Nachlassinsolvenzverfahren

Abwandlung 2: Gläubiger G. erfährt nach seiner Rückkehr von einer mehrjährigen Weltreise vom Tod seines Schuldners S. Nachdem ihm dessen Witwe W. mitgeteilt hat, dass der Nachlass bereits unter den 5 Erben verteilt worden sei, stellt G. Antrag auf Eröffnung des Nachlassinsolvenzverfahrens. Der Antrag des G. ist unzulässig, wenn seit der Annahme der Erbschaft zwei Jahre verstrichen sind (§ 319 InsO).

Demgegenüber könnte W., auch nach der Teilung des Nachlasses noch einen Insolvenzantrag stellen (§§ 316 Abs. 2, 317 InsO).

40 Vgl. *Lück* PdW, S. 199.

2. Gesamtgut der fortgesetzten Gütergemeinschaft

Die Besonderheit der fortgesetzten Gütergemeinschaft besteht darin, dass vier Vermögensmassen vorhanden sind: 110

- Gesamtgut der fortgesetzten Gütergemeinschaft,
- Sondergut des Überlebenden,
- Vorbehaltsgut des Überlebenden,
- Vermögen der Abkömmlinge.

Schuldner im Insolvenzverfahren des Gesamtguts bei fortgesetzter Gütergemeinschaft ist, trotz des Eintritts der gemeinschaftlichen Abkömmlinge in die Gesamthand, nur der überlebende Ehegatte. 111

Im Gesamtgutinsolvenzverfahren ist die Insolvenzmasse das Gesamtgut zum Zeitpunkt des Eintritts der fortgesetzten Gütergemeinschaft[41], nicht erst zum Zeitpunkt der Eröffnung des Insolvenzverfahrens. 112

3. Das gemeinschaftlich verwaltete Gesamtgut einer Gütergemeinschaft

§ 11 Abs. 2 Nr. 2 i.V.m. §§ 333, 334 InsO eröffnet die Möglichkeit, trotz fehlender Rechtspersönlichkeit des Gesamtgutes bei gemeinschaftlicher Verwaltung desselben, über das Gesamtgut als solches ein selbstständiges Insolvenzverfahren zu eröffnen. Schuldner in diesem Verfahren ist nicht das – nicht rechtsfähige – Gesamtgut, sondern es sind beide Ehegatten.[42] 113

Die gleichzeitige Schuldnerstellung beider Ehegatten hat auch verfahrensrechtliche Auswirkungen; bei Stellung des Insolvenzantrages durch beide Ehegatten gleichzeitig entfällt die Notwendigkeit der Glaubhaftmachung eigener Zahlungsunfähigkeit (arg. E. contrario aus § 333 Abs. 2 Satz 2 InsO); außerdem ist in diesem Fall bereits die drohende Zahlungsunfähigkeit Eröffnungsgrund. 114

---

41 H.M.; vgl. nur *Jaeger/Weber* KO, § 236 Rz. 22; *Kuhn/Uhlenbruck* KO, § 236 Rz. 2; s. auch § 236 Abs. 1 Satz 2 sowie *Palandt-Diederichsen* BGB, § 1483 Rz. 2, § 1485 Rz. 1.

42 Vgl. *Schuler* NJW 1958, 1610; s. auch *Kuhn/Uhlenbruck* KO, § 236 Rz. 3 unter Hinweis auf § 1459 Abs. 2 BGB.

Beispiel 19

Insolvenz der fortgesetzten Gütergemeinschaft

Das Ehepaar E. lebt im Güterstand der Gütergemeinschaft. Nach dem Tod ihres Mannes wird die Gütergemeinschaft zwischen Frau E. und den gemeinsamen Kindern J. und M. fortgesetzt. Als der Gläubiger G. eine Forderung über 50.000,00 € geltend macht, die ihm bereits vor dem Tod des Mannes gegen das Gesamtgut zustand, stellt Frau E. Insolvenzantrag.

Gemäß § 332 InsO finden auf das Insolvenzverfahren über das Gesamtgut der fortgesetzten Gütergemeinschaft die Bestimmungen über das Nachlassinsolvenzverfahren Anwendung. E kann, daher, um einen Zugriff des G. auf ihr Eigenvermögen zu unterbinden, die Eröffnung eines Insolvenzverfahrens beantragen[43].

IV. Juristische Personen des Zivilrechts

115 Insolvenzfähig sind die juristischen Personen des Zivilrechts (§ 11 Abs. 1 Satz 1 InsO), d.h.

a) die Aktiengesellschaft,
b) die Kommanditgesellschaft auf Aktien,
c) die Gesellschaft mit beschränkter Haftung,
d) die Genossenschaft,
e) der rechtsfähige und der nicht rechtsfähige Verein, der durch § 11 Abs. 1 Satz 2 InsO ausdrücklich einer juristischen Person gleichgestellt wird,
f) die Stiftung,
g) die aufgelöste juristische Person oder die aufgelöste Gesellschaft ohne Rechtspersönlichkeit, solange die Verteilung des Vermögens nicht vollzogen ist (§ 11 Abs. 3 InsO),
h) die Vorgründungsgesellschaft einer Aktiengesellschaft (die sich entweder als Gründungsverein oder als BGB-Gesellschaft oder, wenn sie einen vollkaufmännischen Geschäftsbetrieb unterhält, als OHG darstellt), die Vorgesellschaft einer AG (die Aktiengesellschaft ist gegründet, aber noch nicht im Handelsregister eingetragen),
i) die aufgelöste Aktiengesellschaft, soweit das Vermögen noch nicht verteilt ist, und die für nichtig erklärte Aktiengesellschaft (§ 275 AktG).

---

43 Vgl. § 1489 Abs. 2 InsO.

V. Juristische Personen des Öffentlichen Rechts

Juristische Personen des öffentlichen Rechts sind gemäß § 11 Abs. 1 Satz 1 InsO ebenfalls grundsätzlich insolvenzfähig, allerdings gibt es hier zahlreiche Ausnahmen. 116

So ist nach § 12 Abs. 1 Nr. 1 InsO das Insolvenzverfahren über das Vermögen der Bundesrepublik Deutschland oder eines Bundeslandes unzulässig. 117

Beispiel 20

Keine Insolvenz des Bundes

Im Laufe der Haushaltsdebatte 2000 stellt sich heraus, dass die Bundesrepublik Deutschland aufgrund steigender Militärausgaben und mehrfachen Kindergelderhöhungen überschuldet ist. Bundeskanzler Sch. beschließt daher, Insolvenzantrag beim Insolvenzgericht Berlin-Charlottenburg zu stellen und sich in sein Ferienhaus in der Toscana zurückzuziehen.

Da ein Insolvenzverfahren über das Vermögen der Bundesrepublik Deutschland unzulässig ist, wird das Insolvenzgericht den Antrag zurückweisen.

Für die Gemeinden haben die Bundesländer Ausnahmen von dem Grundsatz der Insolvenzfähigkeit aufgrund des Vorbehaltes in Art. IV des Einführungsgesetzes zu dem Gesetz betreffend Änderungen der Konkursordnung vom 17.05.1898 (RGBl. I S. 248) durch besondere gesetzliche Regelungen zugelassen, deren Gültigkeit von § 12 Abs. 1 Nr. 2 InsO bestätigt wird. Die aufgrund dieser Bestimmung ergangenen landesrechtlichen Regelungen schließen die Insolvenzfähigkeit weitgehend aus. So enthalten sämtliche deutsche Gemeindeordnungen einen dem § 116 DGO entsprechenden Ausschluss des Insolvenzverfahrens über das Vermögen einer Gemeinde.[44] 118

Die Kirchen und ihre Organisationen, soweit sie als Körperschaften öffentlichen Rechts anerkannt sind, sind nicht insolvenzfähig.[45] 119

Sonstige Körperschaften und Anstalten des öffentlichen Rechts sind grundsätzlich insolvenzfähig. Bund und Länder können jedoch kraft Gesetzes Sonderregelungen treffen.[46] Der Insolvenzfähigkeit öffentlich-rechtlicher 120

44 *Kilger/K. Schmidt* KO/VglO/GesO § 213 KO, 1.

45 *BVerfG* vom 13.12.1983 – 2 BvL 13-15/82 – *BVerfGE* 66, 1; BT-Drucks. 12/7302 S. 156.

46 *BVerfG* vom 23.03.1982 – BvL 13/79 – ZIP 1982, 713; vom 05.10.1993 – 1 BvL 34/81 – NJW 1994, 1465; vgl. *Everhardt/Gaul* BB 1976, 467; *Kleber* ZIP 1982, 1299; *Stoll* KTS 1992, 521 sowie für die öffentlich-rechtlichen Kreditanstalten in Bayern *Peitsch* BayVBl 1971, 178, 254; vgl. auch *Säuberlich* BB 1979, 168; für juristische Personen des öffentlichen Rechts in Hessen *BVerfG* vom 06.12.1983 – 2 BvL 1/82 – ZIP 1984, 344.

Anstalten kommt allerdings kaum Bedeutung zu, da die auf Gesetz[47] bzw. allgemeinen Verwaltungsgrundsätzen[48] beruhende Anstaltslast[49] den Anstaltsträger verpflichtet, eine etwaige Unterbilanz durch Zuschüsse auszugleichen.

---

47 Vgl. z.B. die Sparkassengesetze der Länder, wie § 5 SparkG NRW, § 3 Hessisches SparkG.

48 *Wolf/Bachof* Verwaltungsrecht, Band II, 4. Aufl. 1976, § 100, IIb 4; *Ahlers* ZKW 1974, 57; *Everhardt/Gaul* BB 1976, 467; Preußisches VwBl. 1119, 280 f.; *Schmidt* ZKW 1981, 762.

49 Zu Begriff und Umfang vgl. *Oebbecke* DVBI 1981, 960; ders. ZKW 1982, 60.

B. Das Insolvenzeröffnungsverfahren

I. Die allgemeinen Verfahrensgrundsätze für das Insolvenzrecht

1. Sachliche Zuständigkeit

Nach § 2 InsO soll die Zahl der Insolvenzgerichte auf diejenigen Amtsgerichte, in deren Bezirk auch ein Landgericht seinen Sitz hat, reduziert werden (§ 2 Abs. 1 InsO). Damit sollten nach der Intention des Gesetzgebers die Regelungen der Konkursordnung (§ 71 KO) und der Gesamtvollstreckungsordnung (§ 1 Abs. 2 GesO), wonach alle Amtsgerichte bzw. vor der Reform der Gerichtsbarkeit die Kreisgerichte als Gesamtvollstreckungsgericht zuständig sind, zur Ausnahme werden. Gleichzeitig wurden jedoch die Landesregierungen in § 2 Abs. 2 InsO ermächtigt, diese Zuständigkeitsregelungen zu modifizieren. Nach § 71 Abs. 2 KO waren die Landesregierungen ermächtigt, ausnahmsweise in dem jeweiligen Bundesland die Konkursgerichte auf wenige Gerichte zu konzentrieren. **121**

Da mit der Bündelung von Insolvenzverfahren auf die Insolvenzgerichte ein erhöhter Arbeitsaufwand zugekommen wäre, enthalten einige landesrechtliche Verordnungen Regelungen, wonach alles so bleibt wie es bisher war. **122**

Zur Übersicht über die Insolvenzgerichte in den Bundesländern[50]	
Bundesland	**Insolvenzgerichte**
Baden-Württemberg	Aalen, Baden-Baden, Crailsheim, Esslingen, Freiburg, Göppingen, Hechingen, Heidelberg, Heilbronn, Karlsruhe, Konstanz, Lörrach, Ludwigsburg, Mannheim, Mosbach, Offenburg, Pforzheim, Ravensburg, Rottweil, Stuttgart, Tübingen, Ulm, Villingen-Schwenningen, Waldshut-Tiengen

50 Vgl. zu den Einzelheiten *Hess/Weis/Wienberg*, InsO § 2 Rz. 16; vgl. auch die unter www.rws-verlag.de abgedruckte Übersicht zu laufenden Insolvenzverfahren.

Bundesland	Insolvenzgerichte
Bayern	Amberg, Ansbach, Aschaffenburg, Augsburg, Bamberg, Bayreuth, Coburg, Deggendorf, Fürth, Hof, Ingolstadt, Kaufbeuren, Kempten/Allgäu, Landshut, Memmingen, Mühldorf a.d. Inn, München, Neu-Ulm, Nördlingen, Nürnberg, Passau, Regensburg, Rosenheim, Schweinfurt, Straubing, Traunstein, Weisen i.d. Opf., Weilheim, Wolfratshausen, Würzburg;
Berlin	1. für Verbraucherinsolvenzverfahren und sonstige Kleinverfahren nach dem 9. Teil der InsO jedes AG für seinen Gerichtsbezirk 2. für die übrigen Insolvenzverfahren das AG Charlottenburg, für den LG-Bezirk Berlin
Brandenburg	Cottbus, Frankfurt/Oder, Neuruppin, Potsdam
Bremen	Bremen, Bremerhaven
Hamburg	Hamburg
Hessen	Bad Hersfeld, Bad Homburg, Darmstadt, Eschwege, Frankfurt/M., Friedberg, Fulda, Gießen, Hanau, Kassel, Königstein, Korbach, Limburg, Marburg, Offenbach/M., Wetzlar, Wiesbaden
Mecklenburg-Vorpommern	Neubrandenburg, , Rostock, Schwerin, Stralsund
Niedersachsen	Aurich, Bersenbrück, Braunschweig, Bückeburg, Celle, Cloppenburg, Cuxhaven, Delmenhorst, Gifhorn, Goslar, Göttingen, Hameln, Hannover, Hildesheim, Holzminden, Leer, Lingen/Ems, Lüneburg, Meppen, Nordenham, Nordhorn, Oldenburg, Osnabrück, Osterode am Harz, Stade, Syke, Tostedt, Uelzen, Vechta, Verden/Aller, Walsrode, Wilhelmshaven, Wolfsburg;
Nordrhein-Westfalen	Aachen, Arnsberg, Bielefeld, Bochum, Bonn, Detmold, Dortmund, Düsseldorf, Duisburg, Essen, Hagen, Kleve, Köln, Krefeld, Mönchengladbach, Münster, Paderborn, Siegen, Wuppertal;
Rheinland-Pfalz	Alzey, Bad Kreuznach, Bad Neuenahr-Ahrweiler, Betzdorf, Bingen, Bitburg, Cochem, Idar-Oberstein, Kaiserslautern, Koblenz, Landau/Pfalz, Ludwigshafen a. Rhein, Mainz, Mayen, Montabaur, Neustadt/Weinstr., Neuwied, Pirmasens, Trier, Wittlich, Worms, Zweibrücken
Saarland	AG Saarbrücken, Außenstelle Sulzbach
Sachsen	Chemnitz, Dresden, Leipzig
Sachsen-Anhalt	Dessau, Halle-Saalkreis, Magdeburg und Stendal
Schleswig-Holstein	Eutin, Flensburg, Husum, Itzehoe, Kiel, Lübeck, Meldorf, Neumünster, Niebüll, Norderstedt, Pinneberg, Reinbek
Thüringen	Erfurt, Gera, Meiningen und Mühlhausen

2. Örtliche Zuständigkeit

Örtlich zuständig ist ausschließlich das Insolvenzgericht, in dessen Bezirk der Schuldner seinen allgemeinen Gerichtsstand hat (§ 3 InsO, §§ 13 bis 19 ZPO). Sofern der Mittelpunkt einer selbstständigen wirtschaftlichen Tätigkeit des Schuldners an einem anderen Ort liegt, ist davon abweichend ausschließlich das Insolvenzgericht zuständig, in dessen Bezirk dieser Ort liegt. Maßgeblich ist der Ort der Hauptniederlassung. Eine Zweigniederlassung ist auch dann nicht maßgeblich, selbst wenn sie einen eigenen Geschäftsbetrieb unterhält. 123

Da die sachliche und örtliche Zuständigkeit des Amtsgerichts ausschließlich ist, ist eine Gerichtsstandsvereinbarung unzulässig. 124

Das örtlich unzuständige Gericht hat einen Insolvenzantrag als unzulässig abzuweisen, wenn trotz Anregung des Gerichts (§ 139 ZPO) ein Verweisungsantrag an das zuständige Gericht nicht gestellt wird. Falls mehrere Gerichte zuständig sind, schließt das Gericht, bei dem zuerst die Eröffnung des Insolvenzverfahrens beantragt worden ist, die übrigen aus. Bei Ungewissheit über die Frage, welches Amtsgericht für die Eröffnung eines Insolvenzverfahrens zuständig ist, kann in direkter oder analoger Heranziehung des § 36 ZPO eine Gerichtsstandsbestimmung Platz greifen.[51] Gem. § 36 ZPO kann im Fall eines Kompetenzkonfliktes zwischen mehreren Gerichten das im Rechtszug nächsthöhere gemeinsame Gericht bestimmen, welches der in Betracht kommenden Gerichte als Insolvenzgericht zuständig ist. Von Bedeutung ist dies insbesondere in der Insolvenz einer BGB-Gesellschaft, wenn wegen Fehlens einer gewerblichen Niederlassung kein gemeinsamer Gerichtsstand der einzelnen Gesellschafter besteht.[52] 125

Beispiel 21

Verfahrenseröffnung trotz örtlicher Unzuständigkeit

> Die in Halle an der Saale ansässige Schuldnerin A-GmbH, die eine Tochter der in B. ansässigen A-KG ist, und zu einem Verbund von insgesamt zehn Gesellschaften gehört, beantragte in Halle an der Saale die Eröffnung des Insolvenzverfahren über ihr Vermögen. In dem Antrag weist sie auf ein anhängiges Eröffnungsverfahren beim AG Herford bzgl. der übrigen zur Unternehmensgruppe gehörenden Gesellschaften hin. Das AG Halle an der Saale verweist die Sache daraufhin an das AG Herford, welches kurze Zeit später das Insolvenzverfahren eröffnete (abgewandelter Fall nach BGH vom 22.01.1998 – IX ZR 99/97 – ZIP 1998, 477). Ist die Verfahrenseröffnung wirksam?

51 *OLG München* vom 23.10.1986 – 22 Ar 109/86 – BB 1987, 156.
52 *BAG* vom 09.02.1951 – I AZR 29/51 – NJW 1951, 312.

Die Verfahrenseröffnung ist trotz der örtlichen Unzuständigkeit des AG Herford wirksam. Die fehlende örtliche Zuständigkeit ist kein zur Nichtigkeit führender Mangel[53] kann jedoch im Wege der sofortigen Beschwerde gemäß § 34 InsO gerügt werden.

3. Funktionelle Zuständigkeit

126 Die Durchführung des Insolvenzverfahren ist grundsätzlich gemäß § 3 Nr. 2e RPflG dem Rechtspfleger übertragen. Ausnahmen, in denen der Richter zuständig ist gelten für[54]:

- die Entscheidung über die Eröffnung des Insolvenzverfahrens (§ 18 Abs. 1 Nr. 1 RPflG), d.h. Eröffnungsantrag, Prüfung des Eröffnungsgrundes, Anhörung des Schuldners, Anordnung von Sicherungsmaßnahmen, Bestimmung der Anmeldefristen, des allgemeinen Prüfungstermins und des Termins der ersten Gläubigerversammlung; Ersuchen um Eintragung des Insolvenzvermerks, Eröffnung des Verfahrens oder Abweisung mangels Masse,
- die Ernennung des Insolvenzverwalters (§ 18 Abs. 1 Nr. 1 RPflG),
- das Verfahren über einen Schuldenbereinigungsplan nach §§ 305 – 310 InsO (§ 18 Abs. 1 Nr. 1 RPflG),
- die Entscheidungen im Rahmen eines Restschuldbefreiungsverfahrens (§ 18 Abs. 1 Nr. 2 RPflG).

127 Außerdem kann der Richter sich nach § 18 Abs. 2 RpflG das Verfahren ganz oder teilweise vorbehalten oder nach Abgabe an den Rechtspfleger wieder an sich ziehen, sofern er dies für erforderlich hält.

4. Anwendbarkeit der Zivilprozeßordnung (ZPO)

128 § 4 InsO ordnet das Insolvenzverfahren der streitigen Gerichtsbarkeit zu, so dass, soweit keine Sonderregeln im Rahmen der Insolvenzordnung gelten, die Zivilprozeßordnung und das Gerichtsverfassungsgesetz eingreifen, nicht aber die Vorschriften der freiwilligen Gerichtsbarkeit.

53 Vgl. *BGH* a.a.O.
54 Krit. zur Abgrenzung der funktionellen Zuständigkeit *Helwich* MDR 1997, 13.

Abweichend von der Zivilprozeßordnung bestimmt die Insolvenzordnung, dass für das Insolvenzverfahren der Amtsbetrieb gilt (§ 5 InsO), dass die Entscheidungen des Gerichts ohne mündliche Verhandlung ergehen können (§ 5 Abs. 2 InsO) und dass Tabellen und Verzeichnisse maschinell hergestellt und bearbeitet werden können (§ 5 Abs. 3 InsO). 129

Anwendbar sind die Vorschriften der Zivilprozeßordnung und des Gerichtsverfassungsgesetzes über 130

a) den allgemeinen Gerichtsstand (§§ 13 ff. ZPO), 131

Beispiel 22

Allgemeine Zuständigkeitsregelung

> Alfons U. aus Berlin schuldet dem im Insolvenzverfahren befindlichen Hubert E. aus Halle an der Saale noch 40.000,00 €. Der Insolvenzverwalter Bruno M. verklagt den E. in Halle, weil er der Auffassung ist, dass der Sitz des Schuldners maßgeblich ist.
>
> Für Klagen ist gemäß § 12 ZPO der allgemeine Gerichtsstand des Gegners maßgeblich, wenn kein ausschließlicher Gerichtsstand gegeben ist. Nach §§ 12, 13 ZPO bestimmt sich der allgemeine Gerichtsstand einer natürlichen Person nach dem Wohnort, d.h. im Fall des U. ist Berlin zuständig. Der abweichende besondere Gerichtsstand des § 19a ZPO greift vorliegend nicht ein, da er sich ausschließlich auf Passivklagen gegen die Masse bezieht.

b) die Ablehnung und Ausschließung von Gerichtspersonen (§§ 41, 42 ZPO)[55], 132

Beispiel 23

Ablehnungsrecht gegenüber Richter

> Der im Insolvenzverfahren befindliche Martin A. hat beim Insolvenzgericht L. bereits bei Insolvenzantragstellung die Gewährung der Restschuldbefreiung beantragt. Beim Schlusstermin teilt ihm die zwischenzeitlich zuständige Richterin Andrea A., seine Ex-Ehefrau mit, dass sie es auf keinen Fall zulasse, dass A. sich auf diese Weise von seinen Verbindlichkeiten befreie. Martin A. verlässt den Schlusstermin empört, nachdem er sich ausgiebig über die Ungerechtigkeit der Justiz, die eine Entscheidung durch seine Exfrau gegen ihn ermögliche, ausgelassen hat.
>
> Andrea A. ist gemäß § 41 Nr. 2 ZPO von der Ausübung des Richteramtes kraft Gesetzes ausgeschlossen, da sie in Sachen ihres Ehemannes bzw. Ex-Ehemannes nicht tätig werden kann. Da A. dennoch tätig geworden ist und sich Martin A. nicht rügelos hierauf eingelassen hat[56], kann Martin A. ein Ablehnungsgesuch nach §§ 42, 44 ZPO stellen.

55 *OLG Koblenz* vom 12.10.1970 – 4 W 228/70 – KTS 1971, 220; *LG Düsseldorf* vom 23.04.1985 – 25 T 106/85 – ZIP 1985, 631.

56 Vgl. § 44 ZPO.

Beispiel 24

Ablehnungsrecht gegenüber Rechtspfleger

Zwischen Rechtspfleger Stefan F. und Insolvenzverwalter Emil D. kommt es im Verlauf des Insolvenzverfahren zu Unstimmigkeiten, die damit enden, dass D. den F. wegen Beleidigung und Nötigung anzeigt. Daraufhin weigert sich F. den Vergütungsantrag des D. ordnungsgemäß zu bescheiden. D. stellt daraufhin eine Ablehnungsgesuch.

Die Regeln über die Ausschließung und Ablehnung von Richtern gelten gemäß § 20 RPflG für Rechtspfleger entsprechend. § 42 Abs. 2 ZPO sieht vor, dass eine Ablehnung des Richters wegen der Besorgnis der Befangenheit möglich ist, wenn ein Grund vorliegt, der geeignet ist, Misstrauen gegen die Unparteilichkeit des Richters zu rechtfertigen. Ein solcher Grund kann z.B. in Gestalt wechselseitiger Strafanzeigen und Beleidigungen gegeben sein.[57]

133 c) die Prozesskostenhilfe für den Insolvenzgläubiger (§ 114 ZPO)[58] und der Insolvenzverwalter kann gem. § 116 Abs. 1 Nr. 1 ZPO Prozesskostenhilfe für Masseprozesse beantragen, wenn die Kosten aus dem verwalteten Vermögen nicht aufgebracht werden können und dem wirtschaftlich beteiligten Gläubiger nicht zuzumuten ist, die Kosten aufzubringen,

134 d) die Berichtigung von Beschlüssen (§ 319 ZPO),

Beispiel 25

Berichtigung von Beschlüssen

Insolvenzrichter Lothar Ü. hat in dem Eröffnungsbeschluss in dem Insolvenzverfahren über das Vermögen des Markus H. versehentlich eine falsche Adresse angegeben. Er veranlasst, dass der Fehler in dem Beschluss durch die Geschäftsstelle berichtigt wird.

135 e) die Beschwerden (§§ 567 ff. ZPO, soweit keine Spezialregelung in der Insolvenzordnung vorgesehen ist, vgl. dazu §§ 6, 7 InsO),

Beispiel 26

Beschwerde im Insolvenzverfahren

Schuldner Armin O. legt gegen den Beschluss mit dem die Eröffnung des Insolvenzverfahrens über sein Vermögen angeordnet wurde, sofortige Beschwerde zum übergeordneten LG ein.

Hier ist die sofortige Beschwerde statthaft. Gemäß § 6 InsO ist die sofortige Beschwerde auf die Fälle beschränkt, in denen das Gesetz sie ausdrücklich vorsieht. Gegen den Beschluss über die Eröffnung des Insolvenzverfahrens ist gemäß § 34 InsO die sofortige Beschwerde statthaft. Die Einlegung der Beschwerde, d.h. Form und Frist richten sich demgegenüber nach der Zivilprozeßordnung. Im Fall der sofortigen Beschwerde hat die Einlegung wegen § 577 Abs. 2 ZPO beim Beschwerdegericht zu erfolgen.

---

57 *Thomas/Putzo* ZPO, § 42 Rz. 10.
58 Vgl. auch *AG Köln* vom 19.08.1971 – 171 N 152/71 – KTS 1972, 126.

e) die Bestimmungen des zuständigen Gerichts (§ 36 ZPO), 136

Beispiel 27

Zuständigkeit gemäß § 36 ZPO

> Die Kleingewerbetreibende Jutta K. stellt beim Insolvenzgericht Wiesbaden einen Insolvenzantrag. Das Insolvenzgericht weist den Antrag mit der Begründung zurück, es sei nicht zuständig, da der Wohnort von Jutta K. in Mainz sei. Das Insolvenzgericht Mainz erklärt sich ebenfalls für unzuständig, da der Schwerpunkt der wirtschaftlichen Tätigkeit der K. in Wiesbaden liege. In diesem Fall bestimmt der BGH als gemeinsames übergeordnetes Gericht, das zuständige Insolvenzgericht.

f) die Beweisaufnahme (§§ 355 ff. ZPO), 137

Beispiel 28

Beweisaufnahme

> Dem Insolvenzrichter Rudi Z. liegt ein Insolvenzantrag vor, mit dem ein Gläubiger die Eröffnung des Insolvenzverfahrens über das Vermögen der Veronika S. begehrt. Rudi Z. zweifelt aufgrund der von S. erteilten Auskunft an der behaupteten Zahlungsunfähigkeit der S. und vernimmt zu dieser Frage mehrere Zeugen.

g) die Eidesstattliche Versicherung (§§ 900 ff. ZPO), 138

Beispiel 29

Eidesstattliche Versicherung

> Insolvenzverwalterin Diana P. hat in dem Insolvenzverfahren über das Vermögen des Karl L. ein Vermögensverzeichnis erstellt. Da sie die Vermutung hegt, L. könnte Vermögensgegenstände verheimlichen, stellt sie beim Insolvenzgericht den Antrag, dem Schuldner gemäß § 153 Abs. 2 InsO aufzugeben, die Vollständigkeit der Vermögensübersicht eidesstattlich zu versichern.

h) die Fristen (§§ 217 ff. ZPO). Ein Gericht verletzt den Anspruch auf rechtliches Gehör gem. Art. 103 Abs. 1 GG, wenn es vor Ablauf der von ihm selbst gesetzten Frist die Beschwerde gegen die Nichteröffnung des Insolvenzverfahrens zurückweist, ohne die Stellungnahme des Beschwerdeführers abzuwarten[59], beispielsweise wenn das Gericht dem Schuldner unter Androhung seiner Zwangsvorführung eine Frist zur Auskunft über den Verbleib eines bestimmten Vermögensgegenstand setzt. 139

59 *BVerfG* vom 25.02.1988 – 2 BvR 1289/87 – ZIP 1989, 1409.

140 i) die Gerichtssprache (§ 184 GVG; vgl. aber zur Forderungsanmeldung das EU Übereinkommen über Insolvenzverfahren[60], wonach es ausreicht, dass die Anmeldung die deutsche Überschrift "Anmeldung einer Forderung" trägt[61],

Beispiel 30

Gerichtssprache

> Der koreanische Schuldner Lee stellt beim AG Meiningen in seiner Muttersprache Insolvenzantrag. Das Insolvenzgericht kann den Antrag (sofern es diesen überhaupt als solchen erkennt) als unzulässig zurückweisen und darauf bestehen, dass sämtliche Unterlagen in deutscher Sprache übersetzt vorgelegt werden.

141 k) die Glaubhaftmachung (§ 294 ZPO),

Beispiel 31

Glaubhaftmachung

> Gläubigerin Luisa P. beantragt beim Insolvenzgericht die Eröffnung des Insolvenzverfahrens über das Vermögen des Bodo K. Sie macht durch Vorlage einer Eidesstattlichen Versicherung glaubhaft,
>
> - dass ihr gegen Bodo K. eine Forderung in Höhe von 14.000,– € aus einem Kaufvertrag zusteht und,
> - dass mehrere Vollstreckungsversuche bei Bodo K. in den vergangenen Monaten fruchtlos waren

142 l) die Parteifähigkeit (§§ 50 ff. ZPO) hinsichtlich der Insolvenzfähigkeit des Schuldners wird § 50 ZPO durch die Spezialregeln der §§ 11, 12, 316, 333 Abs. 1 InsO ergänzt (s.o.),

143 m) die Protokollierung (§§ 159 ff. ZPO)[62], die Beweisaufnahme (§§ 355 ff. ZPO); die Erledigungserklärung (§§ 91a ZPO)

144 n) die Prozessfähigkeit (§§ 52 ff. ZPO),

Beispiel 32

Prozessfähigkeit

> Der 15-jährige Fabian D., der bereits in frühen Jahren in der Computerbranche ein Unternehmen aufgebaut hat, möchte Insolvenzantrag über das Vermögen seines Abnehmers Stavros K. stellen.
>
> Er ist, sofern er von seinen Eltern oder dem Vormundschaftsgericht zum selbstständigen Betrieb eines Erwerbsgeschäftes ermächtigt wurde (§§ 112, 114 BGB), für die aus dem Erwerbsgeschäft resultierenden Streitigkeiten voll geschäfts- und daher prozessfähig[63] und kann daher auch ohne Beiziehung seiner Eltern einen Insolvenzantrag stellen.

---

60 ZIP 1996, 976.

61 Vgl. auch *Eckert* in Kölner Schrift zur Insolvenzordnung 1997, S. 579 ff., der es als ausreichend ansieht, wenn erkennbar ist, daß eine Forderungsanmeldung vorliegt.

62 Vgl. auch *RG* vom 17.09.1906 – Rep VI 612/05 – *RGZ* 64, 82.

63 *Zöller* ZPO, § 52 Rz. 4.

o) die Prozessleitung (§§ 136 ff. ZPO), 145

Beispiel 33

Prozessleitung

> Rechtspflegerin Hildegard W. eröffnet die Gläubigerversammlung, stellt die Anwesenheit der Beteiligten fest und erteilt schließlich dem Insolvenzverwalter Valentin Q. das Wort.

p) die Rechtskraftwirkung (§§ 322 ff. ZPO), 146

Beispiel 34

Rechtskraftwirkung

> Nach der Auffassung des Schuldners Oliver U. war das Insolvenzgericht Frankfurt für die Entscheidung über einen Insolvenzantrag örtlich nicht zuständig. Er stellt daher einen weiteren Insolvenzeröffnungsantrag in Darmstadt. Da der Insolvenzeröffnungsbeschluss mit fruchtlosem Ablauf der Beschwerdefrist rechtskräftig geworden ist, heilt die Rechtskraft des Eröffnungsbeschlusses den Mangel der örtlichen Unzuständigkeit[64], so dass auch das an sich zuständige Amtsgericht Darmstadt hieran gebunden ist.

q) die Rechtshilfe (§§ 156 ff. GVG), 147

Beispiel 35

Rechtshilfe

> Das Insolvenzgericht München stellt ein Rechtshilfeersuchen an das Grundbuchamt des Amtsgerichtes Hamburg, da Anhaltspunkte bestehen, dass der Schuldner dort Grundbesitz hat.

r) die Sitzungspolizei (§§ 176 ff. GVG), 148

Beispiel 36

Sitzungspolizei

> In der Gläubigerversammlung kommt es zu einer lautstarken und handgreiflichen Auseinandersetzung zwischen einem Gläubiger und dem Schuldner. Die mit dem Verfahren befasste Rechtspflegerin Ute Z. lässt, nachdem die Streitbeteiligten ihren Anordnungen keine Folge leisten, beide von einem Gerichtswachtmeister entfernen und für 3 Stunden in Ordnungshaft nehmen.

s) die Verfahrenskosten (§§ 91 ff. ZPO), und zwar für das Eröffnungs- und Beschwerdeverfahren, nicht aber auf die Ausgaben für die Verwaltung[65], 149

Beispiel 37

Verfahrenskosten

> Das Insolvenzgericht hebt auf die sofortige Beschwerde des Schuldners hin den Eröffnungsbeschluss auf. Es legt dem Insolvenzantragsteller U. die Kosten des Verfahrens auf.

64 *Hess/Weis/Weinberg* InsO, § 34 Rz. 50.
65 *BGH* vom 22.09.1961 – IV ZB 224/61 – NJW 1961, 2015.

150 t) die Vollmacht (§§ 80 ff. ZPO),

Beispiel 38

Vollmacht

> In dem Abstimmungstermin über den Insolvenzplan erscheint Frau Waltraud G. als Vertreterin der Hauptgläubigerin V-Bank unter Vorlage einer entsprechenden Vollmacht.

151 u) den Vollstreckungsschutz (§ 765a ZPO)[66],

Beispiel 39

Vollstreckungsschutz

> Der Insolvenzverwalter über das Vermögen der schwer suizidgefährdeten schwerkranken Schuldnerin Ingrid A. kündigt die Zwangsräumung der von der Schuldnerin bewohnten Eigentumswohnung an. Hiergegen richtet sich der vom Rechtsanwalt der A. eingereichte Antrag an das Insolvenzgericht.

152 v) die Akteneinsicht (§ 299 ZPO), wobei die Überlassung von Insolvenzakten zur Einsichtnahme außerhalb der Gerichtsstelle grundsätzlich unzulässig ist[67].

Beispiel 40

Akteneinsicht

> Gläubiger Abdallah I., der den Insolvenzantrag über das Vermögen des Tarmil Ö. gestellt hatte, beantragt im Insolvenzantragsverfahren die Überlassung der gerichtlichen Akten. Auch Tarmil Ö. und ein weiterer potenzieller Gläubiger möchten Einblick in die Akten nehmen. Im Insolvenzantragsverfahren haben nur der Gläubiger, der den Insolvenzantrag gestellt hat und der Schuldner ein Einblicksrecht. Beim Gläubigerantrag besteht ein rechtliches Interesse Dritter nicht. Die zuständige Rechtspflegerin verweigert jedoch Abdallah I. und Tarmil Ö. die Aktenherausgabe und verweist sie auf die Akteneinsicht im Gerichtsgebäude.

Beispiel 41

> Tarmil Ö. hat selbst den Insolvenzantrag gestellt. In diesem Fall kann Abdallah I. als Gläubiger im Insolvenzantragsverfahren keinen Einblick in die Akten verlangen.

Beispiel 42

> Tarmil Ö. hat selbst den Insolvenzantrag gestellt und das Insolvenzverfahren ist eröffnet worden. Nunmehr können alle Gläubiger bei Gericht in eine Insolvenzakte Einblick nehmen.

---

66 Vgl. hierzu *BGH* vom 06.06.1977 – III ZR 53/75 – *BGHZ* 1, 408.

67 Vgl. *OLG Köln* vom 25.04.1983 – 2 W 55/83 – KTS 1984, 133; a.A. *BGH* vom 07.05.1987 – IX ZR 198/85 – Rpfleger 1987, 427 m. Anm. *Schneider*, eingehend zum Akteneinsichtsrecht der Verfahrensbeteiligten sowie Dritten und zum Umfang der Akteneinsicht *Kuhn/Uhlenbruck* KO, § 72 Rz. 4 ff. sowie *Uhlenbruck* KTS 1989, 527 ff.

Abwandlung: Ein Gäubiger möchte nicht nur in die Gerichtsakten, das Gutachten des vorläufigen Insolvenzverwalters und in die Protokolle des Gläubigerausschusses Einblick nehmen, sondern auch in die Geschäftsbücher des Schuldners, die zur Akte gelangt sind. Die informelle Selbstbestimmung des Schuldners steht jedoch hinsichtlich der Geschäftsbücher einem Einsichtsrecht entgegen.

Beispiel 43

Der Insolvenzantrag über das Vermögen des Tarmil Ö. ist mangels einer die Verfahrenskosten deckenden Masse abgewiesen worden. Jetzt können alle diejenigen in die Gerichtsakten Einsicht nehmen, die glaubhaft machen, dass sie im Falle der Eröffnung des Insolvenzverfahrens Gläubiger gewesen wären.

Nicht anwendbar sind die Bestimmungen der ZPO und des GVG über: **153**

a) die Öffentlichkeit der Verhandlung (§ 169 GVG), da die Gläubigerversammlung nicht vor dem erkennenden Gericht stattfindet; die Zulassung von Nichtbeteiligten (beispielsweise Pressevertreter, Studierende) kann das Gericht gem. § 175 Abs. 2 GVG gestatten,
b) die Zwangsvollstreckung (§§ 703 ff. ZPO), mit Ausnahme der eidesstattlichen Versicherung (§§ 900 ff. ZPO)
c) die Unterbrechung und Aussetzung des Verfahrens (§§ 239 ff. ZPO),

Beispiel 44

Tarmil Ö. will Geld beschaffen, um die Forderung des Abdallah I. zumindest teilweise zu begleichen und bittet um Aussetzung des Insolvenzantragsverfahrens. Der Antrag wird wegen der Eilbedürftigkeit des Insolvenzverfahrens zurückgewiesen.

d) das Ruhen des Verfahrens (§ 251 ZPO),
e) die Kostenvorschriften der ZPO mit Ausnahme der §§ 91, 269 Abs. 3[68].
f) die besonderen Verfahrensakten (§§ 592 – 703 ZPO)
g) das Verfahren vor dem Einzelrichter (§§ 348 – 350 ZPO)
h) die Urteile 1. Instanz (§§ 300 ff. ZPO)
i) den Folgen der Versäumnis (§§ 330 ff. ZPO)
j) die Verfahrensbeteiligung Dritter (§§ 64 ff. ZPO)

68 Vgl. *LG Essen* vom 23.02.1983 – 1 S 8/83 – KTS 1984, 152.

5. Amtsermittlungsgrundsatz

154 Aufgrund des Insolvenzantrages hat das Insolvenzgericht von Amts wegen die Umstände zu ermitteln, die für das Verfahren von Bedeutung sind (§ 5 Abs. 1 Satz 1 InsO). Der Umfang der Amtsermittlung richtet sich nach den Umständen des Einzelfalles. Das Insolvenzgericht kann Zeugen einvernehmen und den Schuldner als Partei anhören. Bei einem Eigenantrag des Schuldners ist für die Frage, ob der Insolvenzgrund vorliegt, auch weiterhin von geringeren Anforderungen auszugehen als bei dem Gläubigerantrag. Bestreitet der Schuldner beim Gläubigerantrag das Vorliegen des Insolvenzgrundes, ist er im Rahmen der gerichtlichen Amtsermittlungen verpflichtet, dem Gericht alle Auskünfte zu erteilen. Entzieht sich der Schuldner der Amtsermittlung, kann er dem Insolvenzgericht vorgeführt und ggf. in Beugehaft genommen werden.

155 Die §§ 20, 97, 98, 101 InsO regeln die Auskunftspflicht des Schuldners verbindlich. Er hat dem Gericht auch Tatsachen zu offenbaren, die geeignet sind, ein Straf- oder Ordnungswidrigkeitenverfahren auszulösen, jedoch darf die erteilte Auskunft in diesem Fall im Strafverfahren nur mit seiner eigenen Zustimmung verwendet werden.

156 Bei juristischen Personen muss die Auskunft von jedem Mitglied des Vertretungsorgans und jedem Mitglied des Aufsichtsorgans erteilt werden. Erweiternd können auch die Personen zur Auskunft herangezogen werden, die in den letzten 2 Jahren vor dem Verfahrensantrag aus dem Vertretungs- bzw. Aufsichtsorgan ausgeschieden sind sowie Angestellte des Schuldners, sofern sie nicht innerhalb der letzten zwei Jahre vor dem Eröffnungsantrag aus dem schuldnerischen Unternehmen ausgeschieden sind.

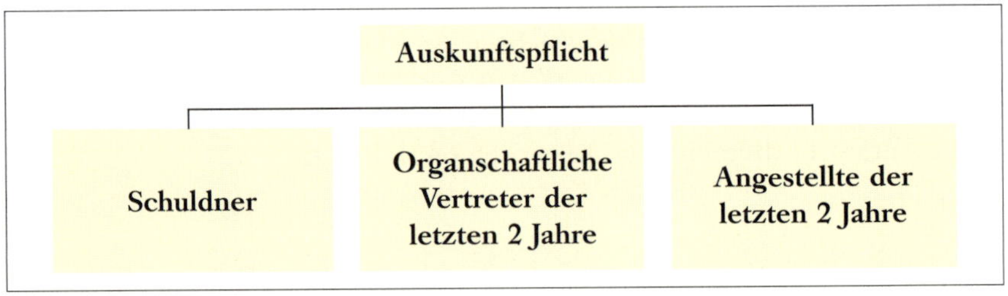

Beispiel 45
Auskunftspflicht

Der Assistent A. der Geschäftsführerin G. der Schuldnerin wird vom vorläufigen Insolvenzverwalter V. am 07.04.2000 angeschrieben und um Auskunft über Verfügungen seiner Chefin zugunsten deren Ehemann gebeten. A., der G. nicht in Schwierigkeiten bringen möchte, ignoriert den Brief. Wie wird V. vorgehen?

Die Pflicht des A. zur Auskunftserteilung folgt aus §§ 20 Satz 2, 101 Abs. 2, 97 Abs. 1 Satz 1 InsO. Da für die in § 101 Abs. 2 InsO geregelte Auskunftspflicht nur auf § 97 Abs.1 Satz 1 InsO verwiesen wird, nicht aber auf § 98 InsO, der die Durchsetzung der Auskunftspflicht regelt, muss V. den A., vor dem zuständigen Prozessgericht auf Auskunft verklagen. Das Insolvenzgericht ist diesbezüglich nicht zuständig.

Als weitere Aufklärungsmittel kommen insbesondere in Betracht **157**

a) Beiziehung von Akten und Urkunden,
b) Entgegennahme der eidesstattlichen Versicherung,
c) die eidliche Vernehmung des Insolvenzgläubigers in eigener Sache als Partei.

6. Gerichtsentscheidungen

Die Entscheidungen des Gerichts können ohne mündliche Verhandlung ergehen (§ 5 Abs. 2 InsO). **158**

Keine Entscheidungen sind

a) die vorbereitende richterliche Tätigkeit, wie die Zulassung eines Insolvenzantrages[69], oder die Beauftragung eines Gutachters, die Zulänglichkeit der Masse zu prüfen[70], da hierdurch lediglich die Voraussetzungen für eine spätere Entscheidung geschaffen werden, weil z.B. die dazu erforderlichen Ermittlungen durchgeführt werden.[71]
b) Die Beschlüsse der Gläubigerversammlung und des Gläubigerausschusses[72], da Entscheidungen i.S.d. § 5 Abs. 2 InsO lediglich Richtersprüche sind, nicht jedoch solche der Gläubigerversammlung.[73]

Die Entscheidungen des Gerichts ergehen, auch wenn eine mündliche Verhandlung stattfindet, in Beschlussform. Ergeht die Entscheidung nach mündlicher Verhandlung, ist sie zu verkünden (§ 329 Abs. 1 ZPO, § 4 InsO). **159**

69 *LG Düsseldorf* vom 08.12.1970 – 15 T 784/70 – KTS 1971, 227.
70 *LG Düsseldorf* vom 24.06.1966 – 15 T 419/66 – KTS 1966, 184.
71 *LG Düsseldorf* vom 24.06.1966, a.a.O.
72 *LG Düsseldorf* vom 26.03.1969 – 15 T 74/69 – KTS 1970, 56.
73 *LG Düsseldorf* a.a.O.

160 Bei einer Entscheidung ist das Gericht an die Anträge der Beteiligten gebunden. Vor der Entscheidung ist den Beteiligten rechtliches Gehör einzuräumen, d.h. es ist ihnen die Möglichkeit zu geben, sich zu dem der Entscheidung zugrundeliegenden Sachverhalt zu äußern[74], wobei es ausreicht, dass die Gelegenheit zur schriftlichen Äußerung gegeben wird.[75]

161 Eine Begründung der Gerichtsentscheidung ist erforderlich, wenn das Prinzip der Rechtsstaatlichkeit es erfordert. Dies ist dann der Fall, wenn ein Antrag abgelehnt oder ein Rechtsmittel statthaft ist.[76]

7. Sofortige Beschwerde gegen Gerichtsentscheidungen

162 Die Entscheidungen des Insolvenzgerichts unterliegen nur in den Fällen einem Rechtsmittel, in denen die Insolvenzordnung die sofortige Beschwerde vorsieht (§ 6 Abs. 1 InsO).

163 Für die sofortige Beschwerde gilt § 567 ZPO n.F. Die zweiwöchige Beschwerdefrist beginnt mit der Verkündung der Entscheidung oder, wenn diese nicht verkündet wird, mit deren Zustellung (§ 6 Abs. 2 ZPO n.F.).

164 Die Beschwerde kann sowohl bei dem Insolvenzgericht als auch bei dem Beschwerdegericht eingelegt werden (569 Abs. 1 ZPO).

165 Beschwerdeberechtigt ist nur, wer beschwert ist, beispielsweise:

a) wenn dem Beschwerdeführer etwas versagt wurde, was er beantragt hat[77],
b) der Gläubigerausschuss, wenn sein Antrag abgewiesen wurde.[78]

166 **Mangels Beschwer** sind nicht beschwerdeberechtigt:

a) der Kommanditist in der Insolvenz der KG[79],
b) ein Absonderungsberechtigter gegen die Eintragung des Insolvenzvermerks[80],
c) der Gläubigerausschuss, wenn er nicht antragsberechtigt ist[81],

74 *BVerfG* vom 18.09.1952 – 1 BvR 612/52 – BVerfGE 1, 418.
75 *BVerfG* vom 25.05.1956 – 1 BvR 53/54 – BVerfGE 5, 9.
76 *OLG Köln* vom 12.01.1968 – 9 W 114/67 – MDR 1968, 767.
77 *OLG Hamm* vom 17.09.1971 – 15 B W 155/71 – KTS 1972, 105, 107.
78 *OLG Nürnberg* vom 08.04.1971 – 3 W 105/70 – KTS 1971, 292.
79 *OLG Hamm* vom 17.09.1971 -15 B W 155/71 – KTS 1972, 105.
80 *OLG Hamm* vom 10.03.1970 – 15 W 512/69 – KTS 1970, 314.
81 *OLG Nürnberg* vom 08.04.1971 – 3 W 105/70 – KTS 1971, 292.

d) die Gläubigerversammlung[82], außer im Fall des § 59 InsO (*Kuhn/Uhlenbruck* KO, § 77 Rz. 10),
e) Hinweise und Anordnungen des Amtsgerichts im Insolvenzeröffnungsbeschluss, die nur die gesetzliche Rechtslage wiedergeben, begründen keine Rechtsmittelbeschwer[83],
f) der Insolvenzgläubiger der nach Verfahrenseinstellung mangels Masse gegen die Festsetzung der Insolvenzverwaltervergütung, jedenfalls dann nicht, wenn nicht erst durch die Vergütungsfestsetzung die Masseunzulänglichkeit herbeigeführt wird,[84]
g) der Schuldner gegen den Beschluss des Gerichts zur Einholung eines Gutachtens[85],
h) der Schuldner gegen die Androhung der Verhaftung[86],
i) der Schuldner gegen den Beschluss einen vorläufigen Verwalter zu bestellen[87],
j) der Schuldner gegen die Aufforderung des Gerichts im Verbraucherinsolvenzverfahren ergänzende Unterlagen zum Schuldenbereinigungsplan vorzulegen[88],
k) der Schuldner gegen die Beschlüsse der Gläubigeversammlung[89].

Die Beschwerde hat keine aufschiebende Wirkung (§ 570 ZPO n.F.). Das Beschwerdegericht und der Insolvenzrichter können nach Einlegung der Beschwerde die Vollziehung aussetzen (§ 570 Abs. 2 und 3 ZPO n.F.). **167**

Die Entscheidung des Landgerichts über die Beschwerde ist erst mit der Rechtskraft wirksam. Das Landgericht kann jedoch die sofortige Wirksamkeit der Entscheidung anordnen (§ 6 Abs. 3 InsO). § 6 Abs. 3 InsO regelt nicht, in welchem Umfang Entscheidungen des Insolvenzgerichts der materiellen Rechtskraft fähig sind. Beschlüsse des Insolvenzgerichts, die bürgerlichrechtliche Beziehungen unter bestimmten Verfahrensbeteiligten festlegen, entfalten Rechtskraftwirkung. Beschlüsse des Insolvenzgerichts, die die Auslagen und Vergütungsansprüche des Insolvenzverwalters und der Mitglieder des Gläubigerausschusses festsetzen, sind materiell rechtskräftig, d.h. das Prozessgericht ist an die Entscheidungen des Insolvenzrichters gebunden. Dagegen entfalten die Aufhebung und Einstellung des Insolvenzverfahrens keinerlei materielle Rechtskraft. **168**

82 *OLG Frankfurt* vom 14.03.1951 – 3 W 37/51 – NJW 1951, 663.
83 *OLG Köln* vom 03.03.1986 – 2 W 34/86 – ZIP 1986, 384.
84 *LG Frankfurt* vom 14.10.1991 – 2/9 T 639/91 – ZIP 1991, 1442.
85 *BGH* vom 02.07.1998 – IX Z B 33/98 – ZIP 1999, 319.
86 *LG Hamburg* vom 01.07.1999 – 326 T 112/99 – NZI 2000, 236.
87 *OLG Köln* vom 26.01.2000 – 2 W 11/00 – ZIP 2000, 462.
88 *BayObLG* vom 28.08.1999 – 42 BR 1/99 – ZIP 1999, 1767.
89 *OLG Zweibrücken* vom 14.12.1999 – 5 W 374/99 – InVO 2000, 205.

169 Ist der Eröffnungsbeschluss formell rechtskräftig geworden, so können seine Zulässigkeit und die seiner Zulässigkeit dienenden Maßnahmen nicht mehr in Frage gestellt werden.[90]

Die sofortige Beschwerde steht folgenden Personen in den nachgenannten Fällen zu:

- § 4d InsO: dem Schuldner gegen die Ablehnung der Verfahrenskostenstundung;
- § 21 Abs. 1 InsO: dem Schuldner gegen Sicherungsmaßnahmen im Insolvenzeröffnungsverfahren;
- § 34 Abs. 1 InsO: dem Antragsteller bei Ablehnung der Verfahrenseröffnung bzw. dem Schuldner bei Abweisung mangels Masse (§ 26 InsO);
- § 34 Abs. 2 InsO: dem Schuldner gegen die Eröffnung des Insolvenzverfahrens;
- § 58 Abs. 2 und 3 InsO: dem Verwalter gegen einen Beschluss, in dem ein Zwangsgeld gegen ihn festgesetzt wurde, bzw. gegen einen Herausgabebeschluss;
- § 59 Abs. 2 Satz 2 InsO: dem Verwalter gegen seine Entlassung;
- § 59 Abs. 2 Satz 3 InsO: dem Verwalter, dem Gläubigerausschuss oder, wenn die Gläubigerversammlung den Antrag gestellt hat, jedem Insolvenzgläubiger gegen die Ablehnung der Entlassung des Insolvenzverwalters;
- § 64 Abs. 3 InsO: dem Schuldner, Insolvenzverwalter und den Insolvenzgläubigern gegen den Kostenfestsetzungsbeschluss, in dem die Höhe der Verwaltervergütung festgelegt wurde;
- § 70 InsO: einem Mitglied des Gläubigerausschusses gegen seine Entlassung;
- § 73 Abs. 2 i.V.m. § 64 InsO: den Mitgliedern des Gläubigerausschusses gegen die Festsetzung ihrer Vergütung;
- § 75 Abs. 3 InsO: dem Antragsteller bei Ablehnung seines Antrages auf Einberufung des Gläubigerausschusses;
- § 78 Abs. 2 Satz 2 InsO: den absonderungsberechtigten bzw. nicht nachrangigen Gläubigern gegen die Aufhebung eines Beschlusses der Gläubigerversammlung;
- § 78 Abs. 2 Satz 3 InsO: dem Antragsteller bei Nichtaufhebung eines solchen Beschlusses;
- § 98 Abs. 3 InsO: dem Schuldner gegen die Anordnung der Haft und gegen die Abweisung eines Antrages auf Aufhebung des Haftbefehls wegen Wegfalls der Voraussetzungen;
- § 99 Abs. 3 InsO: dem Schuldner gegen die Anordnung einer Postsperre;
- § 194 Abs. 2 InsO: einem Gläubiger gegen die Zurückweisung seiner Einwendungen gegen das Verteilungsverzeichnis;

90 *RG* vom 08.07.1930 – VII 476/29 – *RGZ* 129, 390, 391; vom 07.03.1932 – IV 416/31 – *RGZ* 136, 97.

- § 194 Abs. 3 InsO: dem Verwalter und den Insolvenzgläubigern gegen die Berichtigung des Verteilungsverzeichnisses;
- § 197 Abs. 3 i.V.m. § 194 Abs. 2 und 3 InsO: einem Insolvenzgläubiger gegen die Zurückweisung seiner Einwendungen gegen das Schlussverzeichnis bzw. Gläubigern und dem Insolvenzverwalter gegen die Berichtigung des Schlussverzeichnisses;
- § 204 Abs. 1 InsO: dem Antragsteller gegen die Ablehnung der Nachtragsverteilung;
- § 204 Abs. 2 InsO: dem Schuldner gegen die Anordnung der Nachtragsverteilung;
- § 211 InsO: wie § 204 InsO bei Nachtragsverteilung nach Einstellung des Verfahrens bei Masseunzulänglichkeit;
- § 216 Abs. 1 InsO: jedem Insolvenzgläubiger bei Einstellung des Insolvenzverfahrens nach §§ 207, 212 oder 213 InsO und dem Schuldner bei Einstellung mangels Masse gem. § 207 InsO;
- § 216 Abs. 2 InsO: dem Schuldner, wenn sein Antrag auf Einstellung des Verfahrens nach § 212 InsO (Wegfall des Eröffnungsgrundes) oder § 213 InsO (Einstellung mit Zustimmung der Gläubiger) abgelehnt wird;
- § 231 Abs. 3 InsO: dem Vorlegenden gegen die Zurückweisung des Insolvenzplans;
- § 253 InsO: den Gläubigern und dem Schuldner gegen die Bestätigung oder Versagung der Bestätigung des Insolvenzplans;
- § 272 Abs. 2 InsO: dem antragstellenden Gläubiger und dem Schuldner gegen die Aufhebung bzw. Nichtaufhebung der Eigenverwaltung;
- § 289 Abs. 2 InsO: dem Schuldner und jedem Gläubiger, der die Versagung der Restschuldbefreiung beantragt hat, gegen den Beschluss über die Restschuldbefreiung;
- § 292 Abs. 3 Satz 2 InsO: dem Treuhänder gegen einen Zwangsgeldbeschluss;
- § 293 Abs. 3 Satz 3 InsO: jedem Insolvenzgläubiger (dem Gläubigerausschuss) und dem Treuhänder gegen die Entscheidung über die Entlassung des Treuhänders;
- § 293 Abs. 2 i.V.m. § 64 Abs. 3 InsO: dem Treuhänder, dem Schuldner und jedem Insolvenzgläubiger gegen die Festsetzung der Treuhändervergütung;
- § 296 Abs. 3 und § 297 Abs. 2 InsO: dem Antragsteller und dem Schuldner gegen die Entscheidung über die Versagung der Restschuldbefreiung in den Fällen von Obliegenheitsverstößen bzw. Insolvenzstraftaten;
- § 300 Abs. 3 InsO: dem Schuldner und jedem Insolvenzgläubiger, welcher die Versagung der Restschuldbefreiung beantragt hat, gegen die Entscheidung über die Restschuldbefreiung;
- § 303 Abs. 3 InsO: dem Antragsteller und dem Schuldner gegen die Entscheidung über den Widerruf einer Restschuldbefreiung;

- § 309 Abs. 2 InsO: dem Antragsteller und dem Gläubiger, dessen Zustimmung ersetzt wird, gegen die Entscheidung über die Ersetzung einer Zustimmung zum Schuldenbereinigungsplan;
- § 313 Abs. 1 i.V.m. § 58 Abs. 2 und 3 InsO: dem Treuhänder gegen einen Zwangsgeld- oder Herausgabebeschluss;
- § 313 Abs. 1 i.V.m. § 59 Abs. 2 Satz 2 und 3 InsO: dem Treuhänder gegen seine Entlassung bzw. Treuhänder, Gläubigerausschuss und – wenn der Antrag auf Entlassung von der Gläubigerversammlung gestellt wurde – jedem Insolvenzgläubiger gegen die Ablehnung der Entlassung;
- § 313 Abs. 1 i.V.m. § 64 Abs. 3 InsO: dem Treuhänder, dem Schuldner und jedem Insolvenzgläubiger gegen die Festsetzung der Treuhändervergütung.

8. Die Rechtsbeschwerde

170 Weggefallen ist im Zuge der ZPO-Reform die Möglichkeit der sofortigen weiteren Beschwerde nach § 7 InsO a.F. An ihre Stelle tritt nunmehr die Rechtsbeschwerde. Gegen die Entscheidungen des Landgerichts ist unter den Voraussetzungen des § 574 ZPO die Rechtsbeschwerde statthaft, d.h. sofern dies im Gesetz ausdrücklich bestimmt ist, oder das Beschwerdegericht sie in dem Beschluss zugelassen hat. Die Rechtsbeschwerde ist nur dann zulässig, wenn die Rechtssache grundsätzliche Bedeutung hat oder die Fortbildung des Rechts oder die Sicherung einer einheitlichen Rechtsprechung eine Entscheidung des Rechtsbeschwerdegerichts erfordern.

171 Die Rechtsbeschwerde ist innerhalb eines Monats beim BGH, nicht beim Beschwerdegericht (§ 575 ZPO) einzulegen und innerhalb einer Frist von einem Monat zu begründen (§ 575 Abs. 2 ZPO). Diese Frist kann unter den Voraussetzungen des § 551 Abs. 2 Satz 5 und 6 ZPO verlängert werden.

Beispiel 46

Rechtsanwalt Eifrig hat fristgerecht die Rechtsbeschwerde eingelegt. Wegen arbeitsmäßiger Überlastung beantragt er die Verlängerung der Begründungsfrist. Der Verlängerung der Begründungsfrist hat Rechtsanwalt Zickig widersprochen.

Trotz der fehlenden Einwilligung des Prozessgegners kann die Frist bis zu 2 Monate verlängert werden, wenn nach freier Überzeugung des vorsitzenden Richters der Rechtsstreit durch die Verlängerung der Frist nicht verzögert wird oder der Beschwerdeführer erhebliche Gründe vorträgt.

II. Insolvenzgründe

Als Insolvenzgründe sieht die InsO neben den bereits früher im Geltungsbereich der Konkursordnung bekannten Konkursgründen der Zahlungsunfähigkeit und der Überschuldung als neuen Eröffnungsgrund die drohende Zahlungsunfähigkeit war (siehe dazu unten). 172

Der materielle Eröffnungsgrund – Zahlungsunfähigkeit, drohende Zahlungsunfähigkeit und/oder Überschuldung – muss zum Zeitpunkt des Eröffnungsbeschlusses oder ggf. der letzten Entscheidung im Beschwerdeverfahren vorliegen und zur Überzeugung des Insolvenzgerichts feststehen.[91] 173

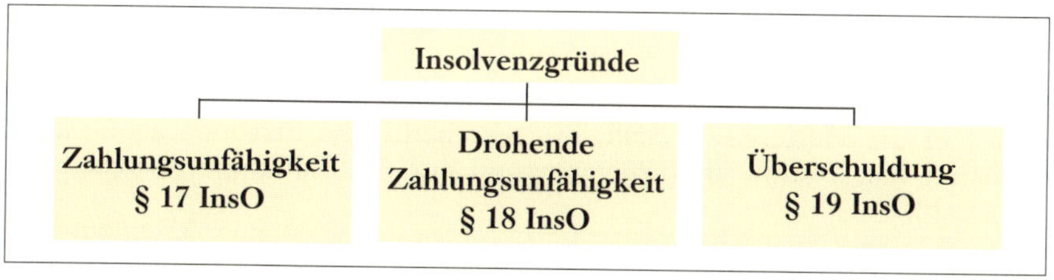

Zahlungsunfähigkeit und **Überschuldung** stehen nicht unbedingt in einem untrennbaren Zusammenhang, insbesondere kann Zahlungsfähigkeit trotz Überschuldung vorliegen, etwa bei fortdauernder Kreditwürdigkeit des Schuldners.[92] 174

1. Natürliche Personen u. Personengesellschaften

Bei natürlichen Personen oder einer Personengesellschaft kommt als Insolvenzgrund allein die drohende oder schon eingetretene Zahlungsunfähigkeit in Betracht. 175

Zu diesem Personenkreis gehört jede rechtsfähige, natürliche Person, einschließlich Minderjähriger, jeder Einzelunternehmer, jeder Einzelkaufmann sowie jede Personengesellschaft, d.h. die Gesellschaft bürgerlichen Rechts, die offene Handelsgesellschaft und die Kommanditgesellschaft. 176

91 *Kuhn/Uhlenbruck* KO, § 102 Rz. 11.
92 So zutreffend *Kilger/K. Schmidt* KO/VglO/GesO, § 102 KO, 2.

177 Eine Ausnahme von dem Grundsatz, dass bei Personenhandelsgesellschaften nur die Zahlungsunfähigkeit und nicht die Überschuldung einen Insolvenzgrund bildet, wurde durch das Erste Gesetz zur Bekämpfung der Wirtschaftskriminalität (vom 29.07.1976 – BGBl. I S. 2034) insoweit normiert, als die Überschuldung bei solchen offenen Handelsgesellschaften und Kommanditgesellschaften einen Insolvenzgrund darstellt, bei denen kein persönlich haftender Gesellschafter eine natürliche Person ist (§ 19 Abs. 3 InsO, §§ 130a, 117a HGB). Wenn jedoch zu den persönlich Haftenden eine andere Gesellschaft gehört, bei der eine natürliche Person persönlich haftet, ist die Überschuldung kein Insolvenzgrund (§ 19 Abs. 3 InsO). Dies gilt auch für die Gesellschaft bürgerlichen Rechts (§ 19 Abs. 3 InsO).

Beispiel 47

Zahlungsunfähigkeit

Persönlich haftende Gesellschafterin der überschuldeten L-KG ist die U-GmbH, deren Gesellschafter die Kaufleute Ulf K. und Renate Z. sind. Hat ein Insolvenzantrag der L-KG Aussicht auf Erfolg?

Da hier die Muttergesellschaft ihrerseits natürliche Personen als Gesellschafter hat, kommt als Insolvenzgrund nur die Zahlungsunfähigkeit in Betracht.

2. Juristische Personen

178 Bei juristischen Personen (siehe dazu oben Rn. 115) stellen sowohl die drohende und eingetretene Zahlungsunfähigkeit (§§ 17, 18 InsO) als auch die Überschuldung (§ 19 Abs. 1 InsO) einen Insolvenzgrund dar.

a) Aktiengesellschaft, KGaA, GmbH

179 Bei einer Aktiengesellschaft, einer KGaA und einer GmbH sind einige Besonderheiten zu beachten. Bei der Aktiengesellschaft hat der Vorstand schon vor Eintreten eines eigentlichen Insolvenzgrundes, die Hauptversammlung einzuberufen und ihr anzuzeigen, wenn ein Verlust in Höhe der Hälfte des Grundkapitals entstanden ist (§ 92 Abs. 1 AktG). Dies ist z.B. dann noch nicht der Fall, wenn der Verlust aus gesetzlichen oder freien, offenen oder stillen Rücklagen unter Zuhilfenahme von weniger als der Hälfte des Grundkapitals gedeckt werden kann.[93] Die Anzeige-

93 *BGH* vom 09.10.1958 – II ZR 229/57 – BB 1958, 1181; *Baumbach/Hueck* AktG, 13. Aufl. 1968, § 92 Anm. 3.

pflicht gegenüber der Hauptversammlung besteht nicht nur bei Aufstellung der Jahresbilanz oder einer Zwischenbilanz, sondern auch dann, wenn der Vorstand bei pflichtgemäßem Ermessen annehmen muss, dass der genannte Verlust entstanden ist (§ 92 Abs. 1 AktG).

Eine entsprechende Anzeigepflicht trifft den Geschäftsführer einer GmbH. 180
Er hat die Gesellschafterversammlung unverzüglich einzuberufen, wenn sich bei der Aufstellung der Jahresbilanz oder einer Zwischenbilanz ein Verlust in Höhe der Hälfte des Stammkapitals ergibt (§ 49 Abs. 3 GmbHG).

b) Genossenschaft

Bei den Genossenschaften muss zwischen der Genossenschaft mit be- 181
schränkter Haftung und der Genossenschaft mit unbeschränkter Haftung differenziert werden (§ 2 GenG).

Bei der Genossenschaft mit beschränkter Haftung stellt wegen der mit 182
der Haftungsbegrenzung zusammenhängenden Gefahren für die Gläubiger sowohl die Zahlungsunfähigkeit als auch die Überschuldung einen Insolvenzgrund dar (§ 98 GenG). Der Insolvenzgrund der Überschuldung ist bei einer Genossenschaft mit beschränkter Nachschusspflicht gegeben, wenn die Überschuldung 1/4 des Betrages der Haftsummen aller Genossen übersteigt (§ 98 Nr. 1 GenG). Für die Wertansätze in der Bilanz finden die gleichen Maßstäbe wie bei der Aktiengesellschaft Anwendung (§ 253 HGB).

Bei der Genossenschaft mit unbeschränkter Haftung ist dagegen nur die 183
Zahlungsunfähigkeit ein Insolvenzgrund, weil die Genossen unbeschränkt mit ihrem ganzen Vermögen für die Verbindlichkeiten der Genossenschaft haften. Im Fall der Auflösung stellt auch die Überschuldung einen Insolvenzgrund dar (§ 98 Abs. 1 Nr. 3 GenG).

c) Verein, Stiftung

Für den eingetragenen – also den rechtsfähigen – Verein sind sowohl 184
Zahlungsunfähigkeit als auch Überschuldung Insolvenzgründe (§ 19 Abs. 1 InsO).

Obwohl der nicht eingetragene, also nicht rechtsfähige Verein im We- 185
sentlichen nach den Vorschriften über die Gesellschaft des bürgerlichen Rechts behandelt wird (§ 54 BGB), hat das Gesetz in § 11 Abs. 1 Satz 1 InsO eine Ausnahme gemacht, indem es ihn insoweit einer juristischen

Person gleichsetzt, d.h. für ihn ist sowohl Zahlungsunfähigkeit als auch Überschuldung ein Insolvenzgrund. Dabei ist der Gesetzgeber von der Überlegung ausgegangen, dass der nicht rechtsfähige Verein anders als die Gesellschaft des bürgerlichen Rechts seiner Natur nach vom Mitgliederwechsel unabhängig ist und im Allgemeinen eine körperschaftliche Verfassung hat (besonderer Name oder Firmenbezeichnung, Vorstand, Mitgliederversammlung). Außerdem hat er die passive Parteifähigkeit und aus diesem Grunde die Insolvenzfähigkeit (§ 50 Abs. 2 ZPO, § 4 InsO).

186 Für die Stiftung stellen sowohl die Zahlungsunfähigkeit als auch die Überschuldung Insolvenzgründe dar (§ 19 Abs. 1 InsO).

3. Nachlass und Gütergemeinschaft

187 Im Nachlassinsolvenzverfahren und in der Insolvenz einer fortgesetzten Gütergemeinschaft kommen als Insolvenzgründe die Zahlungsunfähigkeit und die Überschuldung in Betracht (§§ 320, 332 Abs. 1 InsO).

188 Wird der Antrag auf Eröffnung eines Insolvenzverfahrens von einem Erben, dem Nachlassverwalter, einem anderen Nachlasspfleger oder einem Testamentsvollstrecker gestellt, so reicht die drohende Zahlungsunfähigkeit als Insolvenzgrund für einen Nachlass aus (§ 320 InsO). Im Insolvenzverfahren über das gemeinschaftlich verwaltete Gesamtgut einer ehelichen Gütergemeinschaft genügt die drohende Zahlungsunfähigkeit als Eröffnungsgrund, wenn der Antrag von beiden Ehegatten gestellt wird (§ 333 Abs. 1 InsO).

4. Zahlungsunfähigkeit

189 Nach § 17 Abs. 2 InsO ist der Schuldner zahlungsunfähig, wenn er nicht mehr in der Lage ist, die fälligen Zahlungspflichten zu erfüllen. Dies ist i.d.R. anzunehmen, wenn der Schuldner seine Zahlungen eingestellt hat.

190 Der verabschiedete Gesetzeswortlaut des § 17 InsO weicht erheblich von dem bisherigen Begriff der Zahlungsunfähigkeit ab. Der Begriff ist wesentlich enger gefasst, um durch die Vorverlagerung des Eröffnungsgrundes eine frühzeitigere Verfahrenseröffnung zu erreichen.[94]

---

94 Vgl. auch *Temme* Eröffnungsgründe, S. 2 f.

Maßgeblich ist, ob der Schuldner die **fälligen** Verbindlichkeiten begleichen kann.[95] **191**

Dagegen hat der Gesetzgeber entgegen der noch zur Konkursordnung geltenden Definition[96] davon abgesehen, als Voraussetzung zu normieren[97], dass **192**

- das Zahlungsunvermögen dauerhaft ist,
- die Forderungen ernsthaft eingefordert wurden und
- die Liquiditätslücken einen wesentlichen Teil der Verbindlichkeiten betreffen.

Die Feststellung der Zahlungsunfähigkeit erfolgt mit Hilfe eines Finanzplanes, der die gesamte Finanzentwicklung des Schuldners dokumentiert. Dieser Finanzplan ist auf Basis eines Finanzstatus zu erstellen, in dem inventarmäßig das verfügbare Finanzmittelpotenzial des Unternehmens nach dem Grad der Liquidität und Liquidierbarkeit geordnet den Verbindlichkeiten gegenübergestellt wird.[98] **193**

Beispiel für einen Finanzplan (Quelle: *Perridon, Louis/Steiner, Manfred* Finanzwirtschaft der Unternehmung, 7. Aufl. 1993): **194**

Finanzplan auf der Basis von gestaffelten Planungseinheiten und mehrmonatigem Planungshorizont							
	Tage	**Wochen**			**Monate**		
	1. 2. ... 7.	1.	2.	3.	1.	2.	3.
I. **Einzahlungen**							
1. Einzahlungen aus ordentlichen Umsätzen							
1.1 Barverkäufe							
1.2 Leistungen auf Ziel							
2. Einzahlungen aus Desinvestitionen							
2.1 Anlagenverkäufe							
2.2 Auflösung von Finanzinvestitionen							
3. Einzahlungen aus Finanzträgern							
3.1 Zinserträge							
3.2 Beteiligungserträge							

95 Zur Stundung *Temme* a.a.O., S. 23 ff.

96 Vgl. dazu noch *Uhlenbruck* WuB VI B. § 30 KO 2.85; *Papke* DB 1969, 736; *Veit* ZIP 1982, 278; *Mathews* Wpg 1950, 250, 251; *Schedlbauer* DB 1984, 2205, 2212; *Temme* a.a.O., S. 34 ff.

97 Vgl. dazu auch *Drukarzyk/Schüler* Kölner Schrift zur Insolvenzordnung, S. 57, 68.

98 Zur Berücksichtigung von Gesellschaftsforderungen *Temme* a.a.O., S. 19 f.

	Tage	Wochen			Monate		
	1. 2. ... 7.	1.	2.	3.	1.	2.	3.
II. Auszahlungen							
1. Auszahlungen für laufende Geschäfte							
1.1 Gehälter/Löhne							
1.2 Roh-, Hilfs- und Betriebsstoffe							
1.3 Steuern/Abgaben							
1.4 ...							
1.5 ...							
2. Auszahlungen für Investitionszwecke							
2.1 Sachinvestitionen							
Ankäufe							
Vorauszahlungen							
Restzahlungen							
2.2 Finanzinvestitionen							
3. Auszahlungen im Rahmen des Finanzverkehrs							
3.1 Kredittilgung							
3.2 Akzepteinlösung							
3.3 Eigenkapitalminderungen (z.B. Privatentnahmen)							
3.4 Zinsen							
III. Ermittlung der Über- bzw. Unterdeckung durch I. ./. II.							
+ Zahlungsmittelbestand bei Antragstellung bzw. der Vorperiode							
IV. Ausgleichs- und Anpassungsmaßnahmen							
1. Bei Unterdeckung (Einzahlungen)							
1.1 Kreditaufnahme							
1.2 Eigenkapitalerhöhung							
1.3 Rückführung gewährter Darlehen							
1.4 zusätzliche Desinvestition							
2. Bei Überdeckung (Auszahlungen)							
2.1 Kreditrückführung							
2.2 Anlage in liquiden Mitteln							
V. Zahlungsmittelbestand am Periodenende unter Berücksichtigung der Ausgleichs- und Anpassungsmaßnahmen							

Gem. § 17 Abs. 2 InsO besteht eine unwiderlegliche Vermutung für das Vorliegen der Zahlungsunfähigkeit im Fall der Zahlungseinstellung. Zahlungsunfähigkeit kann aber auch dann eingetreten sein, wenn die Zahlungen noch nicht eingestellt sind. **195**

Unter **Zahlungseinstellung** ist die auf einem Mangel an Zahlungsmitteln beruhende, nach außen erkennbar gewordene Nichterfüllung der fälligen Verbindlichkeiten zu verstehen. Die bloße **Zahlungsunwilligkeit** des Schuldners reicht dagegen nicht zur Annahme des Eröffnungsgrundes aus[99]. **196**

Beispiel 48

> Kaufmann Hans K., der über hinreichende Mittel verfügt, weigert sich, Rechnungen seiner Hauptbläubigerin L-GmbH zu begleichen, da er von einer – unbegründeten – Aufrechnungslage ausgeht. Ein Insolvenzantrag der L-GmbH wäre in diesem Fall unbegründet.

Indizien für die Zahlungseinstellung können u.a. sein[100]: **197**

- die Einstellung des schuldnerischen Geschäftsbetriebs,
- die Erklärung der Zahlungseinstellung durch den Schuldner,
- die Nichtzahlung von Energielieferungen (Gas, Strom, Kohle etc.),
- die Nichtzahlung der Löhne und Gehälter,
- die Nichtzahlung von Telefonrechnungen,
- mehrere Haftbefehle zur Erzwingung der Eidesstattlichen Versicherung,
- die Nichtzahlung von Krankenkassenbeiträgen oder Steuern (diese Kriterien sind alleine nicht ausreichend, um die Annahme der Zahlungseinstellung zu begründen),
- eine Häufung von Wechselprotesten,
- häufige Zwangsvollstreckungen,
- Flucht des Schuldners vor Gläubigern
- Veräußerung von Rohstoffen ohne bestimmungsgemäße Verarbeitung (Kirchhof in HK InsO § 17 Rn. 33).

Die Zahlungseinstellung setzt weder eine Erfüllungsverweigerung noch ein sonstiges Verhalten des späteren Schuldners voraus, das seine Zahlungsunfähigkeit dokumentiert.[101] Gerade die Beweis- oder auch schon Darlegungsschwierigkeiten stellen den Grund für die Regelung des § 17 Abs. 2 Satz 2 InsO dar. Die Zahlungsunfähigkeit bedarf keines weiteren Nachweises, wenn der Schuldner die Zahlungen eingestellt und damit **198**

99 *Temme* a.a.O., S. 7 ff. auch zur Frage, inwieweit Krankheit oder Überlastung des Schuldners eine Zahlungsunfähigkeit begründen kann.
100 Vgl. *Hess/Obermüller* Verfahrensbeteiligte, a.a.O. Rz. 54.
101 *BGH* vom 22.11.1990 – IX ZR 103/90 – WM 1991, 152.

selbst nach außen zu erkennen gegeben hat, dass er wegen eines nicht bloß vorübergehenden Mangels an Zahlungsmitteln nicht mehr in der Lage ist, seinen Verbindlichkeiten nachzukommen (*Baur* Konkurs- und Vergleichsrecht, § 3 V 1, S. 18; s. ferner *BGH* vom 21.12.1977 – VIII ZR 255/76 – WM 1978, 133).

199 Ausnahmsweise bedarf es des vollen Beweises, wenn die dem Insolvenzantrag zugrundeliegende Forderung die einzige ist und diese vom Schuldner bestritten wird.

200 Die einmal eingetretene Zahlungseinstellung bewirkt gleichsam eine Zäsur: Sofern der Schuldner nach Einstellung der Zahlungen eine allgemeine Stundung der Verbindlichkeiten erreicht, wirkt die Beweiskraft der Zahlungseinstellung hinsichtlich der Zahlungsunfähigkeit ungeachtet dessen fort. Eine Ausnahme ist allenfalls dann anzuerkennen, wenn es gerade mit Hilfe der Stundung wenigstens nach Maßgabe der durch sie gewährten Zahlungserleichterungen zu einer allgemeinen Wiederaufnahme der Zahlungen kommt.[102]

201 Eine Zahlungsunfähigkeit und eine Zahlungseinstellung entfällt in den Fällen der kurzfristigen Zahlungsstockung[103]. Hier kann an die Definition des *RG*[104] angeknüpft werden, wonach Zahlungsstockung vorliegt, wenn der Schuldner lediglich einzelnen Verbindlichkeiten vorübergehend nicht nachkommt, sich aber ungeachtet seiner Vermögenslage (kurzfristig) ausreichende Mittel auf Kredit beschaffen kann.

Beispiel 49

> Die A-GmbH kann ihre Verbindlichkeiten innerhalb der nächsten Woche noch nicht begleichen, da die Verhandlungen mit der Hausbank noch nicht ganz abgeschlossen sind. Der Kreditsachbearbeiter K. hat jedoch eine positive Entscheidung für die nächsten Tage avisiert.

202 Die Frage, welche Zeitdauer erforderlich ist, um die Zahlungsunfähigkeit anzunehmen, beurteilt sich nach den Umständen des jeweiligen Einzelfalls (*Gottwald* InsolvenzRHdb, § 9 Rz. 7 m.w.N.). Auch die – vorübergehende – Nichterfüllung aller Verbindlichkeiten kann noch eine Zahlungsstockung darstellen, wenn nur die alsbaldige Möglichkeit der Schuldtilgung (noch) nicht ausgeschlossen ist[106].

---

102 *Kuhn/Uhlenbruck* KO, § 30 Rz. 10.

103 Vgl. Begr. RegE zu § 17 InsO.

104 Vom 17.12.1901 – Rep VII 386/01 – *RGZ* 50, 39; vgl. auch *BGH* vom 05.11.1956 – III ZR 139/55 – WM 1957, 67; s. auch *Kuhn/Uhlenbruck* KO, § 30 Rz. 4, § 102 Rz. 2b, 2e; *Kilger/K. Schmidt* KO/VglO/GesO, § 30 KO, 5 m.w.N.

105 *AG Köln* vom 09.06.1999 – 73 IN 16/99 – ZIP 1999, 1889.

Die AG GmbH hat Verbindlichkeiten von 1 Mio. €. Ihr ist von der X Bank ein Darlehen von 20.000 € zugesagt. Es liegt keine Zahlungsstockung vor, da die Schuldnerin nicht in der Lage ist, mehr als 5 % ihrer Verbindlichkeiten innerhalb einer Obergrenze von 2 Wochen zu erfüllen.[105] **Beispiel 50**

5. Drohende Zahlungsunfähigkeit

Um dem Schuldner die Möglichkeit zu geben, in einem frühen Stadium, in dem Sanierungsbemühungen noch größere Aussichten auf Erfolg haben, ein Insolvenzverfahren einzuleiten, eröffnet § 18 InsO ihm die Möglichkeit den Eröffnungsantrag auch schon bei drohender Zahlungsunfähigkeit zu stellen. **203**

Der Gesetzgeber hat dieses Antragsrecht bewusst auf den Schuldner beschränkt, um zu verhindern, dass Gläubiger diese Möglichkeit dazu nutzen, den Schuldner unter Androhung eines Insolvenzantrags bereits im Vorfeld der Insolvenz unter Druck zu setzen, **204**

Drohende Zahlungsunfähigkeit liegt vor, wenn der Schuldner voraussichtlich nicht in der Lage sein wird, die bestehenden Zahlungspflichten im Zeitpunkt der Fälligkeit zu erfüllen (§ 18 Abs. 2 InsO). **205**

Die Feststellung der drohenden Zahlungsunfähigkeit erfolgt mittels eines Finanzplanes[107]. Anders als bei der Frage der bereits eingetretenen Zahlungsunfähigkeit müssen hier auch die bestehenden, aber noch nicht fällig gewordenen Verbindlichkeiten in die Prüfung mit einbezogen werden. Bei der Bestimmung der drohenden Zahlungsunfähigkeit wird eine **Zukunftsprognose** für einen bestimmten Zeitpunkt angestellt. In diese Prognose muss die gesamte Entwicklung der Finanzlage des Schuldners bis zur Fälligkeit aller bestehenden Schulden mit einbezogen werden – neben den zu erwartenden Einnahmen sind hierbei auch die zukünftigen Zahlungspflichten mit zu berücksichtigen und in einem Liquiditätsplan gegenüber zu stellen.[108] **206**

Bei den drohenden Verbindlichkeiten muss es sich um entstandene Verbindlichkeiten handeln, die lediglich noch nicht fällig sind. **Ungewisse** **207**

106 Vgl. auch *Temme* a.a.O., S. 27 ff.

107 *Burger/Schellberg* BB 1995, 261, 264; vgl. dazu das Beispiel in *Hess/Weis/Wienberg* InsO § 18 Rz. 15.

108 Vgl. *Drukarczyk/Schüler* Kölner Schrift zur Insolvenzordnung, S. 57, 71; *Temme* a.a.O., S. 66 f.

Verbindlichkeiten – wie die in der Bilanz ausgewiesenen Rückstellungen – können in diese Prüfung nicht einbezogen werden[109].

Beispiel 51

Ungewisse Verbindlichkeiten

Kaufmann Roland G. ist sich nicht sicher, ob er bei der Aufstellung des Liquiditätsplanes auch etwaige streitige Schadensersatzansprüche seines Kunden Ulrich W. einstellen muss. Nach der hier vertretenen Auffassung kann er diese noch ungewissen Verbindlichkeiten im Finanzplan unberücksichtigt lassen.

208 Die Regelung des § 18 InsO stellt für diejenigen Schuldner, die nur wegen Zahlungsunfähigkeit einen Eröffnungsantrag stellen können, einen Fortschritt gegenüber der Konkursordnung dar. Für Unternehmen, die auch wegen Überschuldung die Eröffnung eines Insolvenzverfahrens beantragen können, ändert sich nichts Wesentliches. Denn wenn ein Unternehmen bei der Aufstellung des Überschuldungsstatus die drohende Zahlungseinstellung erkennt, kann es bei der Bewertung seiner Aktiva nicht mehr ohne Weiteres die Fortführungswerte zugrunde legen und kommt dann meist schon durch den Wechsel zur Bewertung der Aktiva nach Liquidationswerten zu einer Überschuldung und damit zu einem Insolvenzgrund.

209 Durch die Zukunftsorientierung des Tatbestandes der drohenden Zahlungsunfähigkeit können sich Unsicherheitsfaktoren bei der Bewertung der einzelnen Einnahmen und Ausgaben ergeben. Dem trägt der Gesetzgeber Rechnung, indem er auf das voraussichtliche Zahlungsunvermögen abstellt. Voraussichtliches Zahlungsunvermögen liegt vor, wenn der Eintritt der Zahlungsunfähigkeit wahrscheinlicher ist, als deren Vermeidung[110].

6. Überschuldung

210 Überschuldung[111] liegt nach § 19 Abs. 2 InsO vor, wenn das Vermögen des Schuldners die bestehenden Verbindlichkeiten nicht mehr deckt. Eine etwaige Überschuldung wird durch eine Gegenüberstellung der Vermögenswerte und der Verbindlichkeiten in dem sog. Überschuldungsstatus ermittelt (*Meyer/Landrut* Großkommentar zum AktG, 3. Aufl. 1973, § 92 Anm. 7; vgl. Übersicht bei *Bilo* GmbH-Rdsch. 1981, 73; *Bönkhoff* Die Kreditwürdigkeitsprüfung, S. 29 ff.).

---

109 Vgl. Begr. RegE zu § 18 InsO; krit. *Burger/Schellberg* BB 1995, 261, 264; a.A. *Temme* a.a.O., S. 55 ff.

110 Vgl. *Temme* a.a.O., S. 65 ff.

111 Zum Anwendungsbereich der Überschuldung siehe oben Rz. 175 ff.

Hinsichtlich der **Bewertungsansätze** in dem Überschuldungsstatus schreibt § 19 Abs. 2 Satz 2 InsO vor, dass die Fortführung des Unternehmens zugrunde zu legen ist, wenn diese nach den Umständen überwiegend wahrscheinlich ist, m.a.W.: Das Ergebnis der Fortführungsprognose wird das dem Überschuldungsstatus zugrundeliegende Ansatz- und Bewertungskonzept bestimmen. Durch den Gesetzeswortlaut des § 19 Abs. 2 InsO hat der Gesetzgeber klargestellt, dass die bisher zur Konkursordnung vertretenen Theorien der zweistufigen Überschuldungsprüfung bzw. der zweistufigen modifizierten Überschuldungsprüfung im Geltungsbereich der InsO keine Anwendung mehr finden können.[112] Nach der zweistufigen Überschuldungsprüfung sollte der Erstellung der Fortführungsprognose eine Bilanz auf der Basis von Liquidationswerten vorangehen, die im Fall der positiven Fortführungsprognose durch eine Bilanz, in der die going-concern-Werte ausgewiesen wurden, ersetzt wurde.[113] Im Gegensatz dazu ging die modifizierte zweistufige Überschuldungsprüfung von der Gleichwertigkeit zwischen Bilanz und Fortführungsprognose aus und forderte im Fall der positiven Prognose gar keine Bilanz[114]. **211**

Im Verfahren nach der Insolvenzordnung kommen bei einer positiven Fortbestehensprognose, d.h. wenn die Finanzkraft der Gesellschaft mittelfristig zur Fortführung des Unternehmens ausreicht[115], je nach dem Unternehmensplan die Fortführungs- bzw. Veräußerungswerte in Betracht.[116] **212**

Bei einer Bewertung unter Fortführungsgesichtspunkten können auch solche Vermögenswerte aufgenommen und bewertet werden, die grundsätzlich nicht selbstständig bilanzierungsfähig sind (z.B. auch immaterielle Werte, z.B. Markenrechte, Know-How, Firma, etc).[117] **213**

Bei einer negativen Fortbestehensprognose sind die Vermögenswerte und die Verbindlichkeiten unter Zerschlagungsgesichtspunkten zu Liquidationswerten anzusetzen. **214**

---

112 So auch *Müller* Kölner Schrift zur Insolvenzordnung, S. 97 ff.; *Drukarczyk/Schüler* Kölner Schrift zur Insolvenzordnung, S. 57, 79 ff.; *Temme* a.a.O., S. 112 ff., 176.

113 Vgl. *Kuhn/Uhlenbruck* KO, § 102 Rz. 6d; vgl. *BGH* vom 13.07.1992 – II ZR 269/91 – WM 1992, 1650; WP-Handbuch 1981, S. 703; *Moxter* Wpg 1980, 345; *Bönkhoff* a.a.O., S. 29 ff.; *Drukarczyk* WM 1994, 1737; *Zilias* Wpg 1977, 448; *Auler* DB 1976, 2170; *Mühlberger* GmbH-Rdsch. 1977, 149; *Pribilla* KTS 1958, 6; *Menger* GmbH-Rdsch. 1981, 221; krit. *Kupsch* Wpg 1982, 273.

114 Vgl. *Scholz/K. Schmidt* GmbHG, 6. Aufl. 1978 ff., § 63 Rz. 12 f.; *K. Schmidt* AG 1978, 337.

115 Vgl. *BGH* vom 31.07.1993 – II ZR 269/91 – KTS 1993, 106.

116 Vgl. hierzu eingehend *Hess/Weis/Wienberg* InsO § 19 Rz, 27.

117 Vgl. dazu *Hess/Weis/Wienberg* InsO § 19 Rz, 28.

215 Ist nach den vorstehenden Grundsätzen das Reinvermögen im Überschuldungsstatus negativ, liegt der Insolvenzgrund vor, und zwar unabhängig davon, ob eine positive oder negative Fortführungsprognose der Beurteilung zugrunde gelegen hat.[118]

216 Bei einem positiven Reinvermögen, aber negativer Fortbestehensprognose liegt ebensowenig eine Insolvenzantragspflicht vor, wie bei positivem Reinvermögen und einer positiven Fortbestehensprognose.

217 Bei der Fortbestehensprognose handelt es sich um eine auf einem Finanzplan basierende, in die Zukunft gerichtete, wertende Betrachtung, bei der die Besonderheiten des schuldnerischen Unternehmens berücksichtigt werden müssen.[119] Sie dient in erster Linie der Prüfung, ob innerhalb des Prüfungszeitraumes die Liquidität des Krisenunternehmens weiter gewährleistet ist.[119a] Ausgangspunkt der Fortführungsprognose ist das Unternehmenskonzept, in dem der geplante Soll-Verlauf des Unternehmens dargestellt wird. Das Unternehmenskonzept enthält folgende Elemente[120]:

- Zielvorstellungen des Krisenunternehmens,
- Unternehmensstrategien,
- Gestaltungsrahmen des Unternehmens,
- beabsichtigte Handlungsabläufe.

218 Die im Unternehmenskonzept erarbeiteten Daten werden in einem zweiten Schritt in die Finanzplanung umgesetzt. Diese gibt Aufschluss darüber, ob das Krisenunternehmen im Prognosezeitraum – i.d.R. dürfte dieser einen Zeitraum von etwa 12 Monaten umfassen – seine fälligen Zahlungspflichten erfüllen kann (IDW-Empfehlung).

219 Zwar ist im Einzelnen umstritten, wie der zur Feststellung der Überschuldung i.S.v. § 64 GmbHG erforderliche Status aufzustellen ist[121]. Einigkeit besteht darüber, dass die Ansätze der Jahresbilanz Ausgangspunkt für eine Feststellung der Überschuldung sein können[121a], aber die Jahresbilanz für die Erstellung des Überschuldungsstatus nicht vorliegen

---

118 So auch *Drukarzyk/Schüler* a.a.O.

119 *Schaub* DStR 1993, 1483; krit. *Burger/Schellberg* BB 1995, 262, 266.

119a *Drukarczyk/Schüler* Kölner Schrift zur Insolvenzordnung, S. 57, 78; *Temme* a.a.O., S. 118 ff.

120 Vgl. IDW-Empfehlung zur Überschuldungsprüfung, Stand 9/96.

121 *Uhlenbruck* Die GmbH & Co. KG in Krise, S. 321 ff.; *Kohlmann/Giemulla* GmbH-Rdsch. 1978, 53.

121a *Uhlenbruck* a.a.O., S. 303, wohl auch *BGH* vom 16.05.1958 – 2 StR 103/58 – BB 1958, 891; vgl. auch *Pribilla* a.a.O.; *BGH* vom 14.12.1959 – II ZR 187/57 – WM 1960, 41.

muss. Bei der Frage, ob eine Gesellschaft überschuldet ist, kommt es jedoch darauf an, dass die „wahren“ oder „richtigen“ Werte von Aktiv- und Passivvermögen einander gegenübergestellt werden, damit ermittelt werden kann, ob das Aktivvermögen die Verbindlichkeiten überwiegt oder umgekehrt.[122]

Auf der Passivseite müssen die Ansätze der Jahresbilanz deshalb dahin berichtigt werden, dass lediglich die echten Schulden, also ohne Stammkapital und Rücklagen, und auf der Aktivseite ebenfalls nur die echten Aktiven aufzuführen sind.[123] **220**

Uneinigkeit besteht in Hinblick auf die Frage, ob auch **nachrangige Verbindlichkeiten** im Überschuldungsstatus berücksichtigt werden müssen[124], wenn ein Rangrücktritt rechtsgeschäftlich vereinbart wurde, und ob dies insbesondere auch in dem Fall gilt, in dem die Gesellschafter die Liquidität der Gesellschaft durch Darlehen gesichert und ausdrücklich bestätigt haben, dass die Rückführung der Darlehen nur aus dem Liquidationsüberschuss erfolgen soll. In dem einheitlichen, die Liquidation und die Sanierung förderlichen Insolvenzverfahren nach der Insolvenzordnung ist durch § 39 Abs. 1 Nr. 5 InsO, § 32a GmbHG i.d.F. des Art. 48 EGInsO der Einwand, die Nachrangforderungen könnten im Verfahren ohnehin nicht geltend gemacht werden, von vornherein abgeschnitten. Aus der Gesetzesbegründung zu § 19 InsO ergibt sich ausdrücklich, dass auf der Passivseite des Überschuldungsstatus „auch die nachrangigen Verbindlichkeiten, im Sinne des § 46 des Entwurfs [§39 InsO], z.B. Zahlungspflichten aus kapitalersetzenden Darlehen, zu berücksichtigen“[125] sind.[126] Für die Berücksichtigung der eigenkapitalersetzenden Darlehen im Überschuldungsstatus spricht auch der bereits von *Uhlenbruck*[127] angesprochene Effekt der Vorverlagerung der Insolvenzantragstellung, was in der Insolvenzordnung als eines der herausragenden Reformziele formuliert wird. **221**

---

122 Zu den Ansatz- und Berwertungsgrundsätzen siehe *Hess/Weis/Wienberg* InsO § 19 Rn. 35 ff.

123 *Kohlmann/Giemulla* GmbH-Rdsch. 1978, 55; vgl. auch *BayObLG* vom 30.07.1981 – RReg 3 St 83/81– ZIP 1982, 444.

124 Vgl. *Müller* Kölner Schrift zur Insolvenz ord nung, S. 97 ff.; *WP-Handbuch* 1998, Teil L Rz. 66 ff.

125 Vgl. Begr. RegE zu § 19 InsO in *Balz/Landfermann* a.a.O.; eingehend zu dem Meinungsstreit: *Hess/Weis/Wienberg* § 19 Rz. 38; *Pape* in KP InsO § 19 Rz. 14.

126 So auch *WP-Handbuch*, Teil L, Rz. 66; *Wolf* DB 1997, 1833, der den sich aus § 30 GmbHG ergebenden Freistellungsanspruch der Gesellschaft auf Nichtgeltendmachung der Darlehensforderung durch den Gesellschafter aktivieren will.

127 *Kuhn/Uhlenbruck* KO, § 102 Rz. 6 u. s.o.

222 Da die „Rangrücktrittserklärungen“ lediglich schuldrechtliche Wirkung entfalten und an der grundsätzlichen Existenz der Forderungen nichts ändern, sind sie in den Überschuldungsstatus einzustellen. Zur Beseitigung einer bilanziellen Überschuldung können die bisherigen Rangrücktrittserklärungen daher nicht mehr herangezogen werden, vielmehr bedarf es hierfür eines ausdrücklichen (aufschiebend bedingten) Forderungserlasses der Gesellschafter.[128]

Beispiel 52

Überschuldung

Gesellschafter Wilhelm P. hat der U-GmbH in der Krise ein Darlehen über 80.000,00 DM gewährt. Als sich die zunehmende Verschlechterung der wirtschaftlichen Lage abzeichnet, erklärt er auf Bestreben der Hauptgläubigerin einen Rangrücktritt.

Berücksichtigt der Geschäftsführer Klaus P. diese Forderung bei der Erstellung des Überschuldungsstatus, so liegt Überschuldung vor. Die Beteiligten überlegen daher, wie sie verhindern können, dass diese Forderung zu einer Überschuldung führt.

Das Darlehen, das Wilhelm P. der Gesellschaft zu einer Zeit gewährt hat, als er als Gesellschafter verpflichtet gewesen wäre, Eigenkapital zuzuführen, hat Kapitalersatzcharakter und ist daher in einem etwaigen Insolvenzverfahren nur als nachrangige Forderung gemäß § 39 Abs. 1 Nr. 5 InsO geltend zu machen. Nach der hier vertretenen Auffassung ist es dennoch in die Überschuldungsbilanz einzustellen, auch wenn sich die Überschuldung allein aufgrund dieser Forderung ergibt. Zwischen der Gesellschaft und Wilhelm P. muss daher, um diese Folge zu vermeiden, ein aufschiebend bedingter Forderungserlass vereinbart werden. Die Gegenmeinung verlangt von den Gesellschaftern eine Rangrücktrittserklärung aus der sich ergibt, dass der Gesellschafter-Kreditgeber als letztrangiger Gläubiger befriedigt werden will.[129]

Beispiel 53

Überschuldung

Wilhelm P. hat der U-GmbH das Darlehen bereits lange vor Eintritt der Krise gewährt und angesichts der immer prekärer werdenden Situation der Gesellschaft von einer Kündigung abgesehen.

Da auch Darlehen, die nach Eintritt der Krise „stehen gelassen“ werden, eigenkapitalersetzenden Charakter haben, ändert sich am Ergebnis nichts.

128 *BGH* von 08.01.2001 – II Z R 88/99 – ZIP 2001, 235 und Anm. von *Altmeppen*.
129 Siehe auch *Drukarczyk/Schüler* in Münchener Kommentar zur InsO § 19 Rz. 106.

7. Insolvenzantragsrecht und Insolvenzantragspflicht

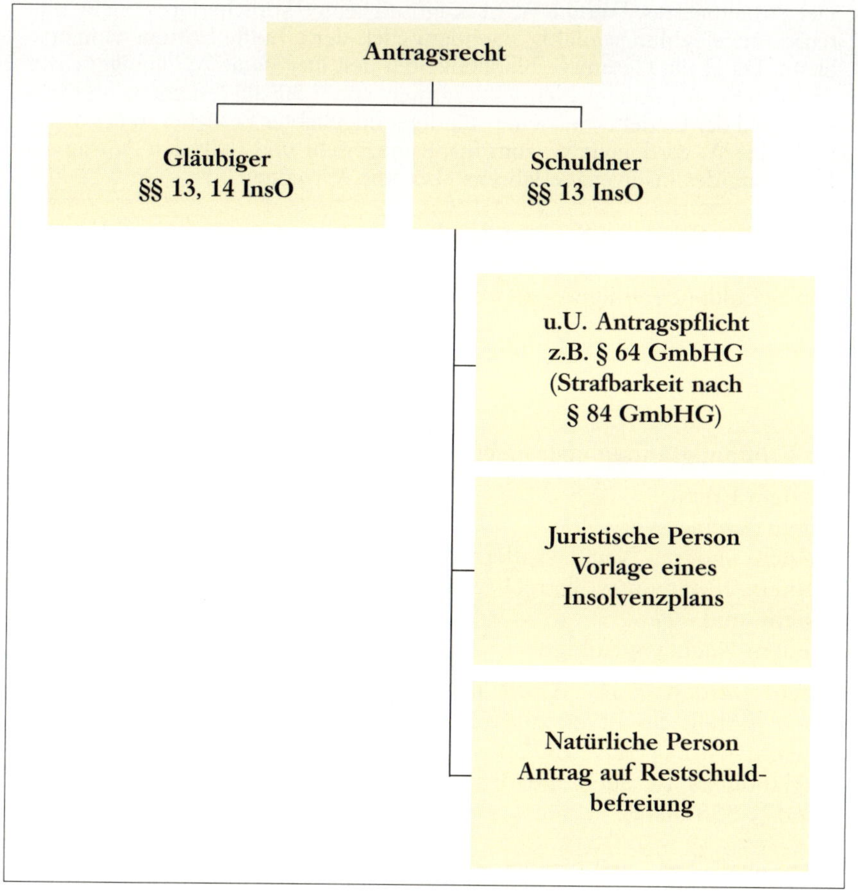

a) Natürliche Personen

Jede natürliche Person kann die Eröffnung eines Insolvenzverfahrens über 223
ihr Vermögen beantragen. Verbraucher müssen zunächst das außergerichtliche Schuldenbereinigungsverfahren durchlaufen, bevor sie einen Insolvenzantrag über ihr Vermögen stellen können (dazu im Einzelnen unten Rn. 944 ff.); wirtschaftlich Selbstständige können den Insolvenzantrag mit dem Antrag auf Restschuldbefreiung verbinden.

Eine Antragspflicht besteht in der Insolvenz von natürlichen Personen nicht.

Beispiel 54
Insolvenzantrag

Der Arbeitnehmer Werner W. ist aufgrund seiner Vorliebe für schnelle und teure Autos zahlungsunfähig, nachdem auch der erhoffte Lottogewinn ausbleibt. Da er die Gesamtverbindlichkeiten den insgesamt 7 Gläubigern von 85.000,00 € aus seinem Nettoeinkommen von 1.500,00 € nicht begleichen kann und der Gerichtsvollzieher ständiger ungeliebter Besucher in der Wohnung des W. wird, geht W. zum Insolvenzgericht und stellt den Antrag auf Eröffnung des Insolvenzverfahrens über sein Vermögen.

Der Richter Sebastian S. weist den Insolvenzantrag zurück, weil W. es als Verbraucher unterlassen hat, zunächst den Versuch einer außergerichtlichen Schuldenbereinigung zu unternehmen (§ 305 InsO).

b) Nachlass

224 Der Eröffnungsantrag über einen Nachlass kann von

- jedem Erben,
- dem Nachlassverwalter,
- einem anderen Nachlasspfleger,
- einem Testamentsvollstrecker, dem die Verwaltung des Nachlasses zusteht, und
- jedem Nachlassgläubiger

gestellt werden (§ 317 Abs. 1 InsO). Wird der Antrag nicht von allen Erben gestellt, so ist er zulässig, wenn der Eröffnungsgrund glaubhaft gemacht wird (§ 317 Abs. 2 InsO). Außer bei dem Antrag eines Nachlassgläubigers ist auch die drohende Zahlungsunfähigkeit Eröffnungsgrund (§ 320 InsO).

Beispiel 55
Antragsrecht

Veronika V. hat von ihrem verstorbenen Onkel die Summe von 10.000,00 € zu ihrem 21. Geburtstag als Vermächtnis erlangt. Einige Wochen vor dem Geburtstag sucht sie daher ihre Tante auf und erinnert sie als Erbin an die Verbindlichkeit. Ihre Tante erläuterte ihr, dass sie das Geld voraussichtlich nicht zahlen könne, da noch eine Reihe von anderen Verbindlichkeiten zur gleichen Zeit fällig würden, die der Höhe nach den zur Verfügung stehenden Nachlass bei weitem überstiegen. Veronika V. stellt daraufhin beim Insolvenzgericht unter Vorlage des Testamentes und einer eidesstattlichen Versicherung zur drohenden Zahlungsunfähigkeit, Insolvenzantrag. Ohne Erfolg. Warum?

Veronika V. ist als Vermächtnisnehmerin keine Erbin im Sinne des §§ 1922 ff., 2146, 2174 BGB, sondern hat lediglich einen schuldrechtlichen Anspruch gegen die Tante als Alleinerbin. Sie kann sich daher nicht auf die drohende Zahlungsunfähigkeit berufen.

Erben und Nachlassverwalter sind zum Insolvenzantrag verpflichtet (§§ 1980 Abs. 1, 1985 Abs. 2 BGB), wenn sie von der Zahlungsunfähigkeit oder Überschuldung Kenntnis erlangen 225

c) Gesamtgut

Die Eröffnung eines Insolvenzverfahrens über das gemeinschaftlich verwaltete Gesamtgut kann jeder Ehegatte beantragen (§ 333 Abs. 2 InsO). Wird der Antrag nicht von beiden Ehegatten gestellt, so ist er zulässig, wenn die Zahlungsunfähigkeit des Gesamtguts glaubhaft gemacht wird (§ 333 Abs. 2 InsO). Wird der Antrag von beiden Ehegatten gestellt, so ist auch die drohende Zahlungsunfähigkeit Eröffnungsgrund (§ 333 Abs. 2 InsO). 226

8. Personengesellschaften

Neben den Gläubigern ist bei den Personengesellschaften insolvenzantragsberechtigt jeder Gesellschafter der Gesellschaft bürgerlichen Rechts, der offenen Handelsgesellschaft und jeder persönlich haftende Gesellschafter der Kommanditgesellschaft (§ 15 Abs. 1 InsO). Wird der Antrag nicht von allen persönlich haftenden Gesellschaftern gestellt, so ist er zulässig, wenn der Eröffnungsgrund glaubhaft gemacht wird (§ 15 Abs. 2 InsO). 227

Eine Antragspflicht besteht für diesen Personenkreis nicht. 228

Ist bei einer OHG oder KG kein persönlich haftender Gesellschafter eine natürliche Person, so haben die organschaftlichen Vertreter und die Abwickler der zur Vertretung der OHG bzw. KG ermächtigten Gesellschafter nicht nur das Antragsrecht (§ 15 Abs. 3 InsO), sondern auch eine Antragspflicht bei eingetretener Zahlungsunfähigkeit oder Überschuldung (§§ 130a, 177a HGB). 229

Der Antrag ist ohne schuldhaftes Zögern, spätestens aber 3 Wochen nach Eintritt der Zahlungsunfähigkeit oder Überschuldung zu stellen (§§ 130a Abs. 1 Satz 3, 177a HGB). 230

9. Kapitalbezogene Unternehmen

a) Antragsrecht

231 Den Antrag auf Eröffnung eines Insolvenzverfahrens über das Vermögen kapitalbezogener Gesellschaften können stellen: Der Vorstand als Organ sowie jedes Vorstandsmitglied einer Aktiengesellschaft (§ 92 Abs. 2 AktG, § 15 Abs. 1 InsO), Genossenschaft (§ 99 Abs. 1 GenG), eines Vereins (§ 42 Abs. 2 BGB) und der Stiftung (§§ 86, 42 Abs. 2 BGB), die Geschäftsführung als Organ sowie jeder Geschäftsführer einer GmbH (§ 64 Abs. 1 GmbHG) – dazu zählt auch der sog. tatsächliche Geschäftsführer[130] – und der persönlich haftende Gesellschafter einer Kommanditgesellschaft auf Aktien (§§ 283 Nr. 14, 92 Abs. 2 AktG).

232 Wird der Antrag nicht von allen Mitgliedern des Vorstandes gestellt, so hat das Gericht die übrigen Mitglieder zu hören (§ 15 Abs. 2 Satz 2 InsO). Dies gilt auch für den Fall, dass bei einer GmbH der alleinvertretungsberechtigte Geschäftsführer den Antrag stellt.[131]

b) Antragspflicht

233 Die genannten Organe und Personen sind nicht nur berechtigt, sondern auch verpflichtet, unverzüglich, spätestens aber drei Wochen nach Eintritt der Zahlungsunfähigkeit oder Überschuldung Insolvenzantrag zu stellen.

234 Die Frist für die Antragspflicht beginnt in dem Zeitpunkt zu laufen, in dem die Vorstandsmitglieder bzw. Geschäftsführer positive Kenntnis von der Zahlungseinstellung oder Überschuldung erlangen.[132] Diese Kenntnis können die Geschäftsführer bzw. Vorstandsmitglieder nicht nur aus einer abgeschlossenen Bilanz gewinnen, die Antragspflicht entsteht vielmehr schon dann, wenn sich die Überschuldung „bei Aufstellung" der Bilanz oder einer Zwischenbilanz ergibt.[133] Maßgeblich ist nämlich nicht die schriftliche Bilanz, sondern die Vorstellung des Geschäftsführers von der wirklichen Vermögenslage.

---

130 *BGH* vom 22.09.1982 – 3 StR 287/82 – ZIP 1983, 173.

131 *LG Baden-Baden* vom 07.01.1983 – 1 T 97/82 – ZIP 1983, 205.

132 *BGH* vom 09.07.1979 – II ZR 118/77 – NJW 1979, 1823.

133 *BGH* vom 30.09.1980 – 1 StR 407/80 – NStZ 1981, 353; differenzierend *BayObLG* vom 30.07.1981 – RReg 3 St 83/81 – ZIP 1982, 444 für die Frage der Strafbarkeit.

Der mit der Bilanzerstellung beauftragte Steuerberater Hugo L. informiert Peter G., den Geschäftsführer der G-GmbH über den Eintritt der Überschuldung am 01.03.2002, so dass von diesem Zeitpunkt an die 3-wöchige Insolvenzantragsfrist läuft.

Beispiel 56

Die notwendige Kenntnis muss sich der Geschäftsführer u.U. durch Aufstellung einer Zwischenbilanz verschaffen. Die Rechnungslegungsvorschriften verlangen zwar nicht die Aufstellung von Zwischenabschlüssen während des Geschäftsjahres, jedoch dürfte an die Stelle dieser fehlenden unmittelbaren gesetzlichen Verpflichtungen in bestimmten Situationen die Pflicht des ordentlichen Geschäftsmannes zur Sorgfalt und Gewissenhaftigkeit treten.[134] **235**

Aus diesem Grund werden Zwischenabschlüsse zu erstellen sein, wenn die Jahresbilanz für das vorangegangene Geschäftsjahr eine Überschuldung erkennen lässt oder Umstände eingetreten sind, die im Allgemeinen zu den typischen Entstehungsursachen der Überschuldung gehören; anhaltende oder sich verschärfende Liquiditätsprobleme stehen hierbei im Vordergrund, denn die erwähnten Sorgfaltspflichten werden verletzt, wenn sich die Geschäftsführung im „Vorfeld der Insolvenz" keine Vermögensübersicht verschafft.[135] **236**

Demgemäß ist es für die Antragspflicht von Vorständen von Aktiengesellschaften und Genossenschaften sowie den Geschäftsführer einer GmbH[136] schon ausreichend, wenn die Überschuldung bei pflichtgemäßem Ermessen anzunehmen ist. **237**

Hat der Vorstand bzw. Geschäftsführer die Insolvenz fahrlässig zu spät entdeckt und sich insoweit schadensersatzpflichtig gemacht, so hindert ihn dies nicht, die 3-Wochen-Frist nach pflichtgemäßem Ermessen für Sanierungsbemühungen in Anspruch zu nehmen.[137] **238**

Beispiel 57

Antragspflicht

Die A-GmbH, eine Dienstleistungsfirma, ist überschuldet und zahlungsunfähig. Das verbliebene Vermögen ist so minimal, dass damit noch nicht einmal die Kosten des Verfahrens gedeckt werden könnten. Hassan Ö., der die Firma für seine Frau Zahra betreibt, die lediglich eine Strohmannfunktion einnimmt, ohne in die Geschäfte eingeweiht zu sein, ist der

134 *Menger* GmbH-Rdsch. 1982, 221.
135 *Menger* GmbH-Rdsch. 1982, 221.
136 *BGH* vom 25.07.1984 – 3 StR 192/84 – ZIP 1984, 1244; vom 03.02.1987 – VI ZR 268/85 – WM 1987, 556 für die Zeit vor Inkrafttreten des 2. Wirtschaftskriminalitätsgesetzes.
137 *BGH* vom 09.07.1979 – II ZR 118/77 – NJW 1979, 1823; zur Haftung wegen verspäteter Antragstellung vgl. ausführlich *Ulmer* KTS 1981, 496.

Auffassung, dass er unter diesen Aspekten ohnehin nicht zum Insolvenzantrag nach § 64 GmbHG verpflichtet sei, weil die Verfahrenseröffnung ohnehin nach § 26 InsO abgelehnt werden müsse, da keine verfahrenskostendeckende Masse vorhanden sei und wenn überhaupt, nur Zahra den Eröffnungsantrag stellen müsse, da sie offiziell Geschäftsführerin sei.

Die Antragspflicht entfällt auch dann nicht, wenn der Geschäftsführer bzw. Vorstand weiß, dass die Eröffnung des Insolvenzverfahrens mangels Masse abgelehnt (§ 26 InsO) werden muss[138], sie trifft auch den faktischen Geschäftsführer[139].

c) Planvorlage

239 Der Vorstand bzw. die Geschäftsführer des Unternehmens hatten im Fall der Zahlungsunfähigkeit oder Überschuldung vor In-Kraft-Treten der Insolvenzordnung die Wahl zwischen dem Konkurs- und Vergleichsantrag, die sie mit der Sorgfalt eines ordentlichen und gewissenhaften Geschäftsleiters und nach pflichtgemäßem Ermessen ausüben mussten.[140] Durch die Einführung des einheitlichen Verfahrens muss diese Unterscheidung zwar nicht schon bei Antragstellung getroffen werden; ein Insolvenzplan kann theoretisch sogar noch bis zum Schlusstermin vorgelegt werden. Jedoch sind seine Chancen um so geringer, je später er unterbreitet wird.

240 Deshalb ist es die Pflicht eines ordentlichen Geschäftsleiters, einen Insolvenzplan so früh wie möglich auszuarbeiten und von seinem Recht, ihn mit dem Insolvenzantrag zu verbinden (§ 218 Abs. 1 Satz 2 InsO), Gebrauch zu machen. Denn grundsätzlich ist ein erfolgversprechender Insolvenzplan einer Liquidation vorzuziehen.[141] Die Zustimmung der Hauptversammlung einer Aktiengesellschaft ist nicht erforderlich und wegen der Einberufungsfrist von einem Monat (§ 123 AktG) angesichts der Antragsfrist von 3 Wochen ohnehin nicht rechtzeitig zu erhalten.

138 *K. Schmidt* ZIP 1982, 9.

139 *BGH* vom 22.09.1982 – 3 StR 287/82 – ZIP 1983, 173.

140 *Bley/Mohrbutter* VglO, 4. Aufl. 1980, § 108 Rz. 18.

141 *Meyer/Landrut* Großkomm. zum AktG, 3. Aufl. 1973, § 92 Rz. 8; *Hefermehl* Kommentar zum AktG 1973/74, § 92 Rz. 21; *Bley/Mohrbutter* VglO, 4. Aufl. 1980, § 108 Rz. 18.

10. Ausnahmen für Kreditinstitute und Versicherungsunternehmen

Wenn ein Kreditinstitut zahlungsunfähig oder überschuldet ist, tritt an die Stelle der Antragspflicht die Anzeigepflicht der Geschäftsführung bzw. des Vorstands die Anzeigepflicht gegenüber dem Bundesaufsichtsamt für das Kreditwesen (§ 46b KWG). Der Antrag auf Eröffnung eines Insolvenzverfahrens über das Vermögen des Kreditinstituts kann nur von dem Bundesaufsichtsamt gestellt werden (§ 46b KWG). 241

Das Gleiche gilt für die Insolvenz einer Versicherungsaktiengesellschaft oder eines Versicherungsvereins a.G. (§ 88 VAG); zuständig ist hier das Bundesaufsichtsamt für das Versicherungswesen. 242

11. Schadensersatzpflichten

Nach Eintritt von Zahlungsunfähigkeit oder Überschuldung einer Aktiengesellschaft ist den Vorständen die Vornahme von Zahlungen untersagt (§ 92 Abs. 3 AktG). Davon ausgenommen sind solche Zahlungen, die auch nach diesem Zeitpunkt mit der Sorgfalt eines ordentlichen und gewissenhaften Geschäftsleiters vereinbar sind (§ 92 Abs. 3 AktG). Das Gleiche gilt für die Geschäftsführer einer GmbH (§ 64 Abs. 2 GmbHG) und die Vorstände einer Genossenschaft (im Fall der Überschuldung jedoch nur, wenn diese Insolvenzgrund ist – § 99 Abs. 2 GenG). 243

Die genannten Vorstände und Geschäftsführer müssen dem Unternehmen gegenüber Ersatz leisten, wenn entgegen dem Gesetz Zahlungen erbracht werden, nachdem die Zahlungsunfähigkeit des Unternehmens eingetreten ist oder sich seine Überschuldung herausgestellt hat (§§ 93 Abs. 3 Nr. 6, 283 Nr. 14 i.V.m. 93 Abs. 3 Nr. 6 AktG, § 64 Abs. 2 GmbHG, § 99 Abs. 2 GenG). 244

a) Die Haftung des GmbH-Geschäftsführers

Gem. § 64 Abs. 1 GmbHG ist der Geschäftsführer im Insolvenzfall verpflichtet, innerhalb von drei Wochen nach Eintritt der Zahlungsunfähigkeit oder Überschuldung Insolvenzantrag zu stellen. § 64 Abs. 1 GmbHG soll einerseits die Erhaltung des vorhandenen Gesellschaftsvermögens als Haftungsmasse gewährleisten, andererseits soll verhindert werden, dass 245 der Gesellschaft nach Insolvenzeintritt neue Kredite gewährt werden.[142] Als Verschuldensmaßstab für die Haftung aus § 823 Abs. 1 BGB i.V.m. § 64 GmbHG ist Fahrlässigkeit zugrunde zu legen. Bei der Beurteilung, ob ein unverschuldeter Rechtsirrtum vorliegt, legt der BGH daher[143] einen strengen Maßstab an. Der Geschäftsführer muss deshalb bei Vorliegen einer rechnerischen Überschuldung darlegen und beweisen, dass er ohne Verschulden das Unternehmen fortführen durfte[144].

246 Eine persönliche Haftung des Geschäftsführers entfällt aber, wenn er nach rechtlicher und steuerlicher Beratung nicht von einer tatsächlichen Überschuldung der GmbH ausgehen konnte[145].

247 Nach § 64 Abs. 2 Satz 1 GmbHG haftet der Geschäftsführer auf den Ersatz von Zahlungen, die nach Vorliegen des Eröffnungsgrundes (Zahlungsunfähigkeit und/oder Überschuldung) erbracht wurden. Dieser Anspruch steht der Gesellschaft zu und kann daher vom Insolvenzverwalter geltend gemacht werden (§ 92 InsO), wobei es dem Geschäftsführer obliegt, nachzuweisen, dass er seiner Insolvenzantragspflicht rechtzeitig nachgekommen ist[146].

248 Die Haftung des Geschäftsführers einer GmbH gegenüber Gesellschaftsgläubigern kann sich u.a. aus dem Gesichtspunkt vorvertraglicher Pflichtverletzung (cic), dem Gesichtspunkt des Eigeninteresses[147], aus unerlaubter Handlung (z.B. § 823 Abs. 2 BGB i.V.m. § 263 StGB aus § 823 Abs. 2 BGB i.V.m. § 64 Abs. 1 GmbHG), aus weiteren Schutzgesetzen[148] und aus § 34 Abs. 1, § 69 Satz 1 AO[149] oder aus § 823 Abs. 2 BGB i.V.m. § 266a StGB ergeben[150].

Beispiel 58

Geschäftsführer-Antrag

Alleingeschäftsführerin Wiebke Q. stellt zum 01.03. eine Zwischenbilanz auf, aus der sich die Überschuldung der von ihr geleiteten U-GmbH ergibt. Da sie umfassende Sanierungsbemühungen plant, stellt sie erst nach Scheitern dieser Sanierungsversuche am 05.07. Insolvenzantrag. Im Verlauf des zum 01.11. eröffneten Insolvenzverfahrens machen u.a. zwei

142 *Haas* a.a.O., S. 96.
143 Vgl. *BGH* vom 14.06.1994 – XIZR 210/93 – NJW 1994, 2754.
144 *BGH* vom 06.06. 1994 – IIZR 292/91 – WM 1994, 1428.
145 *OLG Stuttgart* vom 28.10.1997 – 12 U 83/97 – GmbHR 1998, 89.
146 *LG Aachen* vom 10.10.1995 – 41 O 26/95 – GmbHR 1996, 53.
147 *BGH* vom 17.06.1991 – II ZR 171/90 – WM 1991, 1730; vom 17.02.1992 – II ZR 100/91 – ZIP 1992, 693; s. auch den Anfragebeschluß des *BGH* vom 01.03.1991 – II ZR 292/91 – KTS 1993, 429.
148 S. *BGH* vom 21.10.1991 – II ZR 204/90 – WM 1991, 2090; vom 01.10.1991 – VI ZR 374/90 – WM 1991, 2113.
149 Vgl. dazu *Biletzki* NJW 1997, 1548.
150 Ausführlich zu allen Haftungsaspekten *Haas* a.a.O., S. 1 ff.

Gläubiger Ansprüche aus dem Gesichtspunkt der verspäteten Insolvenzantragstellung gemäß §§ 823 Abs. 2 BGB, § 64 GmbHG geltend. Beide machen die Rückzahlung der von ihnen als Darlehen gewährten Summen gegenüber Wiebke Q. geltend:

a) Frank L. hat der U-GmbH am 21.02 ein Darlehen über 20.000,00 € gewährt.

b) Renate S. hat der GmbH am 02.04. ein Darlehen über weitere 20.000,00 € gewährt.

Bei der Haftung aus § 823 Abs. 2 BGB i.V.m. § 64 Abs. 1 GmbHG ist zu unterscheiden, ob der Geschäftsführer von einem Alt- oder einem Neugläubiger in Anspruch genommen wird.

Erfolgt die Inanspruchnahme durch einen sog. Altgläubiger, einem Gläubiger, der die Forderung gegen die Gesellschaft vor der Insolvenzreife erworben hat, wie es bei Frank L. der Fall ist, so ist der Quotenschaden zu ersetzen, nämlich die Differenz zwischen der Quote, die bei rechtzeitiger Insolvenzantragstellung dem Gläubiger zugestanden hätte, und der Quote, die auf der Basis der tatsächlichen Haftungsmasse ermittelt wird.[151]

Die fiktive Quote ist aus dem Verhältnis der den Altgläubigern bei Insolvenzreife zur Verfügung stehenden „freien“ (d.h. nicht mit Sicherungsrechten Dritter belasteter) Masse zu ihren damaligen Forderungen zu ermitteln. Diese Quote ist mit den tatsächlichen Insolvenzforderungen der (in der Insolvenz noch vorhandenen) Altgläubiger zu multiplizieren; von dem Ergebnis ist der auf die Altgläubiger entfallende Masseanteil abzuziehen, der sich aus dem Verhältnis ihrer Forderungen zur Summe der Insolvenzforderungen ergibt.[152]

Wird der Anspruch dagegen gegen den Geschäftsführer von einem Neugläubiger wie vorliegend Renate S. geltend gemacht[153], also einem Gläubiger, der seine Forderung nach der Insolvenzreife gegen die GmbH erworben hat, hat er einen Anspruch, der nicht auf den Quotenschaden beschränkt ist.[154] Der Gläubiger muss sich auf seinen Schadensersatzanspruch allerdings die im Insolvenzverfahren erlangte Quote anrechnen lassen.[155]

---

151 *BGH* vom 17.03.1987 – VI ZR 282/85 – *BGHZ* 100, 190, 192; zur Garantenstellung des Geschäftsführers gegenüber Dritten *BGH* vom 05.12.1989 – VI ZR 335/88 – *BGHZ* 109, 297, 304.

152 *BGH* vom 30.03.1998, a.a.O.

153 Vgl. hierzu *Scholz/Schmidt* GmbHG, § 64 Rz. 40; *Lutter/Hommelhoff* GmbHG, § 64 Rz. 21; *Bork* ZGR 1995, 505; *Wilhelm* ZIP 1993, 1833; *Haas* a.a.O., S. 95 ff.

154 *BGH* vom 06.06.1994 – II ZR 292/91 – WM 1994, 1428; vom 07.11.1994 – II ZR 138/92 – ZIP 1995, 31; vom 07.11.1994 – II ZR 8/93 – ZIP 1995, 124; vom 07.11.1994 – II ZR 108/93 – NJW 1995, 398; vgl. dazu *Reiner* FS für Boujong, S. 415 ff.

155 *Haas, Ulrich* Geschäftsführerhaftung und Gläubigerschutz, 1997, S. 105.

> Der Gläubiger ist so zu stellen, als hätte er den Vertrag mit der insolvenzreifen Gesellschaft nicht geschlossen.[156]
>
> Renate S. kann von Wiebke Q. die kompletten 20.000,00 € als Schadensersatz zurückfordern und muss sich lediglich die erlangte Quote im Insolvenzverfahren anrechnen lassen.

b) Haftung sonstiger Vertreter

249 Vorstände von Vereinen und Stiftungen sind den Gläubigern für den Schaden verantwortlich, der durch die Verzögerung des Insolvenzantrages entsteht (§ 86 i.V.m. § 42 Abs. 2 BGB).

250 Da es sich bei den Vorschriften über den Insolvenzantrag um ein Schutzgesetze handelt, können sich Mitglieder des Vorstandes und der Geschäftsführung u.U. auch den Gläubigern des Unternehmens gegenüber schadensersatzpflichtig machen, wenn sie den Antrag nicht rechtzeitig stellen.[157]

251 Obwohl für den Personenkreis, der bei personenbezogenen Unternehmen zum Insolvenzantrag berechtigt ist, keine Verpflichtung zur Antragstellung besteht, können auch diese den Gläubigern gegenüber zum Schadensersatz verpflichtet sein, wenn sie die Sorgfaltspflichten eines ordentlichen Kaufmanns verletzen, insbesondere wenn sie gegen die Strafbestimmungen der §§ 283 ff. StGB verstoßen.

252 Soweit Erben und Nachlassverwalter einen Insolvenzantrag stellen müssen, verpflichtet sie ein Unterlassen zum Schadensersatz gegenüber den Gläubigern (§ 1980 Abs. 1 Satz 2 BGB).

---

156 *BGH* vom 06.06.1994, a.a.O.; vom 07.04.1994 – II ZR 108/93 – NJW 1995, 398; krit. *Canaris* JZ 1993, 649, der für den Geschäftsführer einer GmbH ein Übermaß von Haftungsrisiken beklagt; krit. auch *Müller* GmbHR 1996, 393.

157 *Kuhn/Uhlenbruck* KO, § 103 Rz. 19; *BGH* vom 11.06.1968 – VI ZR 191/66 – DB 1968, 2078; BAG vom 24.09.1974 – 3 AZR 589/73 – WM 1975, 185; vgl. Übersicht bei *BGH* vom 03.02.1987 – VI ZR 268/85 – WM 1987, 556.

C. Insolvenzantrag und Entscheidungen des Insolvenzgerichts

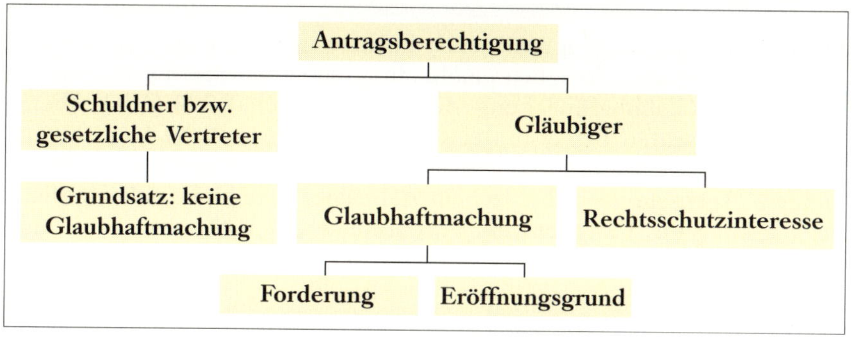

I. Der Insolvenzantrag

1. Inhalt und Formen des Antrages

Der Insolvenz- oder Eröffnungsantrag unterliegt keinen besonderen Form- 253
voraussetzungen; er kann als Prozesshandlung schriftlich gestellt oder zu Protokoll der Geschäftsstelle erklärt werden.[158]

Wirksamkeitsvoraussetzung ist die Prozessfähigkeit des Antragstellers, 254
seine nach §§ 52 ff. ZPO zu beurteilende Fähigkeit, selbst wirksam Prozesshandlungen vorzunehmen.[159] Für Prozessunfähige handelt der gesetzliche Vertreter. Nachträgliche Genehmigung des durch den Prozessunfähigen selbst gestellten Antrages durch den gesetzlichen Vertreter ist möglich[160], allerdings nur bis zur rechtskräftigen Abweisung des Antrages.

---

158 *Kuhn/Uhlenbruck* KO, § 103 Rz. 2.

159 Zum Begriff vgl. *Zöller-Vollkommer* ZPO, § 52 Rz. 11 f.; vgl. auch oben das Bsp. in Rn 144.

160 *Jaeger/Weber* KO, § 103 Rz. 4 unter Hinweis auf § 551 Nr. 5, § 579 Abs. 1 Nr. 4 ZPO; *Kuhn/Uhlenbruck* KO, § 103 Rz. 7.

255 Die gewillkürte Stellvertretung für die Stellung des Insolvenzantrages ist bei Erteilung einer besonderen Vollmacht möglich; das Recht zur Antragstellung ist keine höchstpersönliche Befugnis.

Beispiel 59

Stellvertretung

RA Joachim T. stellt namens und in Vollmacht seines Mandanten Robert G. Antrag auf Eröffnung des Insolvenzverfahren über das Vermögen der Firma K-OHG.

256 Die den Insolvenzantrag auslösende Forderung muss nicht tituliert sein. Die Forderung muss lediglich glaubhaft gemacht werden. Die Voraussetzungen der Glaubhaftmachung richten sich nach § 294 ZPO. Hierzu sind alle präsenten Beweismittel sowie die eidesstattliche Versicherung geeignet. Die Forderung ist schlüssig darzulegen, möglichst durch Urkunden, Wechsel oder Schuldschein zu belegen. Die bloße eidesstattliche Versicherung des Bestehens der Forderung reicht nicht aus. Die Glaubhaftmachung muss sich auf die tatsächlichen Grundlagen des Anspruchs beziehen.

257 Der Eröffnungsgrund der Zahlungsunfähigkeit kann durch eine Fruchtlosigkeitsbescheinigung des Gerichtsvollziehers glaubhaft gemacht werden, woraus sich ergibt, dass die Einzelzwangsvollstreckung erfolglos war. Diese sollte tunlichst nicht älter als 6 Monate sein, da die indizielle Wirkung mit dem Zeitablauf nachlässt.

Beispiel 60

Voraussetzung für Antrag

Balduin A. berühmt sich einer Forderung gegenüber dem Schuldner Florian V. Dieser erklärt ihm, zum einen bestehe die angebliche Verbindlichkeit überhaupt nicht, zum anderen sei er ohnehin zahlungsunfähig. Balduin A. stellt daraufhin Insolvenzantrag.

Bei einer nicht titulierten Forderung, deren Entstehung oder Fortbestand der Schuldner bestreitet, kann der Gläubiger auf den ordentlichen Rechtsweg verwiesen werden, da das Insolvenzeröffnungsverfahren als Eilverfahren nicht dazu geeignet ist, den Bestand einer bestrittenen Forderung zu klären.

258 Der Antrag ist nicht nach den Vorschriften des bürgerlichen Rechts anfechtbar.[161]

---

161 Vgl. allgemein zur Nichtanfechtbarkeit von Prozesshandlungen *BGH* vom 15.02. 1954 – IV ZB 1/54 – NJW 1954, 676; *BFH* vom 08.07.1969 – II R 108/66 – NJW 1970, 632; einschränkend *Arens* Willensmängel bei Parteihandlungen im Zivilprozeß, 1968.

Beispiel 61

Antragsrücknahme

Nachdem Ursula W. Insolvenzantrag über das Vermögen der G-KG gestellt hatte, zahlt die Schuldnerin überraschenderweise. Ursula W. nimmt daraufhin den Antrag zurück. Ist dies möglich? Wenn ja, wer trägt die Kosten des Eröffnungsverfahrens?

In der Vergangenheit waren bereits mehrfach Eröffnungsanträge von Gläubigern gestellt und in letzter Minute zurückgenommen worden, nachdem der Schuldner unter dem Druck des Insolvenzantrages die Forderungen befriedigt hatte.

Ursula W. hatte Recht: Der Eröffnungsantrag kann bis zum Wirksamwerden des Insolvenzeröffnungsbeschlusses[162] zurückgenommen werden, gleichfalls bis zur Rechtskraft des Beschlusses über die Ablehnung der Eröffnung des Insolvenzverfahrens mangels Masse.[163] Ist das Verfahren eröffnet und wurde gegen den das Verfahren eröffnenden Beschluss Beschwerde eingelegt, kann während des laufenden Beschwerdeverfahrens der Insolvenzantrag nicht mehr zurückgenommen werden, da er bereits mit seinem Wirksamwerden insolvenzrechtliche Rechtswirkungen erzeugt.[164]

Ist der Insolvenzeröffnungsantrag mangels Masse abgewiesen worden und wurde gegen den Beschluss Beschwerde eingelegt, kann der Antrag noch bis zur Rechtskraft, d.h. auch noch während des Beschwerdeverfahrens zurückgenommen werden. Eine Rücknahme des Insolvenzantrages kommt insbesondere dann in Betracht, wenn die Forderung des Antragstellers wie vorliegend durch den Schuldner oder einen Dritten befriedigt wurde. Nimmt der Gläubiger den Insolvenzantrag zurück, nachdem die Forderung im Pfändungswege befriedigt wurde, so sind bei nochmaliger Antragstellung wegen weiterer Forderungen an die Glaubhaftmachung des Insolvenzgrundes höhere Anforderungen zu stellen.

Im Falle der Rücknahme des Insolvenzantrages hat grundsätzlich nach § 269 Abs. 3 ZPO, § 4 InsO der Antragsteller, also hier Frau W. die Kosten des Eröffnungsverfahrens bzw. das Insolvenzverfahren zu tragen.[165]

Der Antragsteller hat als Kosten auch die einem vorläufigen Insolvenzverwalter bewilligte und bezahlte Vergütung zu tragen; dies folgt analog aus § 26 Abs. 1 Satz 2 InsO. Dies gilt auch, wenn der Schuldner wie im vorliegenden Fall den Gläubiger wegen seiner Forderung befriedigt und der Gläubiger daraufhin den Insolvenzantrag zurücknimmt oder ohne ausdrückliche Zurücknahme des Insolvenzantrages seinen Antrag auf die

162 *Kuhn/Uhlenbruck* KO, § 103 Rz. 3 m.w.N.; ebenso *Kilger/K. Schmidt* KO/VglO/GesO, § 103 KO, 2; *Jaeger/Weber* KO, § 103 Rz. 9.

163 Dagegen *Lorenz* KTS 1963, 237.

164 So auch *LG Göttingen* vom 23.02.1998 – 10 T 10/98 – ZIP 1998, 571; dazu *Hess* EWiR 1998, 423.

165 *Uhlenbruck* MDR 1970, 644, 647.

Kosten beschränkt.[166] Möglicherweise kann der Gläubiger, wenn ihm die Kosten des Insolvenzverfahrens auferlegt werden sollten, die Kosten gegen den Schuldner als Verzugsschaden geltend machen.[167]

Die Erfüllung der Verbindlichkeit des den Insolvenzantrag stellenden Gläubigers muss nicht in jedem Fall zur Beendigung des Insolvenzantragsverfahrens führen. Sofern der Schuldner gehäuft und in rechtsmissbräuchlicher Weise seine Verbindlichkeiten erst dann erfüllt, wenn eine Eröffnung des Insolvenzverfahrens bevorsteht, braucht der Gläubiger den Antrag nicht zurückzunehmen, sondern kann das Verfahren trotz Zahlung fortsetzen lassen, weil trotz der Zahlung der Insolvenzgrund gegeben ist (*Jänisch* ZZP 109 (1996), 183).

259 Die Antragsberechtigung steht nach § 13 Abs. 1 Satz 2 InsO dem Schuldner und den Gläubigern zu.

Beispiel 62

Antragsrecht des Absonderungsberechtigten

Die E-Bank stellt Eröffnungsantrag über das Vermögen der H-GmbH. Ihr steht eine Forderung aus dem Kontokorrentkredit über insgesamt 300.000,00 € zu. Zur Sicherung dieses Anspruchs hat die H-GmbH der Bank eine Reihe von Gegenständen sicherungsübereignet. Darüber hinaus hat sie der E-Bank Kundenforderungen sicherungshalber abgetreten. Wird der Eröffnungsantrag aus diesem Grund zurückgewiesen werden?

Die Absonderungsberechtigung des Insolvenzgläubigers steht seiner Antragsbefugnis ohne Rücksicht auf einen eventuellen Verzicht auf abgesonderte Befriedigung und dem Umfang des zu erwartenden Ausfalls nicht entgegen.

2. Insolvenzantrag des Schuldners

260 Beim Eröffnungsantrag des Schuldners sind die oben unter Rz. 231 ff. beschriebenen Grundsätze bzgl. des Antragsrechtes und eventueller Antragspflichten besonders zu beachten.

Beispiel 63

Antragsrecht des Schuldner

Die Q- GmbH, Alleingesellschafterin der Q-GmbH und Co KG, ist seit dem 01.05. überschuldet. Der Geschäftsführer der Q-GmbH, Jannik N. stellt am 08.05. den Antrag auf Eröffnung des Insolvenzverfahren über das Vermögen der Q-GmbH. Hat er auch einen Eröffnungsantrag über das Vermögen der KG zu stellen?

---

166 *Skrotzki* KTS 1957, 29.

167 Vgl. *Skrotzki* a.a.O.; vgl. zu den Einzelheiten *Kuhn/Uhlenbruck* KO, § 103 Rz. 3d – g.

> Aus § 19 Abs. 3 InsO i.V.m. § 130a HGB ergibt sich ausdrücklich, dass auch im Fall von Personengesellschaften, bei denen kein persönlich haftender Gesellschafter eine natürliche Person ist, eine Insolvenzantragspflicht bei Überschuldung eingreift.

Sofern es sich bei dem Schuldner um eine natürliche Person handelt, ist er vom Insolvenzgericht auf die Möglichkeit der Restschuldbefreiung hinzuweisen (§ 20 InsO). **260a**

Handelt es sich bei dem Schuldner um eine natürliche Person, die das Insolvenzverfahren zum Zweck der nachfolgenden Restschuldbefreiung anstrebt, so besteht die Möglichkeit, bei Insolvenzantragstellung zugleich einen Antrag auf Stundung der Verfahrenskosten nach §§ 4a – 4d InsO zu stellen, wenn dem Schuldner die Mittel fehlen, um die Verfahrenskosten zu tragen. Diese Möglichkeit besteht sowohl für Schuldner, die unter den Verbraucherbegriff fallen, als auch für sonstige natürliche Personen, auf die das Regelinsolvenzverfahren anwendbar ist. (wegen der großen Praxisrelevanz der Stundung im Verbraucherinsolvenzverfahren befindet sich die Darstellung der Einzelheiten dazu unter Rz. 985a ff. auf die hier verwiesen werden soll). **260b**

261

Beispiel 64

> Martin G. hat zahlreiche Verbindlichkeiten aus einer fehlgeschlagenen Selbstständigkeit, u.A. Forderungen von 5 Arbeitnehmern auf rückständiges Arbeitsentgelt. Da er nicht unter den Verbraucherbegriff des § 304 InsO fällt, beantragt er die Eröffnung eines Regelinsolvenzverfahrens, um letztlich in den Genuss der Restschuldbefrreiung zu kommen. Da er momentan über keinerlei Einkünfte verfügt, die es ihm ermöglichen würden, den erforderlichen Kostenvorschuss für das Verfahren zu erbringen – anderenfalls würde das Gericht den Antrag nach § 26 InsO mangels Masse abweisen – beantragt er die Stundung der Verfahrenskosten nach § 4a InsO.

3. Insolvenzantrag des Gläubigers

Die Prüfung des ordnungsgemäßen Insolvenzantrages[168] erfolgt in einem zweistufigen Verfahren, nämlich: **262**

- der Vorprüfung sowie
- der Prüfung des Rechtsschutzinteresses

Im Wege der Vorprüfung befindet das Insolvenzgericht über die Zulässigkeit des Antrages nach Maßgabe folgender Voraussetzungen: **263**

168 Zu den Mindestvoraussetzungen s. *Gottwald* InsolvenzRHdb, § 13 Rz. 2 ff.

a) Antragsberechtigung des Gläubigers

Beispiel 65

Antragsrecht des Gläubigers

> Rentner Hans E. stellt einen Eröffnungsantrag über das Vermögen seiner Nachbarin Sandra U., nachdem er erfahren hat, dass diese zahlungsunfähig ist und dennoch weiterhin aus Modekatalogen teure Waren bestellt. Er ist der Auffassung, das ein Insolvenzantrag in einem solchen Fall zum Schutz des Rechtsverkehrs erforderlich sei. Wie wird das Insolvenzgericht entscheiden?
>
> Der antragsstellende Gläubiger muss antragsberechtigt sein, d.h. ihm muss eine Forderung gegenüber dem Schuldner zustehen (Insolvenzgläubigerrecht). Anders als die Konkursordnung beschränkt sich das Insolvenzantragsrecht nach der Insolvenzordnung nicht auf Insolvenz- und Massegläubiger, sondern besteht bezüglich aller Gläubiger, so dass auch die nachrangigen Gläubiger antragsberechtigt sind.
>
> Da Hans E. kein Gläubiger der Sandra U. ist, verneint das Insolvenzgericht seine Insolvenzantragsberechtigung und weist den Insolvenzantrag als unzulässig zurück.

b) Zulässigkeitsvoraussetzungen in der Person des Schuldners

264 Die Person des Schuldners und seine Insolvenzfähigkeit muss zweifelsfrei feststehen sowie bei Gesellschaften als Schuldner die Qualität der Forderung als Gesellschaftsschuld und nicht als Privatschuld eines Gesellschafters.[169]

c) Rechtsschutzinteresse des Gläubigers

265 Für den Insolvenzantrag muss ein Rechtsschutzbedürfnis bestehen[170], da es sich bei dem Insolvenzverfahren um einen Akt der Zwangsvollstreckung handelt.

Beispiel 66

Rechtsschutzinteresse

> Die 18-jährige Laura Z. stellt auf Anraten ihres älteren Bruders, eines Jurastudenten, Insolvenzantrag über das Vermögen der L-GmbH, wegen einer Forderung von 500,00 €.

---

169 *Kuhn/Uhlenbruck* KO, § 105 Rz. 2.
170 *Jaeger/Weber* KO, § 103 Rz. 6; *Unger* KTS 1962, 205, 209.

> Das Rechtsschutzbedürfnis fehlt nicht schon bei einem Insolvenzantrag, der aufgrund einer geringfügigen Forderung gestellt wird.[171]
>
> Der BGH hat mit dieser Entscheidung die h.M. bestätigt, wonach das Rechtsschutzinteresse für einen Insolvenzantrag nicht von der Höhe der Forderung abhängig gemacht werden kann, da auch Gläubiger mit einer geringeren Forderung nicht von einer wirksamen Zwangsvollstreckungsmaßnahme ausgeschlossen werden können. Auch unter dem Gesichtspunkt des Verhältnismäßigkeitsgrundsatzes bejahte der BGH die Zulässigkeit des Insolvenzantrages.

Das Rechtsschutzinteresse entfällt nicht, wenn der Antragsteller im Insolvenzantragsverfahren Forderungen auswechselt und nachschiebt. **266**

Ein Insolvenzantrag ist nicht deshalb unzulässig, weil der Antragsteller nicht versucht hat, für seine titulierte Forderung im Wege der Einzelzwangsvollstreckung Befriedigung zu erlangen. **267**

Nach allgemeinen Grundsätzen fehlt das Rechtsschutzbedürfnis nur dann, wenn der Gläubiger aufgrund anderer Möglichkeiten in der Lage ist, auf einfachere, schnellere, leichtere oder billigere Weise den Ausgleich seiner Forderung zu erlangen, so etwa bei einer Absicherung durch erstrangige Grundpfandrechte oder Pfändungspfandrechte bei einer Individualzwangsvollstreckung. Verjährung oder Stundung der Forderung lassen das Rechtsschutzbedürfnis ebenfalls entfallen.[172] **268**

Dem Insolvenzgericht obliegt grundsätzlich die Amtspflicht, das Rechtsschutzbedürfnis zu prüfen. Bei einer Amtspflichtverletzung hat der Schuldner einen Schadensersatzanspruch gem. § 839 BGB, Art. 34 GG gegen das Land. **269**

Beispiel 67

Rechtsschutzbedürfnis

> Die in einer süddeutschen Kleinstadt ansässige Fa. Elektro M. hat aus einem gemeinsamen Projekt noch eine Forderung in Höhe von 7.000,00 € gegenüber ihrer einzigen Konkurrentin, der Elektro- T-GmbH. Als T. wegen Krankheit des Buchhalters nicht sofort zahlt, stellt der Geschäftführer der Elektro M. Insolvenzantrag. Er erhofft sich, die Kunden der T-GmbH übernehmen zu können.

171 Vgl. *Kuhn/Uhlenbruck* KO, § 105 Rz. 6c m.w.N.; *Kilger/K. Schmidt* KO/VglO/GesO, § 105 KO, 2; *BGH* vom 20.03.1986 – III ZR 55/85 – WM 1986, 652; s. auch *Hess* WuB VI B § 105 KO 1.86, wonach eine ausstehende Gehaltsforderung von 1.500,00 DM nicht das Rechtsschutzbedürfnis entfallen läßt.

172 *Gottwald* InsolvenzRHdb, § 13 Rz. 12; *Kirchhof* HK-InsO § 14 Rz. 5.

Rechtsmissbräuchlich gestellte Insolvenzanträge, insbesondere solche mit Schädigungsabsicht sind unzulässig.[173] Daher fehlt das Rechtsschutzbedürfnis, wenn der Antragsteller mit Hilfe des Insolvenzverfahrens den Antragsgegner als Konkurrenten ausschalten will, da insofern insolvenzfremde Zwecke verfolgt werden.

270 Rechtsmissbrauch ist auch dann gegeben, wenn der Gläubiger mit der Antragstellung eine Ratenzahlung des Schuldners zu erreichen sucht, an sich also legitime Zwecke verfolgt.

271 Ein Insolvenzeröffnungsantrag gegen eine keinerlei Vermögen besitzende Schuldnerin ist ebenfalls wegen fehlenden Rechtsschutzbedürfnisses als unzulässig zurückzuweisen.

d) Glaubhaftmachung

272 Die Forderung und die Zahlungsunfähigkeit des Schuldners sind glaubhaft zu machen (§ 14 Abs. 1 InsO).[174] Die Voraussetzungen der Glaubhaftmachung richten sich nach § 294 ZPO, es sind also alle präsenten Beweismittel sowie die eidesstattliche Versicherung zulässig. Die Forderung ist schlüssig darzutun und möglichst durch Urkunden, Wechsel oder Schuldschein zu belegen. Die bloße eidesstattliche Versicherung des Bestehens der Forderung reicht nicht aus; die Glaubhaftmachung muss sich auf die tatsächlichen Grundlagen des Anspruchs beziehen. Entsprechendes gilt auch bei Forderungen der Finanzbehörden und Sozialversicherungsträger[175], die ordnungsgemäße Unterlagen vorzulegen haben.[176]

273 Ist die dem Eröffnungsantrag zugrundeliegende Forderung in einer notariellen Urkunde tituliert, jedoch nicht rechtskräftig festgestellt, so kann der Schuldner gem. §§ 795, 797 Abs. 4, § 767 Abs. 2 ZPO im Wege der Vollstreckungsgegenklage alle Einwendungen rechtshindernder, rechtsvernichtender oder rechtshemmender Art geltend machen. Eine solche Forderung ist nicht geeignet, die Grundlage für eine Verfahrenseröffnung zu sein.

173 *BGH* vom 22.05.1962 – VI ZR 256/61 – DB 1962, 1203; *Kuhn/Uhlenbruck* KO, § 105 Rz. 6a „konkursfremde (insolvenzfremde) Zwecke".

174 S. hierzu eingehend *Gottwald* InsolvenzRHdb, § 13 Rz. 18 ff.

175 *Kuhn/Uhlenbruck* KO, § 105 Rz. 3b m.w.N.

176 Vgl. *AG Duisburg* v. 07.07.1999 – 60 N 119/99 – NZI 1999, 507; *LG Hamburg* v. 30.07.1999 – 21 b T 103/99 – ZInsO 1999, 651.

Beispiel 68

Glaubhaftmachung

Gerhard F. hat gegen die K-OHG ein Versäumnisurteil über 6.000,00 € erwirkt. Er stellt, nachdem seine Pfändungsversuche fruchtlos waren, Antrag auf Eröffnung des Insolvenzverfahrens über das Vermögen der K-OHG. Muss er die Forderung darüber hinaus glaubhaft machen?

Ein mit dem Einspruch nicht mehr anfechtbares Versäumnisurteil stellt eine zur Antragstellung berechtigende Forderung i.S.d. § 14 Abs. 1 InsO dar, die nicht besonders glaubhaft gemacht werden muss, weil es für das Insolvenzgericht bei einem rechtskräftigen Titel nicht auf den Grund der Forderung des Gläubigers ankommt.[177]

Beispiel 69

Glaubhaftmachung

Die E-Bank macht gegenüber der Kauffrau Gertrud M. Forderungen aus einem Kontokorrentkredit in Höhe von 150.000,00 € geltend. Im Lauf der Ermittlungen des Insolvenzgerichts stellt sich heraus, dass die E-Bank die einzige Gläubigerin ist, die gegenüber Gertrud M. Verbindlichkeiten geltend macht. Insolvenzrichter Thomas R. erlässt daraufhin einen Auflagenbeschluss, in dem der Bank aufgegeben wird, die von ihr behauptete Forderung binnen einer Frist von 2 Wochen zu beweisen. Banksyndikus G. ist der Auffassung, dazu sei er nicht verpflichtet. Zu Recht?

Obwohl nach dem Wortlaut des § 14 InsO für den Insolvenzantrag eines Gläubigers i.S.d. § 13 InsO nicht erforderlich ist, dass die Forderung des Gläubigers unstreitig tituliert oder sogar rechtskräftig festgestellt ist, sondern grundsätzlich die Glaubhaftmachung des Anspruchs gem. § 4 InsO, § 294 ZPO ausreicht, wurde bereits im Geltungsbereich der Konkursordnung von der ganz h.M. – auch bei einem vorläufig vollstreckbar titulierten Anspruch[178] – der volle Beweis der Forderung durch den Gläubiger dann verlangt, wenn der Bestand der Forderung für die Frage der Zahlungsunfähigkeit oder Überschuldung des Antragsgegners entscheidend war.[179] Begründet wurde dies damit, dass es nicht Sache des Eröffnungsverfahrens sein könne, den Bestand streitiger Forderungen zu klären.[180]

Eine Ausnahme erfährt die Glaubhaftmachung daher in den Fällen, in denen die dem Eröffnungsantrag zugrundeliegende Forderung die einzige ist, die für den Fall ihres Bestehens den Eröffnungsgrund ausmachen würde, sofern diese Forderung vom Antragsgegner bestritten wird. Hier bedarf die Forderung des vollen Beweises, so dass der Antrag ggf. als unzulässig abzuweisen ist.[181]

177 *AG Göttingen* vom 29.01.1997 – 71 N 10/97 – EWiR 1997, 181, 182 (*Pape*).
178 *BGH* vom 19.12.1991 – III ZR 9/91 – ZIP 1992, 947.
179 Vgl. statt vieler *Jaeger/Weber* KO, § 105 Rz. 3; *Kuhn/Uhlenbruck* KO, § 105 Rz. 11h; *Kilger/K. Schmidt* KO/VglO/GesO, § 105 KO, 2.
180 Anders nur *OLG Köln* vom 29.02.1988 – 2 W 9/88 – ZIP 1988, 664.
181 Vgl. *BGH* vom 19.12.1991, a.a.O.; zweifelnd *Kuhn/Uhlenbruck* KO, § 105 Rz. 3 f.; s. auch *Pape* NJW 1993, 297.

274 Die Zahlungsunfähigkeit kann durch eine Fruchtlosigkeitsbescheinigung des Gerichtsvollziehers glaubhaft gemacht werden[182]. Dagegen wird es dem Gläubiger angesichts der fehlenden Einsichtsmöglichkeiten in die Unterlagen des Schuldners regelmäßig schwer fallen, die Überschuldung glaubhaft zu machen.

275 Der Schuldner hat die Möglichkeit, die Glaubhaftmachung des antragstellenden Gläubigers durch eine Gegenglaubhaftmachung zu erschüttern (*Uhlenbruck* Kölner Schrift zur Insolvenzordnung, S. 239, 256). Die Voraussetzungen der Gegenglaubhaftmachung entsprechen denen der Glaubhaftmachung durch den Schuldner, richten sich also nach § 294 ZPO.

Muster

Gläubigerantrag

Muster eines Gläubigerantrages

Amtsgericht
Insolvenzgericht
Gerichtsstraße 2
Frankfurt

Kaiserslautern, den 05.08.2002

Antrag

der Lothar R & Sohn KG, Karlsberger Straße 3, Kaiserslautern,

Antragsteller

Verfahrensbevollmächtigter: RAe H&E, Kaiserslautern

gegen

E-GmbH gesetzlich vertreten durch den Geschäftsführer Wendelin J., Taubenstraße 11, Frankfurt **Antragsgegner**

wegen

Eröffnung des Insolvenzverfahrens.

Hiermit zeige ich an, dass die Antragstellerin von mir anwaltlich vertreten wird.

In ihrem Namen beantrage ich, über das Vermögen der E-GmbH, Frankfurt das Insolvenzverfahren zu eröffnen.

182 Vgl. auch *Jaeger/Weber* KO, § 105 Rz. 1.

Begründung:

Die E-GmbH schuldet der Antragstellerin aus Warenlieferungen gegenwärtig 56.000,00 €.

Die entsprechenden Lieferscheine/Rechnungen sind diesem Schreiben in Kopie beigefügt.

Trotz wiederholter Aufforderungen sind die offen stehenden Forderungen vom Schuldner bislang nicht beglichen worden.

Das Bestehen der Forderungen und die Nichtbezahlung wird von der Antragstellerin an Eides Statt versichert. Insofern wird auf die beigefügte eidesstattliche Versicherung verwiesen.

Der Schuldner ist daher als zahlungsunfähig im Sinne des § 17 InsO anzusehen, da er seine Zahlungen eingestellt hat. Hierfür spricht, dass Lohnrückstände bestehen, und dass eine Vielzahl von Vollstreckungsaufträgen bei dem zuständigen Gerichtsvollzieher vorliegen, was die Antragstellerin ebenfalls eidesstattlich versichert hat.

RA H.

Anlage

II. Die Anordnungen des Insolvenzgerichts im Insolvenzeröffnungsverfahren

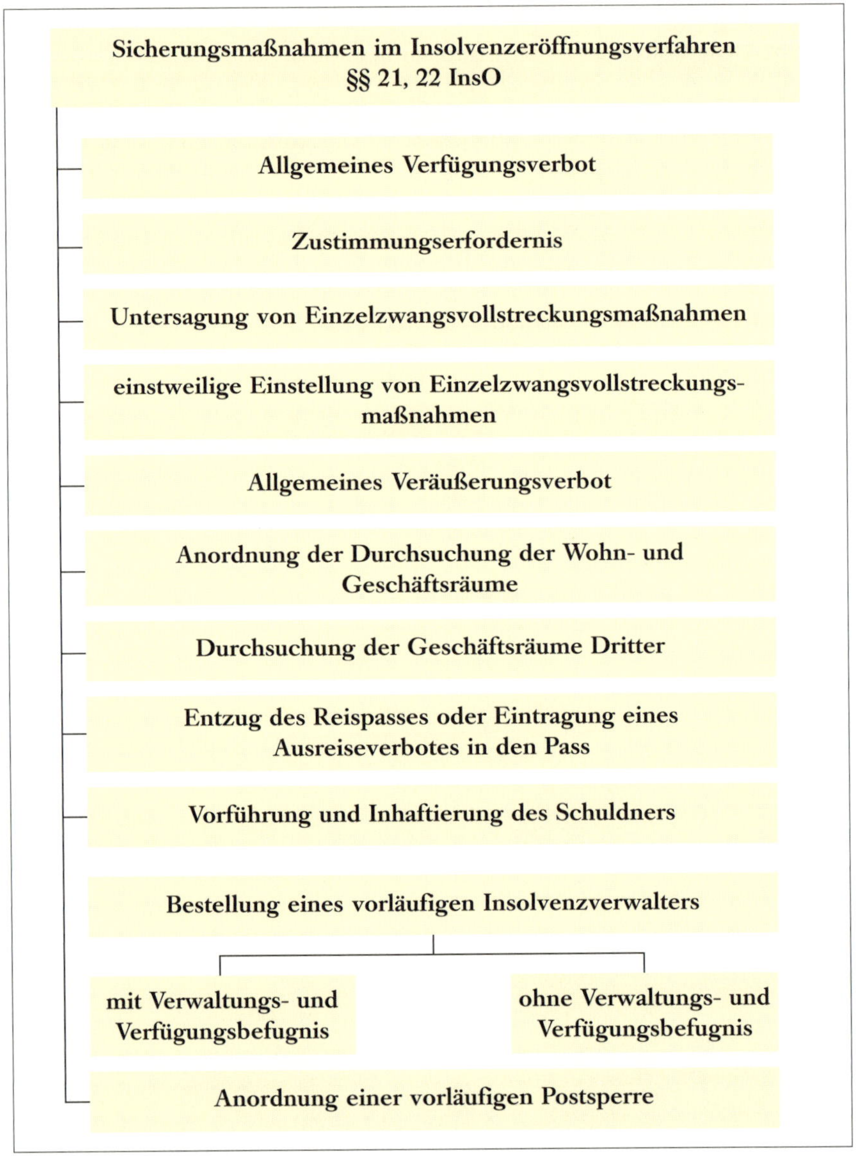

Im Eröffnungsverfahren hat das Insolvenzgericht zu prüfen, ob die Anordnung von Sicherungsmaßnahmen angezeigt ist. Eine gesetzliche Regelung der in Betracht kommenden Maßnahmen findet sich in §§ 21, 22 InsO. Mit Ausnahme der Neuregelung des vorläufigen Insolvenzverfahrens entsprechen die Vorschriften der InsO weitgehend dem bisherigen Rechtszustand der Konkursordnung. 276

Voraussetzung jeder Sicherungsmaßnahme ist die Zulassung des Insolvenzantrages durch das Insolvenzgericht, d.h. es müssen die allgemeinen Verfahrensvoraussetzungen (z.B. Zuständigkeit des Gerichtes, Insolvenzfähigkeit des Schuldners, Glaubhaftmachung beim Gläubigerantrag) nach der Überzeugung des Insolvenzgerichtes gegeben sein[183]. 277

Sinn und Zweck der Sicherungsmaßnahmen ist es, Vorkehrungen zu treffen, damit in der Eröffnungsphase eines Insolvenzverfahrens keine Vermögensverschlechterungen bei dem Schuldner eintreten. Es sollen einerseits Vermögensverschlechterungen durch den Schuldner selbst verhindert werden. Andererseits sollen Gläubiger davon abgehalten werden, im Wege des Faustrechts angebliches oder wirkliches Sicherungsgut aus dem Unternehmen des Schuldners herauszuholen. Diese Vorkehrungen sind in vielen Fällen erforderlich, da eine geraume Zeitspanne zwischen der Insolvenzantragstellung und der Entscheidung des Insolvenzgerichts über die Verfahrenseröffnung oder die Abweisung des Insolvenzantrags mangels Masse liegen kann. 278

Als Sicherungsmaßnahmen kommen u.a. in Betracht: 279

(1) Die Anordnung eines allgemeinen Verfügungsverbotes.
Die Anordnung als allgemeines Verfügungungsverbot hat zur Folge, dass Verfügungen des Schuldners über die zur Insolvenzmasse gehörigen Gegenstände unwirksam sind.[138a]

(2) Die Anordnung eines allgemeinen Veräußerungsverbotes.
Die Anordnung des allgemeinen Veräußerungsverbots ist ein gerichtliches Verfügungsverbot im Sinne der §§ 135, 136 BGB, so dass verbotwidrige Verfügungen des Schuldners nur den geschützten Insolvenzgläubigern gegenüber unwirksam sind.[183b]

(3) Die Anordnung des Zustimmungserfordernisses.
Die Anordnung des Gerichts, wonach Verfügungen der Zustimmung des vorläufigen Verwalters bedürfen, ermöglicht dem Schuldner trotz des Insolvenzverfahrens ein Auftreten im Außenverhältnis.

---

183 Vgl. Begr. RegE zu § 21 InsO in *Balz/Landfermann* Die neuen Insolvenzgesetze, 1995.

183a Mehr hierzu unter Rz. 290.

183b Siehe unten Rz. 288 ff.

(4) Untersagung oder einstweilige Einstellung von Vollstreckungsmaßnahmen.
Das Verbot der Einzelzwangsvollstreckung in bewegliche Vermögensgegenstände des Schuldners soll masseverringernde Zwangsvollstreckungen einzelner Gläubiger vermeiden. Das Vollstreckungsverbot beinhaltet gleichzeitig ein Aufrechnungsverbot. Verbotswidrige Vollstreckungen können mit der Erinnerung (§ 766 ZPO) angefochten werden. Die vorläufige Einstellung von Zwangsvollstreckungsmaßnahmen, hat keinen Einfluss auf bereits erfolgte Vollstreckungsmaßnahmen, so dass der Rang eines Pfändungspfandrechts gewahrt bleibt.

(5) Die Bestellung eines vorläufigen Insolvenzverwalters mit oder ohne Verwaltungs- und Verfügungsbefugnis.[184]

(6) Die Durchsuchung von Räumen.
Die Durchsuchung der Geschäftsräume des Schuldners oder Dritter kommt dann in Frage, wenn der Verdacht besteht, dass Vermögen verschoben wird und eine erhebliche Verdunklungsgefahr besteht.

(7) Beschränkung der Freizügigkeit des Schuldners.
Höchst umstritten ist, ob die Freizügigkeit des Schuldners eingeschränkt werden kann.[184a] Der Entzug des Reisepasses oder die Eintragung eines Ausreiseverbotes sichern die Erreichbarkeit des Schuldners und sind deshalb zulässig.

(8) Freiheitsbeschränkende Maßnahmen.
Freiheitsbeschränkende Maßnahmen, wie die Zwangsvorführung und die Anordnung der Haft, sind nur noch dann zulässig, wenn andere weniger einschränkende Maßnahmen nicht mehr ausreichen, um den Insolvenzzweck sicherzustellen. Vor Anordnung der Haft muss der Schuldner angehört werden.

280 Über die Verhängung von Sicherungsmaßnahmen im Eröffnungsverfahren hat das Insolvenzgericht von Amts wegen nach pflichtgemäßem Ermessen zu befinden. Die verhältnismäßige Geringfügigkeit der Forderung des Antragstellers steht dem Erlass eines allgemeinen Verfügungsverbots nicht entgegen.[185]

281 Die Sicherungsmaßnahmen können vom Insolvenzgericht jederzeit abgeändert oder nachträglich angeordnet werden.

184 Zur Rechtsstellung und den Aufgaben siehe unten Rz. 295 ff.
184a Siehe unten Rz. 285.
185 *BGH* vom 20.03.1986-III ZR 55/85-WM 1986, 652.

1. Auskunftspflichten des Schuldners (§§ 20, 97, 101 InsO)

Ist ein zulässiger Insolvenzantrag gestellt, so hat der Schuldner dem Insolvenzgericht alle Auskünfte zu erteilen, die zur Entscheidung über den Insolvenzeröffnungsantrag erforderlich sind. Die für das eröffnete Insolvenzverfahren geltenden Auskunfts- und Mitwirkungspflichten des Schuldners (§§ 97, 98, 101 Abs. 1 Satz 1, 2 Abs. 2 InsO) gelten im Insolvenzantragsverfahren entsprechend (§ 20 InsO). 282

Sofern das Insolvenzgericht einen vorläufigen Insolvenzverwalter bestellt hat, so hat der Schuldner diesem Verwalter alle geschäftsbezogenen Auskünfte zu erteilen, und zwar selbst dann, wenn sie strafrechtlich relevant sind (§§ 22 Abs. 3 Satz 3, 97 Abs. 1 Satz 2 InsO; und hat den Verwalter bei der Erfüllung der Aufgaben zu unterstützen (§§ 22 Abs. 3 Satz 3, 97 Abs. 2 InsO). 283

Beispiel 70

Auskunftspflichten

Schuldner Andreas I. weigert sich, dem Insolvenzgericht Auskunft über den Umfang seines Auslandsvermögens zu erteilen, da er die Ansicht vertritt, dies habe ein deutsches Gericht nicht zu interessieren. Wer ist im Recht?

Abwandlung: Andreas I. befürchtet, wegen der von ihm beschäftigten Schwarzarbeiter Ärger zu bekommen.

Das Insolvenzgericht hat Recht; die Auskunftspflicht des Schuldners erstreckt sich auch auf das im Ausland gelegene Vermögen[186], da Auslandsvermögen zur Insolvenzmasse des inländischen Insolvenzverfahrens zählt.[186a]

Lösung Abwandlung: Andreas I. muss auch hinsichtlich der Schwarzarbeiter Auskunft erteilen. Diese Informationen unterliegen aber nach § 97 Abs. 1 S. 3 InsO einem Beweisverwertungsverbot in einem etwaigen Straf- oder OWiG-Verfahren. Hintergrund dieser Regelung ist der Umstand, dass der Schuldner ansonsten schlechter stünde als ein Angeklagter oder Zeuge im Strafverfahren, welche sich auf ihr Schweige- bzw. Auskunftsverweigerungsrecht berufen können.

Nach § 97 Abs. 3 InsO ist der Schuldner verpflichtet, sich auf Anordnung des Gerichts jederzeit zur Verfügung zu stellen, um seine Auskunfts- und Mitwirkungspflichten zu erfüllen. Dabei hat er alle Handlungen zu unterlassen, die der Erfüllung der Pflichten zuwiderlaufen. 284

Nach der Formulierung des Gesetzeswortlautes kann das Insolvenzgericht dem Schuldner keine Aufenthaltsbeschränkungen auferlegen, son- 285

186 *BGH* vom 13.07.1983 – VIII ZR 246/82 – WM 1983, 858.
186a *Kuhn/Uhlenbruck* KO, § 1 Rz. 3a; Hess KO, § 1 Rz. 2.

dern lediglich eine Erscheinungspflicht anordnen, damit der Schuldner seinen insolvenzmäßigen Obliegenheiten sich nicht entzieht. Die Erscheinungspflichten kann das Insolvenzgericht solange aufrecht erhalten, als dies für den Verfahrenszweck unbedingt erforderlich ist.

2. Die Pflicht zur Abgabe der eidesstattlichen Versicherung (§§ 20, 98 InsO)

286 Nach § 98 Abs. 1 InsO kann das Insolvenzgericht wenn es zur Herbeiführung wahrheitsgemäßer Aussagen erforderlich ist, anordnen, dass der Schuldner zu Protokoll eidesstattlich versichert, er habe die von ihm verlangte Auskunft nach bestem Wissen und Gewissen richtig und vollständig erteilt. Die Verpflichtung zur Abgabe der eidesstattlichen Versicherung obliegt dem Schuldner, bei juristischen Personen dem Vorstand, bei der OHG oder der KG den persönlich haftenden Gesellschaftern, im Nachlasskonkurs den Erben, bei der GmbH & Co KG den Geschäftsführern der GmbH, und ist von dem Pflichtigen höchst persönlich abzugeben (§ 478 ZPO). Eine Vertretung bei der Eidesleistung ist unzulässig.[187]

287 Die eidesstattliche Versicherung bezieht sich nicht nur auf die Anfertigung des Inventars, sondern kann zur Herbeiführung aller für das Verfahren bedeutungsvoller Umstände herangezogen werden. Der Wortlaut der eidesstattlichen Versicherung ist demnach den jeweiligen Verhältnissen des Einzelfalles anzupassen. Zuständig für die Abnahme der eidesstattlichen Versicherung ist das Vollstreckungsgericht des Amtsgerichts, bei dem das Insolvenzverfahren anhängig ist.[188] Das Insolvenzgericht kann auch anordnen, dass der Eid vor dem Insolvenzgericht selbst oder einem anderen Gericht geleistet wird (§ 479 ZPO).

288 Vor der Abgabe der eidesstattlichen Versicherung hat der Richter den Pflichtigen in angemessener Weise über die Bedeutung des Eides zu belehren und auch darüber, dass er den Eid mit oder ohne religiöse Beteuerung leisten kann (§ 480 ZPO).

Beispiel 71

Eidesstattliche Versicherung

Insolvenzrichter Werner U. steht vor dem ungewöhnlichen Problem, dass er von einem stummen Schuldner eine eidesstattliche Versicherung einholen muss. Was wird er veranlassen?

187 *Zöller-Greger* ZPO, § 478 Rz. 2.
188 *LG Frankfurt* vom 11.05.1954 – 2/9 T 17/52 – KTS 1955, 191.

Muss ein Stummer die eidesstattliche Versicherung abgeben, so hat er, wenn er schreiben kann, den Eid abzuschreiben und zu unterschreiben (§ 483 Abs. 1 ZPO). Stumme, die nicht schreiben können, müssen den Eid mit Hilfe eines Dolmetschers durch Zeichen ablegen (§ 483 Abs. 2 ZPO).

3. Das allgemeine Verfügungsverbot (§ 21 Abs. 1 Nr. 1 InsO)

288a

Beispiel 72
Verfügungsverbot

Am 30.04.2001 erscheint Alfons G. beim Amtsgericht Mainz und beantragt die Eröffnung des Insolvenzverfahren über das Vermögen des Weinhändlers Otto S. Er macht unter Vorlage einer Reihe von Unterlagen glaubhaft, dass der S. ihm bereits seit vier Wochen die Lieferung einer Charge Wein schuldig geblieben ist und seine Vollstreckungsversuche aus früheren Titeln ebenfalls fruchtlos verlaufen sind. Ihm sei allerdings bekannt, dass S. einen Großgläubiger wegen dessen Forderung befriedigt habe, um diesen von einem Insolvenzantrag abzuhalten.

Alfons G. berichtet weiter, er habe beobachtet, dass S. in letzter Zeit ständig Weinlieferungen umgelagert habe. Das Büro in dessen Wohnhaus sei nur noch stundenweise besetzt.

Welche Möglichkeiten hat das Insolvenzgericht, um nachteilige Vermögensverfügungen im Insolvenzeröffnungsverfahren zu verhindern?

Zur Sicherung der Insolvenzmasse kann das Gericht ein allgemeines Verfügungsverbot über das Vermögen des Otto S. verhängen, sofern dies zur Abwendung von Vermögensnachteilen von der späteren Masse erforderlich erscheint. Außerdem kann das Insolvenzgericht einen vorläufigen Insolvenzverwalter bestellen, auf den im Fall der gleichzeitigen Verhängung des allgemeinen Verfügungsverbotes die Verwaltungs- und Verfügungsbefugnis über das schuldnerische Vermögen übergeht. Alternativ hierzu kann auch ein bloßes Zustimmungserfordernis zugunsten des vorläufigen Insolvenzverwalters angeordnet werden. In diesem Fall sind Verfügungen seitens des Schuldners an die Zustimmung des vorläufigen Verwalters gebunden. Eine weitere Möglichkeit ist die Verhängung eines allgemeinen Veräußerungsverbots das sich von dem allgemeinen Verwaltungs- und Veräußerungsverbot insofern unterscheidet, als die Verfügungsbefugnis beim Schuldner bleibt und er lediglich beschränkt wird.

Das allgemeine Verfügungsverbot im Sinne des § 21 InsO führt anders als noch das allgemeine Veräußerungsverbot des § 106 KO zu einem absolu- 289

189 So auch *Gerhardt* in Kölner Schrift zur Insolvenzordnung, 1997, S. 159 ff. m.w.N.; vgl. auch *Bork* Einführung in das neue Insolvenzrecht, 1995, Rn. 105.

ten Verfügungsverbot.[189] Dies ergibt sich aus § 24 InsO, der auf die Vorschriften der §§ 81, 82 InsO verweist, in denen die Rechtswirkung der Insolvenzeröffnung geregelt ist.[190]

290 Da der Schuldner durch die Verhängung des allgemeinen Verfügungsverbotes die Verwaltungs- und Verfügungsbefugnis bereits vor Verfahrenseröffnung verliert, ist es geboten, dass das Insolvenzgericht gleichzeitig einen vorläufigen Insolvenzverwalter bestellt, der in diesem Fall gemäß § 22 Abs. 1 InsO die Verfügungsbefugnis ausübt.[191]

291 Das allgemeine Verfügungsverbot ist öffentlich bekannt zu machen und

- dem Schuldner,
- den Personen, die Verpflichtungen gegenüber dem Schuldner haben und
- dem vorläufigen Insolvenzverwalter

besonders zuzustellen (§ 23 InsO).

292 Rechtswirkungen entfaltet das allgemeine Verfügungsverbot – anders als im Geltungsbereich der KO[192] von dem im Beschluss angegebenen Zeitpunkt an (Tag und Stunde, entsprechend § 27 InsO); fehlt die Angabe der Stunde, so findet § 27 Abs. 3 InsO entsprechende Anwendung, wonach auf die Mittagsstunde abzustellen ist.[193]

293 Das allgemeine Verfügungsverbot erfasst die Vermögensgegenstände, die bei einer Eröffnung des Verfahrens zur Masse gehören oder ohne die Verfügung dazu gehören würden.[194] Es ist nicht erforderlich, dass sie bereits zum Zeitpunkt des Veräußerungsverbotes im Vermögen des Schuldners vorhanden waren, da ansonsten der vom Gesetzgeber bezweckte Schutz lückenhaft wäre[195] Erfasst wird von dem allgemeinen Verfügungsverbot deshalb neben dem Inlandsvermögen auch das im Ausland belegene Vermögen des Schuldners.[196]

---

190 Vgl. auch *Gerhardt* in Kölner Schrift zur Insolvenzordnung, 1997, S. 159, 162.

191 So auch Gerhardt in Kölner Schrift zur Insolvenzordnung, 1997, S. 159, 162.

192 Vgl. nur *BGH* vom 01.03.1982 – VIII ZR 75/8 – KTS 1982, 664; das dort geregelte allgemeine Veräußerungsverbot erlangte erst mit seiner Verkündung bzw. der Zustellung an den Schuldner Rechtswirksamkeit.

193 *BGH* vom 08.12.1994 – IX ZR 177/94 – ZIP 1995, 40; dazu *Uhlenbruck* EWiR 1995, 57; *Pape*, DtZ 1995, 220; *BGH* vom 19.09.1996 – IX ZR 277/95 – ZIP 1996, 1909; dazu *Henckel* EWiR 1996, 1077; *Gerhardt* in Kölner Schrift zur Insolvenzordnung, 1997, S. 159, 170; *Pohlmann* Befugnisse und Funktionen des vorläufigen Insolvenzverwalters, 1998, Rz. 42 ff.; *Hintzen* ZInsO 1998, 75; *Pape* ZInsO 1998, 61; a.A. *BAG* vom 17.06.1997 – 9 AZR 753/95 – NZA 1998, 446.

194 *BGH* vom 08.12.1994 – IX ZR 177/94 – ZIP 1995, 40 m.w.N.

195 *BGH* a.a.O.

196 *BGH* vom 30.04.1992 – IX ZR 233/90 – WM 1992, 1040.

Das absolute Verfügungsverbot dient dem Schutz der Allgemeinheit und ist nicht durch guten Glauben zu überwinden.[197a] Anders als das relative Veräußerungsverbot bedarf es keiner Eintragung und ist von Amts wegen zu beachten. 294

4. Der vorläufige Verwalter ohne Verwaltungs- und Verfügungsmacht

Die rechtliche Stellung des vorläufigen Insolvenzverwalters ohne Verwaltungs- und Verfügungsbefugnis (auch als „schwacher vorläufiger Insolvenzverwalter" oder als „isoliert bestellter vorläufiger Insolvenzverwalter" bezeichnet)[197] entspricht weitgehend der des Sequesters nach der Konkursordnung. 295

a) Aufgaben

Dem vorläufigen Verwalter obliegen drei wesentliche Aufgaben: 296

- Massesicherung und Masseerhaltung,
- Masseschaffung,
- Verbindlichkeitenreduzierung.

Vom vorläufigen Insolvenzverwalter ohne Verwaltungs- und Verfügungsbefugnis begründete Verbindlichkeiten stellen im Rahmen einer nachfolgenden Verfahrenseröffnung keine Masseverbindlichkeiten dar, sondern sind als einfache Insolvenzforderungen zu berichtigen (arg. e. § 55 Abs. 2 InsO). 297

Beispiel 73

Vorläufiger Verwalter

Schuldner W. bestellt mit Zustimmung des vorläufigen Insolvenzverwalters Paul I. sechzig Autoreifen bei dem Händler H. Nach der Eröffnung des Insolvenzverfahrens fordert der zwischenzeitlich zum Insolvenzverwalter bestellte Paul I. den Händler H. auf, seine Forderung in Höhe von 3.000,– € zur Tabelle anzumelden.

TIPP

Verlassen Sie sich als Gläubiger niemals darauf, dass Ihre Forderung gesichert sei, wenn ein vorläufiger Insolvenzverwalter bestellt ist. Liefern Sie nur gegen Zahlung oder Sicherheit, wenn Sie nicht wissen, ob dem vorläufigen Insolvenzverwalter die Verwaltungs- und Verfügungsbefugnis übertragen wurde.

---

197 Vgl. *Pohlmann*, Befugnisse und Funktionen des vorläufigen Insolvenzverwalters, 1998, Rz. 216 ff.

197a *MünchKomm/Mayer-Maly* BGB, § 135 Rz. 7 f.

aa) Massesicherung und Masseerhaltung

298 Der vorläufige Insolvenzverwalter hat die spätere Insolvenzmasse erforderlichenfalls im Wege der Zwangsvollstreckung in Besitz zu nehmen und ein Vermögensverzeichnis anzufertigen.[198] Dem vorläufigen Insolvenzverwalter kann, um eine möglichst effektive Überwachung des Schuldners zu gewährleisten, die Kassenführung sowie die Fortführung des schuldnerischen Unternehmens in Zusammenwirken mit dem Schuldner übertragen werden.

299 Da im Rahmen der vorläufigen Insolvenzverwaltung der Sicherungszweck im Vordergrund steht, dürfen Verwertungsmaßnahmen nur in Ausnahmefällen erfolgen.

Beispiel 74
Verwertung

> Die frisch geernteten Erdbeeren drohen zu verderben, wenn sie nicht sofort an den Großhändler geliefert werden. Der vorläufige Insolvenzverwalter Lars E. stimmt der Veräußerung zu.

300 Erforderliche Erhaltungsmaßnahmen hat der vorläufige Insolvenzverwalter ebenfalls zu ergreifen.

Beispiel 75
Erhaltung

> Die Milchkühe des Schuldners Xaver A. müssen dringend gefüttert und getränkt werden.

bb) Masseschaffung

301 Zur Schaffung der für die Verfahrenseröffnung erforderlichen Masse stehen dem vorläufigen Insolvenzverwalter wie dem Sequester nach dem früheren Recht insbesondere die Möglichkeiten zu:

- der Vorfinanzierung von Insolvenzgeld,

Beispiel 76
Masseschaffung

> Um den Betrieb des Schuldners fortführen zu können, und die Arbeitsplätze der Mitarbeiter zumindest zeitweise zu erhalten, setzt sich der vorläufige Insolvenzverwalter Martin Z. mit der T-Bank in Verbindung. Es wird eine Vereinbarung vorbereitet, wonach die Arbeitnehmer ihre Ansprüche auf Insolvenzgeld gegenüber der BA an die T-Bank im Wege des Forderungsverkaufs übertragen. Im Gegenzug verpflichtet sich die T-Bank zur Auszahlung der Nettolöhne. Der vorläufige Insolvenzverwalter stimmt zur Sicherung der Ansprüche der T-Bank der Sicherungsübereignung eines Krans zu. Nachdem das Arbeitsamt zur Erhaltung der Arbeitsplätze dieser Vorgehensweise zugestimmt hat,

198 *Hess* KO, § 106 Rz. 9 m.w.N.

unterzeichnen die Arbeitnehmer die Vereinbarung und erhalten das Geld von der Bank ausgezahlt.

Die auf die BA nach § 187 SBG III übergegangene Forderung der Arbeitnehmer auf Arbeitsentgelt stellt in dem nachfolgenden Insolvenzverfahren eine einfache Insolvenzforderung dar, muss also zur Tabelle angemeldet werden. Dies ist durch die Änderung des § 55 InsO nunmehr auch für den Fall klargestellt, dass ein vorläufiger Insolvenzverwalter mit Verwaltungs- und Verfügungsbefognis bestellt ist.

– der Vermeidung von Umsatzsteuer als Masseverbindlichkeiten.

Veräußert der Insolvenzverwalter im eröffneten Verfahren Vermögensgegenstände des Schuldners, so fällt hierfür Umsatzsteuer an, sofern der Schuldner Kaufmann im Sinne des Umsatzsteuergesetzes ist. Wie alle Verbindlichkeiten, die vom Insolvenzverwalter im Rahmen der Verwaltung, Verwertung und Verteilung begründet werden, stellt auch die Steuerforderung eine Masseverbindlichkeit dar (§ 55 Abs. 1 Nr. 1 InsO). Masseverbindlichkeiten sind Forderungen, die im Insolvenzverfahren vorrangig befriedigt werden (§ 53 InsO). 302

Demgegenüber kann der vorläufige Insolvenzverwalter vor der Verfahrenseröffnung dann keine Masseverbindlichkeiten begründen, wenn ihm die Verwaltungs- und Verfügungsbefugnis nicht übertragen wurde. Veräußerungen, die er gemeinsam mit dem Schuldner bewirkt, stellen daher Insolvenzforderungen dar, d.h. Forderungen, die im Insolvenzverfahren zur Insolvenztabelle angemeldet werden müssen und erst nach den Masseverbindlichkeiten – i.d.R. nur quotal (durchschnittliche Quote: ca. 5 %) befriedigt werden. 303

Beispiel 77

Verfügungen des Schuldners

Der vorläufige Insolvenzverwalter Martin Z. stimmt der Veräußerung des schuldnerischen 7er BMW zu. Er teilt dem Finanzamt mit, dass die aus der Veräußerung resultierende Umsatzsteuer als Insolvenzforderung zu begleichen sei, da bei der Veräußerung durch ihn als vorläufigen Insolvenzverwalter ohne Verwaltungs- und Verfügungsbefugnis keine Masseverbindlichkeiten begründet werden könnten.

cc) Verbindlichkeitenreduzierung

Beispiel 78

Verbindlichkeitenreduzierung

Der vorläufige Insolvenzverwalter Martin Z. kündigt dem seit 1970 beschäftigten Balduin C. im Einvernehmen mit dem Schuldner mit einer Frist von 3 Monaten aus betriebsbedingten Gründen. Er beruft sich dabei auf die gesetzliche Regelung des § 113 InsO. Zu Recht?

> Um die Masse nach der Verfahrenseröffnung von Lohn- und Gehaltsverbindlichkeiten zu entlasten, kann bereits der vorläufige Insolvenzverwalter im Zusammenwirken mit dem Schuldner, Arbeitsverhältnisse abbauen, wobei die allgemeinen kündigungsschutz- und betriebsverfassungsrechtlichen Voraussetzungen zu beachten sind. Die speziell auf das eröffnete Insolvenzverfahren zugeschnittenen Bestimmungen der §§ 113, 120 bis 128 InsO finden im Eröffnungsverfahren allerdings keine Anwendung. Maßgeblich ist daher, bei Fehlen einer anderweitigen Regelung, die gesetzliche Kündigungsfrist des § 622 BGB.

b) Die Rechtsstellung des vorläufigen Insolvenzverwalters ohne Verwaltungs- und Verfügungsbefugnis

aa) Bestellung

304 Die Bestellung des vorläufigen Insolvenzverwalters richtet sich nach der für den Insolvenzverwalter geltenden Bestimmung des § 56 InsO.

305 Voraussetzung ist, dass der vorläufige Insolvenzverwalter eine natürliche Person, geschäftskundig und für den jeweiligen Einzelfall geeignet ist. In Betracht kommen daher in erster Linie Rechtsanwälte, Wirtschaftsprüfer, Steuerberater, vereidigte Buchprüfer und Diplom-Kaufleute.

Beispiel 79

> Die als GmbH firmierende Wirtschaftsprüfungsgesellschaft Solventia GmbH kann nicht als (vorläufige) Verwalterin eingesetzt werden, wohl aber ihr Gesellschafter Martin H.

306 Der vorläufige Insolvenzverwalter muss von Gläubigern und dem Schuldner unabhängig sein. Ausgeschlossen ist daher die Bestellung eines vom Schuldner vor der Insolvenzantragstellung zur Beratung herangezogenen Rechtsanwalts.

TIPP

Wenn Sie als Schuldner vermeiden möchten, dass ein bestimmter Insolvenzverwalter über ihr Vermögen eingesetzt wird, konsultieren Sie ihn im Vorfeld!

bb) Aufsicht des Insolvenzgerichts

307 Der vorläufige Insolvenzverwalter ohne Verwaltungs- und Verfügungsbefugnis steht unter der Aufsicht des Insolvenzgerichts (§ 58 InsO entsprechend). Die Aufsichtspflicht des Insolvenzgerichts (§ 58 InsO) bezieht

sich in erster Linie auf die Frage, ob der vorläufige Insolvenzverwalter dem Sicherungszweck entsprechend gehandelt hat, u.a. bei der Ausübung des Zustimmungsrechts.

Sofern sich der vorläufige Insolvenzverwalter weigert, seine Pflichten zu erfüllen, kann das Insolvenzgericht mit Zwangsgeldandrohungen bzw. -festsetzungen gegen ihn vorgehen (§ 21 Abs. 2 Nr. 1 i.V.m. § 58 Abs. 2 InsO). Weigert sich der entlassene vorläufige Insolvenzverwalter, die das Verfahren betreffenden Unterlagen herauszugeben, so ist ebenfalls die Zwangsgeldandrohung und -festsetzung durch das Insolvenzgericht möglich (§ 21 Abs. 2 Nr. 1 i.V.m. § 58 Abs. 3 InsO). 308

Pflichtverletzungen, z.B. die Weigerung zur Herausgabe schuldnerischer Unterlagen nach der Entlassung, können nach vorheriger Androhung durch Zwangsgeldfestsetzung bis zu 50.000,00 DM geahndet werden.[199] 309

cc) Entlassung des vorläufigen Insolvenzverwalters

Die Entlassung des vorläufigen Insolvenzverwalters ohne Verwaltungs- und Verfügungsbefugnis erfolgt nach § 21 Abs. 2 Nr. 1 i.V.m. § 59 InsO. 310

Der vorläufige Insolvenzverwalter kann auf seinen Antrag oder von Amts wegen entlassen werden, wenn ein wichtiger Grund vorliegt. 311

Wichtige Gründe stellen z.B. schwere Krankheiten, mangelnde Eignung, Unfähigkeit oder schwerwiegende Pflichtverletzungen dar. 312

Ob eine zur Entlassung berechtigende Pflichtverletzung vorliegt, beurteilt sich nach den im Einzelfall festgelegten Pflichten des vorläufigen Insolvenzverwalters ohne Verwaltungs- und Verfügungsbefugnis. 313

Bei der Entlassung des vorläufigen Insolvenzverwalters ist zu berücksichtigen, dass sich das Amt nur auf das – auf wenige Wochen oder Monate dauernde – Eröffnungsverfahren beschränkt. Anschließend kann anstelle des vorläufigen Insolvenzverwalters eine andere Person als Insolvenzverwalter im eröffneten Insolvenzverfahren eingesetzt werden. 314

Beispiel 80

Entlassung des vorl. Verwalters

> Insolvenzrichterin Ulrike Q. erfährt zufällig, dass der von ihr eingesetzte vorläufige Insolvenzverwalter Leon M. gemeinsame Sache mit der attraktiven Schuldnerin Sandra G. macht. Die beiden haben bereits einen Großteil des vorhandenen Vermögens verschwinden lassen und die Erlöse in die eigene Tasche gesteckt. Ulrike Q. beruft Leon M. ab und

199 Vgl. auch *Pohlmann* a.a.O., Rz. 242 f.

leitet strafrechtliche Schritte (wegen Untreue, § 266 StGB) gegen ihn und Sandra G. ein.

dd) Haftung des vorläufigen Insolvenzverwalters

315 Der vorläufige Insolvenzverwalter haftet für die Verletzung insolvenzspezifischer Pflichten nach § 21 Abs. 2 Nr. 1, § 60 InsO.

316 Infolge des eingeschränkten Pflichtenkreises des vorläufigen Insolvenzverwalters ohne Verwaltungs- und Verfügungsbefugnis ist dessen Haftungsrisiko jedoch wesentlich geringer als das des Insolvenzverwalters.

Insbesondere haftet der vorläufige Insolvenzverwalter ohne Verwaltungs- und Verfügungsbefugnie nicht wegen der Nichterfüllung von Masseverbindlichkeiten nach §§ 21, 61 InsO, da er zur Begründung derartiger Verbindlichkeiten nicht berechtigt ist (siehe dazu auch Beispiel 83 hinsichtlich des vorläufigen Verwalters mit Verwaltungs- und Verfügungsbefugnis.

317 Ein typischer Haftungsfall ist demgegenüber gegeben, wenn der vorläufige Insolvenzverwalter ohne Verwaltungs- und Verfügungsbefugnis pflichtwidrig Rechtsgeschäften des Schuldners zustimmt, die eine Masseschädigung zur Folge haben.

ee) Vergütung des vorläufigen Insolvenzverwalters

318 Die Vergütung des vorläufigen Insolvenzverwalters ohne Verwaltungs- und Verfügungsbefugnis wird vom Insolvenzgericht nach Maßgabe von § 11 der Insolvenzrechtlichen VergütungsVO (InsVV) gem. § 21 Abs. 2 Nr. 1 i.V.m. §§ 63 ff. InsO festgesetzt.

319 Sie beträgt einen angemessenen Bruchteil der Verwaltervergütung, in der Regel ca. 25 % der Verwaltervergütung, wobei das gesamte Vermögen auf das sich die Verwaltung bezieht, also auch die Vermögensgegenstände, die mit Absonderungsrechten belastet sind, in die Berechnungsgrundlage einbezogen werden.

320 Bei der Festsetzung der Vergütung hat das Insolvenzgericht Art, Dauer und Umfang der Tätigkeit des vorläufigen Insolvenzverwalter zu berücksichtigen.

Beispiel 81
Vergütung

Der vorläufige Insolvenzverwalter Martin Z. stellt nach Beendigung seines Amtes folgenden Vergütungsantrag:

Berechnungsgrundlage (§ 1 InsVV)	500.000,00 €
Regelvergütung (§ 2 InsVV)	37.750,00 €
davon 25 % (§ 11 InsVV)	9.437,50 €
zzgl. 16 % USt (§ 7 InsVV)	1.510,00 €
Endbetrag	**10.947,50 €**
Auslagen nach beigefügter Liste (§ 8 InsVV)	252,50 €
	11.200,00 €

Der Vergütungsfestsetzungsbeschluss ist mit Ausnahme der Beträge öffentlich bekannt zu machen und 321

- dem vorläufigen Insolvenzverwalter und
- dem Schuldner sowie
- dem Gläubigerausschuss, falls der Beschluss erst nach Verfahrenseröffnung ergeht,

zuzustellen (§ 21 Abs. 2 Nr. 1 i.V.m. § 64 InsO).

ff) Rechnungslegung des vorläufigen Insolvenzverwalters

Der vorläufige Insolvenzverwalter ohne Verwaltungs- und Verfügungsbefugnis hat dem Insolvenzgericht gem. § 21 Abs. 2 Nr. 1 i.V.m. § 66 InsO über das von ihm geführte Anderkonto Rechnung zu legen. 322

5. Der vorläufige Verwalter mit Verwaltungs- und Verfügungsmacht

Die Verhängung eines allgemeinen Verfügungsverbotes i.S.d. § 21 Abs. 2 Nr. 2 Hs. 1 InsO bewirkt ein absolutes Verfügungsverbot in Bezug auf den Schuldner, welche die Nichtigkeit der gegen sie verstoßenden Verfügungen des Schuldners gem. § 134 BGB zur Folge hat.[200] Da die Verwaltungs- und Verfügungsbefugnis dem Schuldner nicht entzogen werden kann, ohne dass eine andere Person über das schuldnerische Vermögen verfügen kann, muss das Insolvenzgericht in diesem Fall gleichzeitig einen vorläufigen Insolvenzverwalter bestellen, der die Verwaltungs- und Verfügungsbefugnis dann wahrnimmt. 323

200 *Staudinger/Dilcher* BGB, § 135 Rz. 5.

a) Aufgaben des vorläufigen Insolvenzverwalters mit Verwaltungs- und Verfügungsbefugnis

324 Als wesentliche Aufgabe obliegt dem vorläufigen Insolvenzverwalter mit Verwaltungs- und Verfügungsbefugnis die Sicherung und Erhaltung des schuldnerischen Vermögens (§ 22 Abs. 1 Nr. 1 InsO). Die Schutzrichtung des Sicherungszwecks ist dabei eine doppelte: zum einen die Vermeidung von Vermögensnachteilen der Masse gegenüber allen Beteiligten, zum anderen der Schutz des Schuldners vor einer vorweggenommenen Gesamtverwertung seines Vermögens im Eröffnungsverfahren.[201]

Dies schließt – soweit erforderlich – die Befugnis ein, massezugehörige Waren zu veräußern, wenn sie zu verderben drohen. In besonderen Fällen, inbesondere zur Massemehrung können auch unverderbliche Gegenstände im Eröffnungsverfahren verwertet werden.

325 Der vorläufige Insolvenzverwalter hat das schuldnerische Unternehmen bis zur Entscheidung des Insolvenzgerichts über die Eröffnung des Verfahrens grundsätzlich fortzuführen (§ 22 Abs. 1 Satz 2 Nr. 2 InsO). Diese Regelung beruht darauf, dass die Entscheidungsbefugnis der Gläubiger über den Verfahrensfortgang (z.B. Erstellung eines Insolvenzplans) nicht durch eine vorschnelle Betriebsschließung umgangen werden sollen.

326 Sofern bei einer Betriebsfortführung hohe Verluste anfallen und die Sanierungsaussichten gering sind, kann es allerdings erforderlich sein, dass der vorläufige Insolvenzverwalter schon im Eröffnungsverfahren den Betrieb ganz oder teilweise stilllegt. Hierzu bedarf er der Zustimmung des Insolvenzgerichts (§ 22 Abs. 2 Nr. 2 a.E. InsO). Soweit das Gericht im Antragsverfahren der Unternehmensstilllegung zustimmt (§ 22 Abs. 1 Nr. 2 InsO), wird der vorläufige Insolvenzverwalter über die bisherige Stellung des Sequesters hinaus berechtigt sein,

- die Verhandlungen über den Versuch eines Interessenausgleichs und den Abschluss eines Sozialplans zu führen,
- die Arbeitnehmer unter Einhaltung der vertraglichen bzw. gesetzlichen Kündigungsfrist zu kündigen.

327 War der Geschäftsbetrieb vor der Bestellung des vorläufigen Insolvenzverwalters eingestellt worden, braucht der vorläufige Insolvenzverwalter den Betrieb nicht wieder aufzunehmen.

328 Daneben ist der vorläufige Insolvenzverwalter mit Verwaltungs- und Verfügungsbefugnis verpflichtet zu prüfen, ob das schuldnerische Vermögen

---

201 *Pohlmann* a.a.O., Rz. 94 ff.

die Kosten des Verfahrens decken wird, d.h. ob die zur Verfügung stehende Insolvenzmasse ausreichend ist, um die Verfahrenskosten (d.h. die Gerichtskosten, die Vergütung und die Auslagen des vorläufigen Insolvenzverwalters, des Insolvenzverwalters und der Mitglieder des Gläubigerausschusses) zu decken.

Das Insolvenzgericht kann den vorläufigen Verwalter zusätzlich beauftragen, als Sachverständiger zu prüfen, ob ein Eröffnungsgrund vorliegt und welche Aussichten für eine Betriebsfortführung bestehen. **329**

Überträgt das Insolvenzgericht dem vorläufigen Insolvenzverwalter eine solche Sachverständigenaufgabe, so wird er neben der regulären Vergütung nach der Insolvenzverwaltervergütungsverordnung eine nach Zeit bemessene Vergütung nach dem Zeugen- und Sachverständigenentschädigungsgesetz beanspruchen können, die ihm auch im Fall der Abweisung des Insolvenzverfahrens mangels Masse nach dem bisher geltendem Recht zugestanden hat. **330**

Sinn und Zweck der Regelung in § 22 Abs. 2 Nr. 3 InsO ist es, bereits frühzeitig Chancen einer Sanierung zu ergreifen, sie vorzubereiten und einzuleiten. In solchen Fällen wird es notwendig werden, Sanierungskredite aufzunehmen und Sicherheiten zu bestellen. Weiter kann es sachdienlich sein, die Verfahrenseröffnung – auch im Hinblick auf die Zahlung von Insolvenzgeld – zeitlich solange hinauszuschieben, bis die Situation des insolventen Unternehmens überschaubar ist. **331**

b) Die Rechtsstellung des vorläufigen Insolvenzverwalters mit Verwaltungs- und Verfügungsbefugnis

Die Stellung und Funktion des vorläufigen Insolvenzverwalters mit Verwaltungs- und Verfügungsbefugnis entspricht in weiten Bereichen, **332**

- d.h. er muss eine natürliche Person sein,
- ist zur Verwaltung der Insolvenzmasse berufen,
- haftet wie ein endgültiger Verwalter,
- wird vom Insolvenzgericht überwacht,
- und erhält eine vom Gericht festgesetzte Vergütung,

der des endgültigen Verwalters, so dass er schon in dieser Phase als gesetzlicher Vertreter angesehen werden kann.

Denken Sie als Schuldnervertreter daran, Zustellungen an den vorläufigen Insolvenzverwalter zu richten. **TIPP**

333 Hinsichtlich der Bestellung des vorläufigen Insolvenzverwalters mit Verwaltungs- und Verfügungsbefugnis gelten die oben genannten Grundsätze.

334 Im Rahmen seiner Aufsichtspflicht (§ 21 Abs. 2 Nr. 1 i.V.m. § 58 InsO) überwacht das Insolvenzgericht insbesondere die von dem vorläufigen Insolvenzverwalter vorgenommene Betriebsfortführung und ahndet eventuelle Pflichtwidrigkeiten des vorläufigen Insolvenzverwalters

335 Der vorläufige Insolvenzverwalter mit Verwaltungs- und Verfügungsbefugnis kann im Rahmen einer Aufsichtsmaßnahme des Insolvenzgerichts grundsätzlich nach § 21 Abs. 2 Nr. 1 i.V.m. § 59 InsO von Amts wegen oder auf Antrag entlassen werden. Da es sich jedoch um eine folgenschwere Maßnahme handelt, darf sie nur bei Vorliegen triftiger Gründe, so etwa bei schuldhafter Nichterfüllung der Pflichten oder grober Pflichtwidrigkeit oder anhaltender Krankheit des vorläufigen Insolvenzverwalters, ausgesprochen werden.

336 Der vorläufige Insolvenzverwalter mit Verwaltungs- und Verfügungsbefugnis haftet für die Verletzung insolvenzspezifischer Pflichten nach Maßgabe des § 60 InsO.

337 Daneben begründet § 61 InsO, der auf den vorläufigen Insolvenzverwalter mit Verwaltungs- und Verfügungsbefugnis entsprechend anwendbar ist (§ 21 Abs. 2 Nr. 1 InsO), eine persönliche Haftung des vorläufigen Insolvenzverwalters mit Verwaltungs- und Verfügungsbefugnis für den Fall, dass er eine Masseverbindlichkeit begründet hat, die aus der Insolvenzmasse nicht voll erfüllt werden kann.

338 Infolgedessen ist der vorläufige Insolvenzverwalter mit Verwaltungs- und Verfügungsbefugnis ständig zur Prüfung bezüglich der Massedeckung verpflichtet.

Beispiel 82

Masseverbindlichkeit

Im Rahmen der Betriebsfortführung bestellt der vorläufige Insolvenzverwalter mit Verwaltungs- und Verfügungsbefugnis Ludwig O. zwanzig Tonnen Stahl bei der L-GmbH. Kurz darauf wird das Verfahren eröffnet. Wie kann die L-GmbH ihre Forderung im Insolvenzverfahren geltend machen?

Die L-GmbH kann ihren Anspruch nach §§ 22, 55 Abs. 2 Satz 1 InsO als Masseverbindlichkeit geltend machen, da die Forderung von einem vorläufigen Insolvenzverwalter mit Verwaltungs- und Verfügungsbefugnis begründet wurde.

Beispiel 83

Haftung des Verwalters

Nach der Eröffnung des Insolvenzverfahrens stellt sich heraus, dass die Forderung der L-GmbH wegen eingetretenen Massearmut nicht befriedigt werden kann.

Der zwischenzeitlich zum Insolvenzverwalter bestellte Ludwig O. haftet für die Verbindlichkeit persönlich nach § 61 InsO, wenn bei Begründung der Verbindlichkeit die spätere Masseunzulänglichkeit bereits erkennbar war.

c) Die Vergütung des vorläufigen Insolvenzverwalters mit Verwaltungs- und Verfügungsbefugnis (§ 21 Abs. 2 Nr. 1 i.V.m. §§ 63, 64 InsO)

Die Vergütungsfestsetzung erfolgt nach den für den vorläufigen Insolvenzverwalter ohne Verwaltungs- und Verfügungsbefugnis dargestellten Grundsätzen (siehe oben), wobei beim vorläufigen Insolvenzverwalter mit Verwaltungs- und Verfügungsbefugnis angesichts seiner erweiterten Pflichtenstellung in der Regel eine höhere Vergütung angemessen sein wird. 339

d) Rechnungslegung des vorläufigen Insolvenzverwalters (§ 21 Abs. 2 Nr. 1 i.V.m. § 66 InsO)

Nach § 21 Abs. 2 Nr. 1 i.V.m. § 66 Abs. 1 InsO hat der vorläufige Insolvenzverwalter vor Beendigung seines Amtes dem Insolvenzgericht bzw. im Fall der Verfahrenseröffnung einer Gläubigerversammlung Rechnung zu legen. 340

Die vom vorläufigen Insolvenzverwalter vorgelegte Schlussrechnung ist zunächst vom Insolvenzgericht in Hinblick auf die rechnerische Richtigkeit und den materiell-rechtlich richtigen Ansatz zu prüfen 341

Aus dem Sinn und Zweck der Verweisung auf § 66 InsO ergibt sich, dass im Fall der Verfahrensabweisung mangels Masse die Rechnungslegungspflicht des vorläufigen Insolvenzverwalters nur gegenüber dem Insolvenzgericht besteht. 342

e) Begründung von Masseverbindlichkeiten (§ 55 Abs. 2 InsO)

Nach § 55 Abs. 2 InsO stellen Verbindlichkeiten, die der vorläufige Insolvenzverwalter mit Verwaltungs- und Verfügungsbefugnis begründet hat, nach Eröffnung des Verfahrens Masseverbindlichkeiten dar. Dies gilt grundsätzlich auch für Verbindlichkeiten aus Dauerschuldverhältnissen, z.B. 343

Mietverhältnissen, soweit er die Gegenleistung für das von ihm verwaltete Vermögen in Anspruch genommen hat.

344 Beschäftigt der vorläufige Insolvenzverwalter mit Verwaltungs- und Verfügungsbefugnis dagegen Arbeitnehmer fort, so nehmen diese Forderungen im eröffneten Verfahren den Rang von Insolvenzforderungen ein, sofern die Forderungen wegen der Inanspruchnahme von Insolvenzgeld auf die Bundesanstalt für Arbeit übergehen. Diesen bislang stark umstrittenen Fall regelt nunmehr § 55 InsO ausdrücklich. Die Bundesanstalt für Arbeit kann ihre Forderungen nach Eröffnung des Insolvenzverfahrens als Insolvenzgläubigerin geltend machen. Mit dieser Neuregelung hat der Gesetzgeber dem nach In-Kraft-Treten der InsO aufgeflammten Meinungsstreit ein Ende gesetzt.

345 Die Begründung von Masseverbindlichkeiten hat für die Betriebsfortführung nur teilweise Vorteile: Grundsätzlich werden die Lieferanten im Hinblick auf den Rang ihrer Forderung im Fall der Verfahrenseröffnung zwar eher als bisher bereit sein, an den vorläufigen Insolvenzverwalter zu liefern.

Beispiel 84

Betriebsfortführung

Nachdem der Lieferant Hans L. von dem laufenden Insolvenzeröffnungsverfahren gegen seine Kundin p-GmbH erfahren hat, weigert er sich, weitere Baustoffe an die p-GmbH zu liefern. Die vorläufige Insolvenzverwalterin Nicole S. (mit Verwaltungs- und Verfügungsbefugnis) kann ihn schließlich unter Verweis auf die gesetzliche Bestimmung des § 55 Abs. 2 InsO dazu bewegen, an sie zu liefern. Mit Hilfe der gelieferten Baustoffe kann Nicole S. den Bau einer Reihenhaussiedlung durch das schuldnerische Unternehmen weiter vorantreiben.

346 Die Veräußerung von dem Schuldner gehörigen Vermögensgegenständen durch den vorläufigen Insolvenzverwalter vor der Verfahrenseröffnung bringt für die Insolvenzmasse jedoch keine besonderen Vorteile mehr, da die aus dem Veräußerungsgeschäft anfallende Umsatzsteuer als Masseverbindlichkeit zu berichtigen ist.[202]

Beispiel 85

Veräußerung durch Verwalter

Abwandlung von oben Beispiel 77. Der vorläufige Insolvenzverwalter wurde diesmal mit Verwaltungs- und Verfügungsbefugnis bestellt. Wiederum veräußert er Vermögensgegenstände des Schuldners. Diesmal kann er das Finanzamt wegen der entstehenden Umsatzsteuer nicht auf eine Insolvenzforderung verweisen, sondern muss den Anspruch aus der Insolvenzmasse vorrangig befriedigen.

---

202 *Hess/Boochs/Weis* Steuerrecht in der Insolvenz, Rz. 1072; vgl. auch *Helwich* MDR 1998, 516, 518.

Die aufgezeigten Konsequenzen haben zur Folge, dass der vorläufige Insolvenzverwalter für die Erfüllung einer Vielzahl von Verbindlichkeiten einzustehen hat, welche die Masse im Ergebnis nicht anreichern, sondern schmälern. 347, 348

f) Aufnahme von anhängigen Rechtsstreitigkeiten (vgl. § 24 Abs. 2 InsO)

Eine wesentliche Neuregelung enthält § 24 Abs. 2 InsO, wonach der vorläufige Insolvenzverwalter mit Verwaltungs- und Verfügungsbefugnis zur Aufnahme anhängiger Rechtsstreitigkeiten in entsprechender Anwendung der § 85 Abs. 1 Satz 1 und § 86 InsO berechtigt ist. 349

Die anhängigen Rechtsstreite werden gem. Art. 18 EGInsO, § 240 ZPO bereits im Insolvenzeröffnungsverfahren unterbrochen, wenn ein vorläufiger Verwalter mit Verwaltungs- und Verfügungsbefugnis bestellt wird. 350

Beispiel 86

Aufnahme des Klageverfahrens

Die E-GmbH hat Klage auf Zahlung von 70.0000,00 € gegen die O-KG eingereicht. Nachdem ein Eröffnungsantrag gegen die E-GmbH gestellt worden war, hat das Insolvenzgericht Olaf J. zum vorläufigen Insolvenzverwalter bestellt.

Olaf J. kann das durch die Anordnung der vorläufigen Insolvenzverwaltung mit Verwaltungs- und Verfügungsbefugnis unterbrochene Klageverfahren in dem Stand, in dem es sich gerade befindet, aufnehmen.

g) Maßnahmen zur Vermögenssicherung gegenüber dem Schuldner (§ 22 Abs. 2 InsO)

Beispiel 87

Vermögenssicherung

Über das Vermögen der Kauffrau Kirstin R. wurde Insolvenzeröffnungsantrag gestellt. Der vorläufige Insolvenzverwalter Otto P. möchte sich Zugang zu den Geschäftsräumen und Büchern der Schuldnerin verschaffen. Welche Möglichkeiten stehen ihm offen?

Der vorläufige Insolvenzverwalter ist gem. § 22 Abs. 3 InsO berechtigt, die Geschäftsräume des Schuldners zu betreten und dort Nachforschungen anzustellen. Der Schuldner – und seine Mitarbeiter[203] – sind dem vorläufigen Verwalter gegenüber zur Auskunft verpflichtet. Der Schuldner hat ihm darüber hinaus Einsicht in seine Bücher und Geschäftspapiere zu gestatten. Sofern eine Durchsuchung der schuldnerischen Räume erfor-

203 Vgl. §§ 20, 97, 101 InsO.

derlich ist, genügt der Sicherungsbeschluss im Eröffnungsverfahren den Anforderungen des Art. 13 Abs. 2 GG.[204]

Zur Erfüllung dieser Pflichten kann der Schuldner – bei juristischen Personen seine gesetzlichen Vertreter – mit den in §§ 97, 98 InsO genannten Zwangsmitteln angehalten werden.

Der im Insolvenzeröffnungsverfahren bestellte vorläufige Insolvenzverwalter kann ebenso wie der Insolvenzverwalter nach seinem Ermessen zum Vermögen des Schuldners gehörige Gegenstände analog § 150 InsO siegeln lassen, wenn er dies zur Sicherung und Feststellung des der Insolvenzmasse unterfallenden Schuldnervermögens für geboten erachtet. Die Siegelung bedarf keiner gesonderten Anordnung durch das Insolvenzgericht[205]; ergeht gleichwohl auf Veranlassung des vorläufigen Insolvenzverwalters ein die Siegelung anordnender Beschluss des Insolvenzgerichts, so hat dieser lediglich deklaratorischen Charakter.

6. Zwangsweise Vorführung des Schuldners (§ 21 Abs. 2 InsO)

351 Nach § 21 Abs. 3 InsO kann das Gericht, wenn andere Maßnahmen nicht ausreichen, den Schuldner zwangsweise vorführen lassen und gegebenenfalls unter den Voraussetzungen der §§ 904 bis 910, 913 ZPO (§ 98 Abs. 3 InsO) die Beugehaft anordnen.

352 Während die Vorführung ohne Anhörung des Schuldners erfolgen kann, ist die Anordnung der Beugehaft erst nach Anhörung des Schuldners möglich, und zwar dann, wenn der Schuldner die ihm gesetzlich auferlegten Pflichten nicht erfüllt oder wenn es zur Sicherung der Masse notwendig erscheint, weil beispielsweise die Besorgnis besteht, dass der Schuldner Vermögenswerte, die er verborgen hat, beiseite schafft.

353 Die Vorführung und die Verhaftung erfolgen durch einen vom Gericht betrauten Gerichtsvollzieher. Der Vorführungs- und Haftbefehl zur Erzwingung von Auskunftspflichten des Schuldners enthält ohne besonderen Ausspruch auch die Anordnung zum Betreten und zur Durchsuchung der Räume des Schuldners.

Beispiel 88

Zwangsweise Verfügung

Trotz der Auferlegung eines allgemeinen Verfügungsverbotes findet Weinhändler S. weiterhin Mittel und Wege, erhebliche Chargen teuren Weines

204 *Pohlmann* a.a.O., Rz. 128.
205 So auch *Pohlmann* a.a.O., Rz. 129 f.

beiseite zu schaffen. Darüber hinaus gelingt es ihm, den vorläufigen Insolvenzverwalter Karsten C. mit Hilfe seines Dobermannes von dem Betriebsgrundstück fernzuhalten. Daraufhin lässt der Insolvenzrichter den Schuldner S. zwangsweise vorführen und verhängt nach einer eingehenden Anhörung eine Beugehaft.

Für den Fall, dass der Schuldner keine natürliche, sondern eine juristi- **354**
sche Person ist, gelten die gleichen Grundsätze für die organschaftlichen Vertreter.

III. Die Abweisung des Insolvenzverfahrens mangels Masse

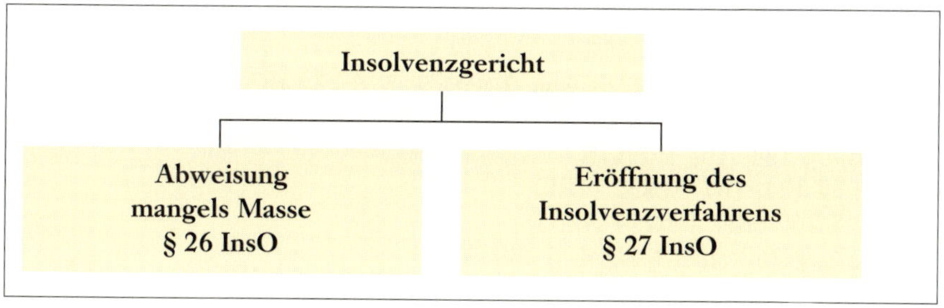

Sofern das Vermögen des Schuldners voraussichtlich nicht ausreicht, um **355**
die Kosten des Verfahrens zu decken, und die Kosten nicht gestundet werden, weist das Gericht den Antrag auf Eröffnung des Insolvenzverfahrens gemäß § 26 InsO ab.

Die Kosten des Verfahrens setzen sich gemäß § 54 InsO zusammen aus **356**
den Gerichtskosten und den Vergütungen des Insolvenzverwalters, des vorläufigen Insolvenzverwalters und der Gläubigerausschussmitglieder.

Das Gericht hat die Schuldner, bei denen der Eröffnungsantrag mangels **357**
Masse abgewiesen worden ist, in das Schuldnerverzeichnis einzutragen (§ 26 Abs. 2 InsO). Für das Schuldnerverzeichnis gilt § 915 ZPO entsprechend, jedoch mit der Maßgabe, dass die Löschungsfrist 5 Jahre beträgt. Eine Löschung aus dem Schuldnerverzeichnis vor Ablauf der 5-Jahresfrist wird nur in den seltensten Fällen in Frage kommen, es sei denn, das Vollstreckungsgericht hätte die Zwangsvollstreckung dauernd für unzulässig erklärt (§ 767 ZPO).

358 Die vorzeitige Löschung kann auch dann erfolgen, wenn der Schuldner nachweist, dass keine Gläubiger mehr Forderungen gegen ihn geltend machen.

359 Die Einwilligung des Gläubigers ist bei Fortbestand der Forderung unerheblich, weil das Schuldnerverzeichnis öffentlichen Belangen dient.

Beispiel 89

Schuldnerverzeichnis

Kauffrau Erna P. spielt mit dem Gedanken in das Schuldnerregister Einblick zu nehmen, da sie ernsthafte Zweifel an der Bonität ihres neuen Geschäftspartners Udo G. hat. Ihr Mann Otto ist der Auffassung, dass sie als Privatperson gar kein Recht zur Einsichtnahme hat. Zu Recht?

Otto P. irrt sich: Jedermann kann in das Schuldnerverzeichnis Einsicht nehmen und über den Inhalt Auskunft verlangen, wobei er noch nicht einmal ein rechtliches Interesse nachweisen muss. Durch diese Handhabung soll ein Anreiz für den Schuldner entstehen, seine Schulden zu tilgen, um dadurch die frühzeitige Löschung zu erreichen.

360 Die Abweisung eines Insolvenzverfahrens mangels Masse hat des Weiteren zur Folge, dass folgende Gesellschaften kraft Gesetzes aufgelöst werden:

- BGB-Gesellschaft: § 728 Abs. 2 Satz 2, 3, § 729 BGB i.d.F. des Art. 33 EGInsO,
- OHG: § 131 Abs. 2 HGB,
- KG: §§ 131, 161 Abs. 2 HBG,
- AG: § 262 Abs. 1 Nr. 4 AktG,
- KGaA: § 262 Abs. 1 Nr. 4, § 289 AktG,
- GmbH: § 60 Abs. 1 Nr. 5 GmbHG,
- Genossenschaft: § 81a Nr. 1 GenG.

361 Nach § 26 Abs. 1 Satz 2 InsO haben die Gläubiger und der Schuldner die Möglichkeit, die Verfahrensabweisung mangels Masse durch die Erbringung eines Verfahrenskostenvorschusses abzuwenden.

Dies ist für einen Gläubiger in denjenigen Fällen sinnvoll, in denen erwartet werden kann, dass nach Verfahrenseröffnung durch den Insolvenzverwalter weiteres Schuldnervermögen zur Masse gezogen werden kann, z.B. durch die Führung von Anfechtungsprozessen oder wenn wegen der Verletzung von Insolvenzantragspflichten Gesamtschadensansprüche oder persönliche Haftungsansprüche gegen die Gesellschaftsorgane bestehen, die nur seitens des Insolvenzverwalters geltend gemacht werden können (§§ 92, 93 InsO).

361a Für den Schuldner ist die Leistung eines Vorschusses in erster Linie dann interessant, wenn er als natürliche Person die Restschuldbefreiung anstrebt, da dies ein vorangegangenes Insolvenzverfahren voraussetzt. Dies führte nach In-Kraft-Treten der Insolvenzordnung zu einer nahezu uferlosen Dikussion über die Frage, ob dem vermögenslosen Schuldner Prozesskostenhilfe im Insolvenzverfahren zu bewilligen sei[206]. Der rechtspolitische Fehler, welcher aus dem Umstand resultierte, dass die Gerichte teilweise Prozesskostenhilfe bewilligten und diese zum Teil ablehnten, hat der Gesetzgeber nunmehr mit der Einfügung der neuen §§ 4a bis 4d InsO beseitigt. Hiernach kann der Schuldner den Antrag auf Stundung der Verfahrenskosten stellen (zu den Einzelheiten unten Rz. 985a ff. beim Verbraucherinsolvenzverfahren).

Demgegenüber werden die Gesellschafter einer Gesellschaft ohne Rechtspersönlichkeit[207] oder einer juristischen Person selten Interesse an einem Verfahrenskostenvorschuss zeigen, da er ihnen keine Vorteile bringt.

Beispiel 90

Kostenvorschuss

Uta J. hat einen Insolvenzantrag über das Vermögen der T-GmbH gestellt. Ihr ist bekannt, dass der Geschäftsführer Peter U. erhebliche Vermögenswerte in anfechtbarer Weise an seine Frau übertragen und zudem den Insolvenzantrag erst lange nach Eintritt der Zahlungsunfähigkeit gestellt hat. Sie geht davon aus, dass, wenn ein Insolvenzverwalter diese Rechte im Insolvenzverfahren ausübt, ein Großteil ihrer Verbindlichkeiten befriedigt werden kann.

Nachdem das Insolvenzgericht ihr mitgeteilt hat, eine die Verfahrenskosten deckende Masse sei nicht vorhanden, zögert sie, einen Verfahrenkostenvorschuss zu erbringen, da sie meint, dieser Vorschuss sei unwiederbringlich verloren. Zu Recht?

Nicht unbedingt, denn die neue Bestimmung des § 26 Abs. 3 InsO, sieht vor, dass der vorschussleistende Gläubiger die Erstattung dieses Betrages von den Personen verlangen kann, die entgegen ihrer gesellschaftsrechtlichen Insolvenzantragspflicht den Eröffnungsantrag nicht oder verspätet gestellt haben. Uta J. kann den Vorschuss daher unmittelbar gegenüber Peter U. persönlich geltend machen.

206 Vgl. dazu *Hess/Weis/Wienberg* InsO § 305 Rz. 37 ff.
207 Vgl. dazu § 11 Abs. 2 InsO.

D. Die Eröffnung des Insolvenzverfahrens

I. Inhalt des Beschlusses über die Eröffnung des Insolvenzverfahrens

362 Sofern ein Insolvenzgrund zur Überzeugung des Insolvenzgerichts vorliegt, die Zulässigkeitsvoraussetzungen (z.B. Zuständigkeit) vorliegen und eine die Verfahrenskosten deckende Masse vorhanden ist, eröffnet das Insolvenzgericht das Insolvenzverfahren durch den Eröffnungsbeschluss (§ 27 InsO).

363 Wesentlicher Inhalt des Eröffnungsbeschlusses ist: (siehe hierzu auch *Gottwald* InsolvenzRHdb § 17, 12)

- die **genaue Bezeichnung des Schuldners**, also seines bürgerlichen Namens, bei Kaufleuten auch des Firmennamens, bei Handelsgesellschaften, juristischen Personen etc. deren Namen bzw. die Firma und die jeweiligen gesetzlichen Vertreter,
- der **Beruf des Schuldners** mit genauer Bezeichnung des Geschäftszweigs,
- die **gewerbliche Niederlassung** bzw. der Wohnsitz,
- die **Ernennung des Insolvenzverwalters**, § 56 InsO, sowie dessen Name und Geschäftsanschrift,
- die **Anberaumung der ersten Gläubigerversammlung** (Berichtstermin); diese soll nicht über sechs Wochen und darf nicht über drei Monate hinaus angesetzt werden (§ 29 InsO), gerechnet vom Ablauf des zweiten Tages nach der öffentlichen Bekanntmachung im Amtsblatt,
- die **Bestimmung des Prüfungstermins**, in dem die Gläubigerversammlung die angemeldeten Forderungen prüft (§ 29 InsO),
- die **Aufforderung an die Gläubiger**, die geltendgemachten Sicherungsrechte anzuzeigen und ihre Forderungen anzumelden (§ 28 Abs. 2 InsO),
- die **Aufforderung an die Schuldner** des Schuldners, nicht mehr an diesen zu leisten (§ 28 Abs. 3 InsO),
- die **Bestimmung der Anmeldefrist** für Insolvenzforderungen, die zwischen 2 Wochen und 3 Monate beträgt (§ 28 InsO).

Antragsteller und Insolvenzgrund müssen nach der InsO im Eröffnungsbeschluss **nicht** mehr angegeben werden. 364

Muster Eröffnungsbeschluss

AG Bingen
Insolvenzgericht
Gerichtsstraße

55277 Bingen

Az. 4 IK 32/99

Eröffnung des Insolvenzverfahrens über das Vermögen der Ala-GmbH, 55242 Ingelheim

Beschluss

in dem Insolvenzverfahren über das Vermögen der Ala-GmbH, vertreten durch Paul Müller,

Verfahrensbevollmächtigte: RAe Unsinn und Partner

wird heute, am 08.09.2002, um 10 Uhr das Insolvenzverfahren eröffnet.

Die durch das Gericht angeordneten Ermittlungen haben ergeben, dass die Schuldnerin zahlungsunfähig und überschuldet ist.

Zur Insolvenzverwalterin wird *RAin Katja L.* bestimmt.

Die Insolvenzverwalterin ist berechtigt, die Geschäftsräume des Schuldners zu betreten, um Gegenstände der Insolvenzmasse in Besitz zu nehmen.

Dieser Beschluss ist zugleich ein vollstreckbarer Titel i.S.d. § 794 ZPO.

Der Schuldnerin wird die Verfügung über sein gegenwärtiges und zukünftiges Vermögen für die Dauer des Insolvenzverfahrens verboten und der Insolvenzverwalterin übertragen.

Der Geschäftsführer der Schuldnerin ist verpflichtet, alle Handlungen zu unterlassen, die geeignet sein können, die Ermittlungen des Verwalters zu verzögern oder zu verhindern, insbesondere Unterlagen zu vernichten oder Vermögensgegenstände beiseite zu schaffen. Auf § 98 InsO wird hingewiesen.

Es wird Postsperre angeordnet. Postsendungen an den Schuldner – mit Ausnahme von Schreiben der Insolvenzabteilung des Amtsgerichtes – dürfen nur an die Verwalterin ausgehändigt werden. Die Schuldnerin ist zu der beabsichtigten Postsperre gehört worden und hat der Maßnahme zugestimmt.

Forderungen sind gemäß § 28 Abs. 1 InsO bis zum 30.11.2002 beim Verwalter anzumelden.

Die Forderungsanmeldung haben die Gläubiger schriftlich in zweifacher Ausfertigung bei der Insolvenzverwalterin bis zum 15.11.2002 vorzunehmen (Belege beifügen).

Dabei ist Folgendes zu beachten:
- Der Rechtsgrund der Forderung (z.B. Kauf, Darlehen, Dienst- oder Werkvertrag, Wechselforderung, Schadensersatzforderung) muss ausdrücklich bezeichnet werden.
- Der anzumeldende Betrag ist errechnet – Gesamtsumme – und in Euro anzugeben.
- Forderungen, welche nicht auf Zahlung gerichtet sind oder deren Geldbetrag unbestimmt ist, müssen mit einem Schätzwert angemeldet werden.
- Bei Zinsen müssen Zinssatz und Zeitraum genau bezeichnet werden. Werden Zinsen als Hauptforderung angemeldet, so ist die Höhe der bis zum Tage der Eröffnung des Insolvenzverfahrens fällig gewordenen Zinsen auszurechnen.

Alle Gläubiger werden gemäß § 28 Abs. 2 InsO aufgefordert, der Verwalterin innerhalb der oben genannten Frist mitzuteilen, welche Sicherungsrechte sie an beweglichen Sachen oder an Rechten des Schuldners in Anspruch nehmen wollen.

Der Gegenstand, an dem ein Sicherungsrecht beansprucht wird, die Art und der Entstehungsgrund des Sicherungsrechtes sowie die gesicherte Forderung sind zu bezeichnen.

Wer die Mitteilung schuldhaft unterlässt oder verzögert, haftet für den daraus entstehenden Schaden.

Allen Personen, die eine zur Masse gehörende Sache im Besitz haben, zur Masse etwas schulden, wird gemäß § 28 Abs. 3 InsO aufgegeben, die Gegenstände nicht mehr an den Schuldner herauszugeben oder Leistungen vorzunehmen.

Schuldbefreiende Leistungen sind nur an den Verwalter möglich.

Es wird ein vorläufiger Gläubigerausschuss gemäß § 67 InsO eingesetzt.

Zu seinen Mitgliedern werden bestimmt:

1. der Kaufmann Hartmut Z.,
2. die Steuerberaterin Nicole Q. als sachverständige Nichtgläubigerin,
3. der Betriebsratsvorsitzende Balduin H..

Termin zur ersten Gläubigersammlung wird auf 15.10.1999, 9 Uhr im Saal 108 des Amtsgerichts Bingen bestimmt.

Tagesordnung:

1. Bericht des Verwalters
2. Entscheidung über den Fortgang des Verfahrens

Prüfungstermin findet statt am 15.12.2002, 14 Uhr im Saal Nr. 108 des Amtsgerichtes in Bingen.

Bingen, den 08.09.2002

gez. Maier
Richterin am Amtsgericht

II. Bekanntmachung der Verfahrenseröffnung (§ 30 InsO)

Der Eröffnungsbeschluss ist nach § 30 InsO von der Geschäftsstelle des Insolvenzgerichts sofort öffentlich bekannt zu machen. 365

Die öffentliche Bekanntmachung erfolgt gem. § 9 InsO in dem für amtliche Bekanntmachungen des Gerichts bestimmten Blatt oder in einem für das Gericht bestimmten elektronischen Informations- und Kommunikationssystem. Hinsichtlich derartiger Internetveröffentlichungen regelt § 9 Abs. 2 InsO die genauen Modalitäten, nach denen eine Veröffentlichung zulässig ist. So sind bei einer öffentlichen Bekanntmachung im Internet Löschungsfristen vorzusehen und sicherzustellen, dass die Veröffentlichungen weder verändert, noch kopiert werden können. Daneben hat das Insolvenzgericht die Eröffnung des Insolvenzverfahrens nach § 30 Abs. 1 Satz 2 InsO auszugsweise im Bundesanzeiger bekannt zu machen. 366

Nutzen Sie als Gläubiger die neuen Medien und informieren Sie sich frühzeitig über Ihre Geschäftspartner! TIPP

Zusätzlich erfolgt eine besondere Zustellung des Eröffnungsbeschlusses an die dem Gericht bekannten Gläubiger und Schuldner des Schuldners. 367

Die Zustellungen erfolgen nach § 8 InsO von Amts wegen. Sie können durch Aufgabe zur Post erfolgen, einer Beglaubigung des zuzustellenden Schriftstücks bedarf es nicht. 368

An Personen, deren Aufenthalt unbekannt ist, muss eine Zustellung nicht erfolgen. Es bedarf auch keiner öffentlichen Zustellung. Haben sie einen zur Entgegennahme von Zustellungen berechtigten Vertreter, so hat die Zustellung gegenüber dem Vertreter zu erfolgen (§ 8 Abs. 2 InsO). 369

III. Registernachrichten (§ 31 InsO)

Die öffentliche Bekanntmachung (§ 30 InsO) des Insolvenzeröffnungsbeschlusses reicht nicht aus, um die im Hinblick auf die verschiedenen öffentlichen Register bedeutsame Publizität der Verfahrenseröffnung zu gewährleisten. Der Schuldner muss deshalb hinnehmen, dass in den Fällen, in denen er im Handels-, Genossenschafts- oder Vereinsregister eingetragen ist, die Geschäftsstelle des Insolvenzgerichts dem Registerge- 370 richt entweder eine Ausfertigung des Eröffnungsbeschlusses oder eine Ausfertigung des die Eröffnung abweisenden Beschlusses übermitteln wird (§ 31 InsO).

371 Außerhalb der Insolvenzordnung bestehen weitere Bestimmungen über Mitteilungspflichten; vgl. zu den notwendigen Mitteilungen nach der Anordnung über Mitteilung in Zivilsachen (MiZi) vom 01.10.1967 (BAnz. Nr. 218 vom 18.11.1967) die Aufzählung der in Frage kommenden Behörden als Mitteilungsempfänger.

IV. Grundbucheintragung (§ 32 InsO)

372 Nach §§ 32, 33 InsO wird die Eröffnung des Insolvenzverfahrens darüber hinaus im Grundbuch bzgl. der dem Schuldner gehörigen Grundstücke bzw. Rechte an diesen eingetragen.

Beispiel 91

Grundbucheintrag

Reeder Stravros U. frohlockt. Er hat sein gesamtes Vermögen in Schiffen angelegt. Da er bereits vor Eröffnung des Insolvenzverfahrens einen ausländischen Käufer für seine Flotte gefunden hatte, ist er der Auffassung, der Käufer könne jetzt nach Verfahrenseröffnung noch schnell gutgläubig erwerben, da bei Schiffen keine „Grundbuchsperre" eintrete.

Stavros U. irrt. Eine der Grundbucheintragung entsprechende Eintragung erfolgt nämlich nach § 33 InsO, wenn der Schuldner Eigentum oder sonstige Rechte an Schiffen, Schiffsbauwerken und Luftfahrzeugen hat im Schiffs- und Luftfahrzeugregister.

373 Der Zweck der §§ 32, 33 InsO erfordert es, möglichst unmittelbar nach der Eröffnung des Insolvenzverfahrens für die Eintragung der Sperrvermerke Sorge zu tragen, um die Massezugehörigkeit der betreffenden Rechte kenntlich zu machen. Eine Verzögerung kann, soweit sie zu einem Rechtsverlust führt, Haftungsansprüche auslösen. Dementsprechend ist der Sperrvermerk nachzuholen, wenn im Verlaufe des Verfahrens die Massezugehörigkeit eines Grundstücks, Schiffes oder Flugzeuges bekannt wird.

374 Fällt ein ursprünglich nicht zur Masse gehörendes Grundstück nach der Eröffnung des Verfahrens der Insolvenzmasse zu, etwa durch Rückgewähr im Rahmen einer Anfechtung, hat ebenfalls umgehend die Eintragung des Insolvenzvermerks zu erfolgen.

Die Eintragung des Insolvenzvermerks erfolgt nach §§ 32 Abs. 1 Nr. 1, 33 InsO ohne Weiteres bei allen Grundstücken, Schiffen und Schiffsbauwerken, als deren Eigentümer der Schuldner eingetragen ist. Im Gegensatz zu §§ 32 Abs. 1 Nr. 2, 33 InsO bedarf es keiner gesonderten Überprüfung, ob die Unterlassung der Eintragung eine Gefährdung der Gläubigerrechte bewirken könnte. Dies wird unwiderleglich gesetzlich vermutet. Der Schuldner hat hiergegen kein Beschwerderecht. **375**

Grundsätzlich soll durch die Eintragung des Insolvenzvermerks auch die Massezugehörigkeit von auf den Namen des Schuldners eingetragenen Rechten gesichert werden (§§ 32 Abs. 1 Nr. 2, 33 InsO). Die Bestimmung erfordert die Eintragung jedoch nur, wenn ihre Unterlassung konkret eine Gefährdung der Gläubigerrechte mit sich bringt. Dies ist etwa dann nicht der Fall, wenn über das in Frage kommende Grundpfandrecht ein Brief erstellt ist, der sich im Besitz des Insolvenzverwalters befindet. In diesem Fall wäre der gutgläubige Erwerb des Rechts durch einen Dritten wegen mangelnder Möglichkeit zur Briefübergabe ausgeschlossen. **376**

Die Eintragung in das Grundbuch-, Schiffs- und Luftfahrzeugregister erfolgt auf Antrag des Insolvenzgerichts, das das Grundbuchamt auf Eintragung ersucht (§ 32 Abs. 2 InsO). Die Löschung kann auch vom Verwalter beim Grundbuchamt beantragt werden. Im Falle einer Freigabe kann der Schuldner beim Grundbuchamt den Antrag auf Löschung stellen; nach § 894 BGB ist der Verwalter zustimmungspflichtig[208]. **377**

§ 32 Abs. 3 InsO behandelt die Rechtsfolgen, wenn ein Grundstück oder ein Recht, bei dem die Eröffnung des Verfahrens eingetragen worden ist, vom Verwalter freigegeben oder veräußert wird. In diesen Fällen hat das Insolvenzgericht auf Antrag das Grundbuchamt um Löschung der Eintragung zu ersuchen, da keine Massezugehörigkeit mehr besteht, die der Sicherung durch die Eintragung des Sperrvermerks bedarf. **378**

§ 32 Abs. 3 InsO gilt unmittelbar für Grundstücke, eingetragene Schiffe, Schiffsbauwerke und Rechte, bei denen die Eintragung nach §§ 32 Abs. 1, 33 InsO bewirkt worden ist, und zwar auf Ersuchen des Insolvenzgerichts. **379**

Die Bestimmung soll eine vereinfachte und beschleunigte Löschung des anlässlich der Eröffnung des Insolvenzverfahrens auf Ersuchen des Insolvenzgerichts eingetragenen Sperrvermerks ermöglichen, um den mit der Freigabe oder Veräußerung verfolgten Zweck nicht zu behindern. Das Ersuchen erfolgt nicht von Amts wegen, sondern auf Antrag des Insolvenzverwalters oder im Falle der Freigabe des Schuldners bzw. dem

208 *Kuhn/Uhlenbruck* KO, § 114 Rz. 4.

sonstigen dinglich Berechtigten. Im Falle der Veräußerung ist auch der Erwerber antragsberechtigt.

380 § 32 Abs. 3 InsO schließt Löschungsanträge nach anderen Bestimmungen (etwa § 130 ZVG im Falle der Zwangsversteigerung oder unmittelbar nach § 13 Abs. 2 GBO) nicht aus, sondern steht neben diesen Möglichkeiten.

381 Nach Aufhebung oder Einstellung des Insolvenzverfahrens ist sowohl das Insolvenzgericht als auch der Insolvenzverwalter, ohne Rücksicht, auf wessen Ersuchen der Sperrvermerk eingetragen worden ist, befugt und verpflichtet, die Löschung herbeizuführen.

V. Postsperre (§§ 99, 102 InsO)

382 Soweit es für erforderlich erscheint, um für die Gläubiger nachteilige Rechtshandlungen des Schuldners aufzuklären oder zu verhindern, ordnet das Insolvenzgericht auf Antrag des Insolvenzverwalters oder von Amts wegen durch Beschluss an, dass bestimmte oder alle Postsendungen für den Schuldner dem Verwalter zuzuleiten sind (§ 99 Abs. 1 Satz 1 InsO).

Beispiel 92

Postsperre

Es besteht die begründete Vermutung, dass der Schuldner Vermögen ins Ausland geschafft hat. In der ihm im Rahmen der Postsperre zugeleiteten Post findet der Insolvenzverwalter eines Tages einen Grundsteuerbescheid aus der Schweiz, aus dem sich ergibt, dass der Schuldner eine große Villa am Genfer See besitzt.

383 Die Anordnung der Postsperre ergeht nach Anhörung des Schuldners, wenn dadurch nicht wegen besonderer Umstände des Einzelfalles der Zweck der Anordnung gefährdet wird. Unterbleibt die vorherige Anhörung des Schuldners, so ist dies in dem Beschluss gesondert zu begründen und die Anhörung unverzüglich nachzuholen (§ 99 Abs. 1 Satz 2 und 3 InsO). Da die Anordnung der Postsperre gemäß § 99 InsO durch begründeten Beschluss zu erfolgen hat, scheidet eine formularmäßige Behandlung aus.

384 Aufgrund der Postsperre ist der Verwalter berechtigt, die ihm zugeleiteten Sendungen zu öffnen. Sendungen, deren Inhalt nicht die Insolvenzmasse betreffen, sind dem Schuldner unverzüglich zuzuleiten. Die übrigen Sendungen kann der Schuldner einsehen (§ 99 Abs. 2 InsO), beispielsweise einen an den Schuldner gerichteten Liebesbrief seiner Freundin.

Die Postsperre erfasst nicht die eingehende Post an Familienmitglieder des Schuldners, die ausgehende Post des Schuldners, die vor Anordnung der Postsperre eingegangene Post sowie Sendungen von Absendern, die das Gericht von der Postsperre (z.B. Post des Insolvenzverwalters selbst) ausgenommen hat, und nicht zuletzt der Funk- und Fernsprechverkehr. 385

Demgegenüber müssen streng genommen auch Telefaxe und E-Mails von der Postsperre erfasst werden, wobei sich jedoch die Frage der Durchsetzbarkeit der Postsperre stellt. 386

Beispiel 93

Fax- und e-mail-Sperre

Über das Vermögen der PR-Agentur Event GmbH ist das Insolvenzverfahren eröffnet worden. Insolvenzverwalter Thomas B., der sich mit Computern nie mehr als notwendig befasst hat, wundert sich nach einigen Wochen, dass durch die Postsperre nur vereinzelte Sendungen zugeleitet werden. Zufällig erfährt er dann, dass ein Großteil der Geschäftskorrespondenz der Schuldnerin via E-Mail erfolgt und dass der Geschäftsführer der Schuldnerin die gesamte elektronische Post von seinem Heim-PC aus abruft und beantwortet. Nachdem der Insolvenzverwalter diesen Umstand in Erfahrung gebracht hat, sucht er aus den Geschäftsunterlagen die Anschlusskennung heraus und lässt die Zugangskennung für die E-Mail-Adresse ändern, so dass er selbst die eingehende elektronische Post erhält.

In der Insolvenz der Kommanditgesellschaft und der Offenen Handelsgesellschaft werden von der Postsperre auch die an die persönlich haftenden Gesellschafter gerichteten Sendungen erfasst. In der Insolvenz juristischer Personen, einem Verein, einer Aktiengesellschaft, einer Gesellschaft mit beschränkter Haftung sowie einer Genossenschaft fallen die an einzelne Vorstandsmitglieder gerichteten Sendungen unter die Postsperre, wenn aus der Anschrift nicht offensichtlich erkennbar ist, dass es sich um Privatpost handelt, die die Masse nicht betrifft. 387

Auf Antrag des Schuldners kann das Insolvenzgericht nach Anhörung des Insolvenzverwalters die Postsperre aufheben, wenn nicht mehr zu befürchten ist, dass der Schuldner die Posteingänge nachteilig zu Lasten der Gläubiger und der Schuldner ausnutzt. 388

Gegen die Anordnung der Postsperre steht dem Schuldner die sofortige Beschwerde zu (§§ 6, 99 InsO). 389

VI. Wirkung der Verfahrenseröffnung

390 Mit der Eröffnung des Insolvenzverfahrens geht die Verwaltungs- und Verfügungsbefugnis über das zur Insolvenzmasse gehörige Vermögen auf den Insolvenzverwalter über (§ 80 Abs. 1 InsO).

391 Der Verlust der Verwaltungs- und Verfügungsbefugnis tritt kraft Gesetzes mit der Verfahrenseröffnung ein, ohne dass es einer besonderen Anordnung bedarf.[209] Konstitutive Entziehungs- und Übertragungsakte sind daher nicht erforderlich.

392 Die Kenntlichmachung des Insolvenzbeschlages, insbesondere die Bekanntmachung des Insolvenzeröffnungsbeschlusses haben nur deklaratorischen Charakter und insoweit rechtliche Auswirkungen, als etwa ein guter Glaube des insolvenzunkundigen Dritten zerstört werden kann.

393 Das Ende der Beschränkungen nach § 80 InsO tritt mit der Aufhebung bzw. der Einstellung des Verfahrens oder mit der Freigabe eines Massebestandteils durch den Insolvenzverwalter ein. Auch die Rückübertragung des Verwaltungs- und Verfügungsrechts auf den Schuldner nach Abschluss des Verfahrens erfolgt selbstständig kraft Gesetzes.

Beispiel 94

Wirkung der Verfahrenseröffnung

Eine Woche nach Eröffnung des Insolvenzverfahrens über das Vermögen des Rolf G. veräußert Insolvenzverwalter Andreas U. den Mercedes des Schuldners. Zwei Tage später veräußert der Schuldner Rolf U. seine Harley-Davidson. Kurze Zeit später wird der Beschluss über die Eröffnung des Insolvenzverfahrens auf die Beschwerde des U. hin aufgehoben. Sind die Veräußerungen wirksam?

Mit der Aufhebung des Eröffnungsbeschlusses entfallen die Wirkungen der Verfahrenseröffnung und damit auch der Entzug der Verwaltungs- und Verfügungsbefugnis des Schuldners rückwirkend.[210]

Gleichzeitig bestimmt § 34 Abs. 3 Satz 3 InsO ausdrücklich, dass die Wirksamkeit der Rechtshandlungen, die der Insolvenzverwalter vorgenommen hat, von der Aufhebung des Insolvenzverfahrens nicht berührt wird.

Daher sind im vorliegenden Fall beide Veräußerungen im vorliegenden Fall wirksam.

394 Die Verwaltungs- und Verfügungsbefugnis über die zur Insolvenzmasse gehörigen Vermögensgegenstände darf nicht mit der Rechtsinhaberschaft verwechselt werden (Eigentums- und Gläubigerrechte). Sachenrechtlicher Eigentümer und Inhaber von Gläubigerrechten ist und bleibt der Schuld-

209 *Kuhn/Uhlenbruck* KO, § 6 Rz. 1.
210 Vgl. *Hess/Weis/Wienberg* InsO, § 34 Rz 30 ff.

ner. Die aus dieser Position erwachsenden Rechte werden während des Insolvenzverfahrens vom Insolvenzverwalter wahrgenommen.

Sofern der Insolvenzverwalter z.B im Rahmen der Verfahrensabwicklung Vermögensgegenstände zur Masse hinzuerwirbt, wird der Schuldner Eigentümer. Er ist jedoch gem. § 80 InsO mit dem Entzug der Verwaltungs- und Verfügungsbefugnis belastet. 395

Die vermögensrechtliche Stellung des Schuldners erfährt dem Zweck der Bestimmung entsprechend weitergehende Einschränkungen. Wegen des Entzugs der Verwaltungs- und Verfügungsbefugnis sind Rechtshandlungen des Schuldners, soweit sie sich auf das insolvenzbefangene Vermögen beziehen, den Insolvenzgläubigern gegenüber unwirksam (§ 81 InsO), obgleich der Schuldner hinsichtlich seines Vermögens Rechtsträger bleibt. 396

An die Wirkungen der von dem nunmehr zuständigen Insolvenzverwalter vorgenommenen Rechtshandlung ist er als Vermögensträger unmittelbar gebunden, auch insoweit es sich um über die Dauer des Insolvenzverfahrens hinausreichende Verpflichtungen handelt, und zwar in gleicher Weise, als hätte er die fraglichen Rechtsgeschäfte selbst abgeschlossen. Die Bindung erstreckt sich auch auf von dem Insolvenzverwalter zu vertretende Vertragsverletzungen und Leistungsstörungen. 397

Nach § 81 InsO sind Verfügungen des Schuldners unwirksam, soweit sie nach Eröffnung des Insolvenzverfahrens vorgenommen wurden. Dem Schuldner wird jeglicher Zugriff auf die Masse untersagt; die Bestimmung beschränkt sich jedoch nicht nur auf den Ausspruch eines an den Schuldner gerichteten Verbots, sondern nimmt bestimmungswidrigen Maßnahmen des Schuldners die Wirksamkeit. 398

Unter dem Begriff der Verfügungen sind Rechtsgeschäfte zu verstehen, die unmittelbar darauf gerichtet sind, auf ein bestehendes Recht einzuwirken, es zu verändern, zu übertragen oder aufzuheben.[211] Die wesentlichen Verfügungsgeschäfte sind im Sachenrecht geregelt, dessen dinglicher Rechtserwerb durchweg verfügenden Charakter hat. Auch das Schuldrecht kennt zahlreiche Verfügungsgeschäfte, nämlich den Erlass (§ 397 BGB), die Abtretung (§§ 398 ff. BGB), die befreiende Schuldübernahme (§§ 414 ff. BGB), die Einziehung von Forderungen, die Vertragsübernahme, den Aufhebungs- und den Änderungsvertrag. Verfügungen sind auch die Gestaltungsgeschäfte, wie die Anfechtung (§ 142 BGB), der Rücktritt (§ 349 BGB), die Aufrechnung (§ 388 BGB), die Kündigung und der Widerruf. 399

211 *BGH* vom 15.03.1951 – IV ZR 9/50 – *BGHZ* 1, 294, 304; vom 18.06.1979 – VII ZR 187/78 – NJW 1979, 2101; vom 04.05.1987 – II ZR 211/86 – *BGHZ* 101, 26.

400 Die Verfügungen sind den Insolvenzgläubigern gegenüber unwirksam. Zur Geltendmachung der Unwirksamkeit bedarf es keiner Gestaltungshandlung, insbesondere keiner Anfechtungserklärung sowie keiner Einrede. Jedermann kann sich im Rahmen der Zweckbestimmung des Insolvenzverfahrens auf die Rechtsfolge des § 81 InsO berufen.

Beispiel 95

Arbeitnehmer Mark Z. hat von seinem Arbeitgeber Toni B. nach Eröffnung des Insolvenzverfahrens eine Kündigung erhalten.

Hat ein Dritter von dem Schuldner eine der Insolvenzmasse zugehörige Sache übereignet erhalten, ist er dem Insolvenzverwalter gegenüber herausgabepflichtig.

401 Nach § 81 InsO unwirksame Verfügungen des Schuldners kann der Insolvenzverwalter gem. § 185 Abs. 2 BGB genehmigen; damit tritt Heilung ein.

402 § 81 Abs. 1 Satz 2 InsO enthält einen eingeschränkten Schutz des gutgläubigen Erwerbs. Die Privilegierung bezieht sich zunächst nur auf den öffentlichen Glauben des Grundbuchs (§§ 892, 893 BGB, §§ 16, 17 des Gesetzes über Rechte an eingetragenen Schiffen und Schiffsbauwerken und §§ 16, 17 des Gesetzes über Rechte an Luftfahrzeugen), betrifft daher ausschließlich den Verkehrsschutz bei Grundstücksgeschäften und eingetragenen Schiffen und Schiffsbauwerken sowie Luftfahrzeugen. Damit ist gutgläubiger Erwerb beweglicher massezugehöriger Sachen vom Schuldner nicht möglich, da § 81 Abs. 1 InsO den Schutz der Unkenntnis des Insolvenzverfahrens ausdrücklich auf den Liegenschaftsverkehr beschränkt, so dass die §§ 932 ff. BGB nicht anwendbar sind.

403 Ein massezugehöriger Gegenstand kann jedoch gutgläubig von einem Dritten (Entleiher, Mieter, Verwahrer, Auftragnehmer) erworben werden, es sei denn, der Gegenstand ist dem Schuldner abhanden gekommen.

Beispiel 96
Gutgläubiger Erwerb

Schuldner Tim K. hat vor einiger Zeit, das ihm gehörige Mountainbike bei seinem Vermieter eingestellt. Nachdem über das Vermögen des Tim K. das Verbraucherinsolvenzverfahren eröffnet worden ist, erfährt der eingesetzte Treuhänder, dass der Vermieter das Fahrrad an einen Dritten veräußert hat.

Ebenfalls möglich ist der gutgläubige Erwerb einer nichtmassezugehörigen Masse vom Schuldner, da die Interessen vom Insolvenzgläubiger nicht berührt werden.

404 Geschützt ist der gute Glaube an die Verfügungsbefugnis des Schuldners; der Erwerb ist demnach wirksam, wenn die Insolvenzeröffnung weder im Grundbuch eingetragen noch dem Erwerber positiv bekannt ist (§ 892

Abs. 1 Satz 2 BGB). Fahrlässige, auch grob fahrlässige Unkenntnis von der Eröffnung des Insolvenzverfahrens hindert den gutgläubigen Erwerb nicht, wobei es unerheblich ist, wenn im Zeitpunkt des gutgläubigen Erwerbs der Insolvenzeröffnungsbeschluss in den Mitteilungsblättern veröffentlicht worden ist. Der für das Vorliegen des notwendigen guten Glaubens maßgebliche Zeitpunkt bestimmt sich nach § 892 Abs. 2 BGB. Fehlt daher für den Rechtserwerb nur noch die Eintragung, so ist der Zeitpunkt der Antragstellung maßgeblich (§ 13 Abs. 1 GBO).

Beispiel 97

Bekanntmachung

Ursula Z. hat vom Schuldner Eduard G. am 04.06. dessen Wohnhaus mit notarieller Urkunde erworben. Die Eröffnung des Insolvenzverfahrens erfolgte am 29.06. Der Antrag auf Umschreibung des Eigentums wurde am 01.07. gestellt. Die Bekanntmachung der Verfahrenseröffnung erfolgte am 02.07.

405 Hat der Vertragspartner des Schuldners diesem gegenüber eine Gegenleistung erbracht, ist diese bei Vorliegen der materiell-rechtlichen Voraussetzungen des zugrundeliegenden Geschäfts zurückzugewähren, soweit die Masse durch sie noch bereichert ist (§ 81 Abs. 1 Satz 3 InsO).

Beispiel 98

Rückabwicklung von Verträgen

Schuldner Martin F. hat einen Tag nach Verfahrenseröffnung seinen PKW weit unter Wert veräußert. Insolvenzverwalter David U. fordert den Käufer unter Berufung auf die Unwirksamkeit der Verfügung zur Rückgabe des Autos auf. Käufer Henri A. macht im Gegenzug die Rückzahlung des von ihm geleisteten Kaufpreises geltend.

406 § 81 Abs. 2 InsO beschränkt die Zulässigkeit von Verfügungen über künftige Forderungen auf Bezüge aus einem Dienstverhältnis des Schuldners oder an deren Stelle tretende laufende Bezüge, und zwar sowohl für die Zeit nach der Verfahrenseröffnung als auch nach der Beendigung des Insolvenzverfahrens. Das Recht des Schuldners zur Abtretung dieser Bezüge an einen Treuhänder mit dem Ziel der gemeinschaftlichen Befriedigung der Insolvenzgläubiger wird hiervon nicht berührt.

Beispiel 99

Abtretung

Schuldner Thomas R. hat den pfändbaren Teil seines Arbeitseinkommens für die Zukunft abgetreten

Variante 1: an eine Bank, bei der er Konten unterhält

Variante 2: an einen vom Gericht im Zusammenhang mit dem gesetzlichen Restschuldbefreiungsverfahren einzusetzenden Treuhänder.

407 Hat der Schuldner am Tage der Eröffnung des Verfahrens verfügt, so wird vermutet, dass er nach der Eröffnung verfügt hat (§ 81 Abs. 3 InsO). Diese Bestimmung enthält eine widerlegbare Vermutung und überbürdet dem Geschäftspartner des Schuldners den Nachweis, dass die Verfügungen, deren Wirksamkeit in Frage steht, vor der Insolvenzeröffnung erfolgte. Dies gilt allerdings nur, wenn feststeht, dass die Verfügung am Tage der Insolvenzeröffnung vorgenommen wurde. Andernfalls hat der Insolvenzverwalter zu beweisen, dass die fragliche Verfügung nach der Eröffnung des Verfahrens vorgenommen wurde.

408 Um die Masse dagegen abzusichern, dass der Schuldner trotz des Entzuges seiner Verwaltungs- und Verfügungsbefugnis weiterhin ihm zustehende Forderungen einzieht, normiert § 82 InsO eine Regelung für die Fälle, in denen nach Eröffnung des Insolvenzverfahrens zur Erfüllung von Verbindlichkeiten Leistungen an den Schuldner erfolgten. Der Leistende wird dann nicht von seiner Verbindlichkeit befreit, wenn er zur Zeit der Leistung die Verfahrenseröffnung kannte.

409 Die fehlende Empfangszuständigkeit des Schuldners kann durch den guten Glauben des Leistenden zum Zeitpunkt des Erfüllungsaktes überwunden werden, wenn ihm die Insolvenzbefangenheit des geleisteten Gegenstandes unbekannt war. In diesem Fall tritt die Erfüllungswirkung ohne Rücksicht darauf ein, ob die Leistung in die Insolvenzmasse gekommen ist.

TIPP **Wenn Sie sich als Gläubiger nicht sicher sind, ob der Schuldner noch verfügungsbefugt ist, informieren Sie sich rechtzeitig, sonst droht eine doppelte Inanspruchnahme!**

410 Der maßgebliche Zeitpunkt für die Kenntnis bzw. Unkenntnis von der Eröffnung des Insolvenzverfahrens ist der Zeitpunkt der Vollendung der Erfüllung bzw. der Zeitpunkt, von dem an eine in die Wege geleitete Erfüllung von dem Leistenden nicht mehr rückgängig gemacht bzw. angehalten werden kann. Voraussetzung für das Eingreifen des Gutglaubensschutzes ist die positive Unkenntnis des Leistenden oder seines Vertreters (§ 166 BGB). Selbst grob fahrlässige Unkenntnis von der zwischenzeitlichen Eröffnung des Insolvenzverfahrens oder positive Kenntnis von der bereits erfolgten Zahlungseinstellung oder gar des Eröffnungsantrages reichen zur Bejahung der Kenntnis nicht aus.

Beispiel 100

Öffentliche Bekanntmachung

Bert E. weiß, dass sein Freund Roland S. seit einiger Zeit erhebliche finanzielle Probleme hat. Er zahlt ihm auf dessen Drängen hin am 03.06. ein Darlehen zurück, ohne zu wissen, dass zwischenzeitlich am 01.06. ein Insolvenzverfahren über das Vermögen seines Freundes eröffnet wurde. Die Zahlung am 03.06. ist unstreitig. Der Insolvenzverwalter macht die Leistung gegenüber Bert E. nunmehr zur Masse geltend.

Variante 1: Die öffentliche Bekanntmachung der Verfahrenseröffnung ist am 02.06. erfolgt.

> **Variante 2:** Die öffentliche Bekanntmachung ist am 04.06 erfolgt.
>
> Ändert sich etwas an der Beurteilung des Falles?
>
> Die Beweislast für die Kenntnis der Verfahrenseröffnung liegt in der ersten Variante, in der die öffentliche Bekanntmachung der Verfahrenseröffnung erst nach der Leistung des Gläubigers E. erfolgt ist, unter Anwendung der allgemeinen Grundsätzen beim Insolvenzverwalter, der die Leistung erneut zur Masse geltend macht.
>
> Dagegen besteht nach der öffentlichen Bekanntmachung eine gesetzliche Vermutung dahingehend, dass der Leistende die Verfahrenseröffnung kannte. Er wird deshalb von seiner Leistungspflicht in diesem Fall nur dann befreit, wenn er seine Unkenntnis der Verfahrenseröffnung voll nachweisen kann.
>
> Diese gesetzliche Beweislastregel betrifft allerdings nur die Kenntnis oder Unkenntnis von der Verfahrenseröffnung, nicht jedoch die Frage, ob eine Leistung vor oder nach der Bekanntmachung erfolgt ist. Da sich der Leistende auf einen Ausnahmetatbestand von der Grundregelung des § 82 InsO beruft, hat er den behaupteten Leistungszeitpunkt vor Bekanntmachung der Verfahrenseröffnung zu beweisen. Wäre daher auch der Zeitpunkt der Leistung streitig, so müsste Bert E. zunächst diesen Zeitpunkt nachweisen.

Die personenrechtliche Stellung des Schuldners wird durch die Eröff- **411**
nung des Insolvenzverfahrens nur in verhältnismäßig geringen Umfang betroffen. Die Rechts- und Geschäftsfähigkeit wird von der Eröffnung eines Insolvenzverfahren nicht berührt. Daher ist der Schuldner weder materiell-rechtlich noch verfahrensrechtlich daran gehindert, sich durch Rechtsgeschäfte zu verpflichten und auf der anderen Seite neue Vermögenswerte zu erwerben, wobei der Neuerwerb in der Regel allerdings nicht insolvenzfrei ist (§ 35 InsO).

Durch die Verfahrenseröffnung wird auch die Wechselfähigkeit und die **412**
Prozessfähigkeit des Schuldners (§ 52 ZPO) nicht berührt. Den Schuldner trifft allein der Verlust des Prozessführungsrechts bezüglich des insolvenzbefangenen Vermögens. In einem Masseprozess ist der Verwalter mit der Insolvenzmasse Partei bzw. Vertreter.

Der Schuldner kann in Rechtsstreiten auch wenn er Partei ist, als Zeuge **413**
gehört werden und als Nebenintervenient auf seiten des Insolvenzverwalters beitreten.

Ist der Schuldner eine natürliche Person, hat er grundsätzlich ein schutz- **414**
würdiges Eigeninteresse, ein zur Insolvenzmasse gehöriges Recht in Prozessstandschaft für den Insolvenzverwalter gerichtlich geltend zu machen.

415 Beschränkungen ergeben sich aufgrund der Insolvenzeröffnung auch durch die Beendigung der Vermögensverwaltung nach § 1670 BGB sowie die entfallende Eignung zum Vormund (§§ 1781, 1886 BGB).

416 Die staatsbürgerliche Stellung des Schuldners wird durch die Eröffnung des Insolvenzverfahrens über sein Vermögen ebenfalls negativ beeinflusst. Gem. § 32 Nr. 3 GVG kann er weder das Amt eines Schöffen noch das eines Handelsrichters bekleiden. Eine Zulassung des Schuldners zur Rechtsanwaltschaft (§ 7 Nr. 9 BRAO) scheidet aus. Eine bereits ausgesprochene Zulassung kann zurückgenommen werden (§ 15 BRAO). Ein Notar als Schuldner ist seines Amtes zu entheben (§ 50 Abs. 1 Nr. 5 BNotO).

VII. Die Insolvenzmasse (§ 35 InsO)

417 In die Insolvenzmasse fallen alle gemäß § 35 InsO dem Schuldner gehörigen pfändbaren Vermögenswerte, sofern sie nicht nach § 36 InsO insolvenzfrei sind. Der Massebeschlag erstreckt sich – anders als nach bisherigem Recht der KO – auch auf den sogenannten Neuerwerb des Schuldners, d.h. das was der Schuldner erst nach der Verfahrenseröffnung erlangt hat.

Beispiel 101

Insolvenzmasse

Am 03.08. ist das Insolvenzverfahren über das Vermögen des Franz P. eröffnet worden. Am 4.10 stirbt die Erbtante des P. und hinterlässt ihm 2 Mio €.

Nach der KO wären die 2 Mio € (ca. 4 Mio DM) nicht in die Konkursmasse gefallen. Die Konkursgläubiger hätten lediglich versuchen können, sich nach Verfahrensbeendigung im Wege der Vollstreckung aus dem Tabellenauszug in das Erbe zu befriedigen.

Demgegenüber sind die 2 Mio € nach der InsO automatisch massezugehörig. Dagegen ist aber das Recht der Nachforderung im Fall der Durchführung eines Restschuldbefreiungsverfahrens eingeschränkt.

418 Zu den massezugehörigen Gegenständen gehören alle beweglichen und unbeweglichen Sachen, grundstücksgleiche Rechte, Wohnungseigentum, Anwartschaften (z.B. bei Eigentumsvorbehalt), Forderungen des Schuldners gegenüber Dritten, die Firma des Schuldners, Urheberrechte, etc.

419 **Massezugehörig** sind z.B.

- Anwartschaftsrechte, z.B. aus einem Kauf unter Eigentumsvorbehalt,
- Ausstehende Stammeinlage,
- Arbeitseinkommen, soweit es nicht nach § 850c ZPO unpfändbar ist,

- Bewegliche Sachen (z.B. Kraftfahrzeuge, Maschinen),
- Computersoftware,
- Dienstbarkeiten, z.B. ein Wohnungsrecht nach § 1093 BGB,
- Eigentümergrundschulden,
- Erstattungsansprüche gegenüber dem Finanzamt,
- Firma,
- Forderungen (somit vermeidbar)[212],
- Gewinnanteile an einer Gesellschaft,
- noch nicht geerntete Früchte in der Insolvenz des Pächters,
- Grundstücke,
- Hausrat, sofern er nicht nach § 36 Abs. 3 InsO, § 811 ZPO unpfändbar ist,
- Fernsehgeräte nur, wenn noch ein weiteres Gerät vorhanden ist, oder sofern eine Austauschpfändung in Betracht kommt,
- Luftfahrzeuge,
- Patentrechte,
- Praxis der Ärzte, Rechtsanwälte und Steuerberater,
- Restitutionsansprüche auf Rückübertragung von Grundstücken in den neuen Bundesländern nach dem VermG,
- Schadensersatzansprüche,
- Schmerzensgeldansprüche des Schuldners,
- Schuldbefreiungsansprüche gegenüber Dritten,
- Steuererstattungsansprüche,
- Versicherungsleistungen,
- Wohnungseigentum,
- Zugewinnausgleichsansprüche nach vertraglicher Anerkenntnis oder Rechtshängigkeit.[213]

Beispiel 102

Zugriff im Ausland

Insolvenzverwalter Ludwig H. hat durch einen ihm im Wege der Postsperre zugeleiteten Brief erfahren, dass der Schuldner René G. eine ganze Sammlung wertvoller PKW, darunter mehrere Ferrari, Lamborghini und alte Porsche, in einer Garage in Belgien untergestellt hat, um sie seinem Zugriff zu entziehen. Wie kommt der Verwalter an die Fahrzeuge?

Diese sehr häufige Problematik betrifft einen Fall des Internationalen Insolvenzrechts. Grundsätzlich beansprucht das deutsche Insolvenzverfahren universelle Geltung[214]. Das bedeutet, dass auch im Ausland befindliches Vermögen vom Insolvenzbeschlag erfasst wird[215].

212 Siehe hierzu *Hess/Weis/Wienberg* InsO, §§ 35, 36 Rz. 137 ff.
213 Vgl. dazu die Komm. bei *Hess/Weis/Wienberg* InsO, §§ 35, 36; vgl. auch *Holzer* in *Kübler/Prütting* InsO, §§ 35, 36.
214 Vgl. Art. 102 EGInsO und BGH.
215 Vgl. *BGH* vom 11.07.1985 – IX ZR 17/84 – WM 1985, 1004.

Allerdings hilft dies dem Insolvenzverwalter dann nicht viel, wenn der Staat, in dem sich der Gegenstand befindet, ausländische Insolvenzverfahren nicht anerkennt. Hintergrund dieses Umstandes ist die Tatsache, dass es im Internationalen Insolvenzrecht zwei grundsätzliche Strömungen gibt: Zum einen das heute auch in Deutschland geltende Universalitätsprinzip, welches die Auslandswirkung von Insolvenzverfahren annimmt, zum anderen das (früher sehr häufige) Territorialitätsprinzip, das einem Insolvenzverfahren nur Inlandswirkungen zubilligt, eine im Ausland erfolgte Verfahrenseröffnung daher nicht anerkennt.

Allerdings gibt es auch in Ländern, die ausländische Verfahren grundsätzlich anerkennen z.T. Einschränkungen. So ist in manchen Staaten (z.B. Frankreich, Spanien) zunächst ein förmliches Exequaturverfahren zur Anerkennung erforderlich, in Großbritannien gibt es Sonderregeln für Immobilien.[216] Zum Teil ist die gegenseitige Anerkennung auch in z.T. uralten Staatsverträgen geregelt.[217] Innerhalb der Europäischen Union wurde bereits am 23.11.1995 ein Übereinkommen über Insolvenzverfahren verabschiedet, dessen In-Kraft-Treten in der nächsten Zeit erwartet wird.

Belgien erkennt ausländische Insolvenzverfahren an, wenn der Eröffnungsstaat international zuständig ist, der ordre public (d.h. kein Verstoß gegen die wesentlichen Grundsätze der Rechtsordnung vorliegt) nicht verletzt wird und der Eröffnungsstaat seinerseits dem Universalitätsgrundsatz folgt. Der deutsche Insolvenzverwalter kann daher die in Belgien befindlichen Fahrzeuge zur Masse ziehen. Sobald der Einsatz von Zwang erforderlich wird, muss er den deutschen Eröffnungsbeschluss zunächst von einem belgischen Gericht für vollstreckbar erklären lassen.[218]

420 Zur Masse gehören auch die Geschäftsbücher des Schuldners (§ 36 Abs. 2 Nr. 1 InsO) einschließlich der Geschäftskorrespondenz des Schuldners und der elektronisch gespeicherten Daten.

421 Nicht in die Insolvenzmasse fallen das allgemeine Persönlichkeitsrecht und die höchstpersönlichen Rechte des Schuldners, wie z.B. das Recht auf Ehescheidung oder das Insolvenzantragsrecht.

Beispiel 103

Erbausschlagung

Kurze Zeit nach Eröffnung des Insolvenzverfahrens stirbt die Mutter des Schuldners W. und hinterlässt diesem 5 Mio €. Mit dieser Summe ließen sich problemlos die Gesamtverbindlichkeiten des W. tilgen. W. schlägt

216 *Gottwald/Arnold* Insolvenrechtshandbuch § 122 Rz. 62.

217 Vgl. z.B. die Übereinkunft zwischen den Kantonen Zürich, Bern, Luzern sowie weiteren Kantonen und dem Königreich Bayern über die gleichmäßige Behandlung der gegenseitigen Staatsangehörigen in Konkursfällen vom 11.05/27.06.1834, die weiterhin in Kraft ist (*BezG Zürich* vom 04.03.1997 - U/EK970336 - EWiR 1998, 705 (*Wenner*).

218 *Gottwald/Arnold* Insolvenzrechtshandbuch § 122 Rz. 61.

die Erbschaft zum Entsetzen des Insolvenzverwalters aus, so dass seine Kinder Iris und Klaus das Vermögen erben. Diese kaufen, wie mit ihrem Vater vereinbart eine Villa, in der die gesamte Familie luxuriös wohnt. Kann der Insolvenzverwalter dagegen vorgehen?

Da das Recht, eine Erbschaft auszuschlagen, dem Schuldner persönlich zusteht, kann der Insolvenzverwalter hiergegen nicht vorgehen. Selbst eine Anfechtung der Erbausschlagung scheidet aus.

§ 36 Abs. 1 InsO regelt ausdrücklich, dass unpfändbare Gegenstände nicht dem Massebeschlag unterliegen. Durch die Schutzbestimmungen soll gewährleistet werden, dass der Schuldner auch weiterhin in der Lage ist, ein Leben zu führen, das der Würde des Menschen entspricht und in Einklang mit Art. 1 GG (Würde des Menschen), Art. 2 GG (Freie Entfaltung der Persönlichkeit) und dem Sozialstaatsprinzip der Art. 20, 28 GG steht, ohne dass er auf Sozialhilfe angewiesen wird.[219] **422**

Nicht in die Insolvenzmasse fallen daher die in dem Katalog des § 811 Nr. 1 bis 3, 4a bis 8, 10, 12 bis 13 ZPO aufgeführten Gegenstände, wobei § 811 Nr. 4 (für den Landwirtschaftsbetrieb erforderliche Gegenstände) und Nr. 9 (die zum Betrieb einer Apotheke erforderlichen Gegenstände) gemäß § 36 Abs. 2 Nr. 2 InsO auszunehmen sind.[220] **423**

Tiere, die im häuslichen Bereich und nicht zu Erwerbszwecken gehalten werden, sind nach § 811c Abs. 1 ZPO grundsätzlich unpfändbar, wenn nicht aufgrund des hohen Wertes des Tieres der Ausschluss der Pfändung eine nicht zu rechtfertigende Härte für die Gläubiger bedeuten würde. **424**

Beispiel 104

Luxustiere

Die Schuldnerin Irma S. züchtet aus Liebhaberei wertvolle Rennpferde, die bereits eine ganze Reihe von Rennen gewonnen haben und daher einen Marktpreis von mehr als 500.000 € bei einer Veräußerung erzielen lassen.

Die Vorschrift des § 811a ZPO über die Austauschpfändung findet auch im Insolvenzverfahren Anwendung[221], so dass der Insolvenzverwalter dem Schuldner einen (weniger wertvollen) Ersatzgegenstand oder eine Ersatzleistung für einen an sich nach § 811 ZPO unpfändbaren Gegenstand anbieten kann. **425**

---

219 *Zöller/Stöber* ZPO, § 811 Rz. 1.

220 Vgl. *Kilger/K. Schmidt* KO, § 1, 2 a; vgl. auch die Komm. bei *Zöller/Stöber* ZPO, § 811 Rz. 11 ff. und *Thomas/Putzo* ZPO, § 811 R; *Wolf/Hintzen* Pfändbare Gegenstände von A bis Z, 1996;

221 *Kuhn/Uhlenbruck* KO, § 1 Rz. 1 ; *Jaeger/Henkel* KO, § 1 Rz. 65.

426 § 36 Abs. 3 InsO entspricht der Regelung des § 812 ZPO und nimmt Hausratsgegenstände die im Haushalt des Schuldners gebraucht werden, vom Insolvenzbeschlag aus, wenn durch deren Verwertung kein in Relation zum Aufwand stehender Erlös zu erwarten ist.

Beispiel 105

Geringer Verwertungserlös

> Schuldner Hubert W. besitzt eine wertvolle Küchenmaschine, die vor einem Jahr 500,– € gekostet hat. Erfahrungsgemäß erzielen derartige Geräte bei einer Weiterveräußerung jedoch nur einen sehr geringen Verkaufserlös.

427 Die Unpfändbarkeit von Forderungen ist in den §§ 850 ff. ZPO geregelt, die gemäß § 36 Abs. 1 InsO im Insolvenzverfahren entsprechend anwendbar sind. Zu beachten sind im Insolvenzverfahren insbesondere die Pfändungsschutzgrenzen für das Arbeitseinkommen (§§ 850a bis 850i ZPO), das auch für die Zeit nach Verfahrenseröffnung grundsätzlich in die Masse fällt. Der Pfändungsschutz gilt nicht nur für den Arbeitnehmer, sondern in analoger Anwendung auch für Freiberufler (Arzt, Steuerberater, Wirtschaftsprüfer, Rechtsanwalt, Notar, vereidigter Buchprüfer). Die Höhe der Pfändungsfreibeträge wurde im Zuge des 7. Gesetzes zur Änderung der Pfändungsfreigrenzen mit Wirkung zum 01.01.2002 erheblich angehoben. Danach beträgt beispielsweise die Freigrenze bei einem nicht unterhaltspflichtigen Arbeitnehmer 930 € monatlich.

Beispiel 106

Pfändungsschutzgrenzen

> Schuldner Werner L. ist verheiratet und hat zwei Kinder im Alter von 10 und 6 Jahren. Sein monatliches Nettoeinkommen beträgt 2.300,81 €.
>
> **Pfändbar** und damit massezugehörig sind: 515,00 € / Monat
>
> **Unpfändbar** sind bei 3 Unterhaltsberechtigten: 1.785,81 € / Monat

428 Unübertragbare Ansprüche fallen unabhängig davon, wie sie entstanden sind, (durch Vertrag, Gesetz, letztwillige Verfügung) nicht in die Insolvenzmasse.[222] Bei vertraglichen Abtretungsverboten ist § 851 Abs. 2 ZPO zu beachten, so dass Abtretungsverbote den Insolvenzbeschlag nicht mindern.[223]

429 Nicht zur Masse gehörig sind weiterhin die vom Verwalter freigegebenen Gegenstände. Dies gilt auch im Geltungsbereich der InsO, so dass hier trotz der Einbeziehung des Neuerwerbs ein insolvenzfreier Vermögensbereich des Schuldners möglich ist.

---

222 *Kuhn/Uhlenbruck* KO, § 1 Rz. 36.
223 *Kuhn/Uhlenbruck* KO, § 1 Rz. 37.

Anlage zu § 850c ZPO (Euro-Tabelle)

– monatlich –

Euro-Netto-Lohn monatlich		Pfändbarer Betrag bei Unterhaltspflicht für … Personen 0	1	2	3	4	5 und mehr
bis	939,99						
940,00	949,99	7,00					
950,00	959,99	14,00					
960,00	969,99	21,00					
970,00	979,99	28,00					
980,00	989,99	35,00					
990,00	999,99	42,00					
1000,00	1009,99	49,00					
1010,00	1019,99	56,00					
1020,00	1029,99	63,00					
1030,00	1039,99	70,00					
1040,00	1049,99	77,00					
1050,00	1059,99	84,00					
1060,00	1069,99	91,00					
1070,00	1079,99	98,00					
1080,00	1089,99	105,00					
1090,00	1099,99	112,00					
1100,00	1109,99	119,00					
1110,00	1119,99	126,00					
1120,00	1129,99	133,00					
1130,00	1139,99	140,00					
1140,00	1149,99	147,00					
1150,00	1159,99	154,00					
1160,00	1169,99	161,00					
1170,00	1179,99	168,00					
1180,00	1189,99	175,00					
1190,00	1199,99	182,00					
1200,00	1209,99	189,00					
1210,00	1219,99	196,00					
1220,00	1229,99	203,00					
1230,00	1239,99	210,00					
1240,00	1249,99	217,00					
1250,00	1259,99	224,00					
1260,00	1269,99	231,00					
1270,00	1279,99	238,00					
1280,00	1289,99	245,00					

Euro-Netto-Lohn monatlich		Pfändbarer Betrag bei Unterhaltspflicht für … Personen					
		0	1	2	3	4	5 und mehr
1290,00	1299,99	252,00	5,00				
1300,00	1309,99	259,00	10,00				
1310,00	1319,99	266,00	15,00				
1320,00	1329,99	273,00	20,00				
1330,00	1339,99	280,00	25,00				
1340,00	1349,99	287,00	30,00				
1350,00	1359,99	294,00	35,00				
1360,00	1369,99	301,00	40,00				
1370,00	1379,99	308,00	45,00				
1380,00	1389,99	315,00	50,00				
1390,00	1399,99	322,00	55,00				
1400,00	1409,99	329,00	60,00				
1410,00	1419,99	336,00	65,00				
1420,00	1429,99	343,00	70,00				
1430,00	1439,99	350,00	75,00				
1440,00	1449,99	357,00	80,00				
1450,00	1459,99	364,00	85,00				
1460,00	1469,99	371,00	90,00				
1470,00	1479,99	378,00	95,00				
1480,00	1489,99	385,00	100,00	2,00			
1490,00	1499,99	392,00	105,00	6,00			
1500,00	1509,99	399,00	110,00	10,00			
1510,00	1519,99	406,00	115,00	14,00			
1520,00	1529,99	413,00	120,00	18,00			
1530,00	1539,99	420,00	125,00	22,00			
1540,00	1549,99	427,00	130,00	26,00			
1550,00	1559,99	434,00	135,00	30,00			
1560,00	1569,99	441,00	140,00	34,00			
1570,00	1579,99	448,00	145,00	38,00			
1580,00	1589,99	455,00	150,00	42,00			
1590,00	1599,99	462,00	155,00	46,00			
1600,00	1609,99	469,00	160,00	50,00			
1610,00	1619,99	476,00	165,00	54,00			
1620,00	1629,99	483,00	170,00	58,00			
1630,00	1639,99	490,00	175,00	62,00			
1640,00	1649,99	497,00	180,00	66,00			
1650,00	1659,99	504,00	185,00	70,00			
1660,00	1669,99	511,00	190,00	74,00			
1670,00	1679,99	518,00	195,00	78,00			
1680,00	1689,99	525,00	200,00	82,00	3,00		

Euro-Netto-Lohn monatlich		Pfändbarer Betrag bei Unterhaltspflicht für … Personen 0	1	2	3	4	5 und mehr
1690,00	1699,99	532,00	205,00	86,00	6,00		
1700,00	1709,99	539,00	210,00	90,00	9,00		
1710,00	1719,99	546,00	215,00	94,00	12,00		
1720,00	1729,99	553,00	220,00	98,00	15,00		
1730,00	1739,99	560,00	225,00	102,00	18,00		
1740,00	1749,99	567,00	230,00	106,00	21,00		
1750,00	1759,99	574,00	235,00	110,00	24,00		
1760,00	1769,99	581,00	240,00	114,00	27,00		
1770,00	1779,99	588,00	245,00	118,00	30,00		
1780,00	1789,99	595,00	250,00	122,00	33,00		
1790,00	1799,99	602,00	255,00	126,00	36,00		
1800,00	1809,99	609,00	260,00	130,00	39,00		
1810,00	1819,99	616,00	265,00	134,00	42,00		
1820,00	1829,99	623,00	270,00	138,00	45,00		
1830,00	1839,99	630,00	275,00	142,00	48,00		
1840,00	1849,99	637,00	280,00	146,00	51,00		
1850,00	1859,99	644,00	285,00	150,00	54,00		
1860,00	1869,99	651,00	290,00	154,00	57,00		
1870,00	1879,99	658,00	295,00	158,00	60,00	1,00	
1880,00	1889,99	665,00	300,00	162,00	63,00	3,00	
1890,00	1899,99	672,00	305,00	166,00	66,00	5,00	
1900,00	1909,99	679,00	310,00	170,00	69,00	7,00	
1910,00	1919,99	686,00	315,00	174,00	72,00	9,00	
1920,00	1929,99	693,00	320,00	178,00	75,00	11,00	
1930,00	1939,99	700,00	325,00	182,00	78,00	13,00	
1940,00	1949,99	707,00	330,00	186,00	81,00	15,00	
1950,00	1959,99	714,00	335,00	190,00	84,00	17,00	
1960,00	1969,99	721,00	340,00	194,00	87,00	19,00	
1970,00	1979,99	728,00	345,00	198,00	90,00	21,00	
1980,00	1989,99	735,00	350,00	202,00	93,00	23,00	
1990,00	1999,99	742,00	355,00	206,00	96,00	25,00	
2000,00	2009,99	749,00	360,00	210,00	99,00	27,00	
2010,00	2019,99	756,00	365,00	214,00	102,00	29,00	
2020,00	2029,99	763,00	370,00	218,00	105,00	31,00	
2030,00	2039,99	770,00	375,00	222,00	108,00	33,00	
2040,00	2049,99	777,00	380,00	226,00	111,00	35,00	
2050,00	2059,99	784,00	385,00	230,00	114,00	37,00	
2060,00	2069,99	791,00	390,00	234,00	117,00	39,00	
2070,00	2079,99	798,00	395,00	238,00	120,00	41,00	1,00
2080,00	2089,99	805,00	400,00	242,00	123,00	43,00	2,00

Euro-Netto-Lohn monatlich		Pfändbarer Betrag bei Unterhaltspflicht für … Personen 0	1	2	3	4	5 und mehr
2090,00	2099,99	812,00	405,00	246,00	126,00	45,00	3,00
2100,00	2109,99	819,00	410,00	250,00	129,00	47,00	4,00
2110,00	2119,99	826,00	415,00	254,00	132,00	49,00	5,00
2120,00	2129,99	833,00	420,00	258,00	135,00	51,00	6,00
2130,00	2139,99	840,00	425,00	262,00	138,00	53,00	7,00
2140,00	2149,99	847,00	430,00	266,00	141,00	55,00	8,00
2150,00	2159,99	854,00	435,00	270,00	144,00	57,00	9,00
2160,00	2169,99	861,00	440,00	274,00	147,00	59,00	10,00
2170,00	2179,99	868,00	445,00	278,00	150,00	61,00	11,00
2180,00	2189,99	875,00	450,00	282,00	153,00	63,00	12,00
2190,00	2199,99	882,00	455,00	286,00	156,00	65,00	13,00
2200,00	2209,99	889,00	460,00	290,00	159,00	67,00	14,00
2210,00	2219,99	896,00	465,00	294,00	162,00	69,00	15,00
2220,00	2229,99	903,00	470,00	298,00	165,00	71,00	16,00
2230,00	2239,99	910,00	475,00	302,00	168,00	73,00	17,00
2240,00	2249,99	917,00	480,00	306,00	171,00	75,00	18,00
2250,00	2259,99	924,00	485,00	310,00	174,00	77,00	19,00
2260,00	2269,99	931,00	490,00	314,00	177,00	79,00	20,00
2270,00	2279,99	938,00	495,00	318,00	180,00	81,00	21,00
2280,00	2289,99	945,00	500,00	322,00	183,00	83,00	22,00
2290,00	2299,99	952,00	505,00	326,00	186,00	85,00	23,00
2300,00	2309,99	959,00	510,00	330,00	189,00	87,00	24,00
2310,00	2319,99	966,00	515,00	334,00	192,00	89,00	25,00
2320,00	2329,99	973,00	520,00	338,00	195,00	91,00	26,00
2330,00	2339,99	980,00	525,00	342,00	198,00	93,00	27,00
2340,00	2349,99	987,00	530,00	346,00	201,00	95,00	28,00
2350,00	2359,99	994,00	535,00	350,00	204,00	97,00	29,00
2360,00	2369,99	1001,00	540,00	354,00	207,00	99,00	30,00
2370,00	2379,99	1008,00	545,00	358,00	210,00	101,00	31,00
2380,00	2389,99	1015,00	550,00	362,00	213,00	103,00	32,00
2390,00	2399,99	1022,00	555,00	366,00	216,00	105,00	33,00
2400,00	2409,99	1029,00	560,00	370,00	219,00	107,00	34,00
2410,00	2419,99	1036,00	565,00	374,00	222,00	109,00	35,00
2420,00	2429,99	1043,00	570,00	378,00	225,00	111,00	36,00
2430,00	2439,99	1050,00	575,00	382,00	228,00	113,00	37,00
2440,00	2449,99	1057,00	580,00	386,00	231,00	115,00	38,00
2450,00	2459,99	1064,00	585,00	390,00	234,00	117,00	39,00
2460,00	2469,99	1071,00	590,00	394,00	237,00	119,00	40,00
2470,00	2479,99	1078,00	595,00	398,00	240,00	121,00	41,00
2480,00	2489,99	1085,00	600,00	402,00	243,00	123,00	42,00

Euro-Netto-Lohn monatlich		**Pfändbarer Betrag bei Unterhaltspflicht für … Personen**					
		0	**1**	**2**	**3**	**4**	**5 und mehr**
2490,00	2499,99	1092,00	605,00	406,00	246,00	125,00	43,00
2500,00	2509,99	1099,00	610,00	410,00	249,00	127,00	44,00
2510,00	2519,99	1106,00	615,00	414,00	252,00	129,00	45,00
2520,00	2529,99	1113,00	620,00	418,00	255,00	131,00	46,00
2530,00	2539,99	1120,00	625,00	422,00	258,00	133,00	47,00
2540,00	2549,99	1127,00	630,00	426,00	261,00	135,00	48,00
2550,00	2559,99	1134,00	635,00	430,00	264,00	137,00	49,00
2560,00	2569,99	1141,00	640,00	434,00	267,00	139,00	50,00
2570,00	2579,99	1148,00	645,00	438,00	270,00	141,00	51,00
2580,00	2589,99	1155,00	650,00	442,00	273,00	143,00	52,00
2590,00	2599,99	1162,00	655,00	446,00	276,00	145,00	53,00
2600,00	2609,99	1169,00	660,00	450,00	279,00	147,00	54,00
2610,00	2619,99	1176,00	665,00	454,00	282,00	149,00	55,00
2620,00	2629,99	1183,00	670,00	458,00	285,00	151,00	56,00
2630,00	2639,99	1190,00	675,00	462,00	288,00	153,00	57,00
2640,00	2649,99	1197,00	680,00	466,00	291,00	155,00	58,00
2650,00	2659,99	1204,00	685,00	470,00	294,00	157,00	59,00
2660,00	2669,99	1211,00	690,00	474,00	297,00	159,00	60,00
2670,00	2679,99	1218,00	695,00	478,00	300,00	161,00	61,00
2680,00	2689,99	1225,00	700,00	482,00	303,00	163,00	62,00
2690,00	2699,99	1232,00	705,00	486,00	306,00	165,00	63,00
2700,00	2709,99	1239,00	710,00	490,00	309,00	167,00	64,00
2710,00	2719,99	1246,00	715,00	494,00	312,00	169,00	65,00
2720,00	2729,99	1253,00	720,00	498,00	315,00	171,00	66,00
2730,00	2739,99	1260,00	725,00	502,00	318,00	173,00	67,00
2740,00	2749,99	1267,00	730,00	506,00	321,00	175,00	68,00
2750,00	2759,99	1274,00	735,00	510,00	324,00	177,00	69,00
2760,00	2769,99	1281,00	740,00	514,00	327,00	179,00	70,00
2770,00	2779,99	1288,00	745,00	518,00	330,00	181,00	71,00
2780,00	2789,99	1295,00	750,00	522,00	333,00	183,00	72,00
2790,00	2799,99	1202,00	755,00	526,00	336,00	185,00	73,00
2800,00	2809,99	1309,00	760,00	530,00	339,00	187,00	74,00
2810,00	2819,99	1316,00	765,00	534,00	342,00	189,00	75,00
2820,00	2829,99	1323,00	770,00	538,00	345,00	191,00	76,00
2830,00	2839,99	1330,00	775,00	542,00	348,00	193,00	77,00
2840,00	2849,99	1337,00	780,00	546,00	351,00	195,00	78,00
2850,00	2859,99	1344,00	785,00	550,00	354,00	197,00	79,00
Der Mehrbetrag ab 2851,00 EUR ist voll pfändbar.							

– wöchentlich –

Euro-Netto-Lohn monatlich		Pfändbarer Betrag bei Unterhaltspflicht für … Personen					
		0	1	2	3	4	5 und mehr
bis	219,99						
220,00	222,49	1,75					
222,50	224,99	3,50					
225,00	227,49	5,25					
227,50	229,99	7,00					
230,00	232,49	8,75					
232,50	234,99	10,50					
235,00	237,49	12,25					
237,50	239,99	14,00					
240,00	242,49	15,75					
242,50	244,99	17,50					
245,00	247,49	19,25					
247,50	249,99	21,00					
250,00	252,49	22,75					
252,50	254,99	24,50					
255,00	257,49	26,25					
257,50	259,99	28,00					
260,00	262,49	29,75					
262,50	264,99	31,50					
265,00	267,49	33,25					
267,50	269,99	35,00					
270,00	272,49	36,75					
272,50	274,99	38,50					
275,00	277,49	40,25					
277,50	279,99	42,00					
280,00	282,49	43,75					
282,50	284,99	45,50					
285,00	287,49	47,25					
287,50	289,99	49,00					
290,00	292,49	50,75					
292,50	294,99	52,50					
295,00	297,49	54,25					
297,50	299,99	56,00					
300,00	302,49	57,75	0,75				
302,50	304,99	59,50	2,00				
305,00	307,49	61,25	3,25				
307,50	309,99	63,00	4,50				

Euro-Netto-Lohn monatlich		Pfändbarer Betrag bei Unterhaltspflicht für … Personen					
		0	1	2	3	4	5 und mehr
310,00	312,49	64,75	5,75				
312,50	314,99	66,50	7,00				
315,00	317,49	68,25	8,25				
317,50	319,99	70,00	9,50				
320,00	322,49	71,75	10,75				
322,50	324,99	73,50	12,00				
325,00	327,49	75,25	13,25				
327,50	329,99	77,00	14,50				
330,00	332,49	78,75	15,75				
332,50	334,99	80,50	17,00				
335,00	337,49	82,25	18,25				
337,50	339,99	84,00	19,50				
340,00	342,49	85,75	20,75				
342,50	344,99	87,50	22,00				
345,00	347,49	89,25	23,25	0,60			
347,50	349,99	91,00	24,50	1,60			
350,00	352,49	92,75	25,75	2,60			
352,50	354,99	94,50	27,00	3,60			
355,00	357,49	96,25	28,25	4,60			
357,50	359,99	98,00	29,50	5,60			
360,00	362,49	99,75	30,75	6,60			
362,50	364,99	101,50	32,00	7,60			
365,00	367,49	103,25	33,25	8,60			
367,50	369,99	105,00	34,50	9,60			
370,00	372,49	106,75	35,75	10,60			
372,50	374,99	108,50	37,00	11,60			
375,00	377,49	110,25	38,25	12,60			
377,50	379,99	112,00	39,50	13,60			
380,00	382,49	113,75	40,75	14,60			
382,50	384,99	115,50	42,00	15,60			
385,00	387,49	117,25	43,25	16,60			
387,50	389,99	119,00	44,50	17,60			
390,00	392,49	120,75	45,75	18,60	0,45		
392,50	394,99	122,50	47,00	19,60	1,20		
395,00	397,49	124,25	48,25	20,60	1,95		
397,50	399,99	126,00	49,50	21,60	2,70		
400,00	402,49	127,75	50,75	22,60	3,45		
402,50	404,99	129,50	52,00	23,60	4,20		
405,00	407,49	131,25	53,25	24,60	4,95		

Euro-Netto-Lohn monatlich		Pfändbarer Betrag bei Unterhaltspflicht für … Personen					
		0	1	2	3	4	5 und mehr
407,50	409,99	133,00	54,50	25,60	5,70		
410,00	412,49	134,75	55,75	26,60	6,45		
412,50	414,99	136,50	57,00	27,60	7,20		
415,00	417,49	138,25	58,25	28,60	7,95		
417,50	419,99	140,00	59,50	29,60	8,70		
420,00	422,49	141,75	60,75	30,60	9,45		
422,50	424,99	143,50	62,00	31,60	10,20		
425,00	427,49	145,25	63,25	32,60	10,95		
427,50	429,99	147,00	64,50	33,60	11,70		
430,00	432,49	148,75	65,75	34,60	12,45		
432,50	434,99	150,50	67,00	35,60	13,20		
435,00	437,49	152,25	68,25	36,60	13,95	0,30	
437,50	439,99	154,00	69,50	37,60	14,70	0,80	
440,00	442,49	155,75	70,75	38,60	15,45	1,30	
442,50	444,99	157,50	72,00	39,60	16,20	1,80	
445,00	447,49	159,25	73,25	40,60	16,95	2,30	
447,50	449,99	161,00	74,50	41,60	17,70	2,80	
450,00	452,49	162,75	75,75	42,60	18,45	3,30	
452,50	454,99	164,50	77,00	43,60	19,20	3,80	
455,00	457,49	166,25	78,25	44,60	19,95	4,30	
457,50	459,99	168,00	79,50	45,60	20,70	4,80	
460,00	462,49	169,75	80,75	46,60	21,45	5,30	
462,50	464,99	171,50	82,00	47,60	22,20	5,80	
465,00	467,49	173,25	83,25	48,60	22,95	6,30	
467,50	469,99	175,00	84,50	49,60	23,70	6,80	
470,00	472,49	176,75	85,75	50,60	24,45	7,30	
472,50	474,99	178,50	87,00	51,60	25,20	7,80	
475,00	477,49	180,25	88,25	52,60	25,95	8,30	
477,50	479,99	182,00	89,50	53,60	26,70	8,80	
480,00	482,49	183,75	90,75	54,60	27,45	9,30	0,15
482,50	484,99	185,50	92,00	55,60	28,20	9,80	0,40
485,00	487,49	187,25	93,25	56,60	28,95	10,30	0,65
487,50	489,99	189,00	94,50	57,60	29,70	10,80	0,90
490,00	492,49	190,75	95,75	58,60	30,45	11,30	1,15
492,50	494,99	192,50	97,00	59,60	31,20	11,80	1,40
495,00	497,49	194,25	98,25	60,60	31,95	12,30	1,65
497,50	499,99	196,00	99,50	61,60	32,70	12,80	1,90
500,00	502,49	197,75	100,75	62,60	33,45	13,30	2,15
502,50	504,99	199,50	102,00	63,60	34,20	13,80	2,40

Euro-Netto-Lohn monatlich		Pfändbarer Betrag bei Unterhaltspflicht für … Personen 0	1	2	3	4	5 und mehr
505,00	507,49	201,25	103,25	64,60	34,95	14,30	2,65
507,50	509,99	203,00	104,50	65,60	35,70	14,80	2,90
510,00	512,49	204,75	105,75	66,60	36,45	15,30	3,15
512,50	514,99	206,50	107,00	67,60	37,20	15,80	3,40
515,00	517,49	208,25	108,25	68,60	37,95	16,30	3,65
517,50	519,99	210,00	109,50	69,60	38,70	16,80	3,90
520,00	522,49	211,75	110,75	70,60	39,45	17,30	4,15
522,50	524,99	213,50	112,00	71,60	40,20	17,80	4,40
525,00	527,49	215,25	113,25	72,60	40,95	18,30	4,65
527,50	529,99	217,00	114,50	73,60	41,70	18,80	4,90
530,00	532,49	218,75	115,75	74,60	42,45	19,30	5,15
532,50	534,99	220,50	117,00	75,60	43,20	19,80	5,40
535,00	537,49	222,25	118,25	76,60	43,95	20,30	5,65
537,50	539,99	224,00	119,50	77,60	44,70	20,80	5,90
540,00	542,49	225,75	120,75	78,60	45,45	21,30	6,15
542,50	544,99	227,50	122,00	79,60	46,20	21,80	6,40
545,00	547,49	229,25	123,25	80,60	46,95	22,30	6,65
547,50	549,99	231,00	124,50	81,60	47,70	22,80	6,90
550,00	552,49	232,75	125,75	82,60	48,45	23,30	7,15
552,50	554,99	234,50	127,00	83,60	49,20	23,80	7,40
555,00	557,49	236,25	128,25	84,60	49,95	24,30	7,65
557,50	559,99	238,00	129,50	85,60	50,70	24,80	7,90
560,00	562,49	239,75	130,75	86,60	51,45	25,30	8,15
562,50	564,99	241,50	132,00	87,60	52,20	25,80	8,40
565,00	567,49	243,25	133,25	88,60	52,95	26,30	8,65
567,50	569,99	245,00	134,50	89,60	53,70	26,80	8,90
570,00	572,49	246,75	135,75	90,60	54,45	27,30	9,15
572,50	574,99	248,50	137,00	91,60	55,20	27,80	9,40
575,00	577,49	250,25	138,25	92,60	55,95	28,30	9,65
577,50	579,99	252,00	139,50	93,60	56,70	28,80	9,90
580,00	582,49	253,75	140,75	94,60	57,45	29,30	10,15
582,50	584,99	255,50	142,00	95,60	58,20	29,80	10,40
585,00	587,49	257,25	143,25	96,60	58,95	30,30	10,65
587,50	589,99	259,00	144,50	97,60	59,70	30,80	10,90
590,00	592,49	260,75	145,75	98,60	60,45	31,30	11,15
592,50	594,99	262,50	147,00	99,60	61,20	31,80	11,40
595,00	597,49	264,25	148,25	100,60	61,95	32,30	11,65
597,50	599,99	266,00	149,50	101,60	62,70	32,80	11,90
600,00	602,49	267,75	150,75	102,60	63,45	33,30	12,15

Euro-Netto-Lohn monatlich		Pfändbarer Betrag bei Unterhaltspflicht für … Personen					
		0	1	2	3	4	5 und mehr
602,50	604,99	269,50	152,00	103,60	64,20	33,80	12,40
605,00	607,49	271,25	153,25	104,60	64,95	34,30	12,65
607,50	609,99	273,00	154,50	105,60	65,70	34,80	12,90
610,00	612,49	274,75	155,75	106,60	66,45	35,30	13,15
612,50	614,99	276,50	157,00	107,60	67,20	35,80	13,40
615,00	617,49	278,25	158,25	108,60	67,95	36,30	13,65
617,50	619,99	280,00	159,50	109,60	68,70	36,80	13,90
620,00	622,49	281,75	160,75	110,60	69,45	37,30	14,15
622,50	624,99	283,50	162,00	111,60	70,20	37,80	14,40
625,00	627,49	285,25	163,25	112,60	70,95	38,30	14,65
627,50	629,99	287,00	164,50	113,60	71,70	38,80	14,90
630,00	632,49	288,75	165,75	114,60	72,45	39,30	15,15
632,50	634,99	290,50	167,00	115,60	73,20	39,80	15,40
635,00	637,49	292,25	168,25	116,60	73,95	40,30	15,65
637,50	639,99	294,00	169,50	117,60	74,70	40,80	15,90
640,00	642,49	295,75	170,75	118,60	75,45	41,30	16,15
642,50	644,99	297,50	172,00	119,60	76,20	41,80	16,40
645,00	647,49	299,25	173,25	120,60	76,95	42,30	16,65
647,50	649,99	301,00	174,50	121,60	77,70	42,80	16,90
650,00	652,49	302,75	175,75	122,60	78,45	43,30	17,15
652,50	654,99	304,50	177,00	123,60	79,20	43,80	17,40
655,00	657,49	306,25	178,25	124,60	79,95	44,30	17,65
657,50	658,00	308,00	179,50	125,60	80,70	44,80	17,90
Der Mehrbetrag ab 658,00 € ist voll pfändbar.							

– täglich –

Euro-Netto-Lohn monatlich		Pfändbarer Betrag bei Unterhaltspflicht für … Personen					
		0	1	2	3	4	5 und mehr
43,99							
44,00	44,49	0,35					
44,50	44,99	0,70					
45,00	45,49	1,05					
45,50	45,99	1,40					
46,00	46,49	1,75					
46,50	46,99	2,10					
47,00	47,49	2,45					
47,50	47,99	2,80					
48,00	48,49	3,15					
48,50	48,99	3,50					
49,00	49,49	3,85					
49,50	49,99	4,20					
50,00	50,49	4,55					
50,50	50,99	4,90					
51,00	51,49	5,25					
51,50	51,99	5,60					
52,00	52,49	5,95					
52,50	52,99	6,30					
53,00	53,49	6,65					
53,50	53,99	7,00					
54,00	54,49	7,35					
54,50	54,99	7,70					
55,00	55,49	8,05					
55,50	55,99	8,40					
56,00	56,49	8,75					
56,50	56,99	9,10					
57,00	57,49	9,45					
57,50	57,99	9,80					
58,00	58,49	10,15					
58,50	58,99	10,50					
59,00	59,49	10,85					
59,50	59,99	11,20					
60,00	60,49	11,55					
60,50	60,99	11,90					
61,00	61,49	12,25	0,25				
61,50	61,99	12,60	0,50				

Euro-Netto-Lohn monatlich		Pfändbarer Betrag bei Unterhaltspflicht für ... Personen 0	1	2	3	4	5 und mehr
62,00	62,49	12,95	0,75				
62,50	62,99	13,30	1,00				
63,00	63,49	13,65	1,25				
63,50	63,99	14,00	1,50				
64,00	64,49	14,35	1,75				
64,50	64,99	14,70	2,00				
65,00	65,49	15,05	2,25				
65,50	65,99	15,40	2,50				
66,00	66,49	15,75	2,75				
66,50	66,99	16,10	3,00				
67,00	67,49	16,45	3,25				
67,50	67,99	16,80	3,50				
68,00	68,49	17,15	3,75				
68,50	68,99	17,50	4,00				
69,00	69,49	17,85	4,25				
69,50	69,99	18,20	4,50				
70,00	70,49	18,55	4,75	0,20			
70,50	70,99	18,90	5,00	0,40			
71,00	71,49	19,25	5,25	0,60			
71,50	71,99	19,60	5,50	0,80			
72,00	72,49	19,95	5,75	1,00			
72,50	72,99	20,30	6,00	1,20			
73,00	73,49	20,65	6,25	1,40			
73,50	73,99	21,00	6,50	1,60			
74,00	74,49	21,35	6,75	1,80			
74,50	74,99	21,70	7,00	2,00			
75,00	75,49	22,05	7,25	2,20			
75,50	75,99	22,40	7,50	2,40			
76,00	76,49	22,75	7,75	2,60			
76,50	76,99	23,10	8,00	2,80			
77,00	77,49	23,45	8,25	3,00			
77,50	77,99	23,80	8,50	3,20			
78,00	78,49	24,15	8,75	3,40			
78,50	78,99	24,50	9,00	3,60			
79,00	79,49	24,85	9,25	3,80	0,15		
79,50	79,99	25,20	9,50	4,00	0,30		
80,00	80,49	25,55	9,75	4,20	0,45		
80,50	80,99	25,90	10,00	4,40	0,60		
81,00	81,49	26,25	10,25	4,60	0,75		

Euro-Netto-Lohn monatlich		Pfändbarer Betrag bei Unterhaltspflicht für … Personen					
		0	1	2	3	4	5 und mehr
81,50	81,99	26,60	10,50	4,80	0,90		
82,00	82,49	26,95	10,75	5,00	1,05		
82,50	82,99	27,30	11,00	5,20	1,20		
83,00	83,49	27,65	11,25	5,40	1,35		
83,50	83,99	28,00	11,50	5,60	1,50		
84,00	84,49	28,35	11,75	5,80	1,65		
84,50	84,99	28,70	12,00	6,00	1,80		
85,00	85,49	29,05	12,25	6,20	1,95		
85,50	85,99	29,40	12,50	6,40	2,10		
86,00	86,49	29,75	12,75	6,60	2,25		
86,50	86,99	30,10	13,00	6,80	2,40		
87,00	87,49	30,45	13,25	7,00	2,55		
87,50	87,99	30,80	13,50	7,20	2,70		
88,00	88,49	31,15	13,75	7,40	2,85	0,10	
88,50	88,99	31,50	14,00	7,60	3,00	0,20	
89,00	89,49	31,85	14,25	7,80	3,15	0,30	
89,50	89,99	32,20	14,50	8,00	3,30	0,40	
90,00	90,49	32,55	14,75	8,20	3,45	0,50	
90,50	90,99	32,90	15,00	8,40	3,60	0,60	
91,00	91,49	33,25	15,25	8,60	3,75	0,70	
91,50	91,99	33,60	15,50	8,80	3,90	0,80	
92,00	92,49	33,95	15,75	9,00	4,05	0,90	
92,50	92,99	34,30	16,00	9,20	4,20	1,00	
93,00	93,49	34,65	16,25	9,40	4,35	1,10	
93,50	93,99	35,00	16,50	9,60	4,50	1,20	
94,00	94,49	35,35	16,75	9,80	4,65	1,30	
94,50	94,99	35,70	17,00	10,00	4,80	1,40	
95,00	95,49	36,05	17,25	10,20	4,95	1,50	
95,50	95,99	36,40	17,50	10,40	5,10	1,60	
96,00	96,49	36,75	17,75	10,60	5,25	1,70	
96,50	96,99	37,10	18,00	10,80	5,40	1,80	
97,00	97,49	37,45	18,25	11,00	5,55	1,90	0,05
97,50	97,99	37,80	18,50	11,20	5,70	2,00	0,10
98,00	98,49	38,15	18,75	11,40	5,85	2,10	0,15
98,50	98,99	38,50	19,00	11,60	6,00	2,20	0,20
99,00	99,49	38,85	19,25	11,80	6,15	2,30	0,25
99,50	99,99	39,20	19,50	12,00	6,30	2,40	0,30
100,00	100,49	39,55	19,75	12,20	6,45	2,50	0,35
100,50	100,99	39,90	20,00	12,40	6,60	2,60	0,40

Euro-Netto-Lohn monatlich		Pfändbarer Betrag bei Unterhaltspflicht für … Personen					
		0	1	2	3	4	5 und mehr
101,00	101,49	40,25	20,25	12,60	6,75	2,70	0,45
101,50	101,99	40,60	20,50	12,80	6,90	2,80	0,50
102,00	102,49	40,95	20,75	13,00	7,05	2,90	0,55
102,50	102,99	41,30	21,00	13,20	7,20	3,00	0,60
103,00	103,49	41,65	21,25	13,40	7,35	3,10	0,65
103,50	103,99	42,00	21,50	13,60	7,50	3,20	0,70
104,00	104,49	42,35	21,75	13,80	7,65	3,30	0,75
104,50	104,99	42,70	22,00	14,00	7,80	3,40	0,80
105,00	105,49	43,05	22,25	14,20	7,95	3,50	0,85
105,50	105,99	43,40	22,50	14,40	8,10	3,60	0,90
106,00	106,49	43,75	22,75	14,60	8,25	3,70	0,95
106,50	106,99	44,10	23,00	14,80	8,40	3,80	1,00
107,00	107,49	44,45	23,25	15,00	8,55	3,90	1,05
107,50	107,99	44,80	23,50	15,20	8,70	4,00	1,10
108,00	108,49	45,15	23,75	15,40	8,85	4,10	1,15
108,50	108,99	45,50	24,00	15,60	9,00	4,20	1,20
109,00	109,49	45,85	24,25	15,80	9,15	4,30	1,25
109,50	109,99	46,20	24,50	16,00	9,30	4,40	1,30
110,00	110,49	46,55	24,75	16,20	9,45	4,50	1,35
110,50	110,99	46,90	25,00	16,40	9,60	4,60	1,40
111,00	111,49	47,25	25,25	16,60	9,75	4,70	1,45
111,50	111,99	47,60	25,50	16,80	9,90	4,80	1,50
112,00	112,49	47,95	25,75	17,00	10,05	4,90	1,55
112,50	112,99	48,30	26,00	17,20	10,20	5,00	1,60
113,00	113,49	48,65	26,25	17,40	10,35	5,10	1,65
113,50	113,99	49,00	26,50	17,60	10,50	5,20	1,70
114,00	114,49	49,35	26,75	17,80	10,65	5,30	1,75
114,50	114,99	49,70	27,00	18,00	10,80	5,40	1,80
115,00	115,49	50,05	27,25	18,20	10,95	5,50	1,85
115,50	115,99	50,40	27,50	18,40	11,10	5,60	1,90
116,00	116,49	50,75	27,75	18,60	11,25	5,70	1,95
116,50	116,99	51,10	28,00	18,80	11,40	5,80	2,00
117,00	117,49	51,45	28,25	19,00	11,55	5,90	2,05
117,50	117,99	51,80	28,50	19,20	11,70	6,00	2,10
118,00	118,49	52,15	28,75	19,40	11,85	6,10	2,15
118,50	118,99	52,50	29,00	19,60	12,00	6,20	2,20
119,00	119,49	52,85	29,25	19,80	12,15	6,30	2,25
119,50	119,99	53,20	29,50	20,00	12,30	6,40	2,30
120,00	120,49	53,55	29,75	20,20	12,45	6,50	2,35

Euro-Netto-Lohn monatlich		Pfändbarer Betrag bei Unterhaltspflicht für … Personen 0	1	2	3	4	5 und mehr
120,50	120,99	53,90	30,00	20,40	12,60	6,60	2,40
121,00	121,49	54,25	30,25	20,60	12,75	6,70	2,45
121,50	121,99	54,60	30,50	20,80	12,90	6,80	2,50
122,00	122,49	54,95	30,75	21,00	13,05	6,90	2,55
122,50	122,99	55,30	31,00	21,20	13,20	7,00	2,60
123,00	123,49	55,65	31,25	21,40	13,35	7,10	2,65
123,50	123,99	56,00	31,50	21,60	13,50	7,20	2,70
124,00	124,49	56,35	31,75	21,80	13,65	7,30	2,75
124,50	124,99	56,70	32,00	22,00	13,80	7,40	2,80
125,00	125,49	57,05	32,25	22,20	13,95	7,50	2,85
125,50	125,99	57,40	32,50	22,40	14,10	7,60	2,90
126,00	126,49	57,75	32,75	22,60	14,25	7,70	2,95
126,50	126,99	58,10	33,00	22,80	14,40	7,80	3,00
127,00	127,49	58,45	33,25	23,00	14,55	7,90	3,05
127,50	127,99	58,80	33,50	23,20	14,70	8,00	3,10
128,00	128,49	59,15	33,75	23,40	14,85	8,10	3,15
128,50	128,99	59,50	34,00	23,60	15,00	8,20	3,20
129,00	129,49	59,85	34,25	23,80	15,15	8,30	3,25
129,50	129,99	60,20	34,50	24,00	15,30	8,40	3,30
130,00	130,49	60,55	34,75	24,20	15,45	8,50	3,35
130,50	130,99	60,90	35,00	24,40	15,60	8,60	3,40
131,00	131,49	61,25	35,25	24,60	15,75	8,70	3,45
131,50	131,99	61,60	35,50	24,80	15,90	8,80	3,50

E. Der Insolvenzverwalter

I. Die Rechtsstellung des Verwalters

430 Die wesentliche Aufgabe des Insolvenzverwalters besteht nach Auffassung des Gesetzgebers in der Wahrung der Rechtmäßigkeit des Verfahrens. Der Insolvenzverwalter soll nicht als Sachwalter allgemeiner, im Insolvenzverfahren nicht repräsentierter, wirtschaftlicher und sozialer Interessen auftreten, sondern die Interessen der Verfahrensbeteiligten, insbesondere der Gläubiger, verwirklichen.[224] Insoweit entspricht die gesetzgeberische Intention zwar weitgehend der bisherigen Rechtslage, in der Ausgestaltung der Einzelbefugnisse und Pflichten ergeben sich jedoch eine ganze Reihe von Abweichungen.

1. Dogmatische Einordnung des Verwalteramtes

431 Durch die Beseitigung des Dualismus von Konkurs- und Vergleichsordnung im Rahmen eines einheitlichen Insolvenzverfahrens wird die Rechtsstellung des Insolvenzverwalters neu definiert. Seine Aufgaben beurteilen sich im Wesentlichen danach, ob eine Liquidation oder eine Sanierung im Rahmen des Insolvenzplanverfahrens angestrebt wird. Während bei der klassischen Liquidation die Zerschlagung des Schuldnervermögens im Wege der Verwertung im Vordergrund steht, nimmt der Insolvenzverwalter im Fall der Sanierung oftmals überwiegend unternehmerische Aufgaben wahr.

432 Dies hat zur Folge, dass die bislang von der herrschenden Meinung vertretene **Amtstheorie**, die den Konkursverwalter als Partei kraft Amtes ansah[225], auf die InsO nicht ohne Weiteres übertragen werden kann, da

---

224 Vgl. Allg. RegE zur InsO, abgedruckt bei *Balz/Landfermann* Die neuen Insolvenzgesetze, 1995, S. 15.

225 Ständige Rechtsprechung ab *RG* vom 30.03.1892 – Rep. V 255/91 – *RGZ* 29, 29; s.a. *BGH* vom 24.06.1957 – VII. ZR 310/65 – *BGHZ* 24, 393; *Berges* Der Rechtsgehalt der wirtschaftlichen Betrachtung im Konkurs, KTS 1970, 99 ff.; *Zöller/Vollkommer* ZPO, vor § 50 Rz. 21; *Blomeyer* Zivilprozeßrecht, § 6 I ; *Hess* Konkursordnung, § 6 Rz. 14 ff.; *Jaeger/Henkel* KO, § 6 Rz. 7 ff.

sie voll und ganz auf die Zerschlagung und Verwertung des Schuldnervermögens zugeschnitten ist.[226]

Demgegenüber betrachtet die **Vertretertheorie** den Verwalter als zwangsweise eingesetzten Vertreter in Bezug auf die Masse.[227] Der Schuldner verliert nach dieser Auffassung mit der Verfahrenseröffnung die Verwaltungs- und Verfügungsbefugnis, die ab diesem Zeitpunkt von dem Verwalter ausgeübt wird.[228] **433**

Die Vertretertheorie wurde sowohl im Bereich der KO, als auch VglO verfochten, wobei sie hinsichtlich der dogmatischen Einordnung des Vergleichsverwalters als h.M. anzusehen war.[229] Ihr wird zu Unrecht vorgeworfen, dass eine Vertretung nicht mit der Wahrnehmung der gegensätzlichen Interessen mehrerer Verfahrensbeteiligter in Einklang zu bringen sei.[230] **434**

Durch die Verbindung von Konkurs- und Vergleichsverfahren im Rahmen des neuen Insolvenzrechts und damit der Zusammenfassung von Liquidation und Sanierung in einem Verfahren erweist sich die Amtstheorie als zu unflexibel. Sie vermag Sachverhalte, bei denen z.B. der Schuldner das insolvente Unternehmen im Rahmen eines Insolvenzplans selbst fortführt, nicht einleuchtend zu erklären.[231] **435**

Eine Lösung dieser Probleme verspricht wie im Geltungsbereich der VglO die – allerdings etwas modifizierte – Anwendung der Vertretertheorie, da die Annahme einer gesetzliche Vertretung es nicht denknotwendig ausschließt, dass der Vertreter gleichzeitig ein Amt ausübt.[232] **436**

Dies um so mehr, als der Insolvenzverwalter sich als gerichtlich eingesetzter Zwangsliquidator darstellt.

226 Vgl. dazu die ausführliche Darstellung bei *Hess/Obermüller* Die Rechtsstellung der Verfahrensbeteiligten nach der Insolvenzordnung, 1995.

227 *Enneccerus-Nipperdey* Allgemeiner Teil des Bürgerlichen Rechts, Bd. II , § 180 1a, e; *Jaeger/Henkel* KO, § 6 Rz. 11; *Bley* Die Haftung des Gemeinschuldners für Masseansprüche, ZZP 1941, 62, 111; *Lent* Zur Lehre von der Partei kraft Amtes, ZZP 1941, 62, 129.

228 *Karsten Schmidt* Der Konkursverwalter als Gesellschaftsorgan und als Repräsentant des Gemeinschuldners – Versuch einer Konkursverwaltertheorie für heute und morgen, KTS 1984, 345.

229 Vgl. *Böhle/Stamschräder/Kilger* VglO, § 57 Anm. 3b vgl. zu den sonstigen Theorien im Geltungsbereich der KO *Hess/Obermüller* Die Rechtsstellung der Verfahrensbeteiligten nach der Insolvenzordnung, Rz. 671 ff.

230 *Karsten Schmidt* Der Konkursverwalter als Gesellschaftsorgan und als Repräsentant des Gemeinschuldners – Versuch einer Konkursverwaltertheorie für heute und morgen, KTS 1984, 345, 358.

231 Vgl. auch die eingehende Diskussion bei *Hess/Obermüller* a.a.O. Rz. 671 ff.

232 Vgl. auch die eingehende Diskussion bei *Hess/Obermüller* a.a.O. Rz. 671 ff.

a) Schaffung neuer Verfahrensbeteiligter

437 Zum Teil hat der Gesetzgeber die Kodifikation der InsO zum Anlass genommen, neben dem Insolvenzverwalter neue Verfahrensbeteiligte zu schaffen, die zum Teil originäre Verwalteraufgaben ausführen.

438 So werden u.a. im Verbraucherinsolvenzverfahren die Aufgaben des Insolvenzverwalters von einem **Treuhänder** (§ 313 InsO) wahrgenommen, der das Verfahren unter vereinfachten Bedingungen abwickelt.[233]

439 Die Durchführung des Restschuldbefreiungsverfahrens nach §§ 287 ff. InsO obliegt ebenfalls einem Treuhänder, dessen Rechtsstellung mit der des Treuhänders im Verbraucherinsolvenzverfahren allerdings nicht zu vergleichen ist, da er nach Verfahrensbeendigung tätig wird und nur über einen Teil des Schuldnervermögens – die Lohnzessionen über einen Zeitraum von sechs Jahren – verfügen kann.[234]

440 Gibt das Gericht dem Antrag des Schuldners auf Eigenverwaltung statt, so hat diese unter der Aufsicht eines Sachwalters zu erfolgen, dem teilweise die Aufgaben des Insolvenzverwalters obliegen, ohne dass jedoch der Schuldner der Verwaltungs- und Verfügungsbefugnis enthoben wird (§ 270 ff. InsO).

2. Die Einsetzung des Insolvenzverwalters

441 Im Eröffnungsbeschluss hat das Insolvenzgericht den Insolvenzverwalter zu benennen, bei dem es sich um eine natürliche Person handeln muss (§§ 27, 56 InsO). Dies stellt der Gesetzgeber ausdrücklich klar, und beendet damit die im Vorfeld der Verabschiedung der InsO aufgeflammten Diskussionen zur „Verwalter-GmbH".[235]

---

233 Vgl. dazu *Pape* Zur Regelung der Insolvenz privater Verbraucher nach der Insolvenzordnung (InsO), Rpfleger 1995, 133; *Hess/Obermüller* Insolvenzplan, Restschuldbefreiung, Verbraucherinsolvenz; *Hess/Weis* Das Verbraucherinsolvenzverfahren nach der InsO, InVo 1996, 113.

234 Vgl. zur Restschuldbefreiung u.a. *Kraemer* Die Restschuldbefreiung im Spannungsfeld zwischen Steuerrecht und Insolvenzordnung (InsO), DStZ 1995, 399; *Arnold* Die Restschuldbefreiung nach der Insolvenzordnung von 1994, DGVZ 1996, 65; *Scholz* Verbraucherinsolvenz und Restschuldbefreiung nach der Insolvenzordnung (InsO) – Teil 1, FLF 1995, 88.

235 Vgl. dazu *Uhlenbruck* Die juristische Person als Insolvenzverwalter nach dem Entwurf einer Insolvenzordnung (InsO), AnwBl. 1993, 453, in dem sich der Autor auch mit der historischen Entwicklung des Verwalters, des Verwalter

Als notwendige Qualifikation nennt das Gesetz in § 56 InsO lediglich die Geschäftskunde des Verwalters, und stellt darüber hinaus keine weiteren Anforderungen. Wie bisher im Geltungsbereich der Konkursordnung kommen somit als Insolvenzverwalter in erster Linie Rechtsanwälte, Kaufleute, Wirtschaftsprüfer und Steuerberater in Betracht.[236] **442**

Dabei hat das Gericht im Geltungsbereich der Insolvenzordnung, in noch stärkerem Maße als bislang bei der KO, die Auswahl des Verwalters von den jeweiligen Erfordernissen des Einzelfalles abhängig zu machen. So wird insbesondere, wenn nach dem Gutachten im Eröffnungsverfahren feststeht, dass eine Sanierung gute Erfolgsaussichten verspricht, ein in diesem Bereich erfahrener Verwalter zu berufen sein. Entgegen der bisherigen Praxis, wonach in den meisten Fällen der Sequester auch zum Konkursverwalter eingesetzt wurde, kann sich in solchen Fällen für das Insolvenzgericht die Notwendigkeit ergeben, im Rahmen des eröffneten Verfahrens einen anderen Verwalter einzusetzen.[237] **443**

Das Verfahren zur Auswahl eines Verwalters durch das Insolvenzgericht unterliegt nach h.M.[238] keinem Rechtsmittel. **443a**

Der Insolvenzverwalter hat unabhängig von den Gläubigern und dem Schuldner zu sein. **444**

Beispiel 107

Unabhängigkeit des Verwalters

RA Arno R. hat den Schuldner im Vorfeld der Insolvenzantragstellung über die Möglichkeiten einer Sanierung beraten. Er ist daher mangels persönlicher Unabhängigkeit nicht zur Übernahme des Insolvenzverwalteramtes geeignet.

Dagegen ist es entgegen der Rechtspraxis einiger Gerichte unbedenklich, wenn das Gericht einen von den Gläubigern vorgeschlagenen Insolvenzverwalter bestellt, da die Gläubiger ohnehin in der ersten Gläubigerversammlung die Möglichkeit haben, den vom Gericht eingesetzten Verwalter abzuwählen.

---

amtes und der Rechtsentwicklung im Ausland auseinandersetzt; vgl. auch *Pape* Konkursverwalter mit beschränkter Haftung?, ZIP 1993, 737, der ebenfalls haftungsrechtliche Bedenken geltend macht; *Braun* Die Bedrohung der Konkurskultur durch Berufsgesellschaften mit beschränkter Haftung als Konkursverwalter, BB 1993, 2172.

236 Vgl. dazu *Hess/Weis/Wienberg* InsO, § 56 Rz. 14 ff.; *Kuhn/Uhlenbruck* KO, § 78 Rz. 2; *Pape* ZIP 1993, 737.

237 Vgl. zu der Auswahlentscheidung des Gerichts auch *Mönning* in Kölner Schrift zur Insolvenzordnung 1997, S. 275.

238 *OLG Düsseldorf* vom 24.06.1996 – 3 VA 14/95 – InVo 1996, 263; *OLG Karlsruhe* vom 16.12.1999 – 12 VA 5/99 – NZI 2000, 276. Siehe zur Kritik hierzu *Hess* Die Insolvenzverwalterbestellung – Grundrechtsrelevanz, Grundrechtsdefizite und Rechtsschutz in Festschrift für *Wilhelm Uhlenbruck* 2000 S. 453.

3. Abberufung des Verwalters

445 In der ersten Gläubigerversammlung können die Gläubiger wie bisher den vom Gericht bestellten Verwalter abwählen und stattdessen einen anderen Verwalter wählen (§§ 57, 59 InsO). Erforderlich für die Abwahl des eingesetzten Insolvenzverwalters ist die Summenmehrheit der Forderungen und die Kopfmehrheit der an der Abstimmung teilnehmenden Gläubiger.

446 Dem abgewählten Verwalter steht gegen die Entscheidung der Gläubigerversammlung kein Beschwerderecht zu. Diese bereits im Geltungsbereich der KO vertretene Auffassung[239] hat auch für die InsO Geltung, da gem. § 6 InsO nur in denjenigen Fällen eine sofortige Beschwerde statthaft ist, in denen das Gesetz diese ausdrücklich vorsieht, was im Fall des § 57 InsO nicht der Fall ist.

447 Den von den Gläubigern neu gewählten Insolvenzverwalter hat das Insolvenzgericht grundsätzlich zu bestellen. Eine Versagung der Bestellung ist nur dann möglich, wenn der gewählte Insolvenzverwalter ungeeignet ist.

448 Insofern übernimmt die InsO die bereits in § 15 Abs. 3 Satz 2 GesO realisierten Reformregelungen. Gleichzeitig stellt diese Regelung eine Stärkung der Gläubigerautonomie gegenüber dem Insolvenzgericht dar, da § 80 KO die Versagung der Ernennung in wesentlich größerem Umfang ermöglicht hatte.[240]

449 Mangelnde Eignung ist beispielsweise zu befürchten, wenn die Besorgnis besteht, dass der Gewählte die erforderliche Objektivität bei der Amtsführung vermissen lässt[241] und in den Fällen, in denen der Verwalter nicht die erforderliche Sachkunde besitzt.[242] Voraussetzung der Versagung ist in jedem Fall, dass die versagende Entscheidung des Gerichts einer objektiven Überprüfung zugänglich ist.[243]

450 Nach der ersten Gläubigerversammlung ist eine Abwahl durch die Gläubiger nicht mehr möglich. In diesem Fall kann das Gericht den Insolvenzverwalter bei Vorliegen eines wichtigen Grundes aber von Amts wegen oder auf Antrag des Gläubigerausschusses bzw. der Gläubigerversammlung entlassen (§ 59 Abs. 1 InsO). Der böse Schein einer Pflichtwidrigkeit reicht hierbei nicht aus (s.u.)

---

239 *Jäger/Weber* KO, § 80 Rz. 2; *Hess* KO, § 80 Rz. 6; *OLG Hamm* vom 19.06.1990 – 15 W 234/90 – ZIP 1990, 1145.

240 Vgl. § 80 S. 2 KO: "Das Gericht kann die Ernennung des Gewählten versagen".

241 *Hess/Binz/Wienberg* GesO, § 15 Rz 36.

242 Vgl. Begr. RegE zu § 57 InsO, abgedruckt bei *Balz/Landfermann* a.a.O.

243 Vgl. *Haarmeyer/Wutzke/Förster* GesO, § 15 Rz 27.

a) Die Abberufung von Amts wegen

Die Möglichkeit, den Verwalter von Amts wegen abzuberufen, war im Geltungsbereich der KO nicht vorgesehen. Dort hatte das Gericht lediglich die Möglichkeit, in bestimmten Fällen der Gläubigerversammlung die Entlassung des Verwalters vorzuschlagen und unter Umständen den Konkursverwalter vorläufig seines Amtes zu entheben.[244] **451**

Demgegenüber sieht auch § 8 Abs. 3 Satz 2 GesO vor, dass das Gericht den Gesamtvollstreckungsverwalter bei Vorliegen eines wichtigen Grundes abberufen und einen anderen Verwalter einsetzen kann. Zu § 8 Abs. 3 Satz 2 GesO hat sich, in den letzten Jahren eine vielfältige Rechtsprechung entwickelt, die bei der Auslegung des § 59 Abs. 1 InsO herangezogen werden kann. **452**

Ein wichtiger Grund ist u.a. in den Fällen anzunehmen, in denen der Insolvenzverwalter wegen fachlicher Mängel oder wegen Krankheit an der Durchführung des Verfahrens gehindert ist.[245] **453**

Beispiel 108

Abberufung

> Insolvenzrichter Werner W. weiß aus einem Paralellverfahren, dass der von den Gläubigern zum Insolvenzverwalter gewählte Karl T. seit kurzem an einer schweren unheilbaren Krankheit leidet, die er nur noch wenige Wochen überleben wird.

Das Gericht ist darüber hinaus auch dann zur Entlassung aus wichtigem Grund berechtigt, wenn der Verwalter eine schwere Pflichtverletzung begangen hat. Diese setzt grundsätzlich einen Nachweis voraus. Lediglich bei konkreten Verdachtsgründen für Verfehlungen schwerster Art, z.B. gegen die Masse gerichtete oder anlässlich der Verwaltung begangene Straftaten kann die Entlassung ausnahmsweise auch ohne die Führung des Nachweises ausgesprochen werden.[246] **454**

Beispiel 109

Entlassung

> Insolvenzverwalter Balduin P. hat sich von einem Großgläubiger erhebliche „Schweigegelder" dafür zahlen lassen, damit er Kungeleien mit dem Schuldner nicht an die Öffentlichkeit brachte.

---

244 Vgl. *Hess* KO, § 84 Rz. 12; *Kuhn/Uhlenbruck* § 84 Rz. 2.
245 Vgl. *Hess/Binz/Wienberg* GesO § 8 Rz. 34a; *Kuhn/Uhlenbruck* KO, § 84 Rz. 2; *Smid/Zeuner* GesO-Kommentar, § 8 Rz. 49.
246 *Hess/Binz/Wienberg* GesO, § 8 Rz. 34b ff.; *Haarmeyer/Wutzke/Förster* GesO, § 8 Rz. 105 ff.

b) Die Entlassung auf Antrag

455 Als Gründe für die Entlassung auf Antrag des Insolvenzverwalters kommen vor allem Krankheit, Zerstörung des Vertrauensverhältnisses zu den Gläubigern oder die nachträgliche Anordnung einer Sicherheitsleistung und deren Nichterfüllung in Betracht.[247]

456 Dagegen hat der Insolvenzverwalter keine Möglichkeit, sein Amt ohne Grund niederzulegen oder zu kündigen.[248]

457 Für den Entlassungsantrag des Gläubigerausschusses oder der Gläubigerversammlung bedarf es ebenfalls eines wichtigen Grundes (s.o.).

458 Das Gericht hat den Verwalter vor Entscheidung über die Entlassung anzuhören (§ 59 Abs. 1 Satz 3 InsO).

459 Der Verwalter kann sich gegen seine Entlassung mit der sofortigen Beschwerde wenden (§ 59 Abs. 2 InsO). Die sofortige Beschwerde steht bei Ablehnung eines Entlassungsantrages auch den Antragsteller, bzw. allen Gläubigern im Fall der Ablehnung des Entlassungsantrages der Gläubigerversammlung zu.

4. Die Haftung des Insolvenzverwalters

460 § 60 InsO normiert die Haftung des Insolvenzverwalters für schuldhafte Pflichtverletzungen in Anlehnung an § 82 KO. Wie bisher muss daher zwischen der internen Haftung des Verwalters gegenüber dem Schuldner und der externen Haftung gegenüber einzelnen Verfahrensbeteiligten differenziert werden.

461 Die **interne Haftung** des Insolvenzverwalters basiert auf dem durch die Verwalterbestellung begründeten Sonderrechtsverhältnis zwischen ihm und dem Schuldner als Träger der Masse. Dabei ist zu beachten, dass die Einzelgläubiger den Anspruch aus der internen Haftung gegenüber dem Schuldner als Träger der Insolvenzmasse grundsätzlich während der Dauer des Verfahrens nicht geltend machen können, sondern vielmehr zu diesem Zweck ein neu bestellter Insolvenzverwalter eingesetzt werden muss[249].

---

247 Vgl. *Hess* KO, § 84 Rz. 15; *Jäger/Weber* KO, § 84 Rz. 6.
248 Vgl. *Hess* KO, § 84 Rz. 15; *Kuhn/Uhlenbruck* KO, § 84 Rz. 4.
249 Vgl. *Hess/Obermüller*, Die Rechtsstellung der Verfahrensbeteiligten nach Insolvenzordnung, Rz. 808 ff.

Beispiel 110

Haftungsgründe

> Der Insolvenzverwalter erkennt tatsächlich nicht bestehende Forderungen an und schmälert dadurch die Masse.
>
> Er versäumt es:
>
> - einen massezugehörigen Gegenstand zur Masse zu ziehen,
> - unberechtigte Forderungen zu bestreiten,
> - massenzugehörige Gegenstände sorgfältig zu verwahren,
> - seiner Rechnungslegungspflichten nachzukommen,
> - ein fehlerfreies Schlussverzeichnis vorzulegen,
> - mögliche Interessenkollisionen anzuzeigen,
> - eingehende Steuerbescheide zu prüfen,
> - Eingriffe in Dritteigentum zu unterlassen,
> - seinen Melde- und Bescheinigungspflichten nachzukommen (z.B. nach § 314 SGB III).
>
> Die Nichterfüllung von Masseverbindlichkeiten durch den Insolvenzverwalter ist in § 61 InsO gesondert geregelt worden.

Demgegenüber umfasst § 60 Abs. 1 InsO die Haftung des Insolvenzverwalters wegen der Verletzung insolvenzspezifischer Pflichten. Diese Pflichten ergeben sich unmittelbar aus der Insolvenzordnung. **462**

Beispiel 111

Pflichten

> Der Insolvenzverwalter veräußert einen mit Absonderungsrechten belasteten Gegenstand und zieht den Erlös zur Masse, anstelle ihn an den Gläubiger auszukehren.
>
> Der Insolvenzverwalter füttert die massezugehörigen Rassehunde nicht, dadurch gehen sie ein. Die Hunde hätten bei Liebhabern Höchstpreise erzielt.

Von der Haftung nach § 60 InsO abzugrenzen ist die allgemeine Schadensersatzpflicht, z.B. nach §§ 823, 826 BGB. **463**

Als Verschuldensmaßstab normiert § 60 Abs. 1 InsO die Sorgfalt eines ordentlichen und gewissenhaften Insolvenzverwalters. Bei der Prüfung der Verschuldensfrage ist somit insbesondere die Ausgangssituation des Insolvenzverwalters bei der Übernahme eines bankrotten Betriebes mit zu berücksichtigen. **464**

Hinsichtlich des Verschuldens reicht, wie bislang im Geltungsbereich des § 82 KO, bereits einfache Fahrlässigkeit, d.h. die Außerachtlassung der im Verkehr erforderlichen Sorgfalt aus. **465**

Nach § 60 Abs. 2 InsO ist die Haftung des Insolvenzverwalters für ein Verschulden Dritter bei Heranziehung von Angestellten des Schuldners beschränkt. Danach haftet der Verwalter, der Angestellte des Schuldners im Rahmen der bisherigen Tätigkeit einsetzt, nur dann nach § 278 BGB, wenn diese Angestellten offensichtlich ungeeignet sind. **466**

Beispiel 112

Haftungsgrund

Dem Insolvenzverwalter ist bekannt, dass der beim Schuldner angestellte Buchhalter bereits zweimal wegen Untreue verurteilt wurde.

467 In den übrigen Fällen ist er lediglich für deren Überwachung und für Entscheidungen von besonderer Bedeutung verantwortlich. Eine Weiterbeschäftigung der Angestellten des Schuldners ist häufig bereits deshalb notwendig, weil der Insolvenzverwalter bei der Amtsübernahme die tatsächlichen rechtlichen und wirtschaftlichen Verhältnisse des Schuldners nicht kennt und z.B. bei der Erfüllung der Buchführungs- und Rechnungslegungspflichten auf diese Angestellten zurückgreifen muss[250].

468 Ansprüche der Insolvenzgläubiger auf Ersatz eines Gesamtschadens, den der Insolvenzverwalter schuldhaft verursacht hat, können nach § 92 Abs. 2 InsO nur von einem neu bestellten Insolvenzverwalter geltend gemacht werden.

5. Die Vergütung des Insolvenzverwalters

469 Die allgemeine Vergütung des Insolvenzverwalters erfolgt nach §§ 63, 64 InsO nach den in der InsVV niedergelegten Grundsätzen. Die Vergütung und die zu erstattenden Auslagen sind seitens des Insolvenzgerichts durch Beschluss festzusetzen. Insoweit ergeben sich keine Neuerungen gegenüber der früheren Rechtslage.

469a Eine Neuregelung enthält demgegenüber § 63 Abs. 2 InsO, wonach der Insolvenzverwalter in den Fällen, in denen einem Schuldner die Verfahrenskosten nach § 4a InsO gestundet wurden, seinen Vergütungsanspruch als Sekundäranspruch gegenüber der Staatskasse geltend machen kann, wenn das Vermögen des Schuldners bzw. die Insolvenzmasse nicht ausreichend ist, um seine Vergütung abzudecken.

470 Daneben kann der Rechtsanwalt, in seiner Eigenschaft als Insolvenzverwalter wie bisher anwaltlich für die Masse tätig werden und dies besonders in Rechnung stellen. Der Vergütungsanspruch des Rechtsanwalts – Insolvenzverwalters richtet sich insoweit nach der Bundesrechtsanwaltsgebührenordnung (BRAGO).

250 Begr. RegE zu § 60 InsO, abgedruckt bei *Balz/Landfermann* a.a.O.

II. Die Einzelbefugnisse des Verwalters

1. Verwaltungs- und Verfügungsmacht des Verwalters (§ 80 InsO)

Wie bereits dargestellt geht durch die Eröffnung des Insolvenzverfahrens das Recht des Schuldners, das zur Insolvenzmasse gehörige Vermögen zu verwalten und über es zu verfügen, auf den Insolvenzverwalter über, der das gesamte zur Insolvenzmasse gehörende Vermögen kurzfristig in Besitz und Verwaltung zu nehmen hat (§§ 80 Abs. 1, 148 InsO). 471

a) Allgemeines

Zur Verwirklichung des Prinzips der Gläubigergleichbehandlung ist es erforderlich, dass dem Schuldner die Möglichkeit genommen wird, masseschädigende Verfügungen über das Massevermögen vorzunehmen. Um eine Sicherung des den Gläubigern als Haftungsmasse zugewiesenen Schuldnervermögens zu gewährleisten, wird deshalb dem Schuldner mit der Eröffnung des Insolvenzverfahrens die Befugnis genommen, sein zur Insolvenzmasse gehöriges Vermögen zu verwalten und darüber zu verfügen. Dieses Recht wird auf den Insolvenzverwalter zur ausschließlichen Wahrnehmung übertragen. 472

Der Insolvenzverwalter erlangt die Verfügungsbefugnis über das Vermögen des Schuldners in dem Umfang und dem Zustand, den es zum Zeitpunkt der Eröffnung des Insolvenzverfahrens hat.[251] Bereits bestehende Belastungen und Beschränkungen der Massegegenstände sind daher von dem Insolvenzverwalter zu beachten. Vor Verfahrenseröffnung getroffene Abreden des Schuldners mit Dritten, die hinsichtlich der genannten Verpflichtungen eine Leistung des Insolvenzverwalters konstituieren sollen, sind unwirksam. 473

Aus der Verwaltungs- und Verfügungsbefugnis des Insolvenzverwalters (§ 80 Abs. 1 InsO) folgt unmittelbar auch das Freigaberecht des Insolvenzverwalters, d.h. er ist berechtigt, unverwertbare und bis zu ihrem erzielbaren Wert belastete Gegenstände aus der Insolvenzmasse freizugeben.[252] Dieses Recht darf der Insolvenzverwalter nach freiem Ermessen ausüben. 474

---

251 *BGH* vom 27.05.1971 – VII ZR 85/69 – NJW 1970, 1750.
252 *BGH* vom 29.05.1961 – VII ZR 46/60 – WM 1961, 747.

475 Mit der Freigabe kann sich der Insolvenzverwalter den ggf. bestehenden öffentlich-rechtlichen Pflichten im Hinblick auf die Insolvenzmasse entziehen. Eine behördliche Anordnung (z.B. zur Reinhaltung von Gewässern) gegen den Insolvenzverwalter ist nicht mehr zulässig, wenn dieser die von der Anordnung betroffenen Gegenstände (z.B. Grundstücke) wirksam aus der Insolvenzmasse freigegeben hat.

Beispiel 113

Verwaltungsmacht des Verwalters

RA Tamilo Z. hat für den Schuldner eine Forderung gerichtlich geltend gemacht. Einige Zeit später wird über das Vermögen seines Mandanten das Insolvenzverfahren eröffnet und Pauline D. zur Insolvenzverwalterin bestellt. Pauline D verlangt von RA Z. die Handakten heraus. Zu Recht?

Aus der Verwaltungs- und Verfügungsbefugnis des Verwalters ergibt sich auch, dass er gegen den vom Schuldner beauftragten Rechtsanwalt einen Anspruch auf Herausgabe der die anwaltliche Tätigkeit für den Schuldner betreffenden Akten besitzt. Dieser Anspruch richtet sich nach § 667 BGB i.V.m. § 50 BRAGO; der Anspruch auf Einsichtnahme in diese Akten richtet sich nach § 666 BGB.[253] Auf den Anwaltsvertrag, einen auf Geschäftsbesorgung gerichteten Dienstvertrag (§§ 675, 611 BGB), finden die §§ 666, 667 BGB Anwendung. Dementsprechend ist der Rechtsanwalt verpflichtet, dem Auftraggeber alles, was er zur Ausführung des Auftrages erhält und was er aus der Geschäftsbesorgung erlangt, herauszugeben (§ 667 BGB). Dieser Anspruch wird regelmäßig mit der Ausführung des einzelnen Auftrages oder spätestens mit der Beendigung des Auftragsverhältnisses fällig. Zu den nach § 667 BGB herauszugebenden Unterlagen gehören auch die Handakten des Rechtsanwalts.

476 Für die Durchführung von Masserechtsstreiten ist dem Insolvenzverwalter unter den Voraussetzungen des § 116 ZPO Prozesskostenhilfe zu gewähren.

477 Dem Insolvenzverwalter kann Prozesskostenhilfe bewilligt werden, wenn die für die Prozessführung erforderlichen Mittel weder aus der Insolvenzmasse noch von den wirtschaftlich Beteiligten aufgebracht werden können. Dabei darf dem Insolvenzverwalter Prozesskostenhilfe nicht mit der Begründung verweigert werden, Arbeitnehmer könnten wegen ihrer Forderungen aufgrund des Sozialplanes oder die Bundesanstalt für Arbeit müsse wegen übergegangener Lohnansprüche nach Gewährung von Insolvenzgeld die Prozesskosten aufbringen.[254]

Beispiel 114

PKH für Anfechtungsanspruch

Im Insolvenzverfahren über das Vermögen des Gerold F. hat der Insolvenzverwalter Prozesskostenhilfe zur Geltendmachung eines Anfechtungsanspruches beantragt. Das Insolvenzgericht weist den Antrag mit der

253 *BGH* vom 30.11.1989 – III ZR 112/88 – WM 1990, 121.
254 *BGH* vom 27.09.1990 – IX ZR 250/89 – WM 1990, 2054.

Begründung zurück, die Bundesanstalt für Arbeit könne einen Kostenvorschuss erbringen.

Zuzumuten sind Vorschüsse auf die Prozesskosten des Insolvenzverwalters nur solchen Beteiligten, welche die erforderlichen Mittel unschwer aufbringen können und deren zu erwartender Nutzen bei vernünftiger, auch das Eigeninteresse sowie das Prozessrisiko angemessen berücksichtigender Betrachtungsweise, bei einem Erfolg der Rechtsverfolgung voraussichtlich deutlich größer sein wird.

Der Bundesanstalt für Arbeit und den Sozialversicherungsträgern ist es nicht zuzumuten, Prozesskostenvorschüsse für den Insolvenzverwalter zu leisten, da in den Etats dieser Organisationen keine Haushaltsmittel für Prozesskostenvorschüsse vorgesehen sind und eine Bereitstellung solcher Mittel auch nicht zumutbar ist, weil diese Stellen nicht in eigenem Interesse handeln, sondern im Interesse von sozial schwächeren Gläubigern zweckgebundene öffentliche Mittel verwalten.[255] Im Regelfall wird auch dem Steuerfiskus kein Prozesskostenvorschuss zugemutet werden können.[256]

Beispiel 115

Verwalter als Rechtsanwalt

Insolvenzverwalter Dieter U., der gleichzeitig als Rechtsanwalt zugelassen ist, macht in dieser Eigenschaft einen Anspruch gegen den Gesellschafter Lars T. der insolventen GmbH beim LG Karlsruhe geltend. In der Gläubigerversammlung protestiert Lars T. hiergegen mit der Begründung, die Beauftragung als Rechtsanwalt stelle ein verbotenes Insichgeschäft im Sinne des § 181 BGB dar.

Auf Rechtsgeschäfte, die der Insolvenzverwalter mit sich selbst abschließt, findet § 181 BGB grundsätzlich entsprechende Anwendung, da er einen allgemeinen Rechtsgedanken enthält. Das Selbstkontrahieren des Insolvenzverwalters kann auch weder von dem Schuldner (wegen § 80 Abs. 1 InsO) noch von der Gläubigerversammlung oder dem Gläubigerausschuss genehmigt werden. Für ein rechtswirksames Rechtsgeschäft zwischen Schuldner und Verwalter bedarf es vielmehr der Einsetzung eines Sonderverwalters.[257]

Dies betrifft aber nicht die anwaltliche Tätigkeit des Insolvenzverwalters zugunsten der Masse. Soweit der Insolvenzverwalter als Rechtsanwalt für die Masse tätig wird, bedarf es zum Erwerb des Honoraranspruches kei-

255 *BGH* vom 27.09.1990 – IX ZR 250/89 – WM 1990, 2054; vom 08.10.1992 – VII ZB 3/92 – ZIP 1992, 1644; *OLG Celle* vom 13.03.1991 – 22 W 12/91 – ZIP 1991, 600; *OLG Köln* vom 08.11.1991 – 1 W 73/91 – ZIP 1991, 1603.

256 *BGH* vom 20.09.1994 – X ZR 20/93 – ZIP 1995, 660; *BGH* vom 16.08.1998 – II ZB 19/97 – ZIP 1998, 792; enger *OLG Celle* vom 16.03.1999 – 4 W 90/99 – ZInsO 1999, 231.

257 *BGH* vom 09.12.1968 – II ZR 57/67 – *BGHZ* 51, 215; *OLG Frankfurt* vom 02.03.1976 – 20 W 799/75 – BB 1976, 570.

nes Vertrages, so dass das Verbot des Insichgeschäfts nicht eingreift. Der eventuelle Honoraranspruch entsteht nicht aufgrund eines Vertrages, sondern in der Form eines Aufwendungsersatzanspruches analog §§ 1915, 1835 Abs. 2 BGB. Die Höhe der anwaltlichen Vergütung bestimmt sich demgegenüber nach BRAGO.

478 Die Befugnisse und Obliegenheiten des Insolvenzverwalters werden bestimmt von dem Liquidations- und Befriedigungszweck des Insolvenzverfahrens. Dieser ist zu allen Maßnahmen berechtigt und verpflichtet, die zur Erreichung des Zwecks dienen und geeignet sind.

479 Daher entfalten Rechtshandlungen des Insolvenzverwalters, die im Hinblick auf den Insolvenzzweck nicht nur unzweckmäßig sind, sondern wegen Überschreitung der Sachkompetenz offensichtlich insolvenzzweckwidrig, gegenüber dem Schuldner bzw. der Insolvenzmasse keine rechtlichen Wirkungen.[258] Die Abgrenzung begegnet im Einzelfall Schwierigkeiten. Am sichersten wird sich die Insolvenzzweckwidrigkeit an einer Schenkung des Insolvenzverwalters aus der Masse oder einer Anerkennung nicht bestehender Aus- und Absonderungsrechte feststellen lassen.

480 Unzweckmäßige, aber nicht offensichtlich insolvenzzweckwidrige Handlungen sind für die Masse verbindlich, jedoch kann in dem Fall des schuldhaft unzweckmäßigen und sachwidrigen Verwalterhandelns ein Schadensersatzanspruch gegen den Insolvenzverwalter begründet sein.

2. Prozessführungsbefugnis des Verwalters für Aktivrechtsstreite (§ 85 InsO)

481 Der Insolvenzverwalter ist berechtigt, Rechtsstreitigkeiten über das zur Insolvenzmasse gehörende Vermögen, die durch die Verfahrenseröffnung unterbrochen wurden, nach § 85 InsO wieder aufzunehmen.

a) Grundsatz

482 Um dem Schuldner jegliche Einwirkungsmöglichkeit auf die bereits anhängigen Rechtsstreite zu entziehen, werden nach § 240 ZPO Rechtsstreite, welche die Insolvenzmasse betreffen, unterbrochen, bis sie nach

258 *BGH* vom 03.02.1971 – VIII ZR 94/69 – NJW 1971, 701; vom 11.10.1974 – V ZR 231/73 – NJW 1974, 2279.

den für das Insolvenzverfahren geltenden Bestimmungen aufgenommen werden oder aber das Insolvenzverfahren aufgehoben worden ist. Durch die Unterbrechung der anhängigen Verfahren soll dem Insolvenzverwalter zudem die Möglichkeit eröffnet werden, zu prüfen, ob eine Aufnahme des Rechtsstreits zugunsten der Gläubiger sinnvoll ist.

b) Umfang der Unterbrechungswirkung

Bei dem anhängigen Verfahren muss es sich um einen Rechtsstreit über einen massezugehörigen Gegenstand handeln, sei es, dass ein der Masse zustehendes Recht geltend gemacht wird, sei es, dass die Masse in Anspruch genommen wird; auch Aussonderungsklagen betreffen die Sollmasse. Weder die Klageart noch die Parteirolle des Schuldners ist entscheidend.[259] **483**

Unterbrochen werden: **484**

- Klageverfahren,
- Arrest- oder einstweilige Verfügungsverfahren,
- Kostenfestsetzungsverfahren,
- Beschwerdeverfahren.

Beispiel 116

Scheidung des Schuldners

Zwischen dem Franz U. und seiner Ehefrau ist ein Scheidungsverfahren anhängig. Kurze Zeit später wird ein Insolvenzverfahren über das Vermögen des Franz U. eröffnet. In diesem Fall hat die Eröffnung des Insolvenzverfahren keinerlei Auswirkungen auf das anhängige Scheidungsverfahren, da es sich um einen Anspruch nichtvermögensrechtlicher Art handelt und hiervon kein Massegegenstand unmittelbar tangiert wird. Hierfür ist es auch ohne Einfluss, dass mittelbar durch eine Scheidung auch das Vermögen des Schuldners (z.B. durch Unterhaltsansprüche) berührt wird.

Franz U. macht gegenüber seiner geschiedenen Ehefrau einen Zugewinnausgleichsanspruch geltend. Dieser Rechtsstreit wird unterbrochen, da er die Masse – hierzu gehört auch ein gerichtlich geltend gemachter Anspruch auf Zugewinnausgleich – betrifft.

Entscheidend ist für die Frage der Unterbrechung allein, ob in dem fraglichen Verfahren der Schuldner auf Leistung aufgrund eines zur Masse gehörigen Anspruchs klagt bzw. wegen einer Forderung verklagt wird, die sich als Masseforderung oder als Insolvenzforderung darstellt, oder ob Schuldner oder Gegner die Feststellung eines Rechts begehren, das zur Masse gehört oder nicht gehören soll.[260] **485**

259 *RG* vom 06.01.1932 – I 295/30 – *RGZ* 134, 379.
260 *BGH* vom 21.10.1965 – I a ZR 144/63 – NJW 1966, 51.

486 Nicht unterbrochen werden dagegen Rechtsstreite, die mit der Vermögenssphäre des Schuldners in keinem Zusammenhang stehen, beispielsweise Prozesse auf Unterlassung ehrenrühriger Behauptungen oder familienrechtliche Verfahren.

487 Verfahren der freiwilligen Gerichtsbarkeit werden durch eine Verfahrenseröffnung zwar nicht unterbrochen, es kann jedoch im Einzelfall die Aussetzung des Rechtsstreits gerechtfertigt sein.

488 Auch Beweissicherungsverfahren (§§ 485 ff. ZPO) werden durch die Insolvenzeröffnung nicht unterbrochen, da sie nicht die Geltendmachung eigenständiger vermögensrechtlicher Ansprüche, sondern vielmehr die Sicherung von Beweisen zur Vorbereitung einer späteren Leistungs- oder Feststellungsklage zum Gegenstand haben.

489 Unterbrochen werden demgegenüber die Verfahren auf vorbeugenden Rechtsschutz, der Grundbuchberichtigungsanspruch (§ 894 BGB), der Herausgabeanspruch des Eigentümers (§ 985 BGB), des besser berechtigten Besitzers (§ 1007 BGB), der Ansprüche auf Wiedereinräumung des Besitzes (§ 861 BGB), die Unterlassungs- und die Beseitigungsansprüchen, da es für die Frage der Unterbrechung unerheblich ist, ob sich die Klage gegen den Schuldner auf Unterlassung einer tatsächlichen Störung richtet oder ob ein absolutes Recht geschützt werden soll, was einer Aussonderung entspricht. In allen Fällen muss dem Insolvenzverwalter die Möglichkeit eingeräumt werden, zu prüfen, ob ein Masserecht betroffen ist, ob er die gerügte angebliche Störung durch den Schuldner aufrechterhält oder Abhilfe schafft.

Beispiel 117

Mahnverfahren

Am 04.05. beantragt Ina K. einen Mahnbescheid gegenüber Sabine W. Am 07.05., noch vor Zustellung des Mahnbescheids wird das Insolvenzverfahren über das Vermögen von Sabine W. eröffnet. Tritt eine Unterbrechungswirkung ein?

Mahnverfahren werden nur dann unterbrochen, wenn bereits eine Zustellung des Mahnbescheids erfolgt ist. Im vorliegenden Fall ist mangels Zustellung noch kein Verfahren rechtshängig, so dass eine Unterbrechungswirkung nicht eintritt. Wäre der Mahnbescheid im Zeitpunkt der Eröffnung des Insolvenzverfahrens dagegen schon zugestellt gewesen, so hätte zwar ebenfalls noch keine Rechtshängigkeit vorgelegen, § 240 ZPO ist jedoch auf diesen Fall analog anwendbar.

490 Soweit ein Verletzter im Rahmen eines anhängigen Strafverfahrens einen zivilrechtlichen Schadensersatzanspruch geltend macht und dann über sein Vermögen das Insolvenzverfahren eröffnet wird, wird die Fortsetzung des Strafprozesses nicht unterbrochen. Das Strafgericht darf jedoch über die Entschädigung nicht verhandeln und nicht entscheiden (§ 405 Satz 2 StPO).

Nicht unterbrochen wird das schiedsgerichtliche Verfahren[261], da es sich nicht um einen Zivilrechtsstreit handelt. Unterbrochen werden jedoch die gerichtlichen Rechtsstreite in Bezug auf die Insolvenzmasse, die durch ein schiedsrichterliches Verfahren veranlasst werden, Antrag auf Ernennung eines Schiedsrichters, Aufhebung eines Schiedsspruches, Antrag auf Vollstreckbarkeitserklärung eines Schiedsspruchs. 491

Beispiel 118

Keine Unterbrechung durch PKH-Antrag

Renate T. beabsichtigt gegen Niklas Q. Zahlungsklage zu erheben. Da sie nicht zur Zahlung der Prozesskosten in der Lage ist, reicht sie zunächst einen Antrag auf Gewährung von Prozesskostenhilfe nebst Klageentwurf beim zuständigen AG ein. Noch vor Bescheidung des Prozesskostenhilfeantrages wird ein Verbraucherinsolvenzverfahren über das Vermögen der Renate T. eröffnet. Tritt eine Unterbrechung des Antragsverfahrens ein?

§ 240 ZPO ist im Prozesskostenhilfeverfahren nicht anwendbar[262], da es sich nur um ein vorgeschaltetes Verfahren handelt, das die Masse noch nicht betrifft.

Die Verfahren vor den Verwaltungsgerichten, den Finanz- und Sozialgerichten und den Arbeitsgerichten werden nach Maßgabe der § 173 VwGO, § 155 FGO, § 202 SGG, § 240 ZPO, § 46 Abs. 2 ArbGG unterbrochen. 492

Beispiel 119

Unterbrechung von Arbeitsgerichtsverfahren

Über das Vermögen des Arbeitgebers T-KG wurde das Insolvenzverfahren eröffnet. Zum Zeitpunkt der Verfahrenseröffnung sind auf Abfindungen gerichtete Klagen von früheren Arbeitnehmern beim Arbeitsgericht anhängig, die unterbrochen werden.

Bei einem teilbaren Streitgegenstand ist die Frage der Unterbrechung differenziert zu behandeln. Sind bei einem Rechtsstreit mehrere Ansprüche in objektiver Klagehäufung anhängig, bei denen ein Teil der Ansprüche die Insolvenzmasse und ein Teil der Ansprüche das insolvenzfreie Vermögen des Schuldners betrifft, wird der Rechtsstreit nur hinsichtlich des massebezogenen Streitgegenstandes unterbrochen. 493

Spaltet sich ein einheitlicher Anspruch auf, wird dagegen der Prozess im Ganzen unterbrochen[263], da eine Aufteilung in einen massebezogenen und einen insolvenzfreien Teil in diesen Fällen nicht möglich ist. 494

Für die Verfahrensunterbrechung ist erforderlich, dass der Partei in dem fraglichen Rechtsstreit ist, eine Stellung als Nebenintervenient oder Bevollmächtigter reicht demgegenüber nicht aus. Die Unterbrechung eines Verfahrens hat auch keine Auswirkungen auf den Fortgang des Prozesses eines nicht streitgenössigen Nebenintervenienten. Durch die Insolvenz 495

261 *BGH* vom 21.11.1966 – VII ZR 177/65 – WM 1967, 56.
262 *BGH* vom 23.03.1966 – I b ZR 103/64 – NJW 1966, 1126.
263 *BGH* vom 21.10.1965 – I a ZR 144/63 – NJW 1966, 51.

eines notwendigen Streitgenossen wird der Rechtsstreit dagegen hinsichtlich aller Streitgenossen unterbrochen. So zum Beispiel wenn seitens der Erbengemeinschaft, bestehend aus Alfred, Balthasar und Claudia, ein Herausgabeanspruch bzgl. eines Nachlassgegenstandes gegenüber einem Dritten anhängig ist und über das Vermögen des Balthasar das Insolvenzverfahren eröffnet wird.

496 Die Eröffnung des Insolvenzverfahrens über das Vermögen einer Partei, kraft Amtes, wie beim Testamentsvollstrecker oder Nachlassverwalter, unterbricht nicht die Rechtsstreite bzgl. der Gegenstände des verwalteten Vermögens, da es sich um zwei unterschiedliche Vermögensmassen handelt.

c) Eintritt der Unterbrechung

497 Die Wirkung der Unterbrechung bestimmt sich nach § 249 ZPO, dementsprechend hört der Lauf einer jeden Frist (Einlassungs-, Äußerungs-, Klageerwiderungs-, Klagebegründungs- und Rechtsmittelfristen) auf. Nach Beendigung der Unterbrechung beginnt die volle Frist von neuem zu laufen.

498 Die Verfahrensunterbrechung tritt unabhängig davon ein, ob die insolvente Partei durch einen Prozessbevollmächtigten vertreten war, da dessen Vollmacht erlischt.

499 Prozesshandlungen des Gerichts oder der Parteien sind gem. § 249 Abs. 2 ZPO während der Dauer der Unterbrechung ohne jede Wirkung, allerdings nicht nichtig. Eine gem. § 249 Abs. 2 ZPO unwirksame Prozesshandlung ist aber nach § 295 ZPO heilbar.[264] Auch ein Urteil, das aufgrund einer mündlichen Verhandlung nach Verfahrensunterbrechung ergangen ist, ist fehlerhaft und anfechtbar und kann sowohl vom Insolvenzverwalter als auch vom Schuldner angefochten werden.

500 Nach der Aufhebung des Verfahrens infolge der Schlussverteilung, Einstellung des Verfahrens oder Aufhebung des Insolvenzeröffnungsbeschlusses im Beschwerdeverfahren entfällt die Unterbrechungswirkung mit dem Erlass des Aufhebungs- bzw. Einstellungsbeschlusses, nicht erst mit der formellen Rechtskraft[265], da für die Ermittlung des Zeitpunktes, in dem die Unterbrechung ihr Ende gefunden hat, der Tag maßgeblich ist, an dem die in §§ 208 Abs. 2, 214 Abs. 1, 215 Abs. 1 InsO vorgeschriebene Bekanntmachung der Einstellung des Insolvenzverfahrens gem. § 9 Abs. 1 Satz 3 InsO als bewirkt gilt.[266]

264 *BGH* vom 08.04.1965 – II ZR 197/62 – KTS 1965, 220.
265 *BGH* vom 13.01.1975 – VII ZR 220/73 – *BGHZ* 64, 1.
266 *BGH* vom 13.01.1975 a.a.O.

d) Aufnahme von Rechtsstreiten

Aktivprozesse kann nach § 85 InsO nur der Insolvenzverwalter aufnehmen. Die Aufnahme erfolgt durch Einreichung eines entsprechenden Schriftsatzes (§ 250 ZPO). 501

Beispiel 120

Aufnahme von Rechtsstreiten

Gläubiger Armin J. hat gegen die F-GmbH, deren Alleingesellschafterin Margarete T. ist, eine Zahlungsklage eingereicht. Da T. eine persönliche Inanspruchnahme im Fall der Klageabweisung befürchtet, hat sie die Forderung zu Lasten der Gesellschaft in vollem Umfang anerkannt. Nachdem über das Vermögen der F-GmbH das Insolvenzverfahren eröffnet wurde, fragt sich der Insolvenzverwalter, ob er dieses fraudulöse Anerkenntnis gegen sich wirken lassen muss.

Durch die Aufnahme wird der Rechtsstreit gem. § 85 Abs. 1 InsO in der Lage aufgenommen, in der er sich befindet.[267] Alle Rechtshandlungen, die vom späteren Schuldner vorgenommen worden sind, muss der Verwalter daher gegen sich gelten lassen, auch wenn sie eine Verfügung über den Streitgegenstand, wie Anerkenntnis oder Verzicht, enthalten; eine Ausnahme gilt nur für Handlungen, die nach §§ 129 ff. InsO anfechtbar sind.[268]

Die Aufnahme eines zwischen den Instanzen unterbrochenen Rechtsstreits erfolgt direkt beim Obergericht und muss nicht erst beim Untergericht erfolgen,[269] da es eine reine Formalität darstellen würde, wenn zunächst ein Aufnahmeschriftsatz an das Untergericht vorausgehen müsste.[270] 502

Unterliegt der Insolvenzverwalter in dem von ihm aufgenommenen Prozess, so fallen die gesamten Kosten des Rechtsstreits, auch die vor der Aufnahme entstandenen Kosten als Masseverbindlichkeit an. Dies folgt aus dem Grundsatz der Kosteneinheit (§ 91 ZPO).[271] 503

e) Verzögerung oder Ablehnung der Aufnahme

Der Insolvenzverwalter kann, wenn er die Aufnahme des Rechtsstreits verzögert, indem er ihn trotz einer angemessenen Frist ohne Entschuldigungsgrund nicht aufnimmt, gem. § 239 Abs. 2 ZPO zur Aufnahme oder zur mündlichen Verhandlung geladen werden. 504

267 *BGH* vom 05.12.1985 – VII ZR 284/83 – WM 1986, 295.
268 *Kuhn/Uhlenbruck* KO, § 10 Rz. 5.
269 *BGH* vom 08.01.1962 – VII ZR 65/61 – NJW 1962, 589.
270 *Kuhn/Uhlenbruck* KO, § 10 Rz. 4a.
271 *Kuhn/Uhlenbruck* KO, § 59 Rz. 5a m.w.N.

Ordnet das Gericht in dem aufgenommenen Verfahren eine Güteverhandlung an, hat der Insolvenzverwalter als Partei selbst zu erscheinen, auch wenn er sich von einem Rechtsanwalt vertreten lässt.

505 Bestreitet der Insolvenzverwalter die Aufnahmepflicht, z.B. mit der Begründung, es sei insolvenzfreies Vermögen betroffen, so ist insoweit durch ein selbstständig anfechtbares Zwischenurteil zu entscheiden.

506 Dem Insolvenzverwalter steht es darüber hinaus innerhalb des ihm zustehenden pflichtgemäßen Ermessen frei, die Aufnahme des Rechtsstreits abzulehnen (§ 85 Abs. 2 InsO). Diese Erklärung des Insolvenzverwalters ist formfrei[272] und hat gegenüber dem Schuldner zu erfolgen.

507 Durch die Ablehnung der Aufnahme wird die Freigabe des streitbefangenen Gegenstandes bewirkt, da der Insolvenzverwalter mit der Freigabe zu erkennen gibt, dass er den streitbefangenen Gegenstand nicht für die Masse in Anspruch nimmt, sondern dem Schuldner zur freien Verfügung belassen will.

508 Nach § 85 Abs. 2 InsO kann der Rechtsstreit nach Ablehnung durch den Insolvenzverwalter sowohl vom Schuldner als auch vom Prozessgegner aufgenommen werden; der fortgesetzte Prozess wird durch das laufende Insolvenzverfahren nicht berührt. Auch fallen die Prozesskosten unabhängig vom Zeitpunkt ihrer Entstehung nicht mehr der Masse zur Last.

3. Prozessführungsbefugnis des Verwalters bei Passivprozessen (§ 86 InsO)

509 Sind Ansprüche Gegenstand eines gegen den Schuldner gerichteten Rechtsstreits, die auf eine Schmälerung der Teilungsmasse abzielen, weil sie in der Insolvenz die Eigenschaft von Aus- und Absonderungsrechten haben oder Masseverbindlichkeiten betreffen, greift § 86 InsO ein. Diese nach § 240 ZPO ebenfalls unterbrochenen Verfahren können sowohl von dem Insolvenzverwalter als auch von dem Prozessgegner aufgenommen werden. Damit unterscheiden sie sich von Rechtsstreiten, welche Insolvenzforderungen betreffen. Diese Aussprüche müssen von den Gläubigern zunächst zur Tabelle angemeldet werden. Erst wenn der Verwalter bestreitet, kann ein unterbrochener Rechtsstreit nach §§ 179, 180 InsO aufgenommen werden (s.u.)

272 *BGH* vom 21.10.1965 – Ia ZR 144/63 – NJW 1966, 51; vom 27.11.1968 – VIII ZR 204/66 – WM 1969, 97.

Beispiel 121

Aufnahme des unterbrochenen Passivprozesses

> Nachdem die Schuldnerin L-GmbH ihren vertraglichen Verpflichtungen nicht nachgekommen ist, verklagt die D-KG sie auf Herausgabe der unter Eigentumsvorbehalt gelieferten Stereoanlagen. Durch die Eröffnung des Insolvenzverfahrens über das Vermögen der L-GmbH wird das Verfahren unterbrochen und kann vom Insolvenzverwalter und der D-KG, wenn der Verwalter ebenfalls die Herausgabe verweigert, aufgenommen werden.

510 Ob ein Rechtsstreit gegen den Schuldner anhängig ist, entscheidet sich in der Regel, aber nicht zwingend nach der Parteirolle.[273]

511 Auf Aussonderung gerichtet sind beispielsweise Klagen auf Bewilligung zur Löschung einer Hypothek, auf Eigentumsherausgabe hinsichtlich einer Sache (§ 985 BGB) oder Rechtsstreite auf Duldung der Zwangsvollstreckung in ein zur Masse gehöriges Grundstück aufgrund eines dinglichen Rechts, einer Hypothek, Grundschuld, Rentenschuld.

512 Die Verfahrensaufnahme kann ohne weitere, insbesondere zeitliche Voraussetzungen sowohl vom Insolvenzverwalter als auch vom Prozessgegner erfolgen. Der Prozessgegner muss insbesondere nicht die Entschließung des Insolvenzverwalters abwarten. Der Schuldner ist nur dann zur Aufnahme des Rechtsstreits berechtigt, wenn der Insolvenzverwalter die Freigabe des Gegenstandes erklärt.

Beispiel 122

Kostentragungspflicht

> In dem Insolvenzverfahren über das Vermögen der L-GmbH nimmt der Insolvenzverwalter Roland D. das seitens der D-KG angestrengte Verfahren auf und erklärt ein sofortiges Anerkenntnis. Nunmehr beruft er sich darauf, dass die Gegenseite die Kosten zu tragen habe. Zu Recht?
>
> Nach § 86 Abs. 2 InsO fallen die Prozesskosten dem Insolvenzverwalter bei dessen sofortigen Anerkenntnis nicht zur Last. Diese Bestimmung darf nicht dahin missverstanden werden, dass in derartigen Fällen stets der Kläger die Kosten zu tragen hätte. § 86 InsO stellt nämlich keine Sondervorschrift gegenüber § 93 ZPO dar. Hatte der Schuldner zur Klageerhebung Anlass gegeben, kommt eine Kostenentscheidung nach § 93 ZPO zu Lasten des Klägers nicht in Betracht. Eine Kostenentscheidung, die dem beklagten Schuldner die Kostenlast auferlegt, ist in § 86 Abs. 2 InsO nicht ausgeschlossen, sondern wird in ihrer Wirkung nur dahin eingeschränkt, dass die Kosten nicht als Masseschuld geltend gemacht werden können. Dem Bestehen eines Kostenerstattungsanspruchs mit der Qualität einer einfachen Insolvenzforderung steht § 86 Abs. 2 InsO daher nicht entgegen.

513 § 87 InsO ergänzt die §§ 85, 86 InsO dahingehend, dass die Insolvenzgläubiger ihre Forderung nur nach den Vorschriften des Insolvenzverfahrens geltend machen können. Rechtsstreite, die Insolvenzforderungen betreffen,

273 *BGH* vom 10.10.1973 – VII ZR 9/72 – WM 1974, 78.

werden nach § 240 ZPO in gleicher Weise unterbrochen wie Aktiv- und Passivprozesse gem. §§ 85, 86 InsO. Der Unterschied zu diesen Verfahren liegt jedoch darin, dass die umgehende Aufnahme des Rechtsstreits ausgeschlossen ist und die Forderung nur nach Maßgabe der Vorschriften über das Insolvenzverfahren verfolgt werden kann, d.h. die Forderung ist bei dem Insolvenzverwalter anzumelden und erst dann, wenn die Forderung bestritten wurde, kann die Klage wieder aufgerufen, vom Antrag her auf Feststellung umgestellt werden. Ein vorläufiges Bestreiten des Verwalters wird nur als endgültiges Bestreiten behandelt, wenn der Verwalter nicht innerhalb von 6 Monaten keine weitere Erklärung abgibt.

514 War die Klage vor der Verfahrenseröffnung noch nicht erhoben, ist sie dem Insolvenzgläubiger verwehrt. Er hat lediglich die Möglichkeit, seine Forderung zur Insolvenztabelle anzumelden und, falls sie im Prüfungstermin von dem Insolvenzverwalter oder einem Gläubiger bestritten wird, zum Gegenstand einer Feststellungsklage gegen die Bestreitenden zu machen. Eine unmittelbare Klage gegen den Insolvenzverwalter ist ohne jede Sachprüfung als unzulässig abzuweisen.

4. Wahlrecht bei gegenseitigen Verträgen (§§ 103, 105, 107 InsO)

515 Gemäß den §§ 103, 105, 107 InsO steht dem Insolvenzverwalter ein Wahlrecht hinsichtlich der beiderseits nicht oder noch nicht vollständig erfüllten gegenseitigen Verträge zu.

516 Durch die Regelungen der §§ 103, 105, 107 InsO soll vermieden werden, dass der Vertragspartner eines Schuldners gezwungen wird, die ihm aus einem ursprünglich mit dem Schuldner abgeschlossenen Vertrag obliegende Leistung zu erbringen, obwohl er bezüglich der ihm zustehenden Gegenleistung nur die Insolvenzquote erhalten würde.

517 Auf der anderen Seite sind Fälle denkbar, in denen die Erfüllung des Vertrages auch im Interesse der Insolvenzmasse liegt, wenn etwa die Leistung des Schuldners schon überwiegend erbracht ist, die des Geschäftspartners aber noch aussteht und zur Stärkung der Masse eingezogen werden kann.

Beispiel 123

Wahlrecht des Verwalters

Der Schuldner hat einem Kunden eine Einbauküche verkauft, die zum Großteil schon montiert wurde. Lediglich einige kleinere Anschlüsse müssen noch vorgenommen werden. Der Kunde hat bislang lediglich eine Anzahlung geleistet. Für den Insolvenzverwalter ist es in diesem Fall von

Vorteil, die Erfüllung zu wählen, da eine Rückgewähr der individuell angepassten Küche der Masse keine Vorteile bringen würde, weil der Zerschlagungswert derartiger Gegenstände gering ist.

Vor diesem Hintergrund billigt die InsO dem Insolvenzverwalter das Recht zu, zwischen Erfüllung oder endgültiger Nichterfüllung der vertraglichen Pflichten zu wählen. **518**

Die Vorschriften der §§ 103, 105, 107 InsO dienen sowohl dem Schutz des Vertragspartners als auch der Insolvenzmasse. **519**

Die gegenseitigen Verträge erlöschen mit der Eröffnung des Insolvenzverfahren (Ausnahme: die in den §§ 108 ff. InsO geregelten Vertragsverhältnisse). **520**

Wählt der Verwalter Vertragserfüllung, so wird der Vertrag in dem ursprünglichen Umfang mit dem Schuldner neu begründet. **521**

§ 103 Abs. 1 InsO erfasst in seinem Anwendungsbereich die gegenseitigen Verträge d.h. nicht die nur einseitig verpflichtenden Verträge (Schenkung, unverzinsliches Darlehen) oder sog. unvollkommen zweiseitigen, aber nicht gegenseitigen Verträge (z.B. Auftrag).

Unter gegenseitigen Verträgen sind diejenigen Verträge zu verstehen, bei denen jeder Vertragsteil dem anderen seine Leistung um dessen Gegenleistung wegen verspricht[274], selbst wenn sich die ausbedungenen Leistungen dem Wert nach nicht entsprechen. Nicht erfasst werden demgegenüber z.B. Naturalobligationen. **522**

Beispiele für gegenseitige Verträge i.S.d. § 103 InsO: **523**

- Kauf- und Tauschverträge nach §§ 433, 515 BGB,
- Werkverträge, soweit sie nicht eine Geschäftsbesorgung zum Gegenstand haben,
- Verwahrungsverträge, wenn die Verwahrung gegen Entgelt erfolgt, da es sich ansonsten um einen nur unvollkommenen zweiseitigen Vertrag handelt (§ 688 BGB), einschließlich der Sonderformen des Lagergeschäfts nach §§ 416 ff. HGB,
- Darlehensverträge über verzinsliche Darlehen,
- Frachtverträge, Maklerverträge,
- wirksam vereinbarte Wettbewerbsverbote (§ 74 HGB),
- Versicherungsverträge sowie
- Verlagsverträge, allerdings in der Insolvenz des Verlegers mit den Einschränkungen des § 36 VerlG.

274 *RG* vom 29.12.1906 – Rep VI 176/06 – *RGZ* 65, 46, 47.

524 § 103 InsO findet nur Anwendung, wenn keiner der Vertragspartner seine Leistung vollständig erfüllt hat.

525 Liegt demgegenüber bereits eine vollständige Leistungserfüllung mindestens eines der beiden Vertragspartner vor, gilt anstelle des § 103 InsO die allgemeine Regelung.[275] Im Falle der Erfüllung durch den Schuldner kann der Insolvenzverwalter die vollständige Gegenleistung zur Masse ziehen, ohne dass die Eröffnung des Insolvenzverfahrens darauf weitere Auswirkungen hätte. Bei einer vor der Verfahrenseröffnung erfolgten Erfüllung seitens des Geschäftspartners des Schuldners erhält dieser auf seine Forderung lediglich die Insolvenzquote.

Beispiel 124

Wahlrecht des Verwalters

Alfons W. hat dem Schuldner Walter R. sein Motorrad verkauft und übereignet. Walter R. hat das Motorrad bereits mitgenommen, es steht zum Zeitpunkt der Verfahrenseröffnung aber noch ein Teil des Restkaufpreises aus, der in drei Raten gezahlt werden soll. Erfüllung i.S.d. § 103 InsO tritt ein, wenn der vertraglich intendierte Leistungserfolg eingetreten ist, nicht schon, wenn die seitens der Vertragspartner geschuldeten Leistungshandlungen vorgenommen wurden. Alfons W. hat den Kaufvertrag erfüllt, da er im Zeitpunkt der Eröffnung des Insolvenzverfahrens die Kaufsache übereignet und übergeben hat (§ 433 Abs. 1 BGB). Der Käufer Walter R. hätte dann erfüllt, wenn er den vollen Kaufpreis gezahlt hätte (§ 433 Abs. 2 BGB).

Da Alfons W. seine Leistungspflicht bereits vollständig erfüllt hat, ist für ein Wahlrecht des Verwalters kein Raum mehr. Alfons W. muss vielmehr die Restraten als Insolvenzforderung zur Tabelle anmelden.

526 Sofern dem Insolvenzverwalter nach den o.g. Grundsätzen ein Wahlrecht zusteht, kann er, soweit nicht nach den Grundsätzen von Treu und Glauben eine diesbezügliche Einschränkung besteht[276], grundsätzlich frei und unter ausschließlicher Berücksichtigung der Massebelange entscheiden, ob er die Durchführung des gegenseitigen Vertrages wünscht oder nicht, solange er selbst in der Lage ist, die Vertragserfüllung herbeizuführen.

Beispiel 125

Ablehnungsrecht des Verwalters

Annemarie S. hat ihr Haus vor 5 Jahren von ihrer Mutter erworben. Da es sich um ein Geschäft zwischen nahen Verwandten handelte, haben die Parteien von der Eintragung einer Vormerkung aus Kostengründen abgesehen und stattdessen vereinbart, dass der Eigentumsübergang erst mit der Zahlung der letzten Kaufpreisrate erfolgen soll. Infolge eines Börsenkrachs verliert die Mutter innerhalb kürzester Zeit einen Großteil ihres Vermögens und kann ihren Verbindlichkeiten nicht mehr nachkommen.

275 *BGH* vom 24.10.1979 – VIII ZR 298/78 – NJW 1980, 226, 227.
276 *BGH* vom 10.10.1962 – VIII ZR 203/61 – NJW 1962, 2296.

Nachdem das Insolvenzverfahren eröffnet wurde, erklärt Insolvenzverwalter Martin Z., dass er die Erfüllung ablehne. Er spekuliert darauf, dass inzwischen die Immobilienpreise rasant angestiegen sind. Annemarie S. hält dieses Vorgehen für unredlich.

Die Ablehnung des Insolvenzverwalters, einen zur Zeit der Verfahrenseröffnung noch nicht vollständig erfüllten zweiseitigen Vertrag zu erfüllen, verstößt aber auch dann nicht gegen Treu und Glauben, wenn der Vertragspartner über Jahre hinweg auf die Endgültigkeit des Vertrages vertraut hat.

Das Erfüllungsverlangen des Insolvenzverwalters ist eine einseitige bedingungsfeindliche, empfangsbedürftige Willenserklärung, deren Wirksamkeit sich nach §§ 130 ff. BGB richtet. Das Verlangen kann ausdrücklich oder konkludent, etwa durch ein vorbehaltloses Erfüllungsverlangen oder durch Abschluss eines Abänderungsvertrages mit Bekräftigung des ursprünglichen Vertrages im Übrigen, erfolgen und ist von der Kenntnis des Insolvenzverwalters, damit eine Erklärung nach Maßgabe des § 103 InsO abzugeben, nicht abhängig. 527

Beispiel 126

Erfüllungsbegehren des Verwalters

Veräußert der Insolvenzverwalter ein Warenlager des Schuldners im Wege des Ausverkaufs, so ist im Zweifel anzunehmen, dass er damit die Erfüllung des Vertrages gegenüber dem Vorbehaltslieferanten wählt.[277]

Wählt der Insolvenzverwalter die Erfüllung des Vertrages, so werden die mit Verfahrenseröffnung erloschenen beiderseitigen Leistungspflichten in dem bisherigen Umfang neu begründet, so dass der Vertrag von beiden Seiten voll erfüllt werden muss. Da dem Vertragspartner des Schuldners hierdurch kein Nachteil entstehen soll, wird seine Forderung als Masseverbindlichkeit, für die der Insolvenzverwalter nach § 61 InsO persönlich haftet, neu begründet. 528

Lehnt der Insolvenzverwalter demgegenüber die Erfüllung ab, so wird der Vertragspartner auf eine Schadensersatzforderung, die eine einfache Insolvenzforderung darstellt, verwiesen. 529

An die Stelle des gegenseitigen Schuldverhältnisses tritt dann der einseitige Anspruch des Vertragsgegners des Schuldners auf Schadensersatz wegen Nichterfüllung.[278] 530

277 *OLG Celle* vom 28.10.1987 – 3 U 11/87 – WM 1987, 1569.

278 *BGH* vom 08.11.1961 – VIII ZR 149/60 – NJW 1962, 53; vom 10.10.1962 – VIII ZR 203/61 – NJW 1962, 2296; vom 30.05.1963 – VII ZR 276/61 – NJW 1963, 869; vom 30.05.1963 – VII ZR 11/62 – WM 1969, 964; vom 13.07.1967 – II ZR 268/64 – WM 1969, 929.

Beispiel 127

Teilbare Vertragsverhältnisse

Die H-Brauerei, die mit mexikanischem Bier handelt, beliefert das Lokal des Rolf L. bereits über Jahre mit Bier. Zum Zeitpunkt der Verfahrenseröffnung sind noch drei Rechnungen aus den letzten Monaten über 10.000,00 € offen. Der Insolvenzverwalter führt das beliebte Szenelokal fort und äußert gegenüber der H-Brauerei seine Bereitschaft, weitere Bierlieferungen abzunehmen. Die H-Brauerei vertritt daraufhin die Auffassung, auch die Zahlungsrückstände seien im Insolvenzverfahren als Masseverbindlichkeiten geltend zu machen.

Die H-Brauerei irrt sich. § 105 InsO enthält eine Sonderregelung für sogenannte teilbare Vertragsverhältnisse. Bei Verträgen über teilbare Leistungen, insbesondere über die fortlaufende Lieferung von Waren oder Energie, kann der Insolvenzverwalter für die Zukunft Erfüllung verlangen, ohne dadurch auch für die Vergangenheit zur vollen Erfüllung verpflichtet zu werden. Dadurch soll vermieden werden, dass der Insolvenzverwalter durch das Erfüllungsverlangen auch für Rückstände aus der Vergangenheit als Masseverbindlichkeit haftet.

Die H-Brauerei kann den Anspruch auf die Gegenleistung für seine Leistungen aus der Vergangenheit daher nur als Insolvenzforderung geltend machen, unabhängig davon, ob der Verwalter für die Zukunft die Erfüllung gewählt oder diese abgelehnt hat.

Die Regelung des § 105 InsO ermöglicht, dass der Verwalter Verträge über die fortlaufende Lieferung von Waren und Energie im Insolvenzverfahren zu den gleichen Bedingungen fortsetzen kann, wie sie vom Schuldner vereinbart waren. Dadurch wird die Fortführung des Unternehmens im Insolvenzverfahren erleichtert. Die Regelung ist interessengerecht. Der Vertragspartner des Schuldners, der seine Rückstände nur als Insolvenzforderung geltend machen kann, wird im Vergleich zu den anderen Gläubigern nicht unzumutbar belastet, da er für die Zeit, von der Eröffnung des Verfahrens an die vereinbarte Gegenleistung voll aus der Masse erhält.

§ 105 Abs. 2 InsO stellt klar, dass der Vertragspartner des Schuldners die Einschränkung seines Forderungsrechts auch nicht dadurch kompensieren kann, dass er die Rückgabe der von ihm erbrachten Teilleistungen aus der Insolvenzmasse verlangt; auch soweit ihm für den Fall der Nichterfüllung durch den Schuldner ein gesetzliches oder vertragliches Rücktrittsrecht zusteht, kann er sich nicht durch Ausübung dieses Rücktrittsrechts nach der Verfahrenseröffnung einen Masseanspruch auf Rückgewähr seiner Teilleistungen verschaffen.

531 Der Verwalter muss sein Wahlrecht unverzüglich ausüben. Bis zur Abgabe der Erklärung besteht ein Schwebezustand, den der Vertragspartner durch die Aufforderung an den Insolvenzverwalter nach § 103 Abs. 2 Satz 3 InsO beenden kann. Schweigt der Insolvenzverwalter auf eine entsprechende Aufforderung, kann er auf einer Erfüllung des Vertrages nicht bestehen.

5. Antragsrechte des Verwalters (§§ 32, 75, 99, 122, 126, 173, 203, 211 InsO)

Die Insolvenzordnung überträgt dem Insolvenzverwalter eine Reihe von Antragsrechten, von denen nachfolgend die wichtigsten kurz dargestellt werden sollen. 532

a) Anträge gegenüber dem Grundbuchamt

Nicht nur das Insolvenzgericht, sondern auch der Insolvenzverwalter kann die Eintragung des Insolvenzvermerks beim Grundbuchamt beantragen. 533

Beispiel 128

Anträge gegenüber dem Grundbuchamt

Aufgrund der Postsperre erfährt der Insolvenzverwalter einige Wochen nach der Verfahrenseröffnung durch einen ihm zugeleiteten Brief der Mieter, dass der Schuldner noch ein Hausgrundstück in Süddeutschland besitzt. Er beantragt unter Vorlage des Eröffnungsbeschlusses und seiner Bestallungsurkunde daraufhin beim Grundbuch die Eintragung der Verfahrenseröffnung. Müsste der Insolvenzverwalter demgegenüber erst über das Insolvenzgericht die Eintragung veranlassen, so wäre u.U. zu befürchten, dass allein durch den Postlauf das Eintragungsverfahren zusätzlich unnötig verzögert würde und in der Zwischenzeit für die Masse nachträgliche Verfügungen über das Grundstück erfolgen würden.

Die Eintragung der Eröffnung des Insolvenzverfahrens bewirkt eine Grundbuchsperre, d. h. keine vom Schuldner vorgenommene Verfügung kann unabhängig vom genauen Zeitpunkt ihrer Vornahme noch zu einer Eintragung führen. Eintragungsanträge von dem als berechtigt eingetragenen Schuldner stammen aufgrund der Entziehung der Verfügungsbefugnis vom Nichtberechtigten und müssen vom Grundbuchamt zurückgewiesen werden. 534

b) Antrag auf Einberufung der Gläubigerversammlung (§ 75 InsO)

Ein weiteres Antragsrecht des Insolvenzverwalters ist in § 75 Abs. 1 Nr. 1 InsO geregelt. Danach hat das Insolvenzgericht eine Gläubigerversammlung einzuberufen, wenn dies von dem Insolvenzverwalter beantragt wird. 535

c) Antrag auf Anordnung der Postsperre (§ 99 InsO)

536 Sofern der Insolvenzverwalter eine Postsperre zur Massesicherung für erforderlich hält und das Insolvenzgericht dies nicht bereits im Eröffnungsbeschluss angeordnet hat, kann der Verwalter gemäß § 99 Abs. 1 Satz 1 InsO Antrag auf Anordnung einer Postsperre (Rn. 382 ff.) stellen.

537 Die Einschränkung des Postgeheimnisses ist jedoch nur dann zulässig, wenn sie erforderlich erscheint, um im Interesse der Gläubiger vorangegangene Vermögensverschiebungen des Schuldners aufzuklären oder künftige zu verhindern. Entsprechende Anhaltspunkte hat der Verwalter vorzutragen.

d) Antrag auf gerichtliche Zustimmung zur Durchführung einer Betriebsänderung (§ 122 InsO)

538 Zur Beschleunigung eines Interessenausgleichsverfahrens wegen einer gerade im Insolvenzverfahren häufig erforderlichen Betriebsänderung kann der Insolvenzverwalter nach § 122 InsO beim Arbeitsgericht den Antrag stellen, ihm die Durchführung der Betriebsänderung zu gestatten, ohne dass ein zeitaufwendiges Interessenausgleichverfahren nach § 112 BetrVG vorausgegangen ist.

e) Beschlussverfahren zum Kündigungsschutz (§ 126 InsO)

539 Nach § 126 InsO wird dem Verwalter die Möglichkeit eingeräumt, die soziale Rechtfertigung geplanter Entlassungen bestimmt bezeichneter Arbeitnehmer in einem besonderen Beschlussverfahren vor dem Arbeitsgericht feststellen zu lassen.

f) Antrag zur Setzung einer Verwertungsfrist (§ 173 InsO)

540 Zwar ist nach § 166 InsO der Insolvenzverwalter grundsätzlich auch zur Verwertung beweglicher Gegenstände, an denen ein Sicherungsrecht besteht, berechtigt. Dies gilt aber nur dann, wenn er den Gegenstand in Besitz hat (§§ 166, 173 InsO). Das Amtsgericht kann den vorläufigen Verwalter ermächtigen, abgetretene Forderungen einzuziehen.[279]

---

279 *AG Duisburg* vom 06.07.1999 – 60 IN 82/89 – ZIP 1999, 1366.

Soweit der Insolvenzverwalter nicht zur Verwertung berechtigt ist, kann das Insolvenzgericht auf Antrag des Verwalters und nach Anhörung des Gläubigers diesem eine Frist bestimmen, innerhalb welcher er den Gegenstand zu verwerten hat. Nach Ablauf der Frist ist der Verwalter zur Verwertung berechtigt. 541

Beispiel 129

Verwertungsfrist

Vermieter Frieder R. hat sich rechtzeitig vor Eröffnung des Insolvenzverfahren über das Vermögen der T-GmbH im Rahmen seines Vermieterpfandrechtes zwei wertvolle Miro-Gemälde gesichert. Da die Gemälde sich recht gut in seinem Büro machen, kümmert Frieder R. sich nicht um die Verwertung. Insolvenzverwalter Jens H. setzt ihm daraufhin eine Frist zur Verwertung, da er das Verfahren zum Abschluss bringen möchte und sich einen etwaigen Verwertungsüberschuss zur Masse erhofft.

g) Der Antrag auf Anordnung einer Nachtragsverteilung (§ 203 InsO)

Werden bei der Schlussverteilung zurückbehaltene Beträge für die Verteilung frei oder fließen Beträge, die aus der Insolvenzmasse gezahlt sind, zurück oder werden weitere Massegegenstände nach Verfahrensbeendigung ermittelt, kann der Insolvenzverwalter Antrag auf Anordnung einer Nachtragsverteilung stellen (§ 203 Abs. 1 InsO). Von einer Nachtragsverteilung kann abgesehen werden, wenn nur eine geringfügige Masse für die Verteilung zur Verfügung steht (§ 203 Abs. 3 InsO). 542

Einen entsprechenden Antrag kann der Insolvenzverwalter auch dann stellen, wenn das Verfahren zuvor mangels Masse oder nach der Anzeige der Masseunzulänglichkeit unter den Voraussetzungen des § 203 InsO eingestellt wurde. 543

6. Teilnahmerechte des Insolvenzverwalters (§ 74 InsO)

Der Insolvenzverwalter ist zur Teilnahme an den Gläubigerversammlungen berechtigt (§ 74 Abs. 1 InsO). 544

7. Beschwerderechte des Insolvenzverwalters (§§ 59, 64, 75, 194, 204, 231 InsO)

545 Der Insolvenzverwalter ist in den gesetzlich ausdrücklich normierten Fällen[280] befugt, gegen Entscheidungen des Insolvenzgericht mit der sofortigen Beschwerde vorzugehen.

546 Derartige Beschwerderechte normieren z.B.

- § 59 InsO: Sofortige Beschwerde gegen die Entlassung des Insolvenzverwalters;
- § 64 InsO: Sofortige Beschwerde gegen die Festsetzung der Insolvenzverwaltervergütung;
- § 75 InsO: Ablehnung des Antrages auf Einberufung der Gläubigerversammlung;
- § 194 InsO: Sofortige Beschwerde gegen die Berichtigung des Verteilungsverzeichnisses durch das Insolvenzgericht;
- § 204 InsO: Sofortige Beschwerde gegen die Ablehnung der Nachtragsverteilung;
- § 231 InsO: Sofortige Beschwerde gegen die Zurückweisung des vom Insolvenzverwalter vorgelegten Insolvenzplans.

Beispiel 130

Beschwerderechte

Insolvenzverwalter Bertold F. hat nach langen Verhandlungen einen Kaufvertrag über das schuldnerische Unternehmen zustande gebracht, der mangels eines Gläubigerausschusses noch der Zustimmung der Gläubigerversammlung nach § 160 InsO bedarf. Insolvenzrichterin Gerlinde B. hält eine erneute Gläubigerversammlung für unnötig und lehnt den Antrag des F. auf Einberufung der Gläubigerversammlung ab. Dagegen richtet sich die sofortige Beschwerde des F.

Die Insolvenzforderung des Gesellschafter-Gläubigers Thilo G. wurde vom Insolvenzverwalter bewusst nicht in dem Verteilungsverzeichnis aufgenommen, da dieser die Auffassung vertritt, es handle sich um eine nachrangige Forderung. Gegen diese Nichtberücksichtigung hat Thilo G. Einwendungen erhoben, denen das Insolvenzgericht stattgegeben hat. Gegen die Berichtigung des Verteilungsverzeichnisses hat der Insolvenzverwalter sofortige Beschwerde eingelegt.

280 Vgl. § 6 InsO.

8. Anhörungsrechte des Insolvenzverwalters (§§ 99 Abs. 3, 248, 289 InsO)

Der Insolvenzverwalter ist vom Insolvenzgericht vor Aufhebung einer bestehenden Postsperre anzuhören (§ 99 Abs. 3 InsO). 547

Eine Anhörung muss auch erfolgen, wenn das Insolvenzgericht 548

- über die Bestätigung des Insolvenzplanes beschließen will (§ 248 Abs. 2 InsO),
- über den Antrag des Schuldners auf Erteilung der Restschuldbefreiung entscheiden will.

9. Auskunftsrechte des Verwalters (§ 97 InsO)

Der Schuldner ist gemäß § 97 Abs. 1 InsO verpflichtet, dem Insolvenzverwalter, über alle das Verfahren betreffenden Verhältnisse Auskunft zu geben, da eine effektive und sachgerechte Durchführung des Insolvenzverfahrens voraussetzt, dass sich der Insolvenzverwalter über die wirtschaftlichen und rechtlichen Verhältnisse des Schuldners unterrichten kann. 549

Die Auskunftspflicht richtet sich bei natürlichen Personen in erster Linie gegen den Schuldner persönlich, bei juristischen Personen und Gesellschaften ohne Rechtspersönlichkeit gemäß § 101 InsO gegen die gegenwärtigen und früheren organschaftlichen Vertreter und die vertretungsberechtigten persönlich haftenden Gesellschafter des Schuldners, sofern sie nicht bereits seit mehr als 2 Jahren ausgeschieden sind. 550

Auskunftsverpflichtet sind also z.B. GmbH-Geschäftsführer, AG-Vorstandsmitglieder, OHG-Gesellschafter, Erben im Nachlassinsolvenzverfahren. 551

Beispiel 131

Auskunftspflicht früherer Angestellter

Insolvenzverwalter Ludwig L. begehrt gegenüber dem früheren Buchhalter der Schuldnerin A-GmbH, Arno F., Auskunft über Zahlungen, die an die Gesellschafter geflossen sind. F. verweigert die Auskunft mit der Begründung, er sei schließlich kein organschaftlicher Vertreter der GmbH gewesen, sondern ein einfacher Angestellter. Zudem sei er bereits seit über einem Jahr nicht mehr in der Fa A-GmbH beschäftigt. Welche Handhabe hat der Insolvenzverwalter L.?

§ 101 Abs. 2 InsO erstreckt die Auskunftspflicht auf Angestellte und frühere Angestellte des Schuldners, sofern sie nicht innerhalb der letzten 2 Jahre ausgeschieden sind. Arno F. ist danach also immer noch aus-

> kunftsverpflichtet. Allerdings kann der Insolvenzverwalter seinen Auskunftsanspruch nicht wie gegenüber dem Schuldner und dessen organschaftliche Vertretern nach Maßgabe des § 98 InsO vor dem Insolvenzgericht durchsetzen, sondern ist auf den normalen Zivilrechtsweg verwiesen.

552 Die Auskunft muss grundsätzlich persönlich und mündlich erfolgen, kann auf Wunsch des auskunftsberechtigten Insolvenzverwalters aber auch schriftlich verlangt werden. Sie erstreckt sich auch auf Angaben, durch die der Schuldner strafbare Handlungen offenbaren muss. Jedoch darf eine Auskunft, die der Schuldner gemäß seiner Verpflichtung nach § 97 Satz 1 InsO erteilt hat, in einem Strafverfahren oder in einem Verfahren nach dem Gesetz über Ordnungswidrigkeiten gegen den Schuldner oder einen in § 52 Abs. 1 StPO bezeichneten Angehörigen des Schuldners nur mit Zustimmung des Schuldners verwendet werden (§ 97 Abs. 1 Satz 3 InsO).

10. Insolvenzplaninitiative des Verwalters (§§ 218 InsO)

553 Der Insolvenzverwalter ist im Rahmen eines Insolvenzverfahrens neben dem Schuldner zur Vorlage eines Insolvenzplanes berechtigt. Zur Ausarbeitung eines derartigen Insolvenzplans kann er auch durch die Gläubigerversammlung beauftragt werden.

11. Siegelung der Vermögensgegenstände

554 Zur Sicherung der massezugehörigen Vermögensgegenstände des Schuldners kann der Insolvenzverwalter, durch den Gerichtsvollzieher oder eine andere dazu gesetzlich ermächtigte Person Siegel anbringen lassen (§ 150 Satz 1 InsO).

12. Erstellung des Masseverzeichnisses

555 Der Insolvenzverwalter hat ein Verzeichnis der einzelnen Gegenstände der Insolvenzmasse aufzustellen (§ 151 Abs. 1 Satz 1 InsO). Das Verzeichnis der Massegegenstände ist zusammen mit dem Gläubigerver-

zeichnis (§ 152 InsO) Grundlage für die Vermögensübersicht (§ 153 InsO), die den Insolvenzgläubigern eine Beurteilung der Vermögenslage des Schuldners ermöglichen soll.

Im Rahmen der Inventarisierung sind alle Gegenstände der Masse genau zu bezeichnen. Z.B. sind Grundstücke mit Angabe des Grundbuchblattes aufzunehmen. Zur Masse gehören auch Forderungen, z.B. Ansprüche, die sich aus den Vorschriften über die Insolvenzanfechtung ergeben. **556**

Bei jedem aufzunehmenden Gegenstand ist dessen Wert anzugeben. Hängt der Wert davon ab, ob das Unternehmen fortgeführt oder stillgelegt wird, sind beide Werte anzugeben (§ 151 Abs. 2 InsO). Maßgeblich ist der Wert, der im Rahmen der Verwertung zu erzielen ist. **557**

Fehlt dem Insolvenzverwalter für die Schätzung der Gegenstände die Sachkunde oder handelt es sich aus sonstigen Gründen um eine schwierige Bewertungsaufgabe, so ist ein geeigneter Sachverständiger mit der Schätzung zu beauftragen. **558**

Beispiel 132

Bewertung

> Zum Eigentum des Schuldners gehört ein Industriegrundstück nebst Lagergebäude. Da der Insolvenzverwalter den Wert des Grundstücks nicht selbst taxieren kann, beauftragt er hiermit den Grundstücksachverständigen Norbert T.

Entgegen der Regelung in § 123 Abs. 1 Satz 2 KO ist die Hinzuziehung einer obrigkeitlichen oder einer Urkundsperson entbehrlich. **559**

Der Schuldner ist bei der Inventarisierung hinzuziehen, wenn die Aufzeichnung der Gegenstände dadurch nicht verzögert wird (§ 151 Abs. 1 Satz 2 InsO). **560**

Auf Antrag des Verwalters kann das Insolvenzgericht gestatten, dass die Aufstellung des Verzeichnisses unterbleibt. Da eine wertgerechte Veräußerung der Masse nur möglich ist, wenn die Insolvenzmasse ordnungsgemäß erfasst ist, sollte von der Ausnahmevorschrift des § 151 Abs. 3 InsO nur restriktiv Gebrauch gemacht werden.

Kommt der Insolvenzverwalter seinen Aufzeichnungspflichten schuldhaft nicht nach, kann das Insolvenzgericht aufsichtsrechtliche Maßnahmen ergreifen (z.B. Zwangsgeld, vgl. § 58 InsO) und ihn in schwerwiegenden Fällen aus seinem Amt entlassen. **561**

13. Erstellung des Gläubigerverzeichnisses (§ 152 InsO)

562 Der Insolvenzverwalter hat ein Verzeichnis aller Gläubiger des Schuldners aufzustellen, die ihm aus den Büchern und Geschäftspapieren des Schuldners oder durch sonstige Angaben oder durch die Anmeldung ihrer Forderungen oder auf andere Weise bekannt geworden sind.

563 Zweck des Gläubigerverzeichnisses ist es, die dem Aktivvermögen gegenüberstehenden Belastungen und Verbindlichkeiten so vollständig wie möglich aufzeigen.

564 Wegen der unterschiedlichen Stellung der verschiedenen Gläubigerkategorien im Verfahren schreibt § 152 Abs. 2 InsO vor, dass im Gläubigerverzeichnis die absonderungsberechtigten Gläubiger und die verschiedenen Rangklassen der nachrangigen Insolvenzgläubiger (§§ 39, 327 InsO) gesondert von den übrigen Insolvenzgläubigern aufzuführen sind.

565 Die aussonderungsberechtigten Gläubiger können bei der Aufstellung des Gläubigerverzeichnisses außer Betracht bleiben, weil die auszusondernden Gegenstände in dem Verzeichnis der Massegegenstände ebenfalls nicht aufzunehmen sind.

566 Jede Forderung, die in das Gläubigerverzeichnis aufgenommen wird, ist nach der Anschrift des Gläubigers, dem Grund der Forderung und der Höhe des Betrages genau zu bezeichnen.

567 Darüber hinaus verlangt § 151 Abs. 3 InsO auch eine Aussage über bestehende Aufrechnungslagen.

568 Nicht zuletzt wird vorgeschrieben, dass die Höhe der Masseverbindlichkeiten, die bei der Verfahrenseröffnung noch nicht feststeht, vom Verwalter geschätzt wird. Dabei hat er von einer zügigen Verwertung des Vermögens auszugehen (§ 152 Abs. 3 Satz 2 InsO), was bedeutet, dass eine alsbaldige Liquidation zu unterstellen ist. Die bei einer Unternehmensfortführung entstehenden Masseverbindlichkeiten sind in ihrer Höhe maßgeblich von der Dauer der Fortführung abhängig und können daher im Voraus kaum hinlänglich geschätzt werden.

14. Erstellung der Vermögensübersicht (§ 153 InsO)

569 Der Insolvenzverwalter hat auf den Zeitpunkt der Eröffnung des Insolvenzverfahrens eine geordnete Übersicht aufzustellen, in der die Gegenstände der Insolvenzmasse und die Verbindlichkeiten des Schuld-

ners aufgeführt und einander gegenübergestellt werden (§ 153 Abs. 1 Satz 1 InsO).

Für die Bewertung der Gegenstände gilt § 151 Abs. 2 InsO entsprechend und für die Gliederung der Verbindlichkeiten § 122 Abs. 2 Satz 1 InsO entsprechend (§ 153 Abs. 1 Satz 2 InsO). **570**

In der Vermögensübersicht werden damit die Gegenstände der Insolvenzmasse und die Verbindlichkeiten des Schuldners, ähnlich wie in einer Bilanz zusammengefasst und gegenübergestellt. Allerdings ist der Ansatz der Buchwerte nicht mehr zulässig. Der Verwalter kann sich deshalb nicht auf eine vorhandene Handelsbilanz beziehen, sondern muss die Vermögensübersicht auf der Grundlage des Verzeichnisses der Massegegenstände und des Gläubigerverzeichnisses neu erstellen. **571**

Auf der Aktivseite des Vermögensverzeichnisses sind sämtliche zur Insolvenzmasse gehörigen Gegenstände (Anlage- und Umlaufvermögen) anzugeben, unter Umständen auch die Gegenstände, die aufgrund einer Anfechtung der Insolvenzmasse zurückzugewähren sind. **572**

Aussonderungsrechte sind auf der Aktivseite und auf der Passivseite mit demselben Betrag anzunehmen, da die Gegenstände aus der Ist-Masse ausgeschieden werden sollen. Hinsichtlich der Absonderungsrechte und Aufrechungsbefugnisse ist in dem Vermögensverzeichnis auf der Aktivseite darzustellen, inwieweit Vermögenswerte beispielsweise mit Hypotheken und Pfandrechten belastet sind, auf der Passivseite wird die korrespondierende Gläubigerforderung angesetzt. **573**

Nach den Aus- und Absonderungsrechten sind auf der Passivseite die geschätzten Masseverbindlichkeiten aufzunehmen. **574**

Danach werden auf der Passivseite die übrigen Insolvenzgläubiger aufgenommen, und zwar entsprechend ihrem Rang und in der Höhe ihrer Insolvenzforderung. **575**

Raster einer Vermögensübersicht (§ 153 InsO)

A. Aktiva

Titel	Veräuße-rungswert	Fortfüh-rungswert	Absonderungs-rechte/Aufrech-nung	Frei für die Masse
	€	€	€	€
I. Anlagevermögen 1. Grundvermögen in <Ort>, eingetragen in das Grundbuch von <Ort>, Flur-Stück <Nr.>, Flur-Nr. <Nr.> <Zahl> m^2 2. Geschäftsausstattung einschließlich Furhpark (Fahrzeuge) und Büroeinrichtung 3. Beteiligungen				
II. Umlaufvermögen 1. Vorräte a) Roh-, Hifs- und Betriebsstoffe b) Fertig- und Halbfertigprodukte 2. Forderungen aus Lieferungen und Leistungen 3. Kassenbestand 4. Postgiroguthaben 5. Bankguthaben 6. Forderungen an verbundenen Unternehmen 7. Sonstige Vermögenswerte 8. Noch offene Einlageverpflichtungen 9. Ansprüche gegen Gesellschafter 10. Anfechtungsansprüche				
III. Überschuldung:				
Summe der Akiva				

B. Passiva			
Titel	Buchwert	Gläubiger mit Absonderungs-rechten/Aufrech-nungsberechtigte	Gläubiger mit/ohne Vorrecht
	€	€	€
I. Berechtigte Forderungen: 1. Löhne, Gehälter, Sozialabgaben 2. Steuerforderungen			
II. Nicht berechtigte Forderungen: 1. Bankforderungen 2. Lieferantenforderungen 3. Verbindlichkeiten gegenüber verbundenen Unternehmen 4. Sonstige Verbindlichkeiten - (Kundenzahlungen, Mieten, Provisionen, Beratungskosten 5. Verbindlichkeiten aus besonderen Verträgen			
Summe der Passiva			

Das Insolvenzgericht kann dem Schuldner nach der Aufstellung der Vermögensübersicht, auf Antrag des Verwalters oder eines Gläubigers, dem Schuldner aufgeben, die Vollständigkeit der Vermögensübersicht eidesstattlich zu versichern (§ 153 Abs. 2 Abs. 1 InsO). Die Anordnung setzt voraus, dass der Verwalter oder ein Gläubiger sie beantragt und dass sie zur Herbeiführung wahrheitsgemäßer Aussagen erforderlich erscheint. Für die Abgabe der eidesstattlichen Versicherung gelten die §§ 98, 101 Abs. 1 Satz 1, 2 InsO entsprechend (§ 153 Abs. 2 Satz 2 InsO). 576

15. Berichterstattungspflicht des Verwalters (§ 156 InsO)

In dem neu eingeführten Berichtstermin sollen die verschiedenen Möglichkeiten für den Fortgang des Verfahrens auf der Grundlage eines Berichtes des Insolvenzverwalters umfassend erörtert werden. Die Entscheidung über den Verfahrensfortgang – Verwertung oder Sanierung – obliegt der 577

Gläubigerversammlung, der durch den Bericht des Insolvenzverwalters eine aussagekräftige Basis für diese Entscheidung gegeben werden soll.[281]

578 Der Insolvenzverwalter hat deshalb über die wirtschaftliche Lage des Schuldners und ihre Ursachen zu berichten. Er hat darzulegen, ob Aussichten bestehen, das Unternehmen des Schuldners im Ganzen oder in Teilen zu erhalten, welche Möglichkeiten für einen Insolvenzplan bestehen und welche Auswirkungen jeweils für die Befriedigung der Gläubiger eintreten würden (§ 156 Abs. 2 InsO). Falls der Insolvenzverwalter nicht die Abwicklung nach den gesetzlichen Regeln, sondern die Aufstellung eines Insolvenzplanes empfiehlt, wird er insbesondere auf die Frage der Fortführung des Unternehmens des Schuldners, der Liquidation dieses Unternehmens oder der Regulierung der Verbindlichkeiten eines nicht unternehmerisch tätigen Schuldners eingehen müssen (§ 217 InsO). Bei der Darstellung der verschiedenen Möglichkeiten für den Fortgang des Verfahrens hat sich der Verwalter im Hinblick auf das vorrangige Verfahrensziel, die bestmögliche Befriedigung der Gläubiger zu erreichen, auch dazu zu äußern, wie sich diese Möglichkeiten auf die Befriedigung der Gläubiger auswirken.

579 Der umfassenden Unterrichtung der Gläubiger im Berichtstermin dient es, dass der Schuldner, der Gläubigerausschuss, der Betriebsrat und der Sprecherausschuss der leitenden Angestellten zu dem Bericht des Verwalters zu hören sind (§ 156 Abs. 2 Satz 1 InsO). Die Anhörung der zuständigen amtlichen Berufsvertretung, der Industrie- und Handelskammer, der Handwerkskammer oder der Landwirtschaftskammer wird dem Gericht anheim gestellt (§ 156 Abs. 2 Satz 2 InsO).

16. Die Erstellung der Forderungstabelle (§§ 174, 175 InsO)

580 Die Führung der Insolvenztabelle obliegt nach der InsO dem Insolvenzverwalter, bei dem die Gläubiger ihre Forderungen schriftlich unter Beifügung der zugrundeliegenden Unterlagen anzumelden haben (§ 174 Abs. 1 Satz 1 InsO).

In dem Insolvenzverfahren über das Vermögen natürlicher Personen hat bei der Anmeldung von Forderungen, die auf vorsätzlichen unerlaubten Handlungen beruhen, der Gläubiger gleichzeitig die Tatsachen vorzutragen, auf denen die Forderung beruht. Hintergrund dieser Regelung ist der Umstand, dass derartige Ansprüche nicht von einer etwaiger Restschuldbefreiung erfasst werden. Durch die Angabe der Tatsachen soll

281 Vgl. das Beispiel eines Verwalterberichtes in *Hess/Binz* Formulare und Muster zum Insolvenzrecht, 1999, Muster C 53 und C 54.

dem Gericht die Entscheidung über die Durchführung des Restschuldbefreiungsverfahrens ermöglicht werden.[282]

Der Fahrradhändler Torsten A. hat mehrere Forderungen gegen die Schuldnerin G-KG.

Er richtet daher folgendes Schreiben an den Insolvenzverwalter:

Herr Bernd W. als Insolvenzverwalter über
das Vermögen der G-KG
Mondstraße 22
99283 …

Insolvenzverfahren über das Vermögen der G-KG

Sehr geehrter Herr W.,

in vorbezeichnetem Verfahren melde ich gemäß § 174 InsO folgende Forderungen zur Tabelle an:

Kaufvertrag vom 03.04.2002 über 2 Mountainbikes Marke Ascott à 1.300,00 €

Kaufvertrag vom 05.04.2002 über 4 Damenräder Marke Jahn à 850,00 €

…

Zinsen seit …

Gesamtforderung

Abschriften der entsprechenden Kaufverträge, Lieferscheine, Rechnungen und Mahnungen sind als Anlage beigefügt.

Mit freundlichen Grüssen

Thorsten A.

Nachrangige Gläubiger, d.h. die in §§ 39, 327 InsO aufgezählten Gläubiger müssen ihre Forderungen im Insolvenzverfahren nur dann anmelden, wenn in Ausnahmefällen abzusehen ist, dass sie mit einer Quote rechnen können (§ 174 Abs. 3 InsO). Nachrangig sind z.B. die seit der Verfahrenseröffnung laufenden Zinsen und Darlehen, die ein Gesellschafter der schuldnerischen Gesellschaft zu einem Zeitpunkt gewährt hat, in dem er als Kaufmann verpflichtet gewesen wäre, Eigenkapital einzubringen oder die Gesellschaft zu liquidieren (eigenkapitalersetzende Darlehen). 581

Eine Befriedigung können die nachrangigen Gläubiger nur dann erwarten, wenn alle nicht nachrangigen Insolvenzgläubiger voll befriedigt werden können und dann noch ein Überschuss in der Masse verbleibt oder wenn ein Insolvenzplan vorgelegt wird, der insbesondere im Zusammenhang mit einer Sanierung des Schuldners auch Zahlungen an nachrangige Gläubiger vorsieht. 582

282 *Hess* Kommentar zum InsO-Änderungsgesetz 2001, S. 174 Rz. 1 f.

583 Die Insolvenzverfahren, in denen keiner dieser Ausnahmefälle vorliegt, brauchen mit der Anmeldung und Prüfung von nachrangigen Forderungen nicht belastet zu werden. Deshalb kann eine Aufforderung zur Anmeldung solcher Forderungen nicht nur bei der Verfahrenseröffnung, sondern auch zu einem späteren Zeitpunkt erfolgen, wenn die Höhe der vorhandenen Masse bekannt ist.

584 Der Insolvenzverwalter hat jede angemeldete Forderung mit den in § 174 Abs. 2 und 3 InsO genannten Angaben in eine Tabelle einzutragen. Die Tabelle ist mit den Anmeldungen sowie den beigefügten Urkunden innerhalb des ersten Drittels des Zeitraumes, der zwischen dem Ablauf der Anmeldefrist und dem Prüfungstermin liegt, in der Geschäftsstelle des Insolvenzgerichts zur Einsicht der Beteiligten niederzulegen (§ 175 InsO).

584a Bei Forderungen aus vorsätzlich unerlaubten Handlungen hat das Insolvenzgericht den Schuldner darauf hinzuweisen, dass diese Forderungen nicht von einer Restschuldbefreiung erfasst werden; der Schuldner ist des Weiteren auf die Möglichkeit des Widerspruchs hinzuweisen.

Beispiel 133
Anmeldungsfrist

Im Eröffnungsbeschluss hat das Insolvenzgericht die Frist zur Forderungsanmeldung (§ 298 Abs. 1 InsO) auf den 05.08.2000 bestimmt. Volker T. erfährt erst einen Monat später, nach Abhaltung des Prüfungstermins von der Verfahrenseröffnung. Er fragt nun seinen Anwalt Q., ob er überhaupt noch eine Chance habe, in dem Verfahren berücksichtigt zu werden.

RA Q. wird seinem Mandanten erklären, dass es sich bei der Anmeldungsfrist keineswegs um eine Ausschlussfrist handelt, sondern, dass auch Anmeldungen, die erst zu einem späteren Termin beim Insolvenzverwalter eingehen, noch berücksichtigt werden können. Er weist T. daraufhin, dass er allerdings damit rechnen müsse, die Kosten für den nachträglichen Prüfungstermin tragen zu müssen.

17. Die Forderungsprüfung (§§ 176, 178 InsO)

585 Im Prüfungstermin werden die angemeldeten Forderungen ihrem Betrag und ihrem Rang nach geprüft (§ 176 InsO).

586 Nach vorangegangener Vorprüfung durch den Insolvenzverwalter werden die angemeldeten und nicht als unzulässig zurückgewiesenen Forderungen im Prüfungstermin ihrem Grunde und ihrem Betrag nach geprüft, und zwar unabhängig davon, ob die zugelassene Forderung schon zur Tabelle aufgenommen wurde oder nicht.

587 Aus Zeitgründen sind allerdings nur die streitigen Forderungen Gegenstand einer detaillierten Erörterung (§ 176 Abs. 1 Satz 2 InsO).

Der Verwalter und jeder einzelne Gläubiger, dessen Forderung zur Prüfung zugelassen ist, kann Widerspruch gegen die Forderung an sich, die Höhe der Forderung, die Anwendbarkeit bzw. die Inhaberschaft erheben. 588

Beispiel 134

Forderungsprüfung

Im Prüfungstermin erhebt der Schuldner Widerspruch gegen die von Paul L. angemeldete Forderung.

Abwandlung: Der Insolvenzverwalter widerspricht der Forderung.

Ein Widerspruch des Schuldners steht der Feststellung der Forderung nicht entgegen (§ 178 Abs. 1 Satz 2 InsO). Unabhängig davon kann der Gläubiger, dessen Forderung vom Schuldner bestritten wurde, Feststellungsklage gegen den Schuldner erheben, da ein etwaiger Widerspruch der späteren Geltendmachung der Forderung gegenüber dem Schuldner nach Abschluss des Verfahrens entgegenstände. § 201 Abs. 2 InsO bestimmt nämlich ausdrücklich, dass nur die Gläubiger, gegen deren festgestellte Forderungen kein Widerspruch des Schuldners vorliegt, die Vollstreckung aus dem Insolvenztabellenauszug gegen den Schuldner nach Abschluss des Verfahrens betreiben können, sofern der Schuldner nicht in das Restschuldbefreiungsverfahren eintritt.

Abwandlung: Im Fall eines Widerspruches durch den Insolvenzverwalter muss der Gläubiger – sofern seine Insolvenzforderung noch nicht tituliert ist, die Feststellung der Forderung zur Tabelle im Wege der Feststellungsklage vor dem Prozessgericht betreiben (§§ 179 Abs. 1, 180–183, 185 InsO). Liegt bereits ein vollstreckbarer Schuldtitel vor, so muss der widersprechende Gläubiger oder Insolvenzverwalter den Widerspruch mit den gegen den Titel in Betracht kommenden Mitteln verfolgen, z.B. Restitutions- oder Nichtigkeitsklage oder Vollstreckungsabwehrklage.

Eine Forderung gilt als festgestellt, soweit gegen sie im Prüfungstermin oder im schriftlichen Verfahren (§ 177 InsO) ein Widerspruch weder vom Insolvenzverwalter noch von einem Insolvenzgläubiger erhoben wird oder soweit ein erhobener Widerspruch beseitigt ist (§ 178 Abs. 1 Satz 1 InsO). 589

Das Prüfungsergebnis ist in die Tabelle einzutragen, da die in die Tabelle eingetragene Feststellung der Forderung ihrem Betrag und ihrem Rang nach wie ein rechtskräftiges Urteil gegenüber dem Insolvenzverwalter und allen Gläubigern wirkt (§ 178 Abs. 3 InsO). 589a

Beispiel 135

Restitutionsklage

Die Forderung des Alfons U. wurde im Prüfungstermin festgestellt. Kurze Zeit später stellt sich heraus, dass die behauptete Forderung überhaupt nicht existiert und der vorgelegte Vertrag gefälscht war. In einem derartigen Fall, ist die Restitutionsklage nach § 580 Nr. 2 ZPO als außerordentlicher Rechtsbehelf zuzulassen.[283]

283 Vgl. *Gerhard Lüke*, Insolvenzrecht, 1985, Nr. 162.

18. Verwertung der Insolvenzmasse (§§ 159, 160, 165, 166, 168 InsO)

590 Kommt eine Sanierung des schuldnerischen Unternehmens nicht in Betracht, so obliegt dem Insolvenzverwalter die Zerschlagung und Verwertung der Insolvenzmasse. Die Verwertungserlöse hat er quotal an die Gläubiger auszukehren.

591 Die Verwertungsbefugnis des Insolvenzverwalters erfasst nach der Insolvenzordnung auch die Sicherungsgegenstände Dritter, wenn der Insolvenzverwalter sie in seinem Besitz hat (§ 166 Abs. 1 InsO).

Beispiel 136

Verwertungsbefugnis

Der Schuldner hat sein Auto sicherungshalber an die Bank übereignet.

Vermieter Hans E. macht ein Vermieterpfandrecht geltend, die Sachen befinden sich aber noch in der Wohnung des Schuldners.

592 Durch das Verwertungsrecht des Verwalters soll vermieden werden, dass unmittelbar nach Verfahrenseröffnung das gesamte Betriebsvermögen des Schuldners durch eine Vielzahl von Sicherungsgläubigern entfernt wird und eine Betriebsfortführung dadurch von vornherein vereitelt wird. Außerdem lässt sich häufig bei einer Gesamtveräußerung des schuldnerischen Unternehmens ein besserer Erlös erzielen, als bei einer Einzelverwertung der einzelnen Gegenstände.

593 Forderungen, die der Schuldner im Wege der Sicherungszession abgetreten hat, darf der Verwalter ebenfalls einziehen oder in sonstiger Weise verwerten (§ 166 Abs. 2 InsO). So kann beispielsweise der Insolvenzverwalter die sicherungshalber abgetretenen Forderungen an eine Factoring-Bank verkaufen.

594 Die Verwertungsbefugnis des Verwalters besteht nur dann, wenn er noch im Besitz des Sicherungsgutes ist (§ 166 Abs. 1 InsO). War der Gläubiger demgegenüber bei Verfahrenseröffnung im Besitz des Gegenstandes, so darf er bereits eingeleitete Verwertungsmaßnahmen fortsetzen.

Beispiel 137

Verwertung abgetretener Forderungen

Der Schuldner Otto P. hat seinem Hauptlieferanten Ralf H. Kundenforderungen sicherungshalber abgetreten. Im Rahmen dieser Zession hat Ralf H. von Otto P. auch die Originale der Vertragsurkunden erhalten. Kopien hiervon befinden sich in den Geschäftsunterlagen, die der Verwalter in Besitz hat. Ralf H. ist der Auffassung, dass er deshalb trotz der Eröffnung des Insolvenzverfahrens verwertungsbefugt sei.

Abwandlung: Ralf H. hat die Forderungen bereits vor Verfahrenseröffnung eingezogen.

> Bei sicherungshalber abgetretenen Forderungen ist eine Inbesitznahme, wie bei dinglichen Gegenständen nicht möglich und auch nicht erforderlich. Forderungen, die der Schuldner zur Sicherung abgetreten hat, darf immer der Verwalter einziehen (§ 166 Abs. 2), wobei das Verwertungsrecht auf den Verwalter mit der Eröffnung des Insolvenzverfahrens übergeht.
>
> Hat der Sicherungsgläubiger die Verwertung der sicherungshalber abgetretenen Forderungen schon vor der Verfahrenseröffnung abgeschlossen und die Forderungen eingezogen, darf er den Erlös behalten. Demgegenüber darf eine begonnene Verwertung von Forderungen nach Verfahrenseröffnung nicht fortgesetzt werden.

Die nicht verwertungsbefugten absonderungsberechtigten Gläubiger, können gegenüber dem Insolvenzverwalter Auskunft über den Zustand der Sache verlangen (§ 167 InsO). Hierdurch soll den gesicherten Gläubigern Gelegenheit zum Hinweis auf günstigere Verwertungsmöglichkeiten, ein Eintrittsrecht in geplante Verwertungsgeschäfte des Verwalters sowie Schutz vor einer Verzögerung der Verwertung ermöglicht werden (§§ 168, 169 InsO). **595**

Die Wahrnehmung dieser Rechte wird den Gläubigern erleichtert, wenn sie den Zustand der Sachen kennen bzw. über die Höhe und Fälligkeit der Forderungen und etwa vom Drittschuldner erhobenen Einwendungen oder über Ausfälle unterrichtet sind. **596**

Der Verwalter kann die Gläubiger anstelle der Auskunft darauf verweisen, sich selbst vom Zustand der Sachen zu überzeugen oder die Geschäftsunterlagen über die Forderungen einzusehen (§ 167 InsO). **597**

Beispiel 138

Hinweis auf günstigere Verwertungsmöglichkeit

> Der Sicherungsgläubiger Sven Z. ist der Auffassung, dass mit der vom Verwalter geplanten Versteigerung der sicherungsübereigneten Gegenstände nur ein Bruchteil des Erlöses erzielt werde, der bei einer Verwertung im Ausland zu erreichen sei. Er macht dem Insolvenzverwalter gegenüber geltend, er kenne einen saudi-arabischen Kaufmann, der genau auf der Suche nach derartigen Präzisionsmaschinen sei und dafür etwa die dreifache Summe zu zahlen bereit sei. Er habe bereits mit dem Kaufmann gesprochen und ein schriftliches Kaufangebot von diesem erhalten.
>
> Nach § 168 InsO muss der Verwalter dem absonderungsberechtigten Gläubiger mitteilen, auf welche Weise der Gegenstand verwertet werden soll. Dies gilt nicht nur für die Verwertung von Sachen, sondern auch von Forderungen, wenn diese anders als durch Einziehung, also z.B. durch Verkauf an einen Factor, Forfaiteur oder ein Inkassounternehmen realisiert werden sollen.

> Sicherungsgläubiger Sven Z. hat dann innerhalb einer Woche Gelegenheit, den Verwalter auf die von ihm behauptete günstigere Verwertungsmöglichkeit hinzuweisen. Derartige Hinweise sind aber nur dann beachtlich, wenn er auf eine konkrete anderweitige Verwertungsmöglichkeit verweist. Dem ist hier wegen der Bezugnahme auf die konkrete Person eines Interessenten und die Konditionen Genüge getan.

598 Ein verspäteter Hinweis des Sicherungsgläubiger ist für den Insolvenzverwalter nur dann beachtlich, wenn er noch rechtzeitig vor der Veräußerung erteilt wird.

599 Der Verwalter muss entweder diese Verwertungsmöglichkeit wahrnehmen oder den Gläubiger so stellen, als habe er sie wahrgenommen. Eine günstigere Verwertungsmöglichkeit kann auch darin bestehen, dass der Gläubiger den belasteten Gegenstand zu den vorgesehenen Bedingungen selbst übernimmt, wobei auf seine Forderung der mit dem Verwalter vereinbarte Preis verrechnet wird. In diesem Fall trägt der Gläubiger das Risiko eines Mindererlöses und die Chance eines Mehrerlöses allein.

600 Um einerseits sicherzustellen, dass Sanierungsmöglichkeiten nicht von vornherein durch verfrühte Verwertungsmaßnahmen obsolet werden und zum anderen zur Vermeidung einer verzögerten Verwertung, normiert die InsO eine allgemeine Verwertungspflicht nach dem Berichtstermin (§ 159 InsO). Ab diesem Zeitpunkt hat der Verwalter dem Gläubiger, soweit keine Verwertung erfolgt, aus der Masse laufend die geschuldeten Zinsen zu zahlen (§ 169 InsO). Der Zinssatz richtet sich nach der vertraglichen Vereinbarung, nicht nach einem eventuellen Rahmenzins. Wenn der Schuldner sich in Verzug befindet, können auch Verzugszinsen verlangt werden.

Beispiel 139

Ausgleichsanspruch

> Der Taxifahrer Özkar Y. hat an Wolfgang J. einen neuen Mercedes E sicherungsübereignet. Kurze Zeit später wird über das Vermögen des Özkar Y. das Insolvenzverfahren eröffnet. Der Insolvenzverwalter nutzt das Fahrzeug im Rahmen der Betriebsfortführung. Wolfgang J. wendet ein, das Fahrzeug habe bereits 50.000 km mehr als zum Zeitpunkt der Verfahrenseröffnung. Der Zinsausgleich helfe ihm nicht viel, wenn das Fahrzeug wegen der hohen Laufleistung nur noch einen geringen Restwert habe und seine Forderung dadurch nicht abgedeckt werde.
>
> Zusätzlich zu dem Zinsausgleich wird dem Gläubiger ein Ausgleichsanspruch zugebilligt, falls der Verwalter den Gegenstand für die Insolvenzmasse benutzt und dadurch ein Wertverlust eintritt. In diesem Fall hat der Verwalter, von der Eröffnung des Verfahrens an, laufende Zahlungen an den Gläubiger zu leisten, jedoch nur unter den Voraussetzungen, dass der

durch die Nutzung entstehende Wertverlust die Sicherung des Gläubigers beeinträchtigt (§ 172 Abs. 1 InsO).

601 Sofern der Verwalter kein Interesse an einer Verwertung hat, kann er dem Gläubiger die Verwertung überlassen (§ 170 Abs. 2 InsO). Dies ist vor allem dann sinnvoll, wenn der Gläubiger günstigere Verwertungsmöglichkeiten besitzt, etwa weil er sich in der betreffenden Branche oder im Land des Drittschuldners besser auskennt. Die Freigabe hat zur Folge, dass der Gegenstand von insolvenzbefangenen in das freie Vermögen des Schuldners überführt wird.

Beispiel 140

Kosten der Feststellung und Verwertung

Insolvenzverwalter Theodor R. sieht sich mit einer Vielzahl von Sicherungsrechten konfrontiert, deren Feststellung und Verwertung hohe Kosten verursachen. Kann er Ersatz dieser Kosten von den Sicherungsgläubigern erlangen?

Die Kosten der Feststellung und Verwertung des Sicherungsgutes kann der Insolvenzverwalter im Rahmen eines pauschalierten Kostenbeitrages vom Verwertungserlös vorab entnehmen.

Sofern der Verwalter den Gegenstand (d.h. die Sache oder die sicherungshalber abgetretene Forderung) selbst verwertet hat, so sind aus dem Verwertungserlös

- **4 %** des Erlöses für die Kosten der **Feststellung** als Pauschale,
- **5 %** des Erlöses für die Kosten der **Verwertung** als Pauschale mit der Möglichkeit, die Pauschale durch die tatsächlich entstandenen Kosten abzulösen, falls diese erheblich niedriger oder erheblich höher lagen,
- **16 %** des Erlöses für die **Umsatzsteuer**, sofern diese durch die Verwertung zu Lasten der Masse ausgelöst wird,

zu entnehmen.

Hat der Verwalter dem Gläubiger die Verwertung des Gegenstandes bzw. der Forderung überlassen, so sind

- 4 % des Erlöses für die Kosten der Feststellung,
- 16 % des Erlöses für die Umsatzsteuer, sofern durch die Verwertung solche zu Lasten der Masse ausgelöst wird,

an die Masse abzuführen.

19. Die Verteilung der Insolvenzmasse (§§ 187 ff. InsO)

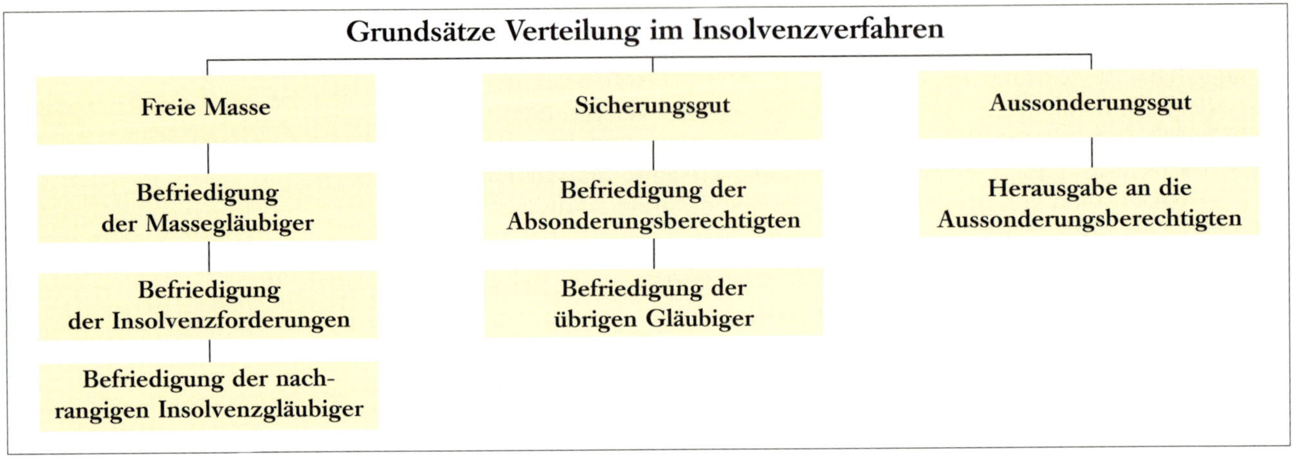

602 Nach Abschluss der Verwertung hat der Insolvenzverwalter den Erlös unter Beachtung des insolvenzrechtlichen Gleichbehandlungsgrundsatzes an die Gläubiger zu verteilen. Hierbei ermöglicht es § 187 InsO, bereits nach dem allgemeinen Prüfungstermin Abschlagsverteilungen vorzunehmen, so oft hinreichende Barmittel in der Masse vorhanden sind.

603 Die Abschlagsverteilung erfolgt mit Zustimmung des Gläubigerausschusses (§ 187 Abs. 3 Satz 2 InsO) nach dem Ermessen des Insolvenzverwalters, soweit hinreichend Masse zur Verfügung steht und die vorhandenen Barmittel nicht für eine zeitweilige Fortführung des insolventen Unternehmens benötigt werden. Im Einzelfall kann es auch sinnvoll sein, anstelle einer Abschlagsverteilung gesicherte Gläubiger abzufinden, um hohe Zinszahlungen an diese Gläubiger wegen der Nutzung des Sicherungsguts für die Insolvenzmasse zu vermeiden (§ 169 InsO).

Beispiel 141

Nachrangige Forderungen

Gesellschafter Witold G. hat nach Aufforderung des Insolvenzgerichts seine (nachrangige) Forderung auf Rückzahlung eines eigenkapitalersetzenden Darlehens angemeldet. Im Rahmen einer Abschlagsverteilung geht er leer aus, da sich der Insolvenzverwalter weigert, an die nachrangigen Gläubiger Zahlungen zu leisten. Zu Recht?

Der Insolvenzverwalter hat korrekt gehandelt. Die nachrangigen Insolvenzgläubiger sollen bei Abschlagszahlungen nicht berücksichtigt werden, da sie nur im Falle der vollen Befriedigung der übrigen Insolvenzgläubiger überhaupt Zahlungen aus der Masse beanspruchen können (§§ 187 Abs. 2 Satz 2, 39 InsO).

Vor der Durchführung einer Verteilung hat der Verwalter ein Verzeichnis der zu berücksichtigenden Forderungen aufzustellen und das Verzeichnis auf der Geschäftsstelle des Insolvenzgerichts zur Einsicht der Beteiligten niederzulegen. Der Verwalter hat die Summe der Forderungen und den für die Verteilung verfügbaren Betrag aus der Insolvenzmasse öffentlich bekannt zu machen (§ 188 InsO). **604**

Die Niederlegung des Verzeichnisses soll dem Gläubiger die Möglichkeit bieten, wenn notwendig Änderungen und Ergänzungen zu erwirken, falls die ihm zustehende Forderung unrichtig aufgenommen wurde. **605**

Forderungen, die in das Verzeichnis nicht aufgenommen wurden, bleiben bei der Verteilung ausgeschlossen, sobald die für die Erhebung von Einwendungen gesetzte Ausschlussfrist abgelaufen ist (§ 189 InsO). **606**

Grundlage des Verzeichnisses ist die Insolvenztabelle einschließlich der Berichtigungen. Aufzunehmen sind die nachfolgend aufgeführten Forderungen, und zwar in voller Höhe ohne Berücksichtigung eventueller Abschlagsverteilungen und auch ohne Unterscheidung hinsichtlich der Forderungen, die durch Auszahlung und solchen, welche durch Zurückhaltung der Anteile zu berücksichtigen sind: **607**

- Die zur Insolvenztabelle festgestellten Forderungen, auch wenn der Schuldner widersprochen hat, selbst dann, wenn die Forderung nach der Feststellung erloschen ist, falls keine Vollstreckungsabwehrklage (§ 767 ZPO) erhoben wurde.[284]
- Vom Insolvenzverwalter bestrittene Forderungen, bei denen im Prüfungstermin ein vollstreckbarer Schuldtitel, ein Endurteil oder ein Vollstreckungsbefehl vorliegt (§ 189 Abs. 1 InsO).
- Andere streitige Forderungen, wenn dem Verwalter die Betreibung der Feststellung (§ 189 Abs. 1 InsO) bei Niederlegung des Verzeichnisses nachgewiesen ist.
- Für bedingte und Ausfallforderungen müssen die vorgenannten allgemeinen Voraussetzungen vorliegen, mit der Maßgabe, dass
  - bei der auflösend bedingten Forderung die Bedingung nicht eingetreten ist,
  - bei aufschiebend bedingten Forderungen die Anwartschaft nicht aussichtslos ist (§ 191 InsO),
  - bei Ausfallforderungen für die Abschlagsverteilung der Nachweis, dass die Verwertung des Gegenstandes betrieben wird, an dem ein Absonderungsrecht besteht, und der Betrag des mutmaßlichen Ausfalls glaubhaft gemacht ist (§ 190 Abs. 2 InsO) und vor der Schlussverteilung der Nachweis des Ausfalls erbracht ist (§ 190 Abs. 1 InsO).

284 *OLG Karlsruhe* vom 02.10.1981 – 15 U 76/81 – ZIP 1981, 1231.

608 Für die Richtigkeit und Vollständigkeit des Verteilungsverzeichnisses haftet der Insolvenzverwalter. Dieser ist verpflichtet, bei Erstellung des Schlussverzeichnisses den Inhalt der Insolvenztabelle mit den übrigen Insolvenzunterlagen zu vergleichen und auf seine Richtigkeit und Vollständigkeit hin zu überprüfen.[285]

Beispiel 142

Berücksichtigung bestrittener Forderungen

> Die Forderung des Ladilaus J. wurde vom Insolvenzverwalter bestritten.
>
> Entfällt im Rahmen der Abschlagsverteilung dennoch eine Quote auf diesen Anspruch?
>
> § 189 InsO regelt die Berücksichtigung bestrittener Forderungen bei der Verteilung. Danach werden titulierte Forderungen solange berücksichtigt, bis der Widerspruch des Insolvenzverwalters für begründet erklärt ist. Nicht titulierte Forderungen werden in der Verteilungsliste aufgeführt, wenn die klageweise Feststellung zur Insolvenzmasse im Zeitpunkt der Aufstellung der Liste schon betrieben wurde.

609 Das Verteilungsverzeichnis ist zu ändern (§ 193 InsO), wenn der Nachweis, dass die Feststellung zur Insolvenztabelle klageweise betrieben wird, nicht innerhalb der Ausschlussfrist gegenüber dem Insolvenzverwalter nachgewiesen wird (§ 189 Abs. 3 InsO), wobei der Nachweis, dass die Feststellung zur Insolvenztabelle betrieben wird, bis zum Ablauf einer Frist von 2 Wochen nach der öffentlichen Bekanntmachung zu führen ist. Für die Fristberechnung gelten die § 222 Abs. 1 ZPO, §§ 187 Abs. 1, 188 Abs. 2 BGB.

610 Der erforderliche Nachweis zur Aufnahme einer Forderung in die Verteilungsliste ist dann geführt, wenn gegenüber dem Insolvenzverwalter dargetan wurde, dass gegen alle Widersprechenden Klage eingereicht wurde und die Klage entweder zugestellt ist oder demnächst zugestellt wird (§§ 270 Abs. 3, 498 ZPO).

Beispiel 143

Anschlussfrist bei Schlussverteilung

> Gläubiger Emil G. hat es versäumt fristgerecht die Feststellung seiner bestrittenen Kaufpreisforderung zu betreiben. Er fragt sich nunmehr, ob er aus allen Verteilungen ausgeschlossen ist.
>
> Hat der Gläubiger die Frist versäumt, so hat die Fristversäumnis zunächst den Ausschluss der Forderung im Hinblick auf die anstehende Verteilung zur Folge. Wird der Nachweis, dass die Voraussetzungen zur Aufnahme der Forderung in die Verteilungsliste vorliegen, nach Ablauf der Ausschlussfrist erbracht, so besteht die Möglichkeit der nachträglichen Berücksichtigung im Rahmen der Schlussverteilung (§ 192 InsO). Die Versäumung der Ausschlussfrist für die Schlussverteilung bewirkt den endgültigen Ausschluss der Forderung, und zwar auch für die Nachtragsverteilung.

285 *OLG Hamm* vom 29.11.1982 – 5 U 232/81 – ZIP 1983, 341.

611 Die Forderungen der absonderungsberechtigten Gläubiger, denen der Schuldner zugleich persönlich haftet, finden bei den Verteilungen nur insoweit Berücksichtigung, als der Gläubiger entweder auf die abgesonderte Befriedigung aus dem Gegenstand verzichtet oder den wirklichen Ausfall nachgewiesen hat (§ 190 Abs. 1 InsO). Wird der Nachweis nicht rechtzeitig geführt, wird die Forderung bei der Verteilung nicht berücksichtigt.

612 Für die Berücksichtigung bei einer Abschlagsverteilung genügt es, wenn der Gläubiger dem Insolvenzverwalter spätestens innerhalb der Ausschlussfrist nachweist, dass er die Verwertung des Gegenstandes betrieben hat, an dem das Absonderungsrecht besteht, und den Betrag des mutmaßlichen Ausfalls glaubhaft macht (§ 190 Abs. 2 InsO). In diesem Fall wird der auf die Forderung entfallende Anteil bei der Verteilung zurückbehalten. Wird der Ausfall bei der Schlussverteilung nicht nachgewiesen, so wird der zurückbehaltene Anteil für die Schlussverteilung frei.

Beispiel 144

Abschlagsverteilung

Dem absonderungsberechtigten Gläubiger Kuno L. hat der Schuldner Waldemar T. zur Sicherung seiner Darlehensforderung ein Auto sicherungshalber übereignet, das sich beim Insolvenzverwalter befindet. Findet die o.g. Regelung auf ihn Anwendung?

Durch § 190 Abs. 3 InsO wird klargestellt, dass die Obliegenheiten des Gläubigers zum Nachweis des Ausfalles nur dann bestehen, wenn der Gläubiger selbst zur Verwertung berechtigt ist. Steht bei einem Absonderungsrecht an einem beweglichen Gegenstand das Verwertungsrecht dem Verwalter zu (§ 166 InsO), so hat der Verwalter dafür zu sorgen, dass der Gegenstand vor der Schlussverteilung verwertet wird und der Ausfall des Gläubigers damit rechtzeitig feststeht. Bei der Abschlagsverteilung hat der Verwalter in diesem Fall den Ausfall des Gläubigers zu schätzen.

613 Aufschiebend bedingte Forderungen muss der Verwalter bei einer Abschlagsverteilung mit ihrem vollen Betrag berücksichtigen. Der auf die Forderung entfallende Anteil wird bei der Verteilung zurückbehalten (§ 191 Abs. 1 InsO).

614 Die zur Insolvenztabelle festgestellte aufschiebend bedingte Forderung wird, soweit die Bedingung noch nicht eingetreten ist, im Rahmen der Schlussverteilung mit dem Betrag berücksichtigt, der auf die unbedingte Forderung entfallen würde, es sei denn, der Insolvenzverwalter weist nach, dass die Möglichkeit des Bedingungseintritts soweit entfernt ist, dass die bedingte Forderung keinen gegenwärtigen Vermögenswert darstellt.

615 Hat die aufschiebend bedingte Insolvenzforderung einen gegenwärtigen Vermögenswert, werden die auf sie entfallenden Anteile hinterlegt. Tritt die Bedingung ein, werden die Anteile ausgezahlt; fällt die Bedingung aus, werden die hinterlegten Beträge für die Nachtragsverteilung frei.

Beispiel 145

Verteilung aus restlicher Masse

Die Pfandgläubigerin Andrea S. wurde bei der ersten Abschlagsverteilung noch nicht berücksichtigt, da sie ihren Ausfall noch nicht dartun konnte. Nunmehr hat sie den verpfändeten Gegenstand verwertet und macht gegenüber dem Insolvenzverwalter den konkreten Ausfall geltend. Wie ist sie bei der nachfolgenden Verteilung zu berücksichtigen?

Gläubiger, die bei einer Abschlagsverteilung nicht berücksichtigt worden sind und die Voraussetzungen der §§ 189, 190 InsO nachträglich erfüllen, erhalten bei der folgenden Verteilung aus der restlichen Insolvenzmasse vorab einen Betrag, der sie mit den übrigen Gläubigern gleichstellt. Zur Vereinfachung des Verteilungsverfahrens wird vorgesehen, dass die Gläubiger, die nachträglich die Voraussetzungen für die Berücksichtigung bei einer Verteilung erfüllen, nicht sofort, sondern erst bei der folgenden Verteilung den übrigen Gläubigern gleichgestellt werden.

616 Sofern Änderungen des Verteilungsverzeichnisses aufgrund der §§ 189 – 192 InsO erforderlich werden, hat der Insolvenzverwalter diese binnen 3 Tagen vorzunehmen, damit auch gegen diese Berichtigung nach Ablauf der Ausschlussfrist rechtzeitig Einwendungen erhoben werden können.

Beispiel 146

Einwendungsrecht der Gläubiger

Jannis K. stellt beim Einblick in das Verteilungsverzeichnis fest, dass seine zur Tabelle festgestellte Forderung in dem Verteilungsverzeichnis nicht berücksichtigt wurde.

Bei einer Abschlagsverteilung sind Einwendungen eines Gläubigers gegen das Verzeichnis bis zum Ablauf einer Woche nach dem Ende der in § 189 Abs. 1 InsO vorgesehenen Ausschlussfrist von 2 Wochen bei dem Insolvenzgericht zu erheben. Einwendungsberechtigt sind die Insolvenzgläubiger, die eine Insolvenzforderung, mag diese Forderung auch bestritten sein, angemeldet und ein Interesse an der Änderung des Verzeichnisses haben.

Nicht einwendungsberechtigt sind der Schuldner, nachrangige Insolvenzgläubiger, die bei Abschlagsverteilungen nicht berücksichtigt werden sollen (§ 187 Abs. 2 Satz 2 InsO), und Massegläubiger, da deren Forderungen vorweg befriedigt werden.

Einwendungen können sich nur gegen das Gläubigerverzeichnis richten und deshalb nur darauf gestützt werden, dass eine Forderung nicht oder zu Unrecht berücksichtigt wurde. Einwendungen, die gegen den Bestand der Forderung geltend gemacht werden, sind im Rahmen des § 194 InsO unzulässig. Sie können möglicherweise vor dem Prozessgericht geltend gemacht werden.[286]

Über die Begründetheit der zulässigen Einwendungen entscheidet das Insolvenzgericht im Beschlussverfahren.

617 Die Entscheidung des Insolvenzgericht, mit der eine Einwendung abgewiesen wurde, ist dem Gläubiger und dem Insolvenzverwalter zuzustellen. Dem Gläubiger steht gegen den Beschluss die sofortige Beschwerde zu (§ 194 Abs. 2 Satz 2 InsO).

618 Ordnet das Gericht die Berichtigung des Verteilungsverzeichnisses an, so ist die Entscheidung auf der Geschäftsstelle des Gerichts niederzulegen und dem Gläubiger und dem Verwalter zuzustellen. Gibt das Gericht den Einwendungen teilweise statt, so ist die Entscheidung des Gerichts den Beteiligten zuzustellen und in der Geschäftsstelle niederzulegen.

Dem Verwalter und den Insolvenzgläubigern steht gegen den Beschluss die sofortige Beschwerde zu (§ 194 Abs. 3 Satz 2 InsO).

619 Ist über alle erhobenen Einwendungen entschieden, kann der Insolvenzverwalter die Abschlagsverteilung vornehmen, da der Kreis der Berechtigten feststeht. Obwohl ohne gerichtliche Anordnung keine Verpflichtung besteht, mit der Auszahlung bis zur Rechtskraft der Entscheidung zuzuwarten, ist es jedoch sinnvoll, da sich ansonsten der Insolvenzverwalter einer Schadensersatzverpflichtung aussetzt, wenn aufgrund anhängiger Beschwerdeverfahren weitere Forderungen berücksichtigt werden müssen, die Masse aber verteilt ist und keine Rückstellungen getroffen wurden.

Beispiel 147

Bereicherungsanspruch

Jannis K. hat es versäumt, seine Einwendung fristgerecht geltend zu machen. Da das Verfahren nach der ersten Abschlagsverteilung massearm wurde, fragt er sich, ob er einen Ausgleichsanspruch in Höhe der ihm zustehenden Quote gegenüber den übrigen Gläubigern geltend machen kann.

Abwandlung: Jannis K. hat fristgerecht seine Einwendungen geltend gemacht, der Insolvenzverwalter hat aber versehentlich keine Auszahlung auf seine Quote vorgenommen.

Hat der Verwalter bei der Aufstellung des Gläubigerverzeichnisses die Forderung eines Gläubigers irrtümlich nicht berücksichtigt und hatte letzterer die Möglichkeit, seine Forderung im Einwendungsverfahren geltend zu machen, so ist er nicht nur bei der Abschlagsverteilung ausgeschlossen, sondern kann auch keinen Bereicherungsanspruch gegen die an der

286 *BGH* vom 25.06.1957 – VIII ZR 251/56 – WM 1957, 1225.

Abschlagsverteilung beteiligten Gläubiger geltend machen, da der Sinn und Zweck der Regeln über die Aufstellung des Gläubigerverzeichnisses verfehlt würde, wenn die Gläubiger nach rechtskräftiger Aufnahme der zu berücksichtigenden Forderungen die Auseinandersetzung über die Verteilung der Masse weiter betreiben könnten.[287]

War der Gläubiger in die Gläubigerliste aufgenommen, ihm jedoch aus einem Versehen des Insolvenzverwalters die fragliche Abschlagsquote nicht gezahlt worden, so steht ihm ein Bereicherungsanspruch gegen die an der Abschlagsverteilung beteiligten Gläubiger zu, wenn ihnen ein im Verhältnis zu ihrer Forderung zu hoher Betrag ausgeschüttet worden war.[288]

Die Rechtsprechung billigt einen Bereicherungsanspruch nämlich nur dann zu, wenn der übergangene Gläubiger ordnungsgemäß in das Verzeichnis eingetragen war oder er Einwendungen gegen eine nachträgliche Streichung nicht mehr vorbringen konnte.[289]

620 Vor der Durchführung der Abschlagsverteilung hat der Insolvenzverwalter aufgrund der rechtsverbindlich festgestellten Verteilungsliste die Höhe des zu zahlenden Bruchteiles zu bestimmen. In Insolvenzverfahren, in denen ein Gläubigerausschuss bestellt ist, bestimmt der Gläubigerausschuss auf Vorschlag des Insolvenzverwalters die Auszahlungsquote (§ 195 Abs. 1 Satz 1 InsO).

621 Da es sich bei der Bestimmung des Bruchteiles um eine Verwaltungsentscheidung handelt, die Zweckmäßigkeitserwägungen zugänglich ist, ist weder das Insolvenzgericht noch die Gläubigerversammlung berechtigt, dem Insolvenzverwalter bzw. dem Gläubigerausschuss Weisungen zu erteilen.

622 Die Festsetzung des Bruchteiles wird wirksam, sobald sie zumindest einem Gläubiger bekannt gemacht worden ist. Für die Mitteilung an die zu berücksichtigenden Gläubiger ist keine Form vorgesehen. Sie kann beispielsweise durch öffentliche Bekanntmachung oder auch durch einen entsprechenden Vermerk auf dem Überweisungsträger des Auszahlungsbeleges erfolgen.

623 Eine nachträgliche Änderung des einmal bestimmten Bruchteiles ist im Falle irrtümlicher Berechnung oder eines sonstigen wichtigen Grundes zulässig. Eventuell bedarf es bei einer zulässigen Änderung des Bruchteiles einer erneuten öffentlichen Bekanntmachung bzw. einer Mitteilung an die bei der Abschlagsverteilung beteiligten Gläubiger, beispielsweise wenn sich der Insolvenzverwalter bei der Berechnung der Quote um eine Kommastelle geirrt hat.

---

287 *BGH* vom 17.05.1984 – VII ZR 333/83 – WM 1984, 1011.
288 *BGH* a.a.O.
289 *BGH* a.a.O.

624 Die Schlussverteilung wird vom Insolvenzverwalter gemäß § 196 InsO vorgenommen, sobald die Verwertung der Insolvenzmasse beendet ist und die Zustimmung des Insolvenzgerichts vorliegt.

624a Laufende Einnahmen eines Schuldners z.B. der pfändbare Anteil des Lohnes oder des Gehaltes oder Mieteinnahmen stehen einer Schlussverteilung nicht entgegen. Weitere der Masse zufließende Beträge werden von der Nachtragsverteilung erfasst.

Beispiel 148

Schlussverteilung

Das Insolvenzverfahren über das Vermögen der F-GmbH ist weitgehend abgeschlossen. Insolvenzverwalter Klaus L. überlegt, ob er bereits die Schlussverteilung vornehmen kann, obgleich noch einzelne Masseprozesse anhängig sind.

Die Anhängigkeit noch einzelner Feststellungsprozesse, das Vorhandensein unverwertbarer Massegegenstände oder noch nicht fälliger zur Masse gehöriger Forderungen hindert die Schlussverteilung nicht, da insoweit die Möglichkeit der Nachtragsverteilung besteht (§ 203 InsO).

Wird das Insolvenzverfahren nach Durchführung der Schlussverteilung aufgehoben, bleibt der Verwalter für die noch anhängigen Rechtsstreite aktivlegitimiert und ist auch befugt, im eigenen Namen eventuell vorhandene Restmasse zu verwerten.

625 Die Schlussverteilung findet nach Maßgabe der allgemeinen Vorschriften über die Verteilung statt. Sie bedarf der Zustimmung des Insolvenzgerichts. Eine ohne Zustimmung des Gerichts vorgenommene Schlussverteilung des Insolvenzverwalters macht die Schlussverteilung nicht nichtig, der Insolvenzverwalter macht sich jedoch den Beteiligten gegenüber nach § 60 InsO persönlich verantwortlich.[290]

626 Das Insolvenzgericht kann die Zustimmung zur Schlussverteilung widerrufen, wenn zwingende Gründe des Gläubigerwohls es gebieten.

627 Mit der Zustimmung zur Schlussverteilung bestimmt das Insolvenzgericht den Termin für eine abschließende Gläubigerversammlung. Dieser Termin dient zur Erörterung der Schlussrechnung des Insolvenzverwalters zur Erhebung von Einwendungen gegen das Schlussverzeichnis und zur Entscheidung der Gläubiger über die nicht verwertbaren Gegenstände der Insolvenzmasse (§ 197 Abs. 1 InsO).

Beispiel 149

Hinterlegung

Werner U. hat rechtzeitig Feststellungsklage erhoben, eine Entscheidung ist wegen der Überlastung des zuständigen Gerichts erst in ca. einem Jahr zu erwarten. Bei den Abschlagsverteilungen und der Schlussverteilung

290 *Kuhn/Uhlenbruck* KO, § 161 Rz. 6.

> hat Insolvenzverwalterin Ulrike J. jeweils eine Quote zugunsten des U. zurückbehalten. Wie wird weiter verfahren?
>
> Beträge, die bei der Schlussverteilung zurückzubehalten sind, hat der Insolvenzverwalter mit Zustimmung des Insolvenzgerichts für Rechnung der Beteiligten bei einer geeigneten Stelle zu hinterlegen (§ 198 InsO).
>
> Ein Rücknahmeverzicht des Insolvenzverwalters bei der Hinterlegung zurückbehaltener Quoten ist ausgeschlossen, weil die hinterlegten Beträge, etwa im Fall der Abweisung der Feststellungsklage für eine Nachtragsverteilung frei werden können.

628 Auch die auszuzahlenden Beträge, die weder von dem bekannten Gläubiger abgeholt noch ihm überwiesen werden können, sind, ohne dass es einer Anordnung des Gerichts bedarf, bei der von dem Insolvenzverwalter bezeichneten Hinterlegungsstelle zu hinterlegen. Diese Beträge sind auf den Namen des Gläubigers unter Rücknahmeverzicht zu hinterlegen, damit der Insolvenzverwalter schuldbefreiend geleistet hat (§§ 372, 376, 378 BGB).

Beispiel 150

Überschuss

> Die Kauffrau Thea Q. hat rechtzeitig bei Eintritt der drohenden Zahlungsunfähigkeit die Eröffnung eines Insolvenzverfahrens über ihre Einzelfirma beantragt. Als sie während des Verfahrens von ihrem wohlhabenden Onkel noch eine Millionenerbschaft macht, steht der Insolvenzverwalter bei der Schlussverteilung vor der – in Insolvenzverfahren seltenen – Situation, dass alle Verbindlichkeiten, einschließlich der nachrangigen Forderungen beglichen werden können.
>
> Können bei der Schlussverteilung die Forderung aller Insolvenzgläubiger in voller Höhe berichtigt werden, so hat der Insolvenzverwalter einen verbleibenden Überschuss dem Schuldner herauszugeben (§ 199 Satz 1 InsO).
>
> Ist der Schuldner keine natürliche Person, so hat der Insolvenzverwalter auch für die Verteilung des Überschusses an die einzelnen, am Schuldner beteiligten Personen zu sorgen. Auf diese Weise wird vermieden, dass sich dem Insolvenzverfahren noch eine gesellschaftsrechtliche Liquidation anschließen muss (§ 199 Satz 2 InsO).

629 Stehen nach dem Schlusstermin aus den in § 203 Abs. 1 Nr. 1 – 3 InsO bezeichneten Gründen weitere Geldmittel zur Verfügung, so kommt eine Nachtragsverteilung in Betracht.

Beispiel 151

Nachtragsverteilung

> Der Insolvenzverwalter hat von der Masse einen Geldbetrag in Höhe von 10.000,00 € wegen eines anhängigen Forderungsfeststellungsverfahren des Gläubigers Ö. zurückgehalten. Dieser Betrag wird nunmehr frei, da der Gläubiger in dem Feststellungsverfahren unterlegen ist (§ 203 Abs. 1 Nr. 1 InsO).

Beispiel 152

Nachtragsverteilung

Insolvenzverwalter Z. wurden im Laufe des Verfahrens zu hohe Vergütungsvorschüsse gewährt, die dazu führen, dass er nach der endgültigen Vergütungsfestsetzung einen Teil der vorab erhaltenen Vergütung an die Masse zurückzahlen muss (§ 203 Abs. 1 Nr. 1 InsO),

Beispiel 153

Nachtragsverteilung

Nach der Schlussverteilung stellt sich heraus, dass der Schuldner noch ein unbelastetes Wohnhaus auf Sylt besitzt, das er während des Insolvenzverfahrens geheim gehalten hat.

Beispiel 154

Nachtragsverteilung

Insolvenzverwalter Gustav F. obsiegt in dem Anfechtungsrechtsstreit mit der LKI-Bank, die kurz vor Verfahrenseröffnung eingegangene Gelder in Höhe von 400.000,00 € verrechnet hat. Die von der Bank zurückgezahlten 400.000,00 € fließen in die Masse.

Gegenstände, die der Insolvenzverwalter zuvor freigeben hat, können nachträglich nicht mehr zur Masse gezogen werden. Hat der Schuldner freigegebene Gegenstände veräußert, kann der Veräußerungserlös nicht mehr zur Insolvenzmasse gezogen werden, da die Freigabe als solche als einseitige empfangsbedürftige Willenserklärung unwiderruflich und grundsätzlich wegen Irrtums nicht anfechtbar und darüber hinaus eine Surrogation gesetzlich nicht vorgesehen ist. 630

Beispiel 155

Zuständigkeit für Nachtragsverteilung

Nachdem das Insolvenzverfahren über das Vermögen der Hannelore I. bereits aufgehoben wurde, fließen 30.000,00 € aus einem Anfechtungsanspruch in die Masse. Hannelore I. ist der Auffassung, dass sie selbst das Geld verteilen könne, da sie schließlich wieder verwaltungs- und verfügungsbefugt sei.

Die Schuldnerin irrt sich. Für die Nachtragsverteilung bleibt der Insolvenzverwalter verwaltungs- und verfügungsbefugt, da insoweit der Insolvenzbeschlag fortbesteht bzw. durch nachträgliche Anordnung des Insolvenzgerichts begründet wird, wenn Vermögensgegenstände erst nach Verfahrenseröffnung ermittelt werden.[291] Kann der bisherige Insolvenzverwalter mit der Nachtragsverteilung nicht mehr betraut werden, weil beispielsweise ein Schadensersatzanspruch gegen ihn geltend zu machen ist, ist ein neuer Insolvenzverwalter zu bestellen.

Von einer Nachtragsverteilung kann abgesehen werden, wenn nur eine geringfügige Masse für die Verteilung zur Verfügung steht (§ 203 Abs. 3 Satz 1 InsO). 631

Soweit die Gegenstände für eine Nachtragsverteilung vorgesehen werden, dauert die Insolvenzbeschlagnahme über die Aufhebung des Insol- 632

291 *BGH* vom 22.02.1973 – VI ZR 165/71 – WM 1973, 642.

venzverfahrens hinaus fort.[292] Bei den nachträglich zur Insolvenzmasse zurückgeflossenen Beträgen wird durch die Zustellung des Beschlusses an den Schuldner über die Anordnung der Nachtragsverteilung die Beschlagnahme hergestellt.[293] Bis dahin sind weder der Schuldner noch die Gläubiger an einer Verfügung über sie gehindert.[294]

633 Die Nachtragsverteilung erfolgt aufgrund des Schlussverzeichnisses, so dass nur der zur Verfügung stehende Massebestand der öffentlichen Bekanntmachung bedarf.

20. Handels- und steuerrechtliche Rechnungslegungspflicht (§ 155 InsO)

634 § 155 Abs. 1 InsO stellt klar, dass in der Insolvenz die Buchführungs- und Rechnungslegungspflichten des Handels- und Steuerrechts unberührt bleiben und dass diese Pflichten, soweit es um die Insolvenzmasse geht, vom Insolvenzverwalter zu erfüllen sind.

Beispiel 156

Buchführungspflicht

Der Kaufmann Erwin K. hat es in den letzten 8 Monaten vor Eröffnung des Insolvenzverfahrens versäumt, seine Bücher ordentlich zu führen, da seine Buchhalterin wegen der hohen Lohnrückstände gekündigt hatte. Bei Verfahrenseröffnung findet Insolvenzverwalter Kurt Z. waschkörbeweise unerledigte Belege. Auch die Umsatzsteuervoranmeldungen sind bereits seit 2 Quartalen trotz mehrfacher Mahnung nicht mehr erfolgt.

635 Grundsätzlich hat der Insolvenzverwalter Handelsbücher zu führen (§ 239 HGB) und für den Schluss eines jeden Geschäftsjahres eine Bilanz und eine Gewinn- und Verlustrechnung aufzustellen (§ 242 HGB), wenn das Insolvenzverfahren ein kaufmännisches Unternehmen betrifft (§ 4 Abs. 1 HGB).

636 Nach § 155 Abs. 2 InsO beginnt mit der Eröffnung des Insolvenzverfahrens ein neues Geschäftsjahr, so dass der Insolvenzverwalter auf den Zeitpunkt der Verfahrenseröffnung eine Eröffnungsbilanz aufzustellen hat. Um den Insolvenzverwalter jedoch in der Anfangsphase des Insolvenzverfahrens zu entlasten, ergibt sich aus § 155 Abs. 2 Satz 2 InsO, dass die gesetzlichen Fristen für die Aufstellung und die Offenlegung von Jahres-

292 *OLG Celle* vom 05.05.1972 – 8 U 127/71 – KTS 1972, 265, wonach der Vorbehalt der Nachtragsverteilung sogar stillschweigend erfolgen kann.

293 *BGH* vom 22.02.1973 – VI ZR 165/71 – WM 1973, 642.

294 *BGH* a.a.O.

abschlüssen (§§ 264 Abs. 1 Satz 2, 325 Abs. 1 Satz 1, 336 Abs. 1 Satz 2 HGB), die für die Eröffnungsbilanz entsprechend gelten (§ 242 Abs. 2 HGB), um die Zeit bis zum Prüfungstermin verlängert werden. In dieser Zeit hat die insolvenzrechtliche Rechnungslegung, also die Aufstellung der Vermögensübersicht nach § 153 InsO auf der Grundlage des Verzeichnisses der Massegegenstände und des Gläubigerverzeichnisses Vorrang vor der handels- und steuerrechtlichen Rechnungslegung.

Für die Kapitalgesellschaften, bei denen der Jahresabschluss durch einen **637**
Abschlussprüfer zu prüfen ist (§ 316 Abs. 1 Satz 1 HGB), bestimmt § 155 Abs. 3 Satz 1 InsO, dass der Abschlussprüfer im Insolvenzverfahren ausschließlich durch das Registergericht bestimmt wird. Die Befugnis der Gesellschafter, den Abschlussprüfer zu bestimmen, wird ausdrücklich ausgeschlossen.

F. Die Dauerschuldverhältnisse in der Insolvenz

I. Miet- und Pachtverhältnisse

638 Nach § 108 Abs. 1 InsO bestehen die Miet- und Pachtverhältnisse des Schuldners über unbewegliche Gegenstände oder Räume mit der Wirkung gegen die Insolvenzmasse fort. Durch die Ergänzung des § 108 InsO hat der Gesetzgeber diese Regelung auch auf Miet- bzw. Leasingverträge ausgedehnt, bei denen der Schuldner als Vermieter bzw. Leasingnehmer den Mietgegenstand bei einem Dritten refinanziert hat und diesem dafür den Gegenstand sicherungshalber übertragen hat.

639 Demgegenüber erlöschen die Rechte und Pflichte aus sonstigen Mietverträgen über bewegliche Sachen mit der Verfahrenseröffnung nach Maßgabe des § 103 InsO. Der Verwalter kann diese Verbindlichkeiten in ihrem bisherigen Umfang neu begründen, wenn er die Erfüllung des gegenseitigen Vertrages wählt.

640 Damit ist bei Mietverträgen in der Insolvenz danach zu differenzieren, ob Gegenstand des Vertrages ein beweglicher oder unbeweglicher Gegenstand ist.

1. Der Schuldner als Mieter und Pächter (§ 109 InsO)

a) Mietverträge über unbewegliche Gegenstände

641 Ein Miet- oder Pachtverhältnis über einen unbeweglichen Gegenstand oder über Räume, das der Schuldner als Mieter oder Pächter eingegangen war, kann der Insolvenzverwalter ohne Rücksicht auf die vereinbarte Vertragsdauer unter Einhaltung der gesetzlichen Kündigungsfrist kündigen. Ausgenommen von dieser Regelung ist nach der Änderung des § 109 Abs. 1 Satz 2 InsO die Wohnung des Schuldners.[295]

---

295 Dazu unten Rz. 642a f.

Wegen der Kündigung durch den Insolvenzverwalter steht dem Vermieter nach § 109 Abs. 1 Satz 2 InsO ein Schadensersatzanspruch zu. Dieser Anspruch richtet sich als Insolvenzforderung gegen den Schuldner, nicht auch gegen andere Mitmieter, auch wenn diese Mietverhältnisse durch die Kündigung des Insolvenzverwalters ebenfalls aufgehoben worden sind. **642**

Beispiel 157

Mietverträge

> Insolvenzverwalter Thomas R. möchte das Anlaufen weiterer Mietzinsforderungen als Masseverbindlichkeiten verhindern. Er weiß, dass der Schuldner und seine Familie auf die angemietete Wohnung angewiesen sind. Wie kann der Verwalter dieses Dilemma lösen?
>
> Sofern der Verwalter an der Freistellung der Masse von Masseverbindlichkeiten interessiert ist, kann er erklären, dass die nach Ablauf der gesetzlichen Kündigungsfrist entstandenen Forderungen nicht mehr der Masse zur Last fallen. Etwaige Schadensersatzforderungen des Verwalters genießen lediglich den Rang von Insolvenzforderungen.

Betrifft das Mietverhältnis die Wohnung des Schuldners, so kann der Verwalter nach der Neuregelung des § 109 Abs. 1 InsO das Mietverhältnis nicht mehr kündigen, sondern stattdessen eine Erklärung abgeben, wonach die Ansprüche aus dem Mietverhältnis, die nach Ablauf der gesetzlichen Kündigungsfrist fällig werden, nicht im Insolvenzverfahren geltend gemacht werden können. Hintergrund dieser Gesetzesänderung ist der Umsatnd, dass es in der Vergangenheit häufiger zu beobachten war, dass Insolvenzverwalter/Treuhänder im Wege der Kündigung versuchten, die vom Schuldner geleistete Kaution für die von ihm angemietete Wohnung zu erlangen. Gerade im Verbraucherinsolvenzverfahren bestand in derartigen Fällen die Gefahr einer Obdachlosigkeit das Schuldners, die dem von der InsO verfolgten Ziel eines wirtschaftlichen Neuanfangs weitgehend widerstrebt. **642a**

Hat der Verwalter die Erklärung nach § 109 Abs. 1 Satz 2 InsO abgegeben, so kann der Vertragspartner wegen der Folgen der Erklärung Schadensersatz als Insolvenzgläubiger verlangen. **642b**

Seitens des Vermieters des Schuldners ist die fristlose Kündigung nach §§ 553, 554, 554a BGB durch § 109 InsO nicht grundsätzlich ausgeschlossen, aber dahingehend modifiziert, dass die Tatsache der Verfahrenseröffnung als solche eine fristlose Kündigung nicht rechtfertigen kann wohl aber der Zahlungsverzug des Schuldners. Auch eine Kündigung nach § 564b BGB durch den Vermieter ist möglich, wenn ein bestimmter Grund vorliegt, beispielsweise Eigenbedarf. **643**

Beispiel 158

Insolvenz eines Mitmieters

Vermieter Udo L. kündigt Jörg J., über dessen Vermögen ein Insolvenzverfahren eröffnet worden ist, obgleich dessen Lebensgefährtin und Mietmieterin Manuela Q. in der Lage und willens ist, die Miete allein zu tragen. Zu recht?

Der Vermieter ist nicht berechtigt, das Mietverhältnis zu kündigen, wenn nur über einen Mitmieter das Insolvenzverfahren eröffnet worden ist. Das Interesse des Vermieters an der ordnungsgemäßen Erfüllung des Mietvertrages wird nicht beeinträchtigt, wenn der andere Mieter willens und in der Lage ist, das Mietverhältnis fortzusetzen.[296]

644 Eine weitere Beschränkung des Kündigungsrechts des Vermieters enthält § 112 InsO. Danach kann nach § 112 InsO der Vermieter ein Miet- oder Pachtverhältnis nach Stellung des Antrages auf Eröffnung des Insolvenzverfahrens nicht kündigen,

1. wegen eines Verzugs mit der Entrichtung der Miete oder Pacht, der in der Zeit vor dem Eröffnungsantrag eingetreten ist,
2. wegen einer Verschlechterung der Vermögensverhältnisse des Schuldners.

645 Waren dem Schuldner der unbewegliche Gegenstand oder die Räume zur Zeit der Eröffnung des Verfahrens noch nicht überlassen, so können sowohl der Verwalter als auch der andere Teil nach § 109 Abs. 2 InsO vom Vertrag zurücktreten.

646 Die Wirksamkeit des Rücktritts erfordert eine ausdrückliche Rücktrittserklärung; sie ist eine einseitige empfangsbedürftige Willenserklärung und gleicht derjenigen nach § 349 BGB. Wegen ihres Charakters als Gestaltungsrecht ist sie nach den allgemeinen Grundsätzen unwiderruflich und bedingungsfeindlich. Eine bestimmte Form der Rücktrittserklärung braucht nicht eingehalten zu werden, solange ihr Erklärungsinhalt nur eindeutig erkennbar ist. Voraussetzung eines wirksamen Rücktritts bei mehreren Mietern ist, dass bei allen Mietern der Rechtsgrund der Eröffnung eines Insolvenzverfahrens vorliegt.

Beispiel 159

Verwalter als Erklärungsempfänger

Vermieter Franz U. hat in der Zeitung gelesen, dass über das Vermögen des Willi K., der ab 01.04. in seinem Geschäftshaus Büroräume gemietet hat das Insolvenzverfahren eröffnet wurde ist und Thorsten A. als Insolvenzverwalter bestellt worden ist. Er ruft den K. an und erklärt ihm, dass er unter diesen Umständen kein Interesse an der Aufrechterhaltung des Miet-

296 *BGH* vom 26.11.1957 – VIII ZR 92/57 – *BGHZ* 26, 102; a.A. *OLG Düsseldorf* vom 02.07.1987 – 10 U 23/87 – ZIP 1987, 422.

vertrages habe. Thorsten A. , der das Unternehmen des Schuldners fortführt, zieht in Unkenntnis dieses Anrufes am 01.04. in die Büroräume ein.

Adressat der Rücktrittserklärung ist ausschließlich der Insolvenzverwalter; eine Erklärung gegenüber dem Schuldner reicht nicht aus und wird auch nicht durch die Genehmigung des Insolvenzverwalters geheilt. Das Zugangserfordernis nach § 130 BGB gilt uneingeschränkt.

Die Wirkungen des Rücktritts richten sich nach den §§ 346 ff. BGB. 647
Damit wird das Vertragsverhältnis nicht als Ganzes aufgehoben, sondern in ein Abwicklungsverhältnis umgewandelt[297], aus dem die Vertragsparteien verpflichtet werden, bereits erhaltene Leistungen (z.B. im Voraus bezahlten Mietzins) einander zurückzugewähren.

Tritt der Verwalter von einem Mietvertrag des Schuldners zurück, so 648
kann der andere Teil wegen der vorzeitigen Beendigung des Vertragsverhältnisses als Insolvenzgläubiger Schadensersatz verlangen (§ 109 Abs. 2 Satz 2 InsO).

Jeder Teil hat dem anderen auf dessen Verlangen binnen 2 Wochen zu 649
erklären, ob er von dem Vertrag zurücktreten will. Unterlässt er dies, verliert er sein Rücktrittsrecht (§ 109 Abs. 2 Satz 3 InsO).

b) Mietverträge über bewegliche Gegenstände

Beispiel 160

Mietverträge über bewegliche Gegenstände

Über das Vermögen des Toni M. wurde ein Insolvenzverfahren eröffnet. Was geschieht mit dem Mercedes SLK, den M. von einer Leasinggesellschaft geleast hatte?

Für Mietverträge über bewegliche Gegenstände einschließlich des Mobilienleasings[298] gelten die Vorschriften der §§ 108, 109 InsO nicht.

Für den Mobilienmietvertrag steht dem Insolvenzverwalter gem. § 103 InsO wie bei allen gegenseitigen Verträgen, die zur Zeit der Eröffnung des Insolvenzverfahrens von beiden Seiten noch nicht vollständig erfüllt sind, ein Wahlrecht zu. Dies bedeutet, dass der Insolvenzverwalter anstelle des Schuldners den Vertrag erfüllen und die Erfüllung vom anderen Teil verlangen kann; der Verwalter kann jedoch auch die Erfüllung ablehnen mit der Folge, dass dann der Gläubiger eine Forderung nur als Insolvenzgläubiger geltend machen kann (§ 103 Abs. 2 InsO).

297 Münch/Komm-*Janzen* BGB, § 346 Rz. 9.
298 S. dazu *Obermüller/Livonius* DB 1995, 27.

2. Der Schuldner als Vermieter und Verpächter (§ 110 InsO)

650 Ist der Schuldner ein Vermieter oder Verpächter eines unbeweglichen Gegenstandes, so regelt § 110 InsO die Unwirksamkeit von Vorausverfügungen des Schuldners über den Miet- oder Pachtzins für Grundstücke bzw. andere unbewegliche Gegenstände und Räume.

Beispiel 161
Wirksamkeit von Abtretungen

> Die insolvente Dorothea J. hat ihre Einnahmen aus dem Mietvertrag mit den Eheleuten L. im Rahmen einer Globalabtretung an die Sparkasse T. abgetreten. Nachdem das Insolvenzverfahren über das Vermögen der J. am 18.03. eröffnet wurde, wundert sich Filialleiter K. Ende Mai, dass trotz der Abtretung keine Gelder mehr eingehen.
>
> Hatte der Schuldner, als Vermieter oder Verpächter eines unbeweglichen Gegenstandes oder von Räumen, vor der Eröffnung des Insolvenzverfahrens über die Miet- oder Pachtzinsforderung für die spätere Zeit verfügt, so ist diese Verfügung nur wirksam, soweit sie sich auf den Miet- oder Pachtzins für den zur Zeit der Eröffnung des Verfahrens laufenden Kalendermonat bezieht. Ist die Eröffnung nach dem 15. Tag des Monats erfolgt, so ist die Verfügung auch für den folgenden Kalendermonat wirksam.
>
> Im vorliegenden Fall behielt die Abtretung daher für die Monate März und April ihre Wirksamkeit, ab Mai waren die Abtretungen demgegenüber unwirksam.

651 Nach § 110 Abs. 2 Satz 2 InsO steht einer rechtsgeschäftlichen Verfügung eine Verfügung im Wege der Zwangsvollstreckung gleich. Der Begriff der Zwangsvollstreckung umfasst dabei auch die Vollziehung eines Arrestes oder einer einstweiligen Verfügung.

652 Eine Sonderregelung trifft § 108 Abs. 1 Satz 2 InsO für Mietverträge über Miet- und Pachtverhältnisse, die der Schuldner als Vermieter oder Verpächter eingegangen war und die sonstige (bewegliche) Gegenstände betreffen, die einem Dritten, der ihre Anschaffung oder Herstellung finanziert hat, zur Sicherheit übertragen wurden.

Beispiel 162
Sicherheitsübereignung

> Die insolvente Leasinggesellschaft Z-GmbH hat den von ihr an Markus S. verleasten BMW ihrerseits bei der T-Bank finanziert und den BMW im Gegenzug an die T-Bank sicherungsübereignet.

653 Damit überdauern solche Leasing-Verträge die Eröffnung des Insolvenzverfahrens, für die der Leasing-Geber eine Refinanzierung unter Sicherungsübertragung des Leasing-Guts erhalten hat.

654 Dies bedeutet, dass eine vor Verfahrenseröffnung anfechtungsfrei vorgenommene Abtretung der Leasing-Forderungen in den Grenzen des § 110 Abs. 2 InsO insolvenzfest ist.

II. Auftragsverhältnis und Geschäftsbesorgungsverträge des Schuldners (§§ 115, 116 InsO)

Aufträge und Geschäftsbesorgungsverträge, die der Schuldner vor Eröffnung des Insolvenzverfahren erteilt hat, erlöschen durch die Verfahrenseröffnung. 655

Beispiel 163
Geschäftsbesorgungsverträge

> Das Kontokorrentverhältnis des Schuldners mit seiner Hausbank erlischt durch die Verfahrenseröffnung.[299]

III. Das Arbeitsrecht

1. Das Arbeitsverhältnis in der Insolvenz

Durch die Eröffnung eines Insolvenzverfahrens über das Vermögen des Arbeitgebers wird das bestehende Arbeitsverhältnis nicht berührt. Die vertragliche Beziehung zum Schuldner besteht im bisherigen Umfang fort, wobei die Ausübung dieser Rechte dem Insolvenzverwalter obliegt. 656

Beispiel 164
Arbeitsverhältnisse

> Der Arbeitnehmer Mohammed Ö. hat sich, nachdem es seinem bisherigen Arbeitgeber wirtschaftlich immer schlechter ging, um eine neue Stelle bemüht. Er kündigt deshalb gegenüber der Insolvenzverwalterin Gabi O. seine Tätigkeit im schuldnerischen Unternehmen.

Eine Ausnahme vom Fortbestand des Arbeitsverhältnisses in der Insolvenz gilt nur für Arbeitsverhältnisse, die noch nicht angetreten wurden. Hier soll die Vorschrift des § 103 InsO vorrangig sein, mit der Folge, dass der Vertrag mit Verfahrenseröffnung erlischt (str.). 657

§ 113 InsO eröffnet dem Insolvenzverwalter und dem Arbeitnehmer die Möglichkeit unter Einhaltung einer dreimonatigen Frist zu kündigen, sofern nicht ohnehin eine kürzere Frist eingreift. Diese Vorschrift stellt keinen eigenständigen Kündigungsgrund dar, sondern verkürzt lediglich die gesetzlichen, vertraglichen oder tarifvertraglichen Kündigungsfristen auf drei Monate. 658

---

299 Zu den Einzelheiten s. *Obermüller/Hess*, InsO Rz. 685 ff.

Beispiel 165

Kündigungsfristen

> Die Reinigungsfachangestellte Isolde F. putzt bereits seit 26 Jahren die Praxisräume des Schönheitschirurgen Ansgar T. Als über dessen Vermögen das Insolvenzverfahren eröffnet wird, kündigt Insolvenzverwalter Valentin O. ihr mit einer dreimonatigen Kündigungsfrist, obgleich sie nach § 622 BGB außerhalb der Insolvenz nur unter Einhaltung einer Kündigungsfrist von 7 Monaten gekündigt werden könnte.
>
> **Abwandlung:** Insolvenzverwalter Valentin O. kündigt der F. unter Einhaltung der Drei-Monatsfrist, obgleich die F. eine auf zwei Jahre befristete Festanstellung hatte.

659 Hinsichtlich der Kündigungsgründe gelten die Grundsätze, die auch außerhalb der Insolvenz gelten, so dass eine Kündigung z.B. beruhen kann auf

- verhaltensbedingten,
- personenbedingten oder
- betriebsbedingten Gründen.

660 Die Eröffnung des Insolvenzverfahren stellt demgegenüber keinen eigenständigen Kündigungsgrund dar.

Beispiel 166

Betriebsbedingte Kündigung

> Wegen der insolvenzbedingten Verkleinerung des schuldnerischen Betriebes und der damit zusammenhängenden Schließung der hauseigenen Speditionsabteilung ist Insolvenzverwalter Walter U. gezwungen, eine Reihe von Arbeitnehmern betriebsbedingt zu entlassen.

661 Handelt es sich bei dem zu kündigenden Arbeitnehmer um eine Person, die besonderen Kündigungsschutzbestimmungen unterliegt, so hat der Insolvenzverwalter diese Schutzvorschriften auch in der Insolvenz zu beachten. Derartige Kündigungsschutzbestimmungen bestehen z.B. zugunsten von

- Schwerbehinderten § 15 SchwbG,
- Schwangeren und Eltern im Erziehungsurlaub § 9 MuSchuG, § 18 BErzGG,
- Betriebsräten § 15 KSchG,
- Wehrpflichtigen und Zivildienstleistenden § 2 ArbPlSchG,
- Auszubildenden § 15 BBiG.

662 Kündigt der Insolvenzverwalter, so kann der Arbeitnehmer wegen der vorzeitigen Beendigung des Vertrages Schadensersatz verlangen. Diese Forderung ist allerdings als Insolvenzforderung in der Regel nicht sehr werthaltig.

663 Verkürzt wird durch § 113 InsO nicht nur die Kündigungsfrist, sondern auch die Klagefrist. Will der Arbeitnehmer Kündigungsschutzklage erheben, so hat er die Klage innerhalb einer Frist von drei Wochen einzureichen, unabhängig davon, auf welchen Kündigungsschutzgrund er sich beruft.

Rainhold G. wendet sich gegen seine Kündigung mit der Begründung, er sei schwerbehindert.

Beispiel 167

Kündigungsschutzklage

664 Die §§ 120 bis 128 InsO enthalten weitere insolvenzarbeitsrechtliche Bestimmungen, die in erster Linie spezielle kollektivarbeitsrechtliche Regeln enthalten. So erleichtert § 120 InsO die Kündigung von Betriebsvereinbarungen in der Insolvenz. § 122 InsO enthält ein spezielles Beschlussverfahren, das es dem Insolvenzverwalter ermöglicht, einen Interessenausgleich auch ohne zeitaufwendigen vorherigen Interessenausgleich mit dem Betriebsrat durchzuführen.

665 Eine Begrenzung des Sozialplanvolumens enthält § 123 InsO.

666 Im Rahmen eines Interessenausgleiches kann zwischen Insolvenzverwalter und Betriebsrat auch eine Einigung dahingehend getroffen werden, dass die Kündigung bestimmter namentlich bezeichneter Arbeitnehmer sozial gerechtfertigt ist. Die betroffenen Arbeitnehmer können sich in diesem Fall im Kündigungsschutzprozess auf die soziale Ungerechtigkeit oder auf Auswahlfehler nur berufen, sofern ein grober Fehler vorliegt.

667 Sofern der Betriebsrat einen solchen Interessenausgleich anlehnt oder das schuldnerische Unternehmen über keinen Betriebsrat verfügt, so kann der Insolvenzverwalter auch in dem Beschlussverfahren nach § 126 InsO die soziale Rechtfertigung der beabsichtigten Kündigungen klären lassen.

2. Das Insolvenzgeld

Der Bauunternehmer Josef G. befindet sich bereits seit mehreren Monaten in einem finanziellen Engpass und kann seinen Mitarbeitern nur noch Abschläge auf ihre Lohnforderungen zahlen. Am 01.04. wird ein Insolvenzverfahren über das Vermögen des G. eröffnet. Der Maurer Guiseppe R. dessen Arbeitsverhältnis am 28.02. geendet hat, sucht RA S. zur Beratung auf. Er befürchtet, dass seine rückständigen Forderungen für die Monate Dezember, Januar und Februar nun gar nicht mehr befriedigt werden.

R. kann nach § 183 ff. SGB III für die letzten drei dem Insolvenzereignis vorangehenden Monate des Arbeitsverhältnisses Insolvenzgeld beim Arbeitsamt beantragen. Das Arbeitsamt zahlt dem R. für diesen Zeitraum die Nettobezüge, sobald alle erforderlichen Unterlagen vorliegen.

Beispiel 168

Insolvenzgeld

G. Die Anfechtung in der Insolvenz

668 Häufig haben Schuldner im Vorfeld der Insolvenz Vermögensverschiebungen zugunsten einzelner Gläubiger oder Familienangehöriger unternommen. Als klassischer Fall kann der Schuldner bezeichnet werden, der seiner Ehefrau und den Kindern rechtzeitig vor Bekanntwerden seiner Insolvenz Vermögensbestandteile übertragen hat.

669 Oftmals werden aber auch besonders penetrante Gläubiger befriedigt, damit sie „ruhighalten". Ein häufiger Anfechtungsfall liegt auch dann vor, wenn eine Bank kurz vor Eröffnung des Insolvenzverfahrens noch eingehende Gelder verrechnet.

670 Da durch derartige Verschiebungen die den Gläubigern zur Verfügung stehende Masse nicht unerheblich überkürzt wird und der Grundsatz der Gläubigergleichbehandlung unterlaufen wird, eröffnen die §§ 129 bis 147 InsO dem Insolvenzverwalter die Möglichkeit, erlangte Leistungen vom Empfänger herauszuverlangen.

I. Die anfechtbare Rechtshandlung

671 Allen Anfechtungstatbeständen liegt das Vorliegen einer anfechtbaren Rechtshandlung zugrunde, welche sowohl in einem Tun als auch Unterlassen liegen kann. In der Regel können die Rechtshandlungen sowohl vom Schuldner als auch einer anderen Person vorgenommen werden. Rechtshandlungen sind alle Handlungen, die rechtliche Wirkungen entfalten können.

Beispiel 169

Anfechtbare Rechtshandlungen

Auf Drängen des Gläubigers Mario P. tritt der Schuldner Ivan H. diesem Kundenforderungen ab.

Obgleich seine Lebensgefährtin gar keine Forderung ihm gegenüber besitzt, lässt Karl E. den Erlass eines Mahn- und Vollstreckungsbescheids über sich ergehen.

672 Anfechtbar sind nicht nur Rechtshandlungen des Schuldners selbst, sondern auch solche seines gesetzlichen oder vertraglichen Vertreters.

Beispiel 170

Anfechtbare Rechtshandlungen

> Prokurist P. hat der Hausbank, um einen weiteren Kredit zu erlangen, nicht nur für das neue Darlehen Sicherheiten gegeben, sondern darüber hinaus auch für die bereits bestehenden Altkredite.

II. Die Gläubigerbenachteiligung

673 Die anfechtbare Rechtshandlung muss die Gläubigergesamtheit benachteiligen, d.h. ihre Befriedigung beeinträchtigen. Eine **Gläubigerbenachteiligung** kann in jeder Art der Masseverkürzung liegen, d.h. in jeder Verminderung der Aktivmasse oder Erhöhung der Verbindlichkeiten.

Beispiel 171

Gläubigerbenachteiligung

> Um im nicht mehr abzuwendenden Insolvenzverfahren zumindest einen kleinen Teil seines Vermögens zu sichern, erkennt Bodo L. eine nicht existente Forderung seines Bruders über 200.000,00 € an, überträgt seiner Frau Martina ein wertvolles Rennboot und überschreibt die Villa am Genfer See an seine Kinder Pauline und Fabian.

III. Schuldrechtlicher Rückgewähranspruch (§ 143 InsO)

674 Rechtsfolge der Anfechtung ist ein schuldrechtlicher Rückgewähranspruch gegenüber dem Anfechtungsgegner[300], der vom Insolvenzverwalter im Wege der Leistungsklage geltend zu machen ist.

675 Anfechtungsgegner ist, wer durch die anfechtbare Rechtshandlung etwas aus dem schuldnerischen Vermögen erlangt hat.

676 Der Rückgewähranspruch, der grundsätzlich in Natur zu erfüllen ist, richtet sich nach dem jeweiligen Anfechtungsgegenstand.

Beispiel 172

Rückgewähranspruch

> Florian H. wurde seitens seiner Frau eine mit mehreren Grundpfandrechten belastete Eigentumswohnung und ein PKW der Marke Ferrari in

300 So die h.M., andere Auffassungen sehen darin einen dinglichen bzw. haftungsrechtlichen Anspruch, vgl. dazu *Hess/Weis/Wienberg* InsO, § 143 Rz. 10 ff.

anfechtbarer Weise zugewandt. Daneben hat seine Frau ihm mehrere Kundenforderungen in anfechtbarer Weise abgetreten und zu seinen Gunsten eine Grundschuld auf ihrem Haus begründet.

Der Insolvenzverwalter Gerhardt T. kann die Rückübereignung des PKW Ferrari und der Wohnung mit den vorhandenen Belastungen verlangen. Die Kundenforderungen sind zurückabzutreten, auf die Grundschuld hat er zu verzichten.

Abwandlung: Florian H. hat die Wohnung wirksam an Hans J. veräußert.

Ist eine Rückgewähr in Natur nicht möglich, so hat der Anfechtungsgegner Wertersatz zu leisten.

IV. Anfechtung kongruenter Deckung (§ 130 InsO)

677 Der Tatbestand des § 130 InsO regelt die Anfechtung kongruenter Sicherungen oder Befriedigungen, d.h. solcher, auf die der Anfechtungsgegner einen (fälligen und durchsetzbaren) Anspruch hat. Hintergrund der Anfechtung derartiger Rechtshandlungen ist der Umstand, dass alle Insolvenzgläubiger Ansprüche gegen den Schuldner haben, im Insolvenzverfahren jedoch nur anteilige Befriedigung erwarten können. Daher soll einzelnen Gläubigern die Möglichkeit versagt werden, sich selbst zu Lasten der übrigen zu befriedigen oder zu sichern.

Beispiel 173

Kongruente Sicherungen

Die Bank G. hat den Kredit der L-GmbH bereits vor einiger Zeit gekündigt. Der Bank liegen die Bilanzen aus dem Vorjahr sowie aktuelle Daten aus dem Rechnungswesen vor, aus denen sich die Zahlungsunfähigkeit ergibt. Auf Drängen des Schuldners willigt die Prokuristin der Bank ein, von einem Insolvenzantrag abzusehen. Im Gegenzug lässt die Bank sich eine Forderung gegenüber einem Dritten über 150.000,00 € sicherungshalber abtreten. Zwei Wochen später stellt das Finanzamt Insolvenzantrag.

Die Abtretung ist nach § 130 Abs. 1 Nr. 1 InsO anfechtbar, da sie innerhalb der letzten drei Monate vor dem Insolvenzantrag vorgenommen wurde, nachdem der Schuldner bereits zahlungsunfähig war. Da die Bank sich die Kenntnis der Prokuristin zurechnen lassen muss, kann der Insolvenzverwalter anfechten.

Abwandlung: Die Bank lässt sich die Forderung nach Insolvenzantragstellung abtreten, obgleich ihr der Eröffnungsantrag bekannt war.

> Diese Rechtshandlung ist nach § 130 Abs. 1 Nr. 2 InsO anfechtbar, da sie nach dem Eröffnungsantrag und in Kenntnis des Antrages erfolgte. Alternativ hierzu hätte auch die Kenntnis der Zahlungsunfähigkeit ausgereicht.

Anstelle einer Kenntnis des Anfechtungsgegners von der Zahlungsunfähigkeit oder dem Eröffnungsantrag ist es ausreichend, wenn dieser positive Kenntnis von den Umständen hatte, aus denen zwingend auf die Zahlungsunfähigkeit oder den Eröffnungsantrag zu schließen ist (§ 130 Abs. 2 InsO). 678

Beispiel 174

Vermutungsregelung

> Insolvenzverwalter Thomas E. macht einen Anfechtungsanspruch gegenüber der Ehefrau des Schuldners geltend. Die Beklagte trägt in der Klageerwiderung vor, dass sie keine Kenntnis von der Zahlungsunfähigkeit gehabt habe. Der Insolvenzverwalter solle ihr erst mal das Gegenteil beweisen.
>
> Pech für die Ehefrau: Bei Personen, die dem Schuldner persönlich oder gesellschaftsrechtlich nahestehen[301], wird die Kenntnis der Zahlungsunfähigkeit vermutet, d.h. die Beweislast insofern umgekehrt. Sie muss daher im Prozess Umstände darlegen und beweisen, aus denen sich ergibt, dass sie keine Kenntnis hatte.

V. Anfechtung der inkongruenten Deckung (§ 131 InsO)

Hat der Gläubiger die Sicherung oder Befriedigung im Wege der inkongruenten Deckung erlangt, so ist die Anfechtung unter den verschärften Voraussetzungen des § 131 InsO möglich. Eine inkongruente Deckung liegt vor, wenn der Gläubiger das, was er aus dem Vermögen des Schuldners erlangt hat, 679

- nicht in dieser Art oder
- nicht zu dieser Zeit

hätte verlangen können.

Beispiel 175

Nicht zu dieser Zeit

> Die Bank verlangt die Rückführung des auf unbestimmte Zeit gewährten Überziehungskredites und verrechnet eingehende Kundenzahlungen.

301 Vgl. § 138 InsO.

> Gläubiger Otto L. hat von der Krise des Thilo P. Kenntnis erlangt und bringt diesen dazu, ihm auf seine noch nicht fällige Forderung einen Abschlag zu zahlen.

Beispiel 176
Nicht in dieser Art

> Waldemar Z. tritt an seinen Gläubiger Öztürk Ü. eine Forderung ab, statt eine Zahlung zu leisten.
>
> Jens U. pfändet bei seinem Schuldner U. in der Krise. Dadurch erlangt er ein Pfändungspfandrecht statt Barzahlung.

680 Gegenüber § 130 InsO sind die Anfechtungsfristen in § 131 InsO erheblich verkürzt. Auf die Kenntnis des Anfechtungsgegners wird sogar ganz verzichtet, wenn die Rechtshandlung innerhalb des letzten Monats vor der Stellung des Eröffnungsantrages oder danach vorgenommen wurde (§ 131 Abs. 1 Nr. 1 InsO).

681 Sofern der Schuldner bereits zahlungsunfähig war, ist es auch ohne Kenntnis des Gläubigers ausreichend, wenn die anfechtbare Rechtshandlung innerhalb der letzten drei Monate vor dem Eröffnungsantrag vorgenommen wurde (§ 131 Abs. 1 Nr. 2 InsO).

682 Innerhalb dieses Zeitraumes vor dem Eröffnungsantrag vorgenommene Rechtshandlungen sind auch dann anfechtbar, wenn dem Gläubiger zur Zeit der Handlung bekannt war, dass die Gläubiger benachteiligt werden (§ 131 Abs. 1 Nr. 3 InsO).

Beispiel 177

Anfechtbare Rechtshandlungen

> Gerda T. weiß, dass ihre Schwester Ursula L. bereits mehrere Besuche des Gerichtsvollziehers hatte und dass Lohnpfändungen gegen Ursula L. vorliegen. Dennoch lässt sie sich drei Wochen, bevor ihre Schwester den Verbraucherinsolvenzantrag stellt, eine Silberschale im Wert von 1.500,00 € als Pfand für eine Forderung geben.

VI. Anfechtung unmittelbar nachteiliger Rechtshandlungen (§ 132 InsO)

683 § 132 InsO enthält einen Auffangtatbestand, der generell die Anfechtung von unmittelbar gläubigerbenachteiligenden Rechtsgeschäften des Schuldners, die innerhalb der letzten drei Monate vor dem Eröffnungsantrag vorgenommen wurden, erfasst. Voraussetzung ist die Kenntnis von der Zahlungsunfähigkeit oder, wenn das Rechtsgeschäft nach dem Eröff-

nungsantrag vorgenommen wurde, die alternative Kenntnis von Zahlungsunfähigkeit oder Eröffnungsantrag.

Beispiel 178

Anfechtbare Rechtshandlungen

> Die Bank kündigt in Kenntnis der Zahlungsunfähigkeit den Kredit, um anschließend verrechnen zu können.

VII. Anfechtung vorsätzlicher Benachteiligung (§ 133 InsO)

Die Anfechtungsnorm des § 133 InsO enthält zwei Anfechtungstatbestände: 684

Nach § 133 Abs. 1 InsO sind Rechtshandlungen des Schuldners anfechtbar, die dieser innerhalb der letzten 10 Jahre vor dem Eröffnungsantrag oder danach mit dem Vorsatz, seine Gläubiger zu benachteiligen, vorgenommen hat. Voraussetzung der Anfechtung ist, dass der Anfechtungsgegner diesen Benachteiligungsvorsatz kannte, bzw. Kenntnis von der drohenden Zahlungsunfähigkeit des Schuldners und der Gläubigerbenachteiligung hatte. 685

Die Anfechtung wegen vorsätzlicher Benachteiligung nach § 133 Abs. 1 InsO entspricht im Wesentlichen der Absichtsanfechtung des § 31 Nr. 1 KO. Ersetzt wurde die irreführende Bezeichnung „Absicht" durch „Vorsatz", da Rechtsprechung und Literatur zur Konkursanfechtung schon bisher einig waren, dass der Begriff „Absicht" einer weiten Auslegung bedarf. 686

Beispiel 179

Anfechtbare Rechtshandlungen

> Obgleich abzusehen ist, dass die von den Gesellschaftern verfolgten Sanierungsmaßnahmen keine Aussicht auf Erfolg haben, überträgt die J-GmbH in der Krise Vermögenswerte auf die B-Bank, in der Hoffnung durch Absicherung der Altkredite ein neues Sanierungsdarlehen zu erlangen. Dem zuständigen Sachbearbeiter der Bank war aufgrund der ihm vorliegenden Unterlagen bekannt, dass sich die Gesellschaft im Vorfeld der Insolvenz befindet und dass weitere freie Vermögenswerte nicht mehr vorhanden sind.

Nach § 133 Abs. 2 InsO ist ein vom Schuldner mit einer nahestehenden Person geschlossener entgeltlicher Vertrag anfechtbar, durch den die Insolvenzgläubiger unmittelbar benachteiligt werden. Die Anfechtung ist ausgeschlossen, wenn der Vertrag früher als zwei Jahre vor dem Eröff- 687 nungsantrag geschlossen worden ist oder wenn dem anderen Teil zur Zeit des Vertragsabschlusses ein Vorsatz des Schuldners, die Gläubiger zu benachteiligen, nicht bekannt war.

688 Mit der Einbeziehung einer Beweislastumkehr zu Lasten persönlich nahestehender Personen des Schuldners hat der Gesetzgeber die bereits durch die Rspr. praktizierte Vorgehensweise hinsichtlich der Beweislastverteilung bei den verschiedenen Anfechtungstatbeständen nachvollzogen. Bereits bislang galt im Rahmen der dem Konkursverwalter obliegenden Beweisführung hinsichtlich der objektiven Tatbestandsvoraussetzungen beim Anfechtungsgegner, dass dessen Eigenschaft als naher Angehöriger ein „starkes Beweisanzeichen“ für die vorhandene Kenntnis gewesen ist. In der äußeren Darstellung ist § 133 Abs. 2 InsO als eigener Anfechtungstatbestand abgefasst, inhaltlich ist er jedoch primär als Beweislastregelung zu qualifizieren.

689 Eine Anfechtbarkeit nach § 133 Abs. 2 InsO schließt i.d.R. die Anfechtbarkeit nach § 133 Abs. 1 InsO ein, da die entsprechenden Tatbestandsvoraussetzungen grundsätzlich identisch sind. Liegt als Rechtshandlung i.S.d. § 133 Abs. 1 InsO ein entgeltlicher Vertrag mit einer persönlich nahestehenden Person vor, greift § 133 Abs. 2 InsO mit der Folge einer Beweislastumkehr.

VIII. Anfechtung unentgeltlicher Leistung (§ 134 InsO)

690 § 132 InsO regelt die bislang unter dem Begriff der Schenkungsanfechtung geläufige Anfechtung unentgeltlicher Verfügungen. Die Bezeichnung „unentgeltliche Verfügungen“ stellt klar, dass von der Anfechtbarkeit nicht nur Schenkungen im engen Sinn erfasst werden.

691 Anfechtbar sind unentgeltliche Leistungen des Schuldners, die innerhalb der letzten vier Jahre vor dem Eröffnung vorgenommen wurden.

Beispiel 180

Anfechtbarkeit von Schenkungen

Der Immobilientycoon Donald T. schenkt seiner Frau I. zum Geburtstag eine goldene Cartieruhr für 5.000,00 €, bei einem Einkommen von monatlich 125.000,00 € eine Kleinigkeit. Zweieinhalb Jahre später haben sich die Vermögensverhältnisse des T. durch Börseneinbrüche und Spekulationsgeschäfte allerdings so drastisch verschlechtert, dass er einen Insolvenzantrag stellen muss. Insolvenzverwalter Frank P. ficht unter anderem die Schenkung der Brilliantuhr an. Welche Einwendung wird ihm der Anwalt des T. wahrscheinlich entgegensetzen?

Der Anwalt des T. wird geltend machen, dass die Anfechtung an § 134 Abs. 2 InsO scheitert, der gebräuchliche Gelegenheitsgeschenke geringen Wertes, d.h. auch Geburtstagsgeschenke von der Anfechtung ausnimmt. Voraussetzung ist, dass das Geschenk den wirtschaftlichen Verhältnissen entspricht, was vorliegend zum Zeitpunkt der Schenkung der Fall war. Eine Definition der Geringwertigkeit enthält das Gesetz allerdings nicht. Die meisten Autoren[302] sprechen sich in diesem Zusammenhang für die Festlegung einer objektiven Höchstgrenze zwischen 50,00 und 500,00 € aus. Demgegenüber will Henkel (in Kölner Schrift zur Insolvenzordnung, 1997, S. 645) auf die Festlegung einer derartigen Höchstgrenze verzichten. Bei einem Wert von 5.000,00 € dürfte aber nach allen Auffassungen die Grenze der Geringwertigkeit überschritten sein.

IX. Anfechtung kapitalersetzender Darlehen (§ 135 InsO)

§ 135 InsO unterstellt die Fälle der Anfechtung, in denen ein Gesellschafter sich für ein von ihm gewährtes kapitalersetzendes Darlehen oder eine gleichgestellte Leistung in der Krise Sicherung oder Befriedigung hat gewähren lassen. 692

Die Vorschrift des § 135 InsO ergänzt die Kapitalerhaltungsvorschriften des Gesellschaftsrechts (z.B. §§ 30 ff. GmbHG). Grundgedanke dieser Bestimmungen ist der Umstand, dass ein Gesellschafter, sobald er eine Krise der Gesellschaft feststellt, gehalten ist 693

- Eigenkapital einzubringen oder
- die Gesellschaft zu liquidieren bzw. das Insolvenzverfahren einzuleiten.

Gewährt er stattdessen nur ein Darlehen und führt die Gesellschaft fort, so muss er sich aus Gläubigerschutzaspekten in der Insolvenz so behandeln lassen, als hätte er Eigenkapital eingeschossen. 694

302 Vgl. *Hess/Weis/Wienberg* InsO § 134 Rz. 61; *Kreft* in Heidelberger Kommentar zur InsO, § 134 Rz. 18; *Nerlich* in *Nerlich/Römermann* InsO, § 134 Rz. 43.

Beispiel 181

Anfechtbare Rechtshandlungen

> Werner W. ist Alleingesellschafter und Geschäftsführer der W.-GmbH. Er hat der GmbH bereits 1992 ein Darlehen gewährt, das er wegen der zunehmenden Verschlechterung der wirtschaftlichen Situation bislang nicht zurückgefordert hat. Kurz vor Stellung des Insolvenzantrages lässt er sich von der Gesellschaft als Sicherung eine Grundschuld gewähren. Der Insolvenzverwalter ficht diese Grundschuldbestellung an.

X. Nahestehende Personen (§ 138 InsO)

695 § 138 InsO enthält erstmals eine umfassende Definition des Begriffes der nahestehenden Personen. Hintergrund dieser Begriffsbestimmung ist der Umstand, dass die Anfechtungsvorschriften in einer Reihe von Fällen Beweiserleichterungen vorsieht, wenn die begünstigte Person dem Schuldner persönlich oder gesellschaftsrechtlich nahesteht.

Beispiel 182

Vermittlungsregelungen

> Der zahlungsunfähige Schuldner tritt seiner Tochter Erna J. zwei Monate vor Insolvenzantragstellung vereinbarungsgemäß Kundenforderungen über 30.000,00 € zur Sicherung ab. Obgleich es sich um eine kongruente Deckung handelt (§ 130 Abs. 1 Nr. 1 InsO) muss der Insolvenzverwalter die Kenntnis der Erna J. von der Zahlungsunfähigkeit nicht nachweisen. Diese wird vielmehr gemäß § 130 Abs. 3 InsO widerleglich vermutet.

696 **Persönlich nahestehende Personen sind:**

- der Ehegatte des Schuldners, auch wenn die Ehe erst nach der Rechtshandlung geschlossen oder im letzten Jahr vor der Handlung aufgelöst worden ist; entsprechendes gilt für den Lebenspartner bzw. früheren Lebenspartner des Schuldners;
- Verwandte des Schuldners oder des in Nr. 1 bezeichneten Ehegatten in auf- und absteigender Linie und
- voll- und halbbürtige Geschwister des Schuldners oder des in Nr. 1 bezeichneten Ehegatten,
- die Ehegatten dieser Personen;
- Personen, die in häuslicher Gemeinschaft mit dem Schuldner leben oder im letzten Jahr vor der Handlung in häuslicher Gemeinschaft mit dem Schuldner gelebt haben.

Beispiel 183

Nahestehende Personen

Mutter des Exehemannes der Schuldnerin
Ehemann der Halbschwester
Adoptivsohn des Schuldners
Schwuler Freund des Schuldners
nicht:
Au-Pair Mädchen des Schuldners
WG-Mitbewohner

697 Nach § 138 Abs. 2 InsO sind **nahestehende Personen einer juristischen Person** oder einer Gesellschaft ohne Rechtspersönlichkeit

- die Mitglieder des Vertretungs- oder Aufsichtsorgans und persönlich haftende Gesellschafter des Schuldners sowie Personen, die zu mehr als einem Viertel am Kapital des Schuldners beteiligt sind;
- eine Person oder eine Gesellschaft, die aufgrund einer vergleichbaren gesellschaftsrechtlichen oder dienstvertraglichen Verbindung zum Schuldner die Möglichkeit haben, sich über dessen wirtschaftliche Verhältnisse zu unterrichten;
- eine Person, die zu einer in Nr. 1 oder 2 bezeichneten Personen in einer in Abs. 1 bezeichneten persönlichen Verbindung steht; dies gilt nicht soweit die in Nr. 1 oder 2 bezeichneten Personen kraft Gesetzes in den Angelegenheiten des Schuldners zur Verschwiegenheit verpflichtet sind.

Beispiel 184

Nahestehende Personen

- Vorstände der AG (§§ 76, 78 AktG),
- die GmbH-Geschäftsführerin,
- Aufsichtsratsmitglieder (§§ 95, 111, 278 AktG, § 52 GmbHG, § 35 VAG, §§ 36, 38 BGB),
- Beiräte und Verwaltungsräte, denen Aufsichtsbefugnisse übertragen wurden,
- der Ehemann der Prokuristin des Schuldners,
- die Lebenspartnerin der Vorstandvorsitzenden.

XI. Bargeschäft (§ 142 InsO)

698 § 142 InsO schränkt die Anfechtung von sog. Bargeschäften, d.h. von Geschäften, bei denen gleichwertige Leistungen in engem zeitlichen Zusammenhang zwischen Schuldner und Anfechtungsgegner Zug um Zug ausgetauscht werden, ein. Diese Einschränkung beruht auf dem Umstand, dass hier in der Regel keine unmittelbare Gläubigerbenachteiligung vorliegt, da für das, was aus der Masse herausgegeben wird, durch die Gegenleistung wieder kompensiert wird, beispielsweise wenn der Schuldner bei seinem Lieferanten gegen Vorauskasse 1000 Kilo Schrauben bestellt.

H. Der Insolvenzplan

I. Ziele des Insolvenzplans

Eine der wichtigsten Neuregelungen der Insolvenzordnung stellt die Beseitigung der früheren Zweigleisigkeit von Konkurs- und Vergleichsrecht durch ein **einheitliches Insolvenzverfahren**, das Sanierung und Liquidation vereint, dar. Durch die Regelungen über den Insolvenzplan, der den früheren Vergleich nach der VglO ersetzt, soll den beteiligten Personen – Schuldner und Gläubigern – eine tragfähige Grundlage für privatautonome Gestaltungen eröffnet werden. Anders als der Vergleich ist der Insolvenzplan dabei nicht an die Gewährung bestimmter Mindestquoten geknüpft, sondern überlässt es der Gläubigerautonomie, ob einer Regelung zugestimmt wird. **699**

Ziel des Insolvenzplanes ist es, eine Sanierung zu ermöglichen, bei der die Gläubiger mehr in das Verfahren eingebunden werden und zum anderen die Rechtsstellung des Schuldners gestärkt wird. Der Schuldner als natürliche Person soll z.B. in Gestalt der Restschuldbefreiung die Möglichkeit bekommen, sich nach der Insolvenz eine neue wirtschaftliche Existenz aufzubauen. **700**

Beispiel 185

Insolvenzplan

Der Schuldner bietet im Rahmen eines Insolvenzplans den einfachen Insolvenzgläubigern eine Quote von 10 % an. Die Absonderungsberechtigten sollen nach dem Plan auf die Erhebung von Zinsen verzichten, während die nachrangigen Gläubiger ganz leer ausgehen sollen.

Es würde den Rahmen sprengen, auf die Einzelheiten des komplexen Insolvenzplanverfahrens näher einzugehen. Es kann nur ein Überblick über den Verfahrensgang vermittelt werden. Ausführliche Darstellungen zum Insolvenzplan enthalten folgende Werke: **701**

Hess/Obermüller Insolvenzplan, Restschuldbefreiung und Verbraucherinsolvenz, 2. Aufl. 1999
Braun/Uhlenbruck Unternehmensinsolvenz, 1997
Smid/Rattunde Der Insolvenzplan, 1998
Hess/Weis/Wienberg InsO §§ 217 ff.

II. Die Vorlage des Insolvenzplans

702 Das Recht, einen Insolvenzplan vorzulegen, steht nach der endgültigen Fassung der InsO nur dem Insolvenzverwalter und dem Schuldner zu (§ 218 InsO). Die ursprüngliche Konzeption des § 255 RegE, wonach auch Gläubiger- und Eigentümergruppen vorlageberechtigt sein sollten, wurde von dem Rechtsausschuss aufgegeben, nachdem von mehreren Seiten die Befürchtung geäußert worden war, die Vorlage mehrerer konkurrierender Insolvenzpläne könne zu „fruchtlosen Insolvenzplanspielen" und damit einer Blockierung des Verfahrensfortgangs führen.[303]

703 Die Gläubiger haben allerdings die Möglichkeit, im Berichtstermin (§ 157 InsO) den Insolvenzverwalter mit der Ausarbeitung eines Insolvenzplanes zu beauftragen.

Beispiel 186

Insolvenzplan

Im Rahmen des Verwalterberichtes in der ersten Gläubigerversammlung erfahren die Gläubiger, dass gute Sanierungsaussichten für das schuldnerische Unternehmen bestehen. Die Gläubigerversammlung beauftragt daher den Insolvenzverwalter mit der Ausarbeitung eines Insolvenzplans (§ 157 Satz 2 InsO).

704 Der Insolvenzplan kann bereits bei der Insolvenzantragstellung von dem Schuldner vorgelegt werden. Er muss spätestens zum Schlusstermin beim Gericht vorliegen, um berücksichtigt zu werden (§ 218 Abs. 1 InsO).

III. Aufbau des Planes

705 Der Insolvenzplan ist gemäß § 219 InsO in einen darstellenden und einen gestaltenden Teil zu gliedern. Der darstellende Teil soll die Grundlagen und die Auswirkungen des Planes, die erforderlich sind, um den Gläubigern die Abstimmung zu ermöglichen, enthalten, während der gestaltende Teil im Einzelnen darauf eingeht, wie sich die Rechtsstellung der Beteiligten durch den Plan verändert. Dem Insolvenzplan sind außerdem die in §§ 229, 230 InsO beschriebenen Plananlagen beizufügen (§ 219 InsO).

303 Vgl. *Balz/Landfermann* Die neuen Insolvenzgesetze, Einl. S. XLIV.

1. Der darstellende Teil

Im darstellenden Teil des Insolvenzplans ist das Sanierungskonzept enthalten. Er enthält unter anderem die wirtschaftlichen Grunddaten des insolventen Unternehmens, der Branche und der Gesamtwirtschaft. Weitergehend werden die Krisenursachen und Krisensymptome geschildert. Die Sanierung kann nur dann zum gewünschten Erfolg führen, wenn die Ursachen für die desolate Lage des Unternehmens festgestellt und analysiert werden. Im Vorfeld der Planaufstellung muss daher eine gezielte Suche nach den Krisenfaktoren stattfinden. Im Einzelnen kommt hier eine Vielzahl von unterschiedlichen Krisenfaktoren in Betracht, die sich gegenseitig nicht ausschließen, sondern auch kumulativ auftreten können, beispielsweise Produkt-, Absatz-, Leistungs-, Struktur-, Käufer-, Personal-, Management-, Führungs- oder Liquiditätskrisen.[304] 706

Wichtig für die Gläubiger ist außerdem ein Überblick über die Finanz- und Ertragslage des insolventen Unternehmens, durch den eine Beurteilung der Erfolgsaussichten des Planes ermöglicht wird. Daneben enthält der darstellende Teil des Planes eine Analyse der Schwachstellen und der Sanierungschancen sowie einen Überblick und eine Beurteilung der ins Auge gefassten Sanierungsmaßnahmen. 707

2. Der gestaltende Teil des Insolvenzplans

Im gestaltenden Teil des Insolvenzplans (§ 221 InsO) ist geregelt, inwiefern die Rechtsstellung der einzelnen Gruppen von Beteiligten (Absonderungsgläubiger, Insolvenzgläubiger, Schuldner, Gesellschafter am schuldnerischen Unternehmen) durch den Plan geändert werden soll. Die Bildung von Gläubigergruppen erfolgt durch den Planersteller, der hierdurch eine gewisse Einflussmöglichkeit auf das Abstimmungsergebnis hat. 708

Bei der Erstellung des Planes ist darauf zu achten, dass alle Beteiligten innerhalb einer Gruppe gleich behandelt werden (§ 226 InsO), es sei denn, die betroffenen Beteiligten stimmen einer Ausnahme zu. 709

Beispiel 187

Einheitlichkeit des Insolvenzplans

Nicht zulässig ist es innerhalb der im Insolvenzplan vorgesehenen Gruppe der Absonderungsberechtigten einem Teil der Gläubiger einen Teilverzicht von 30 % abzuverlangen, während andere Gläubiger ihre Forderungen lediglich 6 Monate stunden sollen.

304 Vgl. dazu ausführlich *Hess/Weis* WM 1999, 2349.

Beispiel 188
Gestaltender Teil

Regelungen im gestaltenden Teil des Planes:
- Verzicht des absonderungsberechtigten Gläubigers auf die Zinsen (§ 169 InsO),
- Zahlung höherer als der gesetzlich vorgesehenen Verwertungskosten (§ 171 InsO) durch den Absonderungsberechtigten gegen Besserungsschein,
- Forderungserlass in Höhe von 50 – 90 % durch die Insolvenzgläubiger,
- Stundung des nichterlassenen Teils auf 3 Jahre,
- Beteiligung von Insolvenzgläubigern an dem schuldnerischen Unternehmen,
- Durchführung des Insolvenzplanes soll durch den Insolvenzverwalter überwacht werden.

3. Die Plananlagen

710 Gemäß § 217 InsO sind dem Insolvenzplan die in §§ 229, 230 InsO genannten Plananlagen beizufügen. Hierbei handelt es sich um die Planbilanzen, die Gewinn- und Verlustrechnungen für den Zeitraum der Plandurchführung und Liquiditätsrechnungen. Daneben sind im Fall der Unternehmensfortführung die Erklärungen des Schuldners, der Gläubiger und eventuell auch Dritter nach Maßgabe des § 230 InsO beizufügen.

IV. Die Abstimmung über den Insolvenzplan

711 Die Abstimmung erfolgt gemäß § 235 InsO in einem vom Gericht zu bestimmenden Erörterungs- und Abstimmungstermin oder in einem speziellen Abstimmungstermin. Jede Gläubigergruppe (§ 222 InsO) stimmt gesondert über den Insolvenzplan ab, wobei innerhalb jeder Gruppe die Mehrheit der abstimmenden Gläubiger zustimmen muss und die Summe der Ansprüche der zustimmenden Gläubiger mehr als die Hälfte der Ansprüche der Gläubiger dieser Gruppe auszumachen hat (§ 244 InsO). Auch wenn nicht alle Gläubigergruppen der Annahme des Planes zustimmen, gilt der Insolvenzplan wegen des in § 245 InsO enthaltenden Obstruktionsverbotes als angenommen, wenn die ablehnende Gruppe durch die Regelungen des Plans nicht benachteiligt werden. Die Entscheidung hierüber hat das Insolvenzgericht zu treffen.

Neben den Gläubigern muss auch der Schuldner (§ 247 InsO) dem Plan zustimmen, wobei seine Zustimmung allerdings nicht unbedingt ausdrücklich sein muss, sondern im Fall eines fehlenden Widerspruches auch fingiert werden kann. Der Widerspruch des Schuldners gegen den Plan ist daneben in bestimmten Fällen nach § 247 Abs. 2 InsO unbeachtlich. Sofern dem Gericht alle erforderlichen Zustimmungen vorliegen, hat es den Insolvenzverwalter, den Schuldner und – soweit vorhanden – den Gläubigerausschuss anzuhören, bevor es den Plan bestätigt (§ 248 InsO). Mit der Bestätigung des Planes treten die im gestaltenden Teil bestimmten Rechtswirkungen ein (§ 254 InsO). 712

Gleichzeitig hebt das Insolvenzgericht das Insolvenzverfahren auf (§ 258 InsO).

Erfüllt der Schuldner die im Plan vorgesehenen Verbindlichkeiten, so wird er von seinen restlichen Schulden nach Maßgabe des § 227 InsO befreit. Kommt er dagegen mit der Befriedigung der Planverbindlichkeiten in Verzug, so leben die Forderungen der Gläubiger gemäß § 255 InsO wieder auf, wenn die Gläubiger dem Schuldner zuvor eine schriftliche Nachfrist gesetzt haben. 713

Beispiel 189

Wiederaufleben von Forderungen

Alfons P. hat sich für die P-GmbH, deren alleiniger Gesellschafter und Geschäftsführer sein Bruder Gernot P. ist, gegenüber der T-Sparkasse verbürgt. Im Insolvenzverfahren der P-GmbH legt Gernot P. einen Insolvenzplan vor, der eine Quote von 45 % für die T-Sparkasse vorsieht.

Der Insolvenzplan wird von den Gläubigern angenommen; die P-GmbH erfüllt ihre Planverbindlichkeiten ordnungsgemäß und pünktlich. Daher ist Alfons P. um so erstaunter, als die T-Sparkasse ihn als Bürgen in Anspruch nimmt. Zu Recht?

Durch die Regelungen des Insolvenzplans werden die Rechte der Gläubiger gegenüber den Mitschuldnern und Bürgen nach § 254 Abs. 1 InsO nicht berührt, so dass sich die T-Bank trotz des Insolvenzplans in voller Höhe an den Alfons P. halten darf. Diesem ist wegen § 254 Abs. 1 Satz 2 InsO in Höhe der erlassenen 55 % auch kein Regress möglich.

Im gestaltenden Teil des Insolvenzplan kann vorgesehen werden, dass für die Dauer von maximal 3 Jahren eine Überwachung der Planerfüllung durch den Insolvenzverwalter erfolgt, dessen Amt insofern auch nach der Aufhebung des Insolvenzverfahrens bestehen bleibt. In diesem Zusammenhang kann auch bestimmt werden, dass bestimmte Geschäfte des Schuldners der Zustimmung des überwachenden Insolvenzverwalter bedürfen (§ 263 InsO). 714

Sofern der Schuldner während des dreijährigen Überwachungszeitraums auf die Inanspruchnahme von Neukrediten angewiesen ist, kann verein- 715 bart werden, dass diese Kredite im Fall der Wiedereröffnung des Insolvenzverfahrens Vorrang gegenüber sonstigen vertraglichen Ansprüchen aus der Zeit der Überwachung genießen (sog. Plafondskredite). Dadurch soll dem Schuldner die Möglichkeit eröffnet werden, trotz regelmäßig nicht zur Verfügung stehender Sicherheiten erforderliche Darlehen zu erlangen.

716 Voraussetzung hierbei ist aber, dass ein Kreditrahmen festgelegt wird, der sich an der Höhe der zur Verfügung stehenden Vermögenswerte zu orientieren hat.

717 Weiterhin ist erforderlich, dass gegenüber dem Kreditgläubiger eine schriftliche Bestätigung darüber erteilt wird, dass der gewährte Kredit in dem Kreditrahmen liegt.

718 Aus dem rechtskräftig bestätigten Insolvenzplan in Verbindung mit der Eintragung in die Tabelle können die Insolvenzgläubiger, deren Forderungen festgestellt und nicht vom Schuldner im Prüfungstermin bestritten worden sind, wie aus einem vollstreckbaren Urteil nach Maßgabe des Achten Buches der ZPO die Zwangsvollstreckung betreiben (§ 257 Abs.1 Satz 1 InsO). Der nicht bestrittenen Forderung steht die Forderung gleich, bei der der Widerspruch beseitigt worden ist. Erweitert werden die Zwangsvollstreckungsmöglichkeiten gegen sogenannte Plangaranten, also Personen, die durch schriftliche Erklärung für die Erfüllung des Plans neben dem Schuldner ohne Vorbehalt der Einrede der Vorausklage Verpflichtungen übernommen haben.

J. Der Gläubiger im Insolvenzverfahren

Die Insolvenzordnung differenziert, wie ihre Vorgängerregelung, zwischen verschiedenen Arten von Gläubigern. Ihre Rechtsstellung unterscheidet sich in erster Linie dadurch, wann Ihre Verbindlichkeiten begründet wurden, bzw. wann und aus welchen Vermögenswerten sie befriedigt werden. **719**

Übersicht: Befriedigung der einzelnen Gläubigergruppen in der Insolvenz	
Gläubiger	Art der Befriedigung
Massegläubiger	Vorabbefriedigung aus der Masse vor den Insolvenzgläubigern
Insolvenzgläubiger	Befriedigung aus der Insolvenzmasse, nachdem alle Massegläubiger befriedigt wurden; bei nicht ausreichender Masse erfolgt quotale Befriedigung
Nachrangige Gläubiger	Befriedigung aus der Masse, nachdem alle Massegläubiger und Insolvenzgläubiger befriedigt wurden
Absonderungsberechtigte	Befriedigung aus dem Verwertungserlös des Sicherungsguts; soweit der Erlös nicht ausreicht u.U. Befriedigung als Insolvenzgläubiger, sofern persönliche Haftung besteht
Aussonderungsberechtigte	Herausgabeanspruch hinsichtlich des nicht zur Masse gehörigen Gegenstandes

I. Massegläubiger

1. Allgemeines

720 Gemäß § 53 InsO sind aus der Insolvenzmasse die Kosten des Insolvenzverfahrens (§ 54 InsO) und die sonstigen Masseverbindlichkeiten (§ 55 InsO) vorweg zu berichtigen.

721 Dies bedeutet, dass die Masseansprüche gegenüber dem Insolvenzverwalter geltend zu machen und unabhängig von einem Verteilungsverfahren und vor allen Insolvenzgläubigern aus der Insolvenzmasse zu befriedigen sind.[305] Erfüllt der Insolvenzverwalter einen anerkannten Masseanspruch nicht, so kann der Gläubiger seine Forderung im Wege der Leistungs- oder Feststellungsklage gegen den Insolvenzverwalter geltend machen und – sobald ein Titel vorliegt – in die Insolvenzmasse vollstrecken.[306]

722 Die Masseansprüche stellen keine Insolvenzforderungen dar. Sie werden deshalb weder zur Insolvenztabelle angemeldet noch im gerichtlichen Prüfungstermin geprüft.

723 Den Masseansprüchen gehen lediglich die Aus- und Absonderungsrechte vor.[307]

Beispiel 190

Aus- und Absonderungsrechte

Dem Finanzamt stehen im Zusammenhang mit der Betriebsfortführung des schuldnerischen Unternehmens durch den Insolvenzverwalter Umsatzsteuerforderungen in Höhe von 20.000,00 € zu. Der Sachbearbeiter will diese Masseverbindlichkeiten gegenüber dem Schuldner geltend machen. Wie geht er vor?

Öffentliche Körperschaften müssen die einfacheren Maßnahmen zur Geltendmachung ihrer Forderungen ergreifen. So hat z.B. die Berufsgenossenschaft rückständige Beiträge durch Beitragsbescheid geltend zu machen. Steuerforderungen sind von den Finanzämtern durch Leistungsbescheid geltend zu machen[308]. Die Durchsetzung erfolgt durch Vollstreckung in die Insolvenzmasse nach §§ 249 ff. AO.

305 *BGH* vom 30.05.1958 – V ZR 295/56 – WM 1958, 903.

306 *BGH* vom 27.05.1963 – III ZR 200/61 – BB 1963, 996; *RG* vom 26. 6. 1905 – Rep VI 526/04 – *RGZ* 61, 261; vom 12.02.1932 – II 404/31 – *RGZ* 135, 205.

307 Dazu unten Rn. 802 ff.

308 *BFH* vom 07.11.1963 – IV 210/62 S – NJW 1964, 613.

Ist der Insolvenzverwalter mit seinen Vergütungsansprüchen selbst Massegläubiger, so ist er im Rahmen der Rangordnung des § 209 InsO berechtigt, die Beträge aus der Masse zu entnehmen. 724

Der Insolvenzverwalter kann gem. §§ 60, 61 InsO persönlich auf Schadensersatz in Anspruch genommen werden, wenn er vor Aufhebung des Insolvenzverfahrens nicht alle Masseansprüche bezahlt, weil er entweder schuldhaft unterlassen hat, die für den Masseanspruch nötigen Mittel sicherzustellen, oder weil er schuldhaft nicht alle ihm bekannten Massegläubiger berücksichtigt hat. 725

Für Masseansprüche, die nach der Eröffnung des Insolvenzverfahrens durch den Insolvenzverwalter begründet werden, haftet der Schuldner auch nach der Verfahrensbeendigung nur gegenständlich beschränkt mit dem insolvenzbefangenen Vermögen, soweit ihm der Insolvenzverwalter Bestandteile der Masse ausgehändigt hat.[309] 726

2. Die Verfahrenskosten (§ 54 InsO)

Masseverbindlichkeiten stellen zum einen gemäß § 54 InsO die Kosten des Insolvenzverfahrens dar, nämlich 727

- die Gerichtskosten für das Insolvenzverfahren und
- die Vergütungen und die Auslagen des vorläufigen Insolvenzverwalters, des Insolvenzverwalters und der Mitglieder des Gläubigerausschusses.

Gerichtskosten i.S.d. § 54 Nr. 1 InsO sind alle Gerichtsgebühren und Auslagen, die gem. §§ 35 ff., 11 GKG der Schuldner zu tragen hat, wie beispielsweise die Gebühren für das Insolvenzverfahren und für die Durchführung des Insolvenzverfahrens.

Beispiel 191

Kosten für zusätzlichen Prüfungstermin

Gläubiger Walter R. hat es versäumt, seine Insolvenzforderung rechtzeitig anzumelden. Dadurch werden Kosten für einen zusätzlichen Prüfungstermin in Höhe von 13 € verursacht[310], die der Gläubiger zu tragen hat.

Masseverbindlichkeiten sind gem. § 54 Nr. 2 InsO die gerichtlich festgesetzte Vergütung und Auslagen des Insolvenzverwalters, des vorläufigen Insolvenzverwalters sowie die festgesetzte Vergütung und Auslagen der Gläubigerausschussmitglieder. Hierzu gehören auch die Honoraransprü- 728

309 *BGH* vom 25.11.1954 – IV ZR 81/54 – NJW 1955, 339; vom 13.07.1964 – II ZR 218/61 – WM 1964, 1125.
310 Vgl. Anlage 1 zum GKG Nr. 4205.

che des Insolvenzverwalters, die darauf beruhen, dass er als Rechtsanwalt die Insolvenzmasse in Rechtsstreiten vertreten hat. Hat der Rechtsanwalts-Insolvenzverwalter einen anderen Rechtsanwalt mit der Vertretung beauftragt, so sind dessen Honoraransprüche sonstige Masseverbindlichkeiten i.S.d. § 55 InsO. Dies gilt auch für Gebühren des vom Insolvenzverwalter beauftragten Steuerberaters, der während des Insolvenzverfahrens anfallende Steuererklärungen und Bilanzen vorbereitet.

3. Sonstige Masseverbindlichkeiten (§ 55 InsO)

a) Masseverbindlichkeiten aus Handlungen des Insolvenzverwalters

729 Masseverbindlichkeiten nach § 55 Abs. 1 Nr. 1 InsO werden durch die Handlungen des Insolvenzverwalters oder in sonstiger Weise durch die Verwaltung, Verwertung und Verteilung der Masse begründet.

730 Neu ist insofern die Einbeziehung der Verwaltungs-, Verwertungs- und Verteilungskosten, welche nach der KO zu den Massekosten zählen.

731 Zu den Masseverbindlichkeiten gehören alle Verbindlichkeiten, die aus Rechtsgeschäften hervorgehen, die der Insolvenzverwalter abgeschlossen hat, wie z.B.

- die Miete aus abgeschlossenen Mietverträgen,
- Löhne für zu Lasten der Masse weiterbeschäftigte Arbeitnehmer,
- der Darlehensrückzahlungsanspruch aus einem Darlehensvertrag,
- Wechsel- und Scheckverbindlichkeiten,
- Gewährleistungsansprüche beim Verkauf von Massegütern,
- Geschäftsverbindlichkeiten aus der Fortführung des Unternehmens.

Beispiel 192

Lohnkosten

Insolvenzverwalter Thomas U. hat eine Buchhalterin zur Aufarbeitung der Geschäftsunterlagen der insolventen Z-GmbH eingestellt. Wer hat die Lohnkosten zu tragen?

Je nach Vertragsgestaltung die Masse oder der Insolvenzverwalter persönlich. Zur Abgrenzung ist vom Handeln des Insolvenzverwalters auszugehen. Hat der Insolvenzverwalter persönlich Hilfskräfte für die Abwicklung des Insolvenzverfahrens eingestellt und sie für die Insolvenzmasse eingesetzt, dann bezahlt er den Lohn der Hilfskräfte aus der Kanzlei bzw. mit eigenen Vorschüssen, die er als Auslagen (Kosten des Insolvenzverfahrens) als Teil der Vergütung erstattet erhalten kann, oder die Hilfskräfte schließen einen Vertrag unmittelbar mit Wirkung für und gegen die

Insolvenzmasse, diese vertreten durch den Verwalter; dann entstehen ihre Vergütungsansprüche als Masseverbindlichkeiten i.S.d. § 55 Abs. 1 Nr. 1 InsO.[311] Bei der Abgrenzung, ob bei der Einstellung von Hilfskräften Kosten des Insolvenzverfahrens (§ 54 InsO) oder Masseverbindlichkeiten (§ 55 Abs. 1 InsO) begründet werden, ist darauf abzustellen, dass Kosten des Insolvenzverfahrens durch eigene Ansprüche des Insolvenzverwalters begründet werden, während Masseverbindlichkeiten als Ansprüche Dritter entstehen.[312] Wem die Ansprüche zustehen, hängt zunächst davon ab, mit wem die Aushilfskraft den Vertrag geschlossen hat, mit dem Insolvenzverwalter als Privatmann oder als Vertreter kraft Amtes handelnd für die Masse. Insoweit kommt es nicht allein auf den subjektiven Willen des Insolvenzverwalters an, sondern die Frage ist entsprechend den für § 164 BGB geltenden Auslegungsregeln zu lösen. Gem. §§ 133, 157 BGB entscheidet darüber vorrangig der objektive Erklärungswert. Denn auch der Vertragspartner des Insolvenzverwalters muss Klarheit haben, an wen er sich wegen seiner Lohn- und sonstigen Forderungen halten kann. Dabei mag u.a. berücksichtigt werden, ob das Geschäft nicht rein massebezogen ist, sondern auch den Insolvenzverwalter persönlich betrifft. Im Zweifel kann letztlich in entsprechender Anwendung des § 164 BGB von einer persönlichen Verpflichtung des handelnden Verwalters auszugehen sein.[313]

Masseverbindlichkeiten im Sinne des § 55 Abs. 1 Nr. 1 InsO sind auch die Gerichts- und Anwaltskosten, die dem Insolvenzverwalter im Hinblick auf Rechtsstreite auferlegt werden bzw. von ihm übernommen werden, sofern die Rechtsstreite nach Eröffnung des Insolvenzverfahren begonnen oder aufgenommen wurden.[314] **732**

Die Kosten eines vor Verfahrenseröffnung begonnenen Rechtsstreits, den der Insolvenzverwalter nicht aufgenommen hat, begründen eine Insolvenzforderung (Ausnahme: wenn ein vorläufiger Insolvenzverwalter mit Verwaltungs- und Verfügungsbefugnis den Rechtsstreit aufgenommen hat, § 24 Abs. 2 InsO). **733**

Beispiel 193

Anwaltskosten

Zur Zeit der Verfahrenseröffnung war das erstinstanzliche Urteil bereits ergangen. Der Insolvenzverwalter führt den Prozess in der Berufungsinstanz mit dem am Sitz des OLG ansässigen RA Rudi W. weiter. Anwalt Gerd G., der den Schuldner in erster Instanz vertreten hat, macht seine Honoraransprüche als Masseverbindlichkeit geltend. Zu Recht?

---

311 *BGH* vom 26.05.1971 – VIII ZR 41/70 – WM 1971, 1022; s. auch *BGH* vom 24.01.1991 – IX ZR 250/89 – WM 1991, 420.
312 *BGH* vom 17.12.1970 – VII ZR 39/69 – NJW 1971, 381.
313 *Uhlenbruck* KTS 1976, 35, 39; *Eickmann* KTS 1986, 197, 206.
314 *OLG Hamm* vom 06.02.1974 – 20 W 22/73 – KTS 1974, 178.

Wird nach der Eröffnung eines Insolvenzverfahrens ein Rechtsstreit in zweiter Instanz mit einem anderen Rechtsanwalt als in der ersten Instanz fortgesetzt, so stellen die erstinstanzlichen Kosten Insolvenzforderungen, die der zweiten Instanz Masseverbindlichkeiten dar. RA G. muss seine Forderung, anders als Kollege W. daher zur Tabelle anmelden.

734 Vertragsverletzungen und unerlaubte Handlungen, die der Insolvenzverwalter im Zusammenhang mit der ihm obliegenden Verwaltung der Masse begangen hat, beispielsweise die zögerliche Erfüllung von Ab- oder Aussonderungsrechten oder die Vereitelung von Aussonderungsrechten, begründen im Regelfall eine Masseverbindlichkeit i.S.d. § 55 Abs. 1 Nr. 1 InsO und eine persönliche Haftung des Insolvenzverwalters nach § 60 InsO.

735 Zu den sonstigen Masseverbindlichkeiten i.S.d. § 55 Abs. 1 Nr. 1 InsO gehören auch die Verbindlichkeiten, die durch die Verwaltung, Verwertung und Verteilung der Insolvenzmasse begründet werden, ohne dass sie zu den Kosten des Insolvenzverfahrens gehören.

736 Dementsprechend stellen die laufenden öffentlichen Abgaben für Grundstücke, wie Grundsteuer, Kanalisationsgebühren, Brandversicherungsbeiträge, soweit es sich um öffentliche Zwangsversicherungen handelt, Schornsteinfegergebühren und dgl. mehr, Aufwendungen der Verwaltung und somit sonstige Masseverbindlichkeiten i.S.d. § 55 Abs. 1 Nr. 1 InsO dar.

737 Zu den Kosten für die Verwaltung der Masse i.S.v. § 55 Abs. 1 Nr. 1 InsO gehören auch die Kosten für die Beseitigung störender Anlagen auf Grundstücken gem. § 1004 BGB. Dies gilt jedoch nur für die Beseitigung von Störungen, die nach der Eröffnung des Insolvenzverfahrens begründet worden sind. Für die Beseitigung von Störungen aus der Zeit vor der Eröffnung des Insolvenzverfahrens trifft dies nicht zu, denn es ist Sache des Gläubigers des Beseitigungsanspruchs aus § 1004 BGB, diesen rechtzeitig geltend zu machen und gegen den Schuldner durchzusetzen bzw. sich eine dingliche Sicherheit zu verschaffen. Dass er damit bis nach der Eröffnung des Insolvenzverfahrens gewartet hat oder ihm eine frühere Realisierung nicht gelungen ist, darf ihm nicht als Privileg für eine Masseverbindlichkeit dienen, da seine Forderung sich in insolvenzrechtlicher Hinsicht nicht wesentlich von Forderungen anderer Art unterscheidet.

738 Zu den Verwaltungskosten i.S.d. § 55 Abs. 1 Nr. 1 InsO gehören auch die Kosten für die Schätzung von Massegegenständen.

739 Bei Ansprüchen des Finanzamtes ist für die Abgrenzung der Masseverbindlichkeiten von den Insolvenzforderungen darauf abzustellen, wann die Steuer begründet wurde. Steuerverbindlichkeiten, die vor der Eröffnung des Insolvenzverfahren begründet wurden, stellen Insolvenzforde-

rungen dar, während Steuerforderungen, die nach Verfahrenseröffnung begründet wurden, als Masseverbindlichkeiten zu befriedigen sind. Begründet im steuerlichen Sinne sind die Verbindlichkeiten, wenn der den Steueranspruch sachlich-rechtlich auslösende Tatbestand erfüllt ist; insofern ist es nicht erforderlich, dass bereits eine fällige durchsetzbare Forderung gegeben ist.[315]

Beispiel 194

Masseverbindlichkeiten

- Masseverbindlichkeiten i.S.d. § 55 Abs. 1 Nr. 1 InsO sind die Kraftfahrzeugsteuern für Kraftfahrzeuge, die der Insolvenzverwalter noch nicht stillgelegt bzw. nicht veräußert hat.[316]
- Bei einer Weiterführung des Betriebs gehört die Gewerbesteuer zu den sonstigen Masseverbindlichkeiten i.S.d. § 55 Abs. 1 Nr. 1 InsO.
- Der Insolvenzverwalter ist hinsichtlich der Umsätze, die nach der Eröffnung des Insolvenzverfahrens getätigt werden, umsatzsteuerpflichtig mit der Folge, dass die abzuführenden Umsatzsteuern sonstige Masseverbindlichkeiten i.S.d. § 55 Abs. 1 Nr. 1 InsO darstellen.[317] Die Umsatzsteuer für Umsätze vor der Eröffnung des Insolvenzverfahrens begründet einfache Insolvenzforderungen, und zwar selbst dann, wenn der Voranmeldungszeitraum nach der Eröffnung des Insolvenzverfahrens abläuft.

b) Gegenseitige Verträge (§ 55 Abs. 1 Nr. 2 InsO)

Nach § 55 Abs. 1 Nr. 2 InsO entstehen Masseverbindlichkeiten aus gegenseitigen Verträgen, soweit deren Erfüllung zur Insolvenzmasse verlangt wird oder für die Zeit nach der Eröffnung des Insolvenzverfahrens erfolgen muss. 740

Masseverbindlichkeiten sind somit u.a. die Forderungen, bei denen aus gegenseitigen nichterfüllten Verträgen der Insolvenzverwalter sein Wahlrecht dahingehend ausübt, dass die Verträge erfüllt werden sollen. 741

Beispiel 195

Wahlrecht des Verwalters

Der Schuldner hat dem Kaufmann Herbert Z. eine Maschine veräußert. Die Lieferung und Bezahlung der Maschine steht noch aus. Insolvenzverwalter Olaf M. stellt fest, dass er den im Kaufvertrag vereinbarten Preis bei einer anderweitigen Verwertung nicht erzielen könnte. Er wählt daher die Erfüllung des Vertrages.

---

315 Vgl. zur Vertiefung des höchst komplexen Steuererechts in der Insolvenz *Hess/Boochs/Weis* Steuerrecht in der Insolvenz, 1996, Rz. 207; s.a. die Kommentierung bei *Hess/Weis/Wienberg* InsO zu § 155 InsO.

316 *BFH* vom 18.12.1953 – II 190/52 U – DB 1954, 144.

317 *BFH* vom 21.01.1956 – V 223/55 – NJW 1956, 1775.

742 Als Bsp. für Verbindlichkeiten aus gegenseitigen Verträgen, die für die Zeit nach der Eröffnung des Insolvenzverfahrens erfüllt werden müssen, sind in erster Linie die Arbeitsverhältnisse mit dem Schuldner zu nennen, die nach § 108 InsO die Verfahrenseröffnung überdauern. Hier wirkt sich die Folge, dass die Eröffnung des Insolvenzverfahrens den Bestand des Arbeitsverhältnisses unberührt lässt, in vollem Umfang aus. Die nach Eröffnung des Insolvenzverfahrens entstehenden Arbeitnehmeransprüche sind Masseverbindlichkeiten, unabhängig davon, ob der Insolvenzverwalter die Erfüllung zur Insolvenzmasse verlangt. Er muss sie erfüllen, weil das Arbeitsverhältnis fortbesteht. Will er auf das Arbeitsverhältnis einwirken, so kann er dies nur im Wege einer Kündigung nach § 113 InsO.

c) Ungerechtfertigte Bereicherung der Masse (§ 55 Abs. 1 Nr. 3 InsO)

743 Masseverbindlichkeiten sind weiter alle Verbindlichkeiten aus einer ungerechtfertigten Bereicherung der Masse. Voraussetzung für die Anwendung des § 55 Abs. 1 Nr. 3 InsO ist es, dass nach der Eröffnung des Insolvenzverfahrens entweder durch Leistung oder auf andere Weise ohne rechtlichen Grund eine Vermögensmehrung der Insolvenzmasse eintritt. Ist die Vermögensmehrung vor der Eröffnung des Insolvenzverfahrens eingetreten, besteht nur eine Insolvenzforderung.

Beispiel 196

Bereicherungsanspruch

Der Insolvenzverwalter hat im Eigentum Dritter stehende Sachen wirksam veräußert und den Erlös eingezogen (§§ 816 Abs. 1 Nr. 1, 932 BGB), so dass dieser ununterscheidbar mit der Insolvenzmasse vermischt wurde. In diesem Fall besteht ein Bereicherungsanspruch nach § 55 Abs. 1 Nr. 3 InsO, sofern § 55 Abs. 1 Nr. 1 InsO deshalb nicht eingreift, weil dem Insolvenzverwalter ein Verschulden hinsichtlich der Vereitelung der Drittrechte nicht vorgeworfen werden kann. Bei berechtigter wie bei nichtberechtigter Weiterveräußerung von Vorbehaltsware sowie bei der Verwertung von sicherungsübereigneten Sachen durch den Insolvenzverwalter entsteht, wenn der Erlös unterscheidbar in der Masse vorhanden ist, eine Masseverbindlichkeit nach § 55 Abs. 1 Nr. 2 InsO. Ist der Erlös nicht unterscheidbar in die Masse gelangt, besteht ein Bereicherungsanspruch nach § 55 Abs. 1 Nr. 3 InsO.

d) Verbindlichkeiten des vorläufigen Insolvenzverwalters (§ 55 Abs. 2 InsO)

744 Verbindlichkeiten, die von einem vorläufigen Insolvenzverwalter begründet worden sind, auf den die Verfügungsbefugnis über das Vermögen des

Schuldners übergegangen ist, gelten nach der Eröffnung des Verfahrens ebenfalls als Masseverbindlichkeiten. Das Gleiche gilt für Verbindlichkeiten aus einem Dauerschuldverhältnis, soweit der vorläufige Insolvenzverwalter für das von ihm verwaltete Vermögen die Gegenleistung in Anspruch genommen hat.[318]

Besonders bedeutsam ist in diesem Zusammenhang die in § 55 Abs. 3 InsO normierte Ausnahme: Hiernach stellen vom vorläufigen Insolvenzverwalter begründete Arbeitnehmerforderungen dann keine Masseverbindlichkeiten dar, wenn sie nach § 187 SGB III auf die BA übergegangen sind, m.a.W., wenn seitens der Arbeitnehmer Insolvenzgeld in Anspruch genommen wurde. **744a**

II. Insolvenzgläubiger (§ 38 InsO)

1. Allgemeines

Insolvenzgläubiger sind die persönlichen Gläubiger des Schuldners, die zum Zeitpunkt der Verfahrenseröffnung einen Vermögensanspruch an den Schuldner haben. **745**

> Der Schuldner hat aus einem Versandhauskatalog vor Verfahrenseröffnung Waren bestellt, die bereits geliefert, aber noch nicht bezahlt sind.

Beispiel 197
Insolvenzgläubiger

Die Insolvenzgläubiger werden wie die Massegläubiger aus der Masse befriedigt. Ihre Befriedigung erfolgt allerdings erst, wenn alle Massegläubiger in vollem Umfang befriedigt worden sind. Hierbei werden zunächst die Forderungen aller Insolvenzgläubiger in der Insolvenztabelle festgehalten und sodann die noch verbliebene Masse quotal auf die Gläubiger verteilt. **746**

Der Rechtsgrund der den Schuldner treffenden Verbindlichkeit ist unerheblich, die Forderung kann sich aus Vertrag oder Gesetz ergeben, wobei das Forderungsrecht nicht nur aus einem Schuldverhältnis, sondern auch aus sachen-, familien- und erbrechtlichen Verhältnissen begründet sein kann. **747**

Der Anspruch des Gläubigers muss zum Zeitpunkt der Verfahrenseröffnung begründet gewesen sein. Dies bedeutet nicht, dass er zu diesem **748**

318 Vgl. dazu oben Rn. 343 ff.

Zeitpunkt bereits durchsetzbar in Form einer fälligen Forderung bestanden haben muss.

749 Qualitativ muss es sich bei der Forderung um einen Vermögensanspruch handeln (§ 38 InsO). Eine Forderung also, die eine Geldleistungspflicht zum Gegenstand hat oder zwar nicht auf Geldzahlung gerichtet ist, sich aber inhaltlich nach Maßgabe des § 45 InsO in einen Geldleistungsanspruch umwandeln lässt.

750 Das tatsächliche Bestehen der Forderung ist nicht Voraussetzung für die Stellung des angeblich oder tatsächlich Berechtigten als Insolvenzgläubiger. Für die Teilnahme am Insolvenzverfahren genügt die Glaubhaftmachung einer Forderung, die, ihr Bestehen unterstellt, die Voraussetzungen einer Insolvenzforderung erfüllt. Auch wenn sie nicht besteht, aber schon vor der Verfahrenseröffnung rechtskräftig anerkannt worden ist, wird sie bei der Verteilung berücksichtigt, sofern sie nur geprüft und unbestritten geblieben bzw. streitig festgestellt worden ist.

Beispiel 198

Unvollkommene Verbindlichkeiten

Schuldner Ferdinand B. hat gegenüber seinem Zechkumpanen Dieter von E. erhebliche Spielschulden. Dieter von E. meldet diese Verbindlichkeiten im Insolvenzverfahren an. Zu Recht?

Nein. Unvollkommene Verbindlichkeiten (Spiel, Wette; §§ 762 – 764 BGB), Ehemaklerlohn (§ 656 BGB), unverbindliche Börsentermingeschäfte können mangels Forderungseigenschaft nicht als Insolvenzforderungen anerkannt werden.

751 Verjährte Ansprüche können als Insolvenzforderungen angemeldet werden, da der Anspruch in diesem Fall nicht erloschen, sondern nur nicht mehr durchsetzbar ist und deshalb noch als causa i.S.d. § 812 Abs. 1 BGB wirken kann, wenn der Verpflichtete gleichwohl geleistet hat.

752 **Keine** Insolvenzforderungen sind:

- Gestaltungsrechte (z.B. das Recht zur Anfechtung oder zum Rücktritt vom Vertrag) gleich welchen Rechtsgrundes, da sie keine Vermögensansprüche darstellen;
- Unterlassungsansprüche;
- Ansprüche aus nur durch den Schuldner selbst zu leistenden nicht vertretbaren Handlungen auch wenn sie einen berechenbaren Vermögenswert haben;
- Höchstpersönliche Ansprüche (z.B. Namensrechte gem. § 12 BGB) und solche rein familienrechtlicher Art ohne Vermögenswert; etwas anderes gilt für familienrechtliche Ansprüche auf Geld- oder geldwerte Leistungen wie etwa Unterhaltsansprüche;
- Aussonderungsansprüche.

Ein neben der Forderung bestehendes Absonderungsrecht nimmt dagegen dem absonderungsberechtigten Gläubiger nicht die Stellung als Insolvenzgläubiger hinsichtlich seiner gesamten Forderung. 753

Beispiel 199

Ausfallforderung

> Die Volksbank J-hausen hat sich als Sicherheit für ein dem Schuldner Richard F. gewährtes Darlehen mehrere Bagger, LKW und einen Kranwagen sicherungsübereignen lassen. Im Zuge der Verwertung fällt sie in Höhe von 5.000,00 € aus, da der Verwertungserlös niedriger ist, als die Verbindlichkeit. Den Ausfall kann die Bank im Insolvenzverfahren über das Vermögen des Richard F. als Insolvenzforderung zur Tabelle anmelden. Die Bank muss allerdings damit rechnen, dass sie lediglich eine Quote von ca. 3 – 5 % auf ihre Forderung erhält.

Betagte, aufschiebend bedingte und aufschiebend befristete Forderungen stellen zwar Insolvenzforderungen dar, berechtigen jedoch, soweit sie bedingt oder befristet sind, lediglich zu einer Sicherstellung. Schadensersatzansprüche aus vertraglicher Pflichtverletzung sind Insolvenzforderungen, wenn die den Anspruch auslösende objektive Pflichtverletzung vor der Verfahrenseröffnung lag, unabhängig vom Zeitpunkt des Schadenseintritts. 754

Steuerforderungen sind ohne Rücksicht auf den Zeitpunkt der Festsetzung oder Fälligkeit vor Insolvenzeröffnung entstanden und damit Insolvenzforderungen, wenn zu diesem Zeitpunkt der Tatbestand verwirklicht ist, an den das Gesetz die Steuerpflicht knüpft (§ 38 AO). 755

2. Nicht fällige Forderungen

Nicht fällige Forderungen gelten in der Insolvenz als fällig (§ 41 Abs. 1 InsO). Diese Vorschrift bezweckt eine schnelle Insolvenzabwicklung dadurch, dass noch nicht fällige Forderungen fällig gestellt werden. Die eingetretene Fälligkeit ist endgültig und gilt über die Insolvenzbeendigung hinaus[319]. Sie wirkt nur im Verhältnis zwischen Insolvenzgläubiger und Schuldner und hat keinen Einfluss auf die Haftung des Bürgen oder die Mithaftung des Gesamtschuldners[320]. 756

Beispiel 200

Nicht fällige Forderungen

> Hans D. hat gegenüber dem Schuldner Emil O. eine Forderung aus einem Anzeigenauftrag, die erst mit Erscheinen des Werkes in zwei Monaten fällig wird. Er kann seine Forderung bereits jetzt zur Tabelle anmelden.

319 *RG* vom 21.06.1918 – Rep VII 140/18 – RGZ 93, 209, 213.
320 *RG* vom 06.07.1916 – Rep VI 147/16 – RGZ 88, 375.

> Emil O. ist durch die Fälligkeit der Forderung nicht beschwert. Bei verzinslichen Forderungen wird er von der Zinspflicht für die Zukunft befreit. Bei unverzinslichen Forderungen erlangt er den Abzug eines Zwischenzinses gem. § 41 Abs. 2 InsO.

3. Auflösend bedingte Forderungen

757 Auflösend bedingte Forderungen werden, solange die Bedingung nicht eingetreten ist, im Insolvenzverfahren nach § 42 InsO wie unbedingte Forderungen berücksichtigt.

758 Ist die Bedingung eingetreten, so ist die Forderung erloschen mit der Folge, dass die Berechtigung dieser Forderung, bei der Verteilung der Masse teilzunehmen, ausscheidet. Werden Zahlungen im Rahmen einer Verteilung an den Gläubiger geleistet und erlischt die Forderung aufgrund der auflösenden Bedingung, kann der gezahlte Betrag unter dem Gesichtspunkt der ungerechtfertigten Bereicherung vom Insolvenzverwalter zurückgefordert werden. Der einzelne Gläubiger ist für eine solche Klage nicht aktivlegitimiert.

759 Tritt die auflösende Bedingung nach Feststellung der Forderung ein, so kann entweder der Insolvenzverwalter oder der Schuldner Vollstreckungsgegenklage (§ 767 ZPO) erheben[321], je nachdem, ob der Bedingungseintritt vor oder nach der Beendigung des Insolvenzverfahrens erfolgt.

4. Haftung mehrerer Personen

760 Ein Gläubiger, dem mehrere Personen für dieselbe Leistung auf das Ganze haften, kann im Insolvenzverfahren gegen jeden Schuldner bis zu seiner vollen Befriedigung den ganzen Betrag geltend machen, den er zur Zeit der Eröffnung des Verfahrens zu fordern hatte (§ 43 InsO).

761 § 43 InsO regelt den Fall, dass bei mehreren Gesamthaftenden mindestens einer im Insolvenzverfahren steht und während des Verfahrens dem Gläubiger auf Kosten eines Mithaftenden eine Teilbefriedigung zufließt.

Beispiel 201

Teilbefriedigung

> Im Insolvenzverfahren über das Vermögen des Ernst Z. erlangt die B-Bank eine Quote von 6 % der Gesamtforderung, sie kann gegenüber der mithaftenden Ehefrau Renate Z. die restlichen 94 % geltend machen.

---

321 *RG* vom 24.02.1888 – Beschw. Rep III 4/88 – RGZ 21, 331.

Die Vorschrift bestimmt, dass der Gläubiger unverändert mit der von ihm angemeldeten und festgestellten Forderung am Verfahren teilnimmt und die Quote bezieht, solange nicht die Zahlung der Mithaftenden zusammen mit den Quoten aus dem Verfahren zu einer vollen Befriedigung des Gläubigers führt. 762

§ 43 InsO ist direkt oder entsprechend anwendbar auf: 763

- die Fälle der echten Gesamtschuld,
- die Fälle der unechten Gesamtschuld,
- die Haftung mehrerer Wechselschuldner nach § 47 WG[322],
- die Sachmithaftung, wenn ein Dritter dinglich mithaftet,
- das Verhältnis des Hauptschuldners und des Bürgen (§ 44 InsO),
- die Fälle des unechten Factoring.

§ 43 InsO findet auch Anwendung, wenn eine Mithaftung nicht für die gesamte Forderung, sondern nur für einen Teil der Forderung übernommen wurde, mit der Folge, dass die Anmeldbarkeit auf den Teil der Forderungen beschränkt ist, für den die Gesamthaftung besteht.[323] 764

5. Rechte der Gesamtschuldner und Bürgen

Beispiel 202

Gesamtschuld und Bürgschaft

Bürge Alfons E. möchte im Insolvenzverfahren über das Vermögen des Schuldners vorsorglich den eventuellen Bürgenregressanspruch anmelden, da die Gläubigerin A-Bank bereits seine Inanspruchnahme angekündigt hat. Ist dies möglich?

Der Bürge oder Gesamtschuldner kann nach § 44 InsO an dem Insolvenzverfahren über das Vermögen des Hauptschuldners nicht teilnehmen, wenn der Gläubiger die verbürgte Forderung als Insolvenzforderung angemeldet hat und diese nicht nach § 774 Abs. 1 BGB auf den Bürgen übergegangen ist. Sinn und Zweck dieser Regelung ist es, auszuschließen, dass dieselbe Forderung im Insolvenzverfahren von mehreren Gläubigern gleichzeitig geltend gemacht wird. Der Bürge muss daher den Schuldner außerhalb des Verfahrens mit seinem insolvenzfreien Vermögen in Anspruch nehmen oder die Aufhebung des Insolvenzverfahrens abwarten.

Hat demgegenüber der Bürge den Gläubiger nach der Verfahrenseröffnung voll befriedigt, so kann er seine Forderung in der Insolvenz des Hauptschuldners anmelden, da § 44 InsO dem Schutz des ursprüng- 765

322 *RG* vom 07.01.1902 -Rep II 316/01 – RGZ 51, 23.
323 *BGH* vom 09.05.1960 – II ZR 95/58 – WM 1960, 720.

lichen Gläubigers dient, der durch den Ausgleich seiner Forderung nicht mehr schützenswert ist.[324]

766 Der Bürge, der die Forderung des Gläubigers nach der Insolvenzeröffnung nur teilweise befriedigt hat, kann seine Forderung dagegen nicht zur Tabelle anmelden, wenn der Gläubiger am Verfahren teilnimmt.[325]

Beispiel 203

Teilbürgschaft

Dora T. hat für eine Darlehensverbindlichkeit ihrer Freundin, der Kauffrau Ute Z. eine Teilbürgschaft über 20.000,00 € übernommen und nach der Inanspruchnahme durch die Bank auch gezahlt. Sie möchte von Ihrem Anwalt Tino I. wissen, ob sie diese 20.000,00 € im Insolvenzverfahren über das Vermögen der Z. zur Tabelle anmelden muss. Die Bank hat die Hauptforderung ebenfalls in voller Höhe angemeldet und bislang nicht um den von T. gezahlten Betrag ermäßigt.

Bei einer Teilbürgschaft greift § 44 InsO dann nicht ein, wenn der Teilbürge nach der Eröffnung des Insolvenzverfahrens über das Vermögen des Hauptschuldners den vollen Betrag der übernommenen Bürgschaft an den Gläubiger zahlt; der Gläubiger muss dann seine Forderungsanmeldung um den empfangenen Betrag ermäßigen, weil ihm in Höhe des ihm nur noch zustehenden Betrages keine Gesamthaftung besteht; andererseits darf die Bürgin T. ihren Regressanspruch anmelden, weil die gebotene Kürzung der Anmeldung der Bank es gestattet, den Rückgriffsanspruch neben der restlichen Forderung der Bank zu berücksichtigen.[326]

6. Umrechnung von Forderungen

767 § 45 Satz 1 InsO bestimmt, dass nicht auf Geld gerichtete Insolvenzforderungen mit einem Geldbetrag zu beziffern sind, da im Rahmen des Insolvenzverfahrens nur eine anteilmäßige Befriedigung in Geld erfolgen kann.

Dies gilt beispielsweise für

- Verschaffungsansprüche,
- Rückgewähransprüche,
- Naturalleistungen, wie Wohnung, Heizung, Kleider und dgl. mehr.

324 *BGH* vom 09.05.1963 – II ZR 124/61 – NJW 1963, 1873.

325 *BGH* vom 20.03.1958 – II ZR 2/57 – NJW 1958, 787; vom 11.10.1984 – IX ZR 80/83 – WM 1984, 1575.

326 *BGH* vom 09.05.1960 – II ZR 95/58 – WM 1960, 720; vom 22.01.1969 – VIII ZR 24/67 – WM 1969, 245.

Forderungen, die nicht auf Geld gerichtet sind oder deren Geldbetrag unbestimmt ist, sind mit dem Wert geltend zu machen, der für die Zeit der Eröffnung des Insolvenzverfahrens geschätzt werden kann. 768

Forderungen, die in ausländischer Währung oder in einer Rechnungseinheit ausgedrückt sind, sind nach dem Kurswert, der zur Zeit der Verfahrenseröffnung für den Zahlungsort maßgeblich ist, in inländische Währung umzurechnen (§ 45 Satz 2 InsO). 769

Beispiel 204

Fremdwährungen

> Die englische Gläubigerin Murry O. macht eine Forderung aus Kaufvertrag gegenüber der U-AG in engl. Pfund geltend.
>
> Frau Murry muss die Forderung in Euro bei dem Insolvenzverwalter zur Insolvenztabelle anmelden.

Von § 45 InsO werden auch Forderungen mit unbestimmtem oder ungewissem Geldbetrag, wie beispielsweise Forderungen, die nur dem Grunde, jedoch nicht der Höhe nach feststehen, unverzinsliche Forderungen auf eine einmalige Leistung mit unbestimmtem Fälligkeitstermin, Forderungen auf wiederkehrende Leistungen, bei dem Betrag und Dauer der Bezüge ungewiss sind, erfasst. 770

Die in § 45 InsO genannten Forderungen wandeln sich erst mit der Eintragung in die Insolvenztabelle in einen Anspruch auf Zahlung von Euro um. Ist die Forderung zum Umwandlungszeitpunkt bereits erloschen, oder lautet sie nunmehr auf einen bestimmten Betrag, bleibt für eine Schätzung nach § 45 InsO kein Raum mehr.[327] 771

7. Wiederkehrende Leistungen

Forderungen auf wiederkehrende Leistungen, deren Betrag und Dauer bestimmt sind, sind mit dem Betrag geltend zu machen, der sich ergibt, wenn die noch ausstehenden Leistungen unter Abzug des in § 41 InsO bezeichneten Zwischenzinses zusammengerechnet werden (§ 46 InsO). 772

Beispiel 205

Wiederkehrende Leistungen

> Peter G. hat gegenüber Walter W. einen Schadensersatzanspruch, der sich auf die Zahlung einer monatlichen Rente richtet.
>
> Die wiederkehrenden Leistungen sind zu kapitalisieren, und zwar so, dass die künftigen Zahlungen unter Abzug des Zwischenzinses addiert werden und die Summe vermindert wird, soweit sie den zum gesetzlichen Zins kapitalisierten Betrag der einzelnen Hebung übersteigt.

327 *BGH* vom 10.01.1991 – IX ZR 247/90 – WM 1991, 417.

III. Nachranggläubiger (§ 39 InsO)

773 Eine weitere Gruppe der Gläubiger stellen die nachrangigen Insolvenzgläubiger dar (§ 39 InsO). Sie waren nach bisherigem Insolvenzrecht von der Geltendmachung ihrer Forderungen ausgeschlossen. Die InsO berücksichtigt die nachrangigen Forderungen zwar grds., allerdings erfolgt eine Befriedigung dieser Ansprüche im Rang nach den einfachen Insolvenzforderungen, das heißt erst dann, wenn alle sonstigen Verbindlichkeiten zu 100 % berichtigt sind. Dass dieser Fall in der Praxis so gut wie nie vorkommt, braucht nicht besonders betont zu werden. Wäre der Schuldner in der Lage gewesen, alle Forderungen zu begleichen, dann wäre es in der Regel nicht zu einer Verfahrenseröffnung gekommen.

774 Nachrangige Forderungen sind:

- die seit der Verfahrenseröffnung laufenden Zinsen der Insolvenzgläubiger,
- die Kosten, die einzelnen Insolvenzgläubigern durch die Teilnahme am Verfahren erwachsen,
- Geldstrafen, Geldbußen, Ordnungsgelder und Zwangsgelder,
- Forderungen aus kapitalersetzenden Darlehen, und im Rang danach
- Forderungen, für die vertraglich ein Nachrang vereinbart worden ist.

775 Die Gläubiger solcher Forderungen können an der Gläubigerversammlung zwar teilnehmen, sind jedoch nicht stimmberechtigt (§ 77 Abs. 1 Nr. 2 InsO).

776 Sie können auch keinen Antrag auf Einberufung einer Gläubigerversammlung stellen (§ 75 InsO).

777 Wegen der geringen Befriedigungsaussichten brauchen sie ihre Forderungen nur anzumelden, wenn das Insolvenzgericht besonders dazu auffordert; sie müssen dann auch auf den Nachrang ihrer Forderungen hinweisen und die beanspruchte Rangstelle bezeichnen (§ 174 InsO).

778 Auch im Insolvenzplanverfahren bilden sie eine gesonderte Gruppe (§ 222 Abs. 1 Nr. 3 InsO), deren Zustimmung zum Plan unter bestimmten Voraussetzungen fingiert wird (§ 246 InsO) und die i.d.R. aus dem Plan keine Befriedigung verlangen können.

IV. Aussonderungsgläubiger

779 Der Aussonderung unterliegen Gegenstände, die aufgrund eines dinglichen oder persönlichen Rechts eines Dritten dem Schuldner nicht gehören. Aussonderungsansprüche bestimmen sich nach den außerhalb des Insolvenzverfahrens geltenden Gesetzen (§ 47 InsO).

Beispiel 206

Aussonderungsrechte

> **Beispiele für dingliche Aussonderungsrechte:**
> - Eigentum,
> - Besitz,
> - Herausgabeanspruch gegen den Erbschaftsbesitzer.
>
> **Beispiele für schuldrechtliche Aussonderungsrechte:**
> - uneigennützige Treuhandverhältnisse,
> - Herausgabeansprüche der Vermieter und Verpächter einschließlich der Leasing-Geber und der Hinterleger von Wertpapieren (§ 32 DepG).

1. Die dinglichen Aussonderungsberechtigten

a) Eigentum

780 Der Eigentümer kann in der Insolvenz des Besitzers (Eigen-, Fremd-, mittelbaren oder unmittelbaren Besitzers) die Herausgabe seines Eigentums verlangen (§ 985 BGB), solange dem Besitzer kein Recht zum Besitz zusteht (§ 986 BGB).

781 Dasselbe Recht steht dem Miteigentümer gegen den besitzenden Schuldner zu. Sofern der Schuldner selbst Miteigentümer ist, vollzieht sich die Auseinandersetzung außerhalb des Verfahrens (§ 84 InsO). Ausgenommen davon ist kraft ausdrücklicher gesetzlicher Bestimmung (§ 51 Nr. 1 InsO) das Sicherungseigentum.

Beispiel 207

Privateigentum

> Der Geschäftsführer der U-GmbH, Klaus O., hat den ihm gehörenden PKW Mercedes SL-Cabrio während des Winters auf dem Betriebsgelände eingestellt. Im Rahmen der Inventarisierung hat der Insolvenzverwalter Josef H. den PkW zunächst in die Vermögensverzeichnisse übernommen, da Klaus O. ihm noch keine auf ihn lautenden Fahrzeugpapiere vorlegen konnte.

b) Eigentumsvorbehalt

TIPP
Vereinbaren Sie als Lieferant wenn möglich immer einen einfachen Eigentumsvorbehalt!

782 Das in der Praxis wichtigste Aussonderungsrecht stellt der Eigentumsvorbehalt (§ 455 BGB) der Warenlieferanten des Schuldners dar. Während Sicherungseigentum und Sicherungszession nur Absonderungsrechte begründen, gewährt der Eigentumsvorbehalt ein Recht auf Aussonderung.[328]

783 Sachen im Besitz des Verwalters, an denen ein einfacher Eigentumsvorbehalt besteht, unterliegen nicht dem Verwertungsrecht des Verwalters, sondern berechtigen den Vorbehaltslieferanten zur Aussonderung. Er kann dieses Recht allerdings nicht sofort durchsetzen. Durch das Wahlrecht des Verwalters zwischen der Erfüllung des Kaufvertrages und der Ablehnung dieser Erfüllung (§ 103 InsO) und durch das Recht des Verwalters, die Ausübung des Wahlrechts bis zum Berichtstermin aufzuschieben (§ 107 Abs. 2 InsO), wird nämlich auch für Sachen, an denen ein einfacher Eigentumsvorbehalt besteht, sichergestellt, dass sie nach der Eröffnung des Insolvenzverfahrens zunächst nicht herausgegeben werden müssen.

784 Für leicht verderbliche Sachen besteht insofern allerdings eine Zusatzregelung (§ 107 Abs. 2 Satz 2 InsO): Hier bleibt es bei der allgemeinen Vorschrift des § 103 InsO, dass der Verwalter sich auf Anfrage des Gläubigers unverzüglich entscheiden muss, ob er die Sache behalten und den Kaufpreis erfüllen oder ob er sie herausgeben will.

785 Demgegenüber ist der Lieferant, der einen **verlängerten Eigentumsvorbehalt** vereinbart, mit dem Verlust seines Eigentums auch nicht mehr aussonderungsberechtigt. Bei dem verlängerten Eigentumsvorbehalt vereinbaren Verkäufer und Käufer über den einfachen Eigentumsvorbehalt hinaus, dass im Fall der Weiterveräußerung des Kaufgegenstands durch den Käufer anstelle des vorbehaltenen Eigentums, sobald dieses infolge Übergabe an den Käufer erlischt, die Forderung aus dem Weiterverkauf tritt. Diese Abtretung einer erst künftig entstehenden Forderung ist eine Sicherungsabtretung.

786 Ebenso gewährt der **erweiterte Eigentumsvorbehalt** kein Aussonderungsrecht. Der erweiterte Eigentumsvorbehalt erstreckt die Rechte der Lieferanten im Fall der Verbindung, Vermischung (§§ 947, 948 BGB) und Verarbeitung (§ 950 BGB) auf die neu entstehenden Sachen. Sie werden in der Insolvenz wie sicherungsübereignete Sachen behandelt (dazu unten Rn. 802 ff.).

328 Zur Systemwidrigkeit dieser Bevorzugung vgl. *Hess/Weis/Wienberg* InsO, § 47 Rz. 50.

c) Leasing

Da Leasingverträge i.d.R. als Mietverträge einzuordnen sind[329], bleibt der Leasinggeber bis zur Ausübung eines eventuellen Erwerbsrechts durch den Leasingnehmer Eigentümer. Als Eigentümer besitzt der Leasinggeber ein Aussonderungsrecht und kein Absonderungsrecht[330]. Unter die Ausnahmevorschrift des § 51 Nr. 1 InsO, die dem Sicherungseigentümer anstelle des Aussonderungsrechts nur ein Absonderungsrecht zubilligt, ist das Leasing nicht zu subsumieren. Der Verwalter kann demgemäß kein Verwertungsrecht und auch keine Kostenbeiträge nach §§ 170 ff. InsO beanspruchen. Dennoch unterliegt der Leasinggeber bei der Durchsetzung seines Aussonderungsrechts gewissen Schranken.[331] **787**

2. Die schuldrechtlichen Aussonderungsberechtigten

a) Treuhandverhältnisse

Bei Treuhandverhältnissen ist zwischen der Insolvenz des Treugebers und der Insolvenz des Treuhänders zu unterscheiden. **788**

Sowohl die eigennützige als auch die uneigennützige Treuhand gewähren dem Treugeber in der Insolvenz des Treuhänders ein Aussonderungsrecht.[332] **789**

In der Insolvenz des Treugebers ist zwischen eigennütziger und uneigennütziger Treuhand zu unterscheiden: **790**

---

329 Vgl. *BGH* vom 12.12.1973 – VIII ZR 183/72 – WM 1974, 96; vom 09.03.1977 – VIII ZR 192/75 – WM 1977, 473; vom 28.10.1981 – VIII ZR 302/80 – WM 1981, 1378; vom 02.12.1981 – VIII ZR 273/80 – WM 1982, 151; vom 10.10.1990 – VIII ZR 296/89 – WM 1990, 2043; vom 24.11.1993 – VIII ZR 240/92 – ZIP 1993, 1874; *Langheid* Leasingpraxis 3/1981, S. 11; *Seeger* KTS 1974, 12; *Merz* WM 1983, 106; *v. Westphalen* BB 1988, 218; kritisch dazu *Stoppok* Die Bank 1982, 132.

330 *BGH* vom 27.02.1985 – VIII ZR 328/83 – BGHZ 94, 44; *Lieb* DB 1988, 946.

331 Vgl. dazu *Hess/Weis/Wienberg* InsO, § 108 Rz. 25.

332 Zur Abgrenzung s. *Kuhn/Uhlenbruck* KO, § 43 Rz. 10a; RG vom 10.10.1917 – Rep V 159/17 – RGZ 91, 12, 14; *BGH* vom 25.11.1992 – VIII ZR 176/91 – WM 1993, 213; vom 11.12.1963 – VIII ZR 129/62 – WM 1964, 179; vom 14.01.1969 – VI ZR 191/67 – WM 1969, 475.

791 Bei einem uneigennützigen Treuhandverhältnis gehört das Treugut zur Insolvenzmasse des Treugebers; der Insolvenzverwalter kann also Herausgabe des Treuguts vom Treuhänder verlangen.[333]

792 Bei einem eigennützigen Treuhandverhältnis wird dem Treuhänder trotz seiner formellen Eigentümerstellung in der Insolvenz des Treugebers kein Aussonderungsrecht, sondern nur ein Absonderungsrecht zugebilligt. Wichtigste Anwendungsfälle sind die Sicherungsübereignung und die Sicherungsabtretung, für die dies ausdrücklich im Gesetz niedergelegt ist (§ 51 Nr. 1 InsO).

b) Besondere Kontoformen

793 Durch besondere Ausgestaltung können auch an Bankkonten in der Insolvenz des Kontoinhabers von Dritten Aussonderungsrechte geltend gemacht werden:

794 **Gemeinschaftskonten** führen in der Insolvenz eines der Kontoinhaber zu einer Auseinandersetzung außerhalb des Insolvenzverfahrens nach § 84 InsO.[334]

795 **Offene Treuhandkonten** gewähren dem Treugeber ein Aussonderungsrecht unabhängig davon, durch wessen Einzahlungen das Guthaben entstanden ist.[335] Dieses Aussonderungsrecht kann der Treugeber jedoch nicht gegenüber der Bank, sondern nur gegenüber dem Insolvenzverwalter geltend machen. Die Bank hat also auch dann, wenn ihr der Treuhandcharakter eines Kontos bekannt ist, die Verfügungen des Insolvenzverwalters zu beachten und kann anders lautenden Weisungen des Treugebers nicht folgen.

796 **Anderkonten**[336] stellen eine Unterart der offenen Treuhandkonten dar; sie werden nur für bestimmte Berufsgruppen, denen u.a. die Verwaltung fremder Gelder obliegt, nämlich für Rechtsanwälte, Notare, Angehörige der öffentlich bestellten wirtschaftsprüfenden und wirtschafts- und steuerberatenden Berufe (Treuhänder) sowie neuerdings für Patentanwälte

333 *BGH* vom 25.04.1962 – VIII ZR 43/61 – NJW 1962, 1200; *RG* vom 06.11.1934 – VII 105/34 – RGZ 145, 253.

334 *Obermüller* Handbuch Insolvenzrecht, Rz. 263.

335 *Obermüller* Handbuch Insolvenzrecht, Rz. 269; *Canaris* NJW 1973, 831; *BGH* vom 05.11.1953 – IV ZR 95/53 – BGHZ 11, 37; vom 14.07.1958 – VII ZB 3/58 – WM 1958, 1044; vom 07.04.1959 – VIII ZR 219/57 – WM 1959, 686; vom 19.11.1992 – IX ZR 45/92 – WM 1993, 83; *OLG Düsseldorf* vom 03.12.1987 – 10 U 117/87 – BB 1988, 293; *BayObLG* vom 08.04.1988 – RE-Miet 1/88 – WM 1988, 1763.

336 S. hierzu *BGH* vom 15. 12. 1994 – IX ZR 252/93 – WM 1995, 352.

eingerichtet. Sie dienen zur Aufnahme fremder Gelder und Wertpapiere und stellen deshalb, soweit sie ihrem Zweck entsprechend fremde Werte enthalten, Treugut dar. In der Insolvenz des Kontoinhabers kann deshalb der Treugeber deren Aussonderung verlangen.[337]

Beispiel 208

Anderkonten

Insolvenzverwalter Hugo U. ist selbst in finanzielle Bedrängnis geraten, da er seine Umsatzsteuerpflichten nicht ordnungsgemäß erfüllen konnte. Im Rahmen des ihm übertragenen Insolvenzverfahrens über das Vermögen der Z-GmbH hat er ein Insolvenzverwalteranderkonto eingerichtet, auf das sämtliche Zahlungseingänge nach Verfahrenseröffnung geflossen sind.

3. Die Ersatzaussonderungsberechtigten

Sofern ein Gegenstand, dessen Aussonderung hätte verlangt werden können, vor der Eröffnung des Insolvenzverfahrens vom Schuldner oder nach der Eröffnung vom Insolvenzverwalter unberechtigt veräußert worden ist, kann der Aussonderungsberechtigte die Abtretung des Rechts auf die Gegenleistung verlangen, soweit diese noch aussteht (§ 48 Satz 1 InsO). 797

Beispiel 209

Ersatzaussonderungsberechtigung

Insolvenzverwalter Bernd F. hat den PKW der aussonderungsberechtigten Leasinggesellschaft L bar an Fritz R. veräußert und den Erlös mit anderen Geldeingängen der Masse vermischt. L macht nunmehr ein Aussonderungsrecht an dem Erlös geltend.

Da die Ersatzaussonderung einen Fall der echten Aussonderung darstellt, kann sie nur wegen individuell bestimmter Gegenstände oder Rechte, nicht wegen einer Geldsumme oder eines Wertbetrages geltend gemacht werden.[338] L kann daher den Erlös nicht im Wege der Ersatzaussonderung beanspruchen, aber als Masseverbindlichkeit aus dem Gesichtspunkt der ungerechtfertigten Bereicherung.

Die Ersatzaussonderung greift auch ein, wenn der Schuldner schon vor der Verfahrenseröffnung die Gegenleistung eingezogen hatte, diese aber in der Masse noch unterscheidbar vorhanden ist. 798

Unterscheidbarkeit ist gegeben, wenn der Insolvenzverwalter oder der Schuldner die Gegenleistung, ohne sie zuvor mit Vermögen der Insolvenzmasse bzw. seinem Vermögen zu vermengen, auf ein Sonderkonto 799

337 Einzelheiten s. *Obermüller* Handbuch Insolvenzrecht, Rz. 271.
338 *BGH* vom 08.03.1972 – VIII ZR 40/71 – NJW 1972, 872.

genommen hat.[339] Das Gleiche gilt, wenn die Gegenleistung nach Verfahrenseröffnung auf das laufende Konto bei einem Kreditinstitut gelangt ist[340], weil bei Beträgen, die vom Leistenden unmittelbar auf ein Konto des Verwalters oder ein seiner Verfügung unterliegendes Konto des Schuldners gelangt sind, die Aussonderungsfähigkeit durch die einzelnen Buchungen gegeben ist.[341]

4. Die Durchsetzung des Aussonderungsrechts

800 Aussonderungsberechtigte und Ersatzaussonderungsberechtigte sind am Insolvenzverfahren nicht beteiligt. Sie sind weder zur Abstimmung noch überhaupt zur Teilnahme an der Gläubigerversammlung berechtigt (§ 74 InsO).

801 Dies gilt auch für das Verfahren über den Insolvenzplan. Selbstverständlich können Aussonderungsberechtigte auf freiwilliger Basis dem Planverfahren beitreten. In diesem Fall ist jedoch die Zustimmung jedes Aussonderungsberechtigten zu dem Insolvenzplan erforderlich – eine Gruppenbildung findet insofern nicht statt.

Beispiel 210

Aussonderungsrecht

Eduard U. ist im Hinblick auf die von ihm gelieferte Ware aussonderungsberechtigt. Nachdem Insolvenzverwalter Norbert K. mit der Begründung, er müsse zunächst die Begründetheit des geltend gemachten Aussonderungsanspruches prüfen, die Besichtigung und Herausgabe der Ware verweigert hat, beantragt Eduard U. beim Insolvenzgericht, den Insolvenzverwalter zur Besichtigung und Herausgabe der noch vorhandenen Bestände zu verpflichten. Wird er mit seinem Antrag Erfolg haben?

Verweigert der Insolvenzverwalter die Herausgabe des auszusondernden Gegenstands oder die Anerkennung des Aussonderungs- oder Ersatzaussonderungsrechts, so ist der Aussonderungsberechtigte nicht etwa befugt, die Geschäftsräume des Schuldners zu betreten, um das Aussonderungsgut zu besichtigen, zu inventarisieren oder gar abzuholen.[342] Auch kann das Insolvenzgericht den Verwalter nicht zur Herausgabe anhalten.[343] Vielmehr ist der Aussonderungsgläubiger auf den Rechtsweg verwiesen.

339 *BGH* vom 28.10.1953 – II ZR 240/52 – BGHZ 10, 376; vom 11.06.1959 – VII ZR 53/58 – BGHZ 30, 176, 185; *Kuhn/Uhlenbruck* KO, § 46 Rz. 14.
340 *BGH* vom 15.11.1988 – IX ZR 11/88 – WM 1989, 225.
341 *Kuhn/Uhlenbruck* KO, § 46 Rz. 14; *Raiser* VersR 1954, 203.
342 *LG Düsseldorf* vom 27.04.1964 – 11b T 6/64 – KTS 1964, 246.
343 *RG* vom 17.12.1892 – III 3727/92 – JW 1893, 123.

> Für die Zuständigkeit sind die §§ 12 ff. ZPO maßgebend (§ 4 InsO). Eine eigene Zuständigkeit für sämtliche Aktiv- und Passivprozesse des Insolvenzverwalters hat die Insolvenzordnung nicht eingerichtet.
>
> Der insolvenzspezifische Gerichtstand am Sitz des Insolvenzgericht nach § 19a ZPO greift insofern allerdings nicht ein, da er nur Klagen erfasst, die sich auf die Insolvenzmasse beziehen.

V. Absonderungsgläubiger

Absonderungsberechtigte Gläubiger sind solche, die berechtigt sind, sich aus dem Erlös bestimmter massezugehöriger Gegenstände vorab zu befriedigen. **802**

Die Absonderungsberechtigten sind, unabhängig davon, ob sie oder die Verwalter zur Verwertung der Sicherheiten berechtigt sind (dazu unten), am Verfahren beteiligt. Demgemäß sind sie berechtigt, an der Gläubigerversammlung teilnehmen und abstimmen (§§ 74 Abs. 1, 76 Abs. 2 InsO). Das Stimmrecht richtet sich nach der Forderungshöhe; wenn der Schuldner dem Absonderungsberechtigten nicht persönlich haftet, ist der Wert des Absonderungsrecht es maßgeblich. **803**

Beispiel 211

Absonderungsgläubiger

> Karsten K. hat seine goldene Rolexuhr an Louis L. verpfändet. Obgleich die Uhr zur Insolvenzmasse des K gehört, kann L. sich vorweg aus den 3.000,00 € befriedigen.[344]

Mindestens fünf Absonderungberechtigte können die Einberufung einer Gläubigerversammlung veranlassen, wenn ihre Forderungen bzw. Absonderungsrechte mindestens 1/5 aller Stimmrechte ausmachen (§ 75 Abs. 1 Nr. 5 InsO). **804**

Im Gläubigerausschuss sollen die Absonderungsberechtigten mit einem Vertreter berücksichtigt werden (§ 67 Abs. 2 InsO). Ihre Rechte sind im Termin einzeln zu erörtern. Ein Stimmrecht wird ihnen zugebilligt, wenn das Absonderungsrecht weder vom Verwalter noch von einem absonderungsberechtigten oder nicht nachrangigen Gläubiger bestritten wird (§ 238 InsO). **805**

---

344 Zu den Einzelheiten der Verwertung s.u. Rn. 815 ff.

806 Bei der Verteilung der Insolvenzmasse sind die Absonderungsberechtigten insoweit zu berücksichtigen, wie sie auf ihr Absonderungsrecht verzichten oder bei der Verwertung ausgefallen sind (§ 52 InsO). Soweit der Gläubiger selbst zur Verwertung der Sicherheit berechtigt ist, wie z.B. bei Mobiliar- und Immobiliarpfandrechten, hat er dem Verwalter nachzuweisen, dass und für welchen Betrag er auf abgesonderte Befriedigung verzichtet oder bei ihr ausgefallen ist (§ 190 Abs. 1 InsO). Andernfalls wird er bei der Verteilung im Hinblick auf seinen Ausfall nicht berücksichtigt.

807 Zur Berücksichtigung bei einer Abschlagsverteilung genügt es, wenn der Gläubiger nachweist, dass die Verwertung des Sicherungsgutes betrieben wird, und den Betrag des mutmaßlichen Ausfalls glaubhaft macht (§ 190 Abs. 2 InsO). In diesem Fall wird der auf seine Ausfallforderung entfallende Anteil bei der Abschlagverteilung zurückbehalten und, wenn auch bei der Schlussverteilung noch keine Klärung erreicht ist, zugunsten der übrigen Gläubiger frei.

808 Die Verwertungsrechte sind unterschiedlich je nach Art des Sicherungsgegenstandes ausgestaltet. Die Sicherheiten unterteilt die InsO in vier Gruppen:

- besitzlose Mobiliarsicherungsrechte (§ 51),
- Eigentumsvorbehaltsrechte (§§ 47, 107; siehe dazu oben Rn. 782 ff.),
- Mobiliarpfandrechte (§ 50),
- Immobiliarsicherungsrechte (§ 49).

809 Für jede dieser Arten von Absonderungsrechten gelten andere Verwertungsregeln.

a) Besitzlose Mobiliarsicherheiten

810 Zu den besitzlosen Sicherheiten zählen:

- die Sicherungsübereignung,
- die Sicherungszession und
- der Eigentumsvorbehalt.

811 Eine bewegliche Sache, an der ein Absonderungsrecht besteht, darf der Insolvenzverwalter freihändig verwerten, wenn er sie in seinem Besitz hat (§ 166 Abs. 1 InsO). Eine Forderung, die der Schuldner zur Sicherung eines Anspruchs abgetreten hat, darf der Verwalter einziehen oder in anderer Weise verwerten (§ 166 Abs. 2 InsO).

812 Von dem Übergang des Verwertungsrechts an Sachen auf den Verwalter ist in erster Linie das Sicherungseigentum betroffen, die Vorschrift kann

sich aber auch auf gepfändete Sachen oder solche Sachen erstrecken, die mit einem Vermieterpfandrecht belastet sind. Die von diesen Sicherungsrechten erfassten Sachen befinden sich nämlich in der Regel im Besitz des Kunden, so dass der Verwalter dessen Besitz übernehmen kann.

Für die Verwertungsbefugnis des Verwalters ist ausschlaggebend, dass er die Sache in Besitz hat (§ 166 Abs. 1 InsO). Wenn der Gläubiger vorher seinen Herausgabeanspruch geltend gemacht und das Sicherungsgut zum Zweck der Verwertung an sich gezogen hat, kann er die Verwertung fortsetzen. Eine Rückgabepflicht an den Verwalter besteht nicht. Dadurch entfallen für dieses Sicherungsgut auch die Verwertungskostenbeiträge. Für das Verwertungsrecht des Verwalters ist es ausreichend, dass er den Besitz im Antragsverfahren in seiner Eigenschaft als vorläufiger Verwalter erworben hat und dass ein Veräußerungsverbot erlassen war. Von diesem Zeitpunkt an konnte er eine Herausgabe an den Gläubiger abwehren. Er muss den Besitz aber tatsächlich übernommen haben. 813

Ähnlich geregelt sind die Sicherungsrechte an Forderungen. Eine Forderung, die der Schuldner der Bank zur Sicherung abgetreten hat, darf der Verwalter einziehen (§ 166 Abs. 2 InsO). Das Verwertungsrecht hierbei geht auf den Verwalter mit der Eröffnung des Insolvenzverfahrens über. Eine „Inbesitznahme" wie bei Sachen ist bei Forderungen nicht möglich und daher auch nicht nötig. Wenn die Bank mit der Verwertung der Sicherungsabtretung schon vor der Verfahrenseröffnung begonnen und Forderungen eingezogen hatte, darf sie den Erlös behalten. Der Übergang des Verwertungsrechts wirkt nämlich nur ex nunc. Anders als bei sicherungsübereigneten Sachen darf die Bank bei Forderungen die Verwertung nicht fortsetzen.[345] 814

Beispiel 212

Sicherungsgut

Im Insolvenzverfahren über das Vermögen des S. befinden sich eine Reihe von Baumaschinen, die zur Fortführung des Unternehmens erforderlich wären. An diesen Maschinen bestehen Absonderungsrechte.

Wie beurteilt sich die Rechtslage?

Im Geltungsbereich der Konkursordnung war regelmäßig der Sicherungsgläubiger zur Verwertung des Sicherungsgutes berechtigt. Dies hatte zur Folge, dass die Maschinen außerhalb des Konkursverfahrens verwertet werden.

Dahingegen hat im Insolvenzverfahren regelmäßig der Insolvenzverwalter das Verwertungsrecht, wenn er im Besitz des Sicherungsgutes ist. Im Fall der beabsichtigten Unternehmensfortführung kann er von der Verwertung absehen. Um Nachteile des Gläubigers zu vermeiden, hat der

345 Vgl. zu den übrigen Rechten der Sicherungsgläubiger oben 802 ff.

Insolvenzverwalter ab dem Berichtstermin laufend die geschuldeten Zinsen an ihn zu zahlen (§ 169 InsO).

Entscheidet sich der Verwalter für die Verwertung, so kann er den Verwertungskostenbeitrag nach §§ 170, 171 InsO fordern.

b) Mobiliarpfandrechte

815 Mobiliarpfandrechte unterliegen grds. nicht dem Verwertungsrecht des Verwalters.

816 Sachen, an denen der Gläubiger ein Vertragspfandrecht erworben hat, sind vom Verwertungsrecht des Verwalters grundsätzlich ausgenommen. Dies erklärt sich aus dem Hintergrund der Regelung: Mit der Übertragung des Verwertungsrechts für besitzlose Mobiliarsicherungsrechte auf den Verwalter sollte nämlich in erster Linie verhindert werden, dass nach Eröffnung eines Verfahrens die Sicherungsrechte aus dem Unternehmensverbund herausgelöst werden und damit das insolvente Unternehmen Betriebsmittel verliert, die für seine Fortführung, auch wenn es nur eine einstweilige Fortführung sein mag, unentbehrlich sein können; die Chancen für eine Sanierung des Unternehmens oder für eine Gesamtveräußerung oder auch nur den Verkauf von Betriebsteilen können durch die Herausnahme wesentlicher Gegenstände erheblich beeinträchtigt oder ganz vereitelt werden.

817 Dies gilt naturgemäß nicht für **Vertragspfandrechte**, von denen dem AGB-Pfandrecht der Bank wohl die größte Bedeutung zukommt. Diese Pfandrechte konnten nur unter einem Besitzverlust auf Seiten des Schuldners begründet werden. Wenn der Schuldner sich damit einverstanden erklärt hat, so zeigt dies, dass der Gegenstand für den Betrieb nicht notwendig war. Sollte der Verwalter wider Erwarten dennoch auf diesen Gegenstand angewiesen sein, sollte er nach dem Regierungsentwurf die Möglichkeit haben, beim Insolvenzgericht die Herausgabe zu beantragen (§ 199 lnsO). Die Gesetzesfassung hat zur Entlastung der Gerichte auf diesen Weg verzichtet und den Verwalter darauf verwiesen, zwingend notwendige Gegenstände durch Berichtigung der gesicherten Forderung auszulösen.[346]

818 Demgegenüber darf der Verwalter **gesetzliche Pfandrechte**, zu deren Begründung der Gläubiger nicht den Besitz erwerben musste, verwerten, sofern er sie seinerseits in Besitz nehmen kann.

346 BT-Drucks 12/7302 S. 178.

Beispiel 202

Vermieterpfandrecht

Der Insolvenzverwalter hat Zugang zu den vom Schuldner angemieteten Räumen. Darin befinden sich Gegenstände, die mit einem Vermieterpfandrecht behaftet sind.

819 Das Gleiche gilt für **Pfändungspfandrechte**. Hier kommt es wie bei der Sicherungsübereignung darauf an, ob der Gläubiger sein Pfandrecht schon vor der Insolvenz geltend gemacht und den Pfandgegenstand zum Zweck der Verwertung an sich gezogen hat.

820 Soweit der Verwalter zur Verwertung des Pfandrechts nicht befugt ist, steht ihm auch kein Kostenbeitrag für die Masse zu. Denn weder Feststellungs- noch Verwertungskosten können bei ihm anfallen. Der Gläubiger ist nicht verpflichtet, die beim Verkauf der Sache vereinnahmte Umsatzsteuer abzuführen. Eine Verwertung von Sicherungsgut, das der Verwalter nicht selbst verwerten durfte, weil er nie im Besitz der Sache war, die durch den Gläubiger nach Verfahrenseröffnung erfolgt, fällt weder unter die Neufassung des § 51 Abs. 1 Nr. 2 UStDV noch unter die Regelungen der §§ 170, 171 InsO.[347]

821 **Verpfändete Forderungen** werden auch im eröffneten Insolvenzverfahren stets vom Pfandgläubiger verwertet. Dies ergibt sich aus der Formulierung von § 166 InsO und dem Bericht des Rechtsausschusses des Bundestags, der diese Auslegung ausdrücklich bestätigt.[348] Nicht ohne Weiteres verständlich sind allerdings seine Ausführungen, die Abgrenzung zwischen einer offenen Sicherungszession und einer Verpfändung könne der Rechtsprechung überlassen bleiben. Abgrenzungsschwierigkeiten sind hier nämlich nicht ersichtlich. Die banküblichen Vertragstexte für diese beiden Sicherheitenarten unterscheiden sich so gravierend, dass eine Verwechslung kaum denkbar ist.

822 Für Kreditinstitute, die das Einziehungsrecht des Verwalters, das diesem bei Sicherungsabtretungen zusteht, vermeiden wollen, liegt es nahe, auf die Verpfändung von Forderungen zurückzugreifen. Auf die Verpfändung werden allerdings die Kunden nicht ohne Weiteres ausweichen wollen. Denn sie ist nur wirksam, wenn sie dem Drittschuldner angezeigt wird (§ 1280 BGB). Dieses Anzeigeerfordernis aber ist der wesentliche Grund, der zur Bildung des Instituts der Sicherungszession geführt hat.

823 Gepfändete Forderungen darf in der Insolvenz des Pfändungsschuldners auch nach der Reform der Pfandgläubiger einziehen. Der Übergang des Verwertungsrechts auf den Verwalter beschränkt sich auf die Sicherungsabtretung (§ 166 Abs. 2 InsO).

347 *Onusseit* KTS 1994, 3.
348 BT-Drucks 12/7302 S. 176.

c) Immobiliarsicherheiten

824 Unter den Begriff der Grundpfandrechte, als beschränkt dingliche Verwertungsrechte an Immobilien (d.h. vor allem an Grundstücken, Luftfahrzeugen und Schiffen), fallen[349]

- Grundschulden (§§ 1191 – 1198 BGB) bzw.
- Hypotheken (§§ 1113 – 1190 BGB) an Grundstücken und Wohnungseigentum[350] sowie
- Rentenschulden (§§ 1199 – 1203 BGB; diese werden bei der nachfolgenden Betrachtung außer Acht gelassen, da sie als Kreditsicherheiten keine besondere Praxisrelevanz aufweisen).

825 In der Praxis hat die Hypothek wegen ihrer Akzessorietät in Bezug auf Bestand und Höhe der zugrundeliegenden Forderung stark an Bedeutung verloren.[351] Stattdessen werden in der Mehrzahl der Sicherungsfälle heute Grundschulden bestellt. Die Grundschuld bietet infolge ihres flexibleren Gestaltungsspielraums erhebliche Vorteile u.a. in Hinblick auf die Verkehrsfähigkeit als auch die Ausgestaltung der Unterwerfung unter die sofortige Zwangsvollstreckung.[352]

826 In der Insolvenz steht den Immobiliarsicherungsgläubigern ein Absonderungsrecht nach Maßgabe der §§ 49, 165 InsO zu. Hinsichtlich der Geltendmachung dieses Absonderungsrechtes im Rahmen des Insolvenzverfahrens verweist § 49 InsO auf die Vorschriften des ZVG (§§ 10 ff. ZVG).

aa) Verwertung von Immobiliarsicherheiten

827 Ausgangspunkt der Verwertungsregelungen für Immobilien ist § 165 InsO, der dem bisherigen § 126 KO entspricht. Danach ist der Insolvenzverwalter auch im Falle eines bestehenden Absonderungsrechtes berechtigt, die Verwertung der Immobilie im Wege der Zwangsversteigerung oder der Zwangsverwaltung zu betreiben. Daneben behält er bis zum Beginn der Zwangsversteigerung das Recht, das Grundstück freihändig zu veräußern.[353]

---

349 Vgl. *Merkel* in *Schimansky/Bunte/Lwowski* Bankrechtshandbuch, Band II, § 94 Rz. 1.

350 Vgl. dazu § 1 WEG.

351 Vgl. *Merkel* in *Schimansky/Bunte/Lwowski* Bankrechtshandbuch, Band II, § 94 Rz. 3 ff.

352 Vgl. *Merkel* in *Schimansky/Bunte/Lwowski* Bankrechtshandbuch, Band II, § 94 Rz. 17 ff.

353 *Schmidt* InVo 1999, 73.

Da der Insolvenzverwalter mit der Beantragung der Zwangsversteigerung seiner Pflicht zur Verwertung der Masse nachkommt und mit der Zwangsversteigerung keine Forderung befriedigt werden soll, handelt es sich nicht um eine Maßnahme der Zwangsvollstreckung. 828

Der Insolvenzverwalter vereinigt insofern die Stellung des Gläubigers und des Schuldners in einer Person. 829

Beispiel 214

Grundstückszubehör

Insolvenzverwalter K. veräußert im Rahmen der Verwertungsmaßnahmen mehrere Maschinen, die auf dem mit einer Grundschuld belasteten Grundstück befanden. Wem gebührt der Erlös aus der Verwertung der Masse oder dem Grundpfandgläubiger?

Bei der Veräußerung von Grundstückszubehör bestehen Besonderheiten, falls das belastete Grundstück noch nicht beschlagnahmt worden ist. Bis zur Beschlagnahme kann der Insolvenzverwalter nämlich innerhalb der Grenzen einer ordnungsgemäßen Wirtschaft, etwa beim Austausch von Inventarstücken eines von ihm fortgeführten Betriebes, Zubehör veräußern. Der Veräußerungserlös steht dann der Masse zu, ebenso wie bei einer Veräußerung durch den Grundstückseigentümer im gleichen Falle, diesem der Erlös zur freien Verfügung zusteht.[354]

Hat der Verwalter dagegen den Betrieb stillgelegt, so bewirtschaftet er diesen Betrieb nicht mehr, sondern verwertet ihn. Der bei dieser Verwertung erzielte Erlös gebührt deshalb dem Grundpfandgläubiger.[355]

Das Verwertungsrecht des Gläubigers wird durch eine Erleichterung der Verfahrenseinstellung gem. § 30 ff. ZVG und durch Kostenbeteiligungspflichten beschränkt.[356] 830

Zudem eröffnet § 174a ZVG dem Verwalter die Möglichkeit im Versteigerungsverfahren ein Doppelausgebot dergestalt zu verlangen, dass bei der Feststellung des geringsten Gebotes nur die den Ansprüchen aus § 10a ZVG vorgehenden Rechte berücksichtigt werden, m.a.W. der Insolvenzverwalter wird damit der bestrangigste betreibende Grundpfandgläubiger.[357] 831

354 *BGH* vom 21.03.1973 – VIII ZR 52/72 – WM 1973, 554.

355 *BGH* vom 21.03.1973 – VIII ZR 52/72 – WM 1973, 544; vom 25.06.1971 – V ZR 54/69 – WM 1971, 941; *RG* vom 26.01.1912 – VII 309/11 LZ 1912 Sp. 696; vom 15.01.1915 – VII 411/14 – LZ 1915 Sp. 707; vom 22.06.1908 – 627/07 V – JW 1908, 561; Nachweise für die Gegenmeinung bei *Kuhn/Uhlenbruck* KO, 10. Aufl. 1986, Rz. zu § 4; ebenso für den Sequester *OLG Köln* vom 19.09.1983 – 12 U 0/83 – ZIP 1984, 89.

356 S.u. Rn. 844 ff.

357 Krit. hierzu *Schmidt* InVo 1999, 73.

bb) Bei Verfahrenseröffnung laufende Zwangsversteigerungsverfahren

832 Fortgesetzt werden kann ein Zwangsversteigerungsverfahren, wenn es von einem absonderungsberechtigten Gläubiger betrieben wird. Durch die Eröffnung des Insolvenzverfahrens wird ein laufendes Zwangsversteigerungsverfahren nicht gem. § 240 ZPO unterbrochen (§§ 22, 15, 19 ZVG; § 80 Abs. 2 InsO). Das Verfahren kann ohne Umschreibung des Titels fortgeführt werden.[358]

833 Voraussetzung für die Fortsetzung des von Insolvenzgläubigern eingeleiteten Verfahrens ist, dass die Beschlagnahme wirksam geworden ist, d.h. der Beschluss über die Anordnung der Zwangsversteigerung muss dem Schuldner schon vor Verfahrenseröffnung zugestellt oder aber der Versteigerungsvermerk im Grundbuch eingetragen worden sein.

834 Wird das Insolvenzverfahren vor Zustellung des Beschlusses über die Anordnung der Zwangsversteigerung oder nach Eingang des Ersuchens um Eintragung des Zwangsversteigerungsvermerks eröffnet, so kann der Zwangsversteigerungsvermerk nicht mehr eingetragen werden, wenn die Zwangsversteigerung aufgrund eines persönlichen Schuldtitels betrieben wird, da die Verfahrenseröffnung einem an den Schuldner erlassenen allgemeinen Verfügungsverbot gleichsteht.[359]

cc) Zwangsversteigerungsanträge nach Verfahrenseröffnung

835 Nach Eröffnung des Insolvenzverfahrens können die Absonderungsberechtigten das Zwangsversteigerungsverfahren bzgl. eines zur Insolvenzmasse gehörigen Grundstücks betreiben (§§ 80 Abs. 2, 49 InsO).

Beispiel 215

Zwangsversteigerung

Am 4.1. wurde das Insolvenzverfahren eröffnet. Am 06.06 leitet Massegläubiger Ludwig W. die Zwangsversteigerung ein. Was steht dem entgegen, wenn man voraussetzt, dass W. einen Titel gegen den Insolvenzverwalter erwirkt hat?

Die Zwangsversteigerung kann zwar auch von einem Massegläubiger (§§ 53 ff. InsO) betrieben werden, der gegen den Insolvenzverwalter einen Titel erwirkt hat.[360] In diesem Zusammenhang ist jedoch das Vollstreckungsverbot des § 90 InsO während der ersten sechs Monate des Verfahrens gegenüber Massegläubigern zu beachten.

---

358 *Mohrbutter* KTS 1958, 81.

359 *Eickmann* KTS 1974, 202; *Kuhn/Uhlenbruck* KO, § 13 Rz. 6; *Dassler/Schiffhauer/Gerhard* ZVG, § 20 Rz. 2.

360 *RG* vom 26.06.1905 – Rep VI 526/04 – RGZ 61, 259, 261.

Die einfachen Insolvenzgläubiger können wegen des in § 89 InsO verankerten Vollstreckungsverbots die Zwangsversteigerung eines massezugehörigen Grundstücks nicht betreiben. 836

Der Insolvenzverwalter kann, außer dass er selbst einen Zwangsversteigerungsantrag stellt, einem schon laufenden Zwangsversteigerungsverfahren beitreten. In diesem Fall kann er nach § 174a ZVG ein Doppelausgebot verlangen.[361] 837

Voraussetzung für den Antrag des Insolvenzverwalters auf Anordnung der Zwangsversteigerung ist die Vorlage der Bestallungsurkunde (§ 56 Abs. 2 InsO) und die Massezugehörigkeit des Grundstücks. 838

Hat der Insolvenzverwalter durch eine einseitige an den Schuldner gerichtete und empfangsbedürftige Willenserklärung[362] ein Grundstück aus der Insolvenzmasse freigegeben, kann er das Zwangsversteigerungsverfahren nicht mehr betreiben, so dass der Schuldner gegen einen Zwangsversteigerungsantrag des Insolvenzverwalters gem. §§ 766, 771 ZPO vorgehen kann. 839

Beispiel 216

Zwangsversteigerung ohne Schuldner

Die Zwangsversteigerung über ein der Schuldnerin gehöriges Hausgrundstück wird auf Betreiben eines Gläubigers angeordnet. Schuldnerin Nadine E. moniert, dass sie hiervon lediglich auf dem Umweg über den Insolvenzverwalter erfahren habe. Eine Zustellung des Versteigerungsbeschlusses sei ihr gegenüber zu keinem Zeitpunkt erfolgt.

Der Schuldner ist wegen § 80 InsO nicht Beteiligter i.S.d. § 9 ZVG[363], so dass der Beschluss über die Anordnung der Zwangsversteigerung dem Schuldner nicht zugestellt werden muss, sondern nur dem Insolvenzverwalter (§ 8 ZVG).

Für die Zwangsversteigerung und die Zwangsverwaltung eines Grundstücks ist als Vollstreckungsgericht das Amtsgericht zuständig, in dessen Bezirk das Grundstück gelegen ist (§§ 1 ff. ZVG). 840

Der auf Antrag des Insolvenzverwalters die Zwangsversteigerung anordnende Beschluss gilt grds. nicht als Beschlagnahme (§ 173 Satz 1 ZVG), weil der Insolvenzverwalter als Antragsteller auch die Stellung des betreibenden Gläubigers hat, zu dessen Gunsten die Beschlagnahme wirken würde. 841

Der Anordnungsbeschluss hat nicht die Wirkung eines Veräußerungsverbots (§§ 23, 24 ZVG; §§ 1121, 1122 BGB), mit der Folge, dass der Insol- 842

361 S.o. Rn. 831
362 *OLG Nürnberg* vom 11.07.1957 – 3 U 221/56 – MDR 1957, 683.
363 *Mohrbutter* KTS 1958, 81, 82; *Dassler/Schiffhauer/Gerhard* ZVG, 12. Aufl., § 172 Rz. 3.

venzverwalter, nachdem auf seinen Antrag hin die Zwangsversteigerung und Zwangsverwaltung angeordnet worden ist, weiter über die Grundstücke verfügen kann.[364]

843 Die Zustellung des Anordnungsbeschlusses über die Zwangsversteigerung gilt nur in Beziehung auf die Berechnung der Rückstände und laufenden Beträge (§ 13 ZVG) sowie für den Umfang der Versteigerung (§ 55 ZVG) als Beschlagnahme (§ 173 Satz 2 ZVG).

dd) Einstweilige Einstellung der Zwangsversteigerung auf Antrag des Insolvenzverwalters

844 Die Einstellung der Zwangsversteigerung auf Antrag des Insolvenzverwalters, für die früher die §§ 30c ZVG und 775 Nr. 2 ZPO galten, wird zwar erleichtert, den dadurch belasteten Gläubigern wird aber eine gewisse Entschädigung zugestanden.

845 Von Bedeutung sind die Einstellungsmöglichkeiten des § 30d ZVG. Danach „ordnet das Insolvenzgericht auf Antrag des Verwalters die einstweilige Einstellung an, wenn

1. der Berichtstermin noch bevorsteht[365], oder
2. das Grundstück für die Fortführung des Unternehmens oder die Vorbereitung einer Betriebsveräußerung benötigt wird,
3. die Versteigerung die Durchführung eines Insolvenzplans gefährden würde, oder
4. in sonstiger Weise eine angemessene Verwertung der Insolvenzmasse durch die Versteigerung wesentlich erschwert würde.

846 Der Antrag ist abzulehnen, wenn die Einstellung dem Gläubiger unter „Berücksichtigung seiner wirtschaftlichen Verhältnisse“ nicht zuzumuten ist. Im Kreditgeschäft kann dieser Ausnahme nur dann Bedeutung zukommen, wenn eine Bank oder ein sonstiger Kreditgeber sich selbst in einer ernsten wirtschaftlichen Krise befindet.

Beispiel 217

Nachteilsausgleich bei Einstellung der Zwangsversteigerung

Insolvenzverwalter Franz JK. hat die einstweilige Einstellung der von der J-Bank betriebenen Zwangsversteigerung über das schuldnerische Grundstück bewirkt, weil er das Betriebsgelände dringend für die Fortführung des Unternehmens benötigt. Der Kreditsachbearbeiter der Bank J. fragt in der Rechtsabteilung an, was denn jetzt mit den laufenden Zinsen sei.

364 *Mohrbutter* KTS 1958, 81, 82.

365 Kritisch hierzu *Schmidt* InVo 1999, 73, der bewußte Verzögerungstaktiken des Insolvenzverwalters befürchtet.

Den gesicherten Gläubigern wird im Fall der einstweiligen Einstellung ein Nachteilsausgleich zugebilligt.

So kann die einstweilige Einstellung nur mit der Auflage angeordnet werden, dass dem betreibenden Gläubiger laufend die geschuldeten Zinsen gezahlt werden (§ 30e Abs. 1 ZVG). Der Zinssatz richtet sich nach den vertraglichen Vereinbarungen. Auf die Höhe der dinglichen Zinsen kommt es nicht an. Wenn der Schuldner sich in Verzug befindet, können Verzugszinsen verlangt werden. Die Zinszahlung erfasst den Zeitraum nach dem Berichtstermin. Bei Einstellung im Antragsverfahren hat die Zahlung spätestens nach 3 Monaten einzusetzen (§ 30e Abs. 1 Satz 2 ZVG).

Wird das Grundstück weiter von dem Verwalter benutzt, so muss er für einen etwaigen Wertverlust einen Ausgleich leisten (§ 30e Abs. 2 ZVG).[366]

Beides gilt naturgemäß nicht, sofern es sich um eine sogenannte „Schornsteinhypothek“ handelt, der gesicherte Gläubiger also aus der Sicherheit wegen seines Nachrangs ohnehin nicht befriedigt worden wäre. Ist das Grundpfandrecht vom Wert des Grundstücks nur teilweise gedeckt, so sind Zinsen nur auf diesen Teilbetrag zu entrichten. Mit der Zinszahlung muss sofort begonnen werden.

Der Verwalter kann und soll nicht abwarten, bis durch die Versteigerung der genaue Betrag der Unterdeckung feststeht. Dies ist sowohl für den Gläubiger, der sonst auf die Zinsen Monate, wenn nicht gar Jahre warten müsste, als auch für den Verwalter unzumutbar, der für eine nicht eindeutig bezifferbare Zinslast vorsorglich Rückstellungen bilden müsste.

Wie der als Basis für die Verzinsung wesentliche Grundstückswert sofort ermittelt wird, wenn eine Einigung zwischen dem Verwalter und dem Grundpfandrechtsgläubiger nicht zustandekommt, regelt die Insolvenzordnung nicht. Eine Lösung kann nur auf dem Weg über die Einstellungsverfügung des Gerichts gefunden werden. Wenn § 30e ZVG von dem Gericht verlangt, die Einstellung nur mit der Auflage zu verfügen, dass den Gläubigern Zinsen zu zahlen sind, so muss es dabei auch entscheiden, welcher Teil der Grundpfandrechte durch den Verkehrswert der Grundstücke gedeckt ist. Die Verkehrswertermittlung, die im Zwangsversteigerungsverfahren ohnehin erforderlich ist (§ 74a Abs. 5 ZVG), wird damit lediglich vorgezogen. Die gerichtliche Anordnung, für welchen Teil der Grundpfandrechte Zinsen zu zahlen sind, hat abschließenden Charakter.

Dies bedeutet, dass kein Ausgleich verlangt werden kann, wenn sich nachträglich herausstellt, dass der Gläubiger gemessen am Versteigerungserlös zu viel oder zu wenig Zinsen erhalten hat.

366 Vgl. hierzu *Schmidt* InVo 1999, 73 der die interessante Frage aufwirft, um welche Art eines Wertverlustes es sich hier handeln mag.

ee) Einstweilige Einstellung der Zwangsverwaltung

847 Auf Antrag des Verwalters kann das Insolvenzgericht die vollständige oder teilweise Einstellung der Zwangsverwaltung anordnen, wenn der Insolvenzverwalter glaubhaft macht, dass durch die Fortsetzung der Zwangsverwaltung eine wirtschaftlich sinnvolle Nutzung der Insolvenzmasse wesentlich erschwert werden würde (§ 153b ZVG). Damit kann der Verwalter verhindern, dass die Grundpfandrechtsgläubiger ihn im Wege der Zwangsverwaltung durch Vermietung des Grundstücks an einen Dritten zwingen, den Betrieb vorzeitig stillzulegen.

848 Die Nachteile, die dem betreibenden Gläubiger aus der Einstellung erwachsen, sind durch laufende Zahlungen aus der Masse auszugleichen. Die Höhe der Ausgleichszahlungen richtet sich nach den durch Vermietung oder Verpachtung des Grundstücks an Dritte nachweislich erzielbaren Entgelte. Sie sind vom Gericht zu ermitteln und in seiner Auflage, die mit der Einstellung zu verbinden ist, festzulegen.

849 Anders als in der Zwangsversteigerung setzt die Zinszahlungspflicht zeitgleich mit der Einstellung des Verfahrens und nicht erst nach dem Berichtstermin bzw. 3 Monate nach der Anordnung vorläufiger Maßnahmen im Antragsverfahren ein. Gläubiger, die mit Einstellungsanträgen rechnen müssen, sind also gut beraten, zusammen mit der Zwangsversteigerung auch die Zwangsverwaltung einzuleiten.

ff) Kostenbeteiligung

850 Die Kosten des Zwangsversteigerungs- und Zwangsverwaltungsverfahrens sind aus dem Versteigerungserlös vorweg zu entnehmen (§ 109 ZVG). Sie richten sich nach §§ 28 – 30 ZVG nebst Anlage 1 Nr. 1500 ff.

851 Zusätzlich sieht das Einführungsgesetz zur InsO in Art. 20 vor, dass im Falle der Zwangsversteigerung eines Grundstücks der Insolvenzmasse die Kosten zu erstatten sind, die durch die Feststellung des mithaftenden Grundstückszubehörs entstehen.[367] Diese Kosten werden pauschal mit 4 % des Verkehrswertes der beweglichen Sachen berechnet (§ 10 Abs. 1 Nr. 1 a ZVG). Diese Kostenforderungen erhalten den Rang nach § 10 Abs. 1 Nr. 1 ZVG und gehen damit den Grundpfandrechten vor. Die Kostenbeteiligung wird auf die Grundpfandrechtsgläubiger nicht anteilmäßig umgelegt, sondern trifft wirtschaftlich ausschließlich die nachran-

367 Krit. zu dieser Regelung wegen des Problems der Wertermittlung des Zubehörs *Schmidt* InVo 1999.

gig gesicherten. Wenn die Wertermittlungsrichtlinien der Kreditinstitute eine Berücksichtigung des Zubehörs gestatten, muss wegen des Kostenfaktors, der sich aus der Existenz von Zubehörstücken ergibt, der Beleihungswert der Grundstücke entsprechend angepasst werden.

Der Kostenbeitrag ist nur zu entrichten, wenn ein Verwalter eingesetzt ist, also nicht in den Fällen der Eigenverwaltung. 852

Wegen der oft nicht einfachen Abgrenzung zwischen Zubehör und selbstständigen Sachen können sich die Kreditinstitute solche Gegenstände vorsorglich noch zur Sicherung übereignen lassen. Diese Vorsorgemaßnahme führt jedoch wegen der unterschiedlichen Kostenbeiträge, nämlich 4 % bei Grundstückszubehör und 9 % zzgl. 15 % Umsatzsteuer bei selbstständigen Sachen, nachträglich zu Schwierigkeiten. 853

VI. Der aufrechnungsberechtigte Gläubiger

Ein Gläubiger kann eine Vorzugsstellung auch durch Aufrechnungsmöglichkeiten erlangen. 854

Beispiel 218

Aufrechnung

> G. schuldet der Schuldnerin O-AG 10.000,00 € aus Kaufvertrag. Er selbst hat noch einen Rückzahlungsanspruch gegenüber der Schuldnerin wegen Überzahlung einer früheren Rechnung in Höhe von 9.000,00 €.

Das Recht eines Insolvenzgläubigers zur Ausübung einer im Zeitpunkt der Verfahrenseröffnung bestehenden Aufrechnungsbefugnis bleibt grundsätzlich erhalten (§ 94 InsO). Dies gilt auch dann, wenn die Aufrechnungslage im Zeitpunkt der Verfahrenseröffnung noch nicht gegeben ist, aber später eintritt. 855

Sind die aufzurechnenden Forderungen oder eine von ihnen im Zeitpunkt der Verfahrenseröffnung aufschiebend bedingt oder nicht fällig oder nicht auf gleichartige Leistungen gerichtet, so kann erst aufgerechnet werden, wenn diese Aufrechnungshindernisse beseitigt sind (§ 95 Abs. 1 InsO). Von diesen Regeln lässt die Insolvenzordnung Ausnahmen zu, die die Aufrechnung teils erleichtern, teils erschweren. 856

Beispiel 219

> Kunstschmied Alfred O. hat eine aufwändige Toranlage für das Anwesen des Schuldners Heinrich R. geschaffen. Leider wird das Insolvenzverfahren über das Vermögen des R. noch vor Abnahme des Tores eröffnet. O. kann gegenüber dem Insolvenzverwalter, der von ihm Zahlung aus einem

Kaufvertrag verlangt, nicht aufrechnen, da seine Forderung zum Zeitpunkt der Verfahrenseröffnung noch nicht fällig war.[368]

1. Aufrechnungserleichterungen

857 Nicht fällige Forderungen gelten zwar nach § 41 InsO mit Verfahrenseröffnung als fällig. Diese Fiktion kann jedoch nicht zur Herstellung einer sonst nicht vorhandenen Aufrechnungslage verwandt werden (§ 95 Abs. 1 Satz 2 InsO). Vertragliche Vereinbarungen, die eine vorzeitige Fälligkeit der Forderung der solventen Partei herbeiführen oder der solventen Partei für den Fall der Insolvenz ihres Vertragspartners die Aufrechnung auch schon vor Fälligkeit ihrer Forderung gestatten, sind aber zulässig. Aufrechnungsvereinbarungen werden nämlich ausdrücklich anerkannt (§ 94 InsO).

Beispiel 220
Aufrechnungserleichterungen

Der russischen Schuldnerin des Schuldners, Natascha H. steht selbst noch eine Forderung über 41.000,00 $ gegenüber dem Schuldner zu. Ihr RA erklärt die Aufrechnung in dieser Höhe. Dabei wählt er bewusst einen Tag an dem der Dollar eine starke Kursschwankung nach oben zeigt.

Wenn die gegenseitigen Forderungen auf verschiedene Währungen lauten, würde es an der für die Aufrechnung notwendigen Gleichartigkeit (§ 387 BGB) grundsätzlich fehlen[369]. Die Insolvenzordnung erlaubt jedoch die Aufrechnung von Forderungen, die auf verschiedene Währungen oder Rechnungseinheiten lauten, wenn diese Währungen oder Rechnungseinheiten am Zahlungsort der Forderung, gegen die aufgerechnet wird, frei getauscht werden können (§ 95 Abs. 2 InsO). Maßgebend ist der Umrechnungskurs im Zeitpunkt des Zugangs der Aufrechnungserklärung (§ 95 Abs. 2 Satz 2 InsO). Dies bedeutet, dass sowohl der Insolvenzverwalter als auch die solvente Partei bei starken Kursschwankungen die Möglichkeit haben, einen für sie günstigen Zeitpunkt für die Aufrechnungserklärung abzupassen.

---

368 *Hess/Weis/Wienberg* InsO § 95 Rz. 11 mit den einzelnen Fallgestaltungen.

369 *BGH* vom 07.04.1992 – X ZR 119/90 – WM 1993, 2011; *OLG Frankfurt* vom 27.10.1966 – 11 U 42/66 – *OLGZ* 1967, 13; s. aber *Maier/Reimer* NJW 1985, 2049; Einzelheiten s. *Vorpeil* RIW 1993, 529.

2. Aufrechnungshindernisse

Soweit der Gläubiger eine Aufrechnung mit einer bedingten oder noch nicht fälligen Forderung vornehmen möchte und den Eintritt der Bedingung oder der Fälligkeit abwarten muss, kann er nicht mehr aufrechnen, falls der Schuldner seine Gegenforderungen schon zu einem früheren Zeitpunkt geltend machen konnte (§ 95 Abs. 1 Satz 3 InsO). 858

Die Aufrechnung ist ferner unzulässig (§ 96 InsO), wenn 859

- ein Gläubiger erst nach Verfahrenseröffnung etwas zur Masse schuldig geworden ist,
- ein Gläubiger seine Forderung erst nach Verfahrenseröffnung von einem Dritten erworben hat,

Beispiel 221

Aufrechnungshindernis

> Alma I. schuldet dem insolventen Werner T. 3.000,00 €. Nachdem sie erfahren hat, dass über das Vermögen des T. das Insolvenzverfahren eröffnet worden ist, bewegt sie ihren Bruder Karl O. dazu, ihr eine Forderung von 3.500,00 € gegen T. abzutreten. O. ist damit einverstanden, da er in dem Insolvenzverfahren ohnehin keine Quote erwartet hätte. I. rechnet gegenüber dem Insolvenzverwalter auf.

- ein Gläubiger die Möglichkeit der Aufrechnung durch eine anfechtbare Rechtshandlung erlangt hat,

Beispiel 222

Herbeiführung der Aufrechnungslage

> Die Hausbank des Schuldners kündigt das Darlehen während der Krise, um eine Verrechnung vornehmen zu können.

- die Forderung des Gläubigers aus dem freien Vermögen des Schuldners zu erfüllen ist.

Diese Aufrechnungsverbote wirken sich vor allem im Bereich des Zahlungsverkehrs der Banken aus.[370] 860

3. Verfahrensrechtliche Stellung

Bis zur Aufrechnungserklärung ist der aufrechnungsberechtigte Gläubiger in gleicher Weise am Verfahren beteiligt wie die übrigen Gläubiger. Diese Stellung verliert er in dem Zeitpunkt und in dem Maße, in dem aufgerechnet wird. 861

---

370 Vgl. dazu *Obermüller* Handbuch Insolvenzrecht, Rz. 463 ff.

VII. Die Gläubigerversammlung

1. Einberufung

862 Die erste Gläubigerversammlung, der sog. Berichtstermin, muss grundsätzlich innerhalb von 6 Wochen nach Eröffnung des Insolvenzverfahrens einberufen und darf nicht über 3 Monate hinaus angesetzt werden (§ 29 Abs. 1 InsO). Eine weitere Gläubigerversammlung, die aber mit der ersten verbunden werden kann, ist ebenfalls im Eröffnungsbeschluss durch das Gericht anzuberaumen (§ 29 Abs. 1 Nr. 2 InsO).

863 Eine Gläubigerversammlung muss im Übrigen innerhalb von 2 Wochen einberufen werden, wenn dies beantragt wird

- vom Insolvenzverwalter,
- vom Gläubigerausschuss,
- von mindestens fünf absonderungsberechtigten oder nicht nachrangigen Gläubigern, deren Absonderungsrechte oder Forderungen nach der Schätzung des Insolvenzgerichts den fünften Teil der Absonderungsrechte und der Forderungen aller nicht nachrangigen Gläubiger erreichen (§ 75 Abs. 1 Nr. 3 InsO),
- von einem oder mehreren absonderungsberechtigten oder nicht nachrangigen Insolvenzgläubigern, deren Absonderungsrechte oder Forderungen, nach der Schätzung des Insolvenzgerichts, 2/5 der Absonderungsrechte und der Forderungen aller nicht nachrangigen Gläubiger erreichen (§ 75 Abs. 1 Nr. 4 InsO).

864 Die Einberufung muss öffentlich bekannt gemacht werden (§ 74 Abs. 2 InsO).

TIPP
Nehmen Sie als Gläubiger an jeder Gläubigerversammlung teil

865 Teilnahmeberechtigt sind außer den Insolvenzgläubigern auch die Absonderungsberechtigten und die Gläubiger aufschiebend bedingter Forderungen sowie die nachrangigen Gläubiger, d.h. vor allem die Gläubiger von Zinsforderungen und kapitalersetzenden Darlehen.

866 Die Verhandlung ist nicht öffentlich.[371]

---

371 *Kuhn/Uhlenbruck* KO, § 94 Rz. 1; bedenklich insoweit *LG Frankfurt* vom 08.03. 1983 - 2/9 T 222/83 - ZIP 1983, 344, das wegen „öffentlichen Interesses" der Presse den Zutritt gestattet hat.

2. Entscheidungsbefugnisse

Die Gläubigerversammlung trifft u.a. die Entscheidungen über 867

- die Ersetzung des vom Insolvenzgericht bestellten Insolvenzverwalters durch einen von ihr gewählten Verwalter (§ 57 InsO),
- die Stellung eines Antrags auf Entlassung des Insolvenzverwalters (§ 59 InsO),
- die Einsetzung eines Gläubigerausschusses und ggf. dessen Zusammensetzung und Befugnisse (§ 68 InsO),

Beispiel 223

Gläubigerausschuss

> Das Insolvenzgericht hat vor der ersten Gläubigerversammlung einen Gläubigerausschuss bestellt, in dem ein Vertreter der Absonderungsberechtigten, ein Vertreter der Hauptgläubigerin, ein Betriebsratsmitglied des schuldnerischen Unternehmens sowie ein Kleingläubiger vertreten sind.[372] In der ersten Gläubigerversammlung beschliessen die Gläubiger das BR-mitglied abzuwählen und stattdessen einen Vertreter des Finanzamtes in den Gläubigerausschuss zu bestellen (§ 68 InsO).

- die Stellung eines Antrags auf Entlassung eines Gläubigerausschussmitglieds aus wichtigem Grund (§ 70 InsO),

Beispiel 224

Gläubigerversammlung

> Zufällig stellt sich heraus, dass das Gläubigerausschussmitglied Manuel G. überhöhte Reisekosten abgerechnet hat. Die Gläubigerversammlung beschließt daraufhin mit Stimmenmehrheit, beim Insolvenzgericht einen Antrag auf Entlassung des Manuel G. aus dem Gläubigerausschuss zu stellen.

- ob das insolvente Unternehmen stillgelegt oder vorläufig fortgeführt werden soll,
- falls ein Gläubigerausschuss nicht bestellt ist (§ 160 Abs. 2 Nr. 1 InsO) oder der vorgesehene Erwerber eine nahestehende Person ist (§ 162 InsO), ob das Unternehmen oder ein Betrieb veräußert werden soll,
- falls ein Gläubigerausschuss nicht bestellt ist, ob und zu welchen Bedingungen ein Warenlager im Ganzen veräußert werden soll,
- falls ein Gläubigerausschuss nicht bestellt ist, ob und zu welchen Bedingungen ein Gegenstand aus freier Hand veräußert werden soll,
- falls ein Gläubigerausschuss nicht bestellt ist, ob und zu welchen Bedingungen die Beteiligung des Schuldners an einem anderen Unternehmen, die der Herstellung einer dauernden Verbindung zu diesem Unternehmen dienen soll, veräußert werden soll,

---

372 Vgl. zur Zusammensetzung des vom Insolvenzgericht bestellten vorläufigen Gläubigerausschusses § 767 Abs. 2 InsO.

- falls ein Gläubigerausschuss nicht bestellt ist, ob und zu welchen Bedingungen ein Recht auf den Bezug wiederkehrender Leistungen veräußert werden soll,
- falls ein Gläubigerausschuss nicht bestellt ist, ob ein Darlehen aufgenommen werden kann, das die Insolvenzmasse erheblich belasten würde (§ 160 InsO),
- falls ein Gläubigerausschuss nicht bestellt ist, ob ein Rechtsstreit mit erheblichem Streitwert anhängig gemacht oder aufgenommen werden kann, die Aufnahme eines solchen Rechtsstreits abgelehnt oder zur Vermeidung eines solchen Rechtsstreits ein Vergleich oder Schiedsvertrag geschlossen werden soll,
- ob und wie von den Beschlüssen des Insolvenzgerichts oder des Gläubigerausschusses über die Frage, bei welcher Stelle und zu welchen Bedingungen Geld, Wertpapiere und Kostbarkeiten hinterlegt oder angelegt werden sollen, abgewichen werden kann,
- ob der Verwalter beauftragt wird, einen Insolvenzplan auszuarbeiten (§ 157 InsO),
- den Antrag auf Anordnung oder Aufhebung der Eigenverwaltung (§§ 271, 272 InsO),
- den Antrag auf Bindung der Wirksamkeit bestimmter Rechtsgeschäfte an die Zustimmung des Sachwalters bei Eigenverwaltung (§ 277 InsO),
- ob und in welchem Umfang dem Schuldner und seiner Familie Unterhalt aus der Insolvenzmasse gewährt werden soll (§ 100 InsO),
- was mit den nicht verwertbaren Gegenständen der Insolvenzmasse geschehen soll (§ 197 Abs. 1 Nr. 3 InsO).

Die Gläubigerversammlung kann

- vom Insolvenzverwalter einzelne Auskünfte und einen Bericht über den Sachstand und die Geschäftsführung verlangen (§ 79 InsO),
- vom Schuldner über alle das Verfahren betreffenden Verhältnisse Auskunft verlangen (§ 97 InsO),
- den Geldverkehr und -bestand des Verwalters prüfen lassen, sofern kein Gläubigerausschuss bestellt ist,
- die Rechnungslegung des Verwalters entgegennehmen (§ 66 Abs. 1 InsO) und die Schlussrechnung erörtern (§ 197 InsO),
- zu einer beabsichtigten Einstellung des Verfahrens mangels Masse Stellung nehmen (§ 207 Abs. 2 InsO),
- gemeinsam mit dem Insolvenzverwalter die Fortsetzung der Verwertung trotz eines vorgelegten Insolvenzplans beantragen (§ 233 InsO).

Beispiel 225

Verschleppung

Der vom Schuldner nach dem Prüfungstermin vorgelegte Insolvenzplan zielt ersichtlich auf eine Verschleppung des Verfahrens.

3. Abstimmung

Die Beschlüsse der Gläubigerversammlung werden mit der Mehrheit der Stimmen der abstimmenden Gläubiger gefasst. Die Stimmenmehrheit ist nach Forderungsbeträgen zu berechnen; bei absonderungsberechtigten Gläubigern, denen der Schuldner nicht persönlich haftet, tritt der Wert des Absonderungsrechts an die Stelle des Forderungsbetrages (§ 76 Abs. 2 InsO). 868

Beispiel 226

Stimmrecht

> Friedrich G. hat seinen PKW (Wert: 3.800,00 €) zur Sicherung eines seinem Sohn gewährten Darlehens in Höhe von 5.000,00 € an die B-Bank sicherungsübereignet. Da Friedrich G. der B-Bank nicht persönlich haftet, ist maßgeblich für die Bestimmung des Stimmrechts der B-Bank im Insolvenzverfahren über das Vermögen des Friedrich G. die Höhe des Sicherungsrechtes, d.h. 3.800,00 €.

Zur Teilnahme an den Abstimmungen sind in erster Linie die Gläubiger unbestrittener Forderungen berechtigt. Sind Forderungen streitig, so können sich die Parteien unbeschadet einer späteren Entscheidung über das Bestehen der Forderung über ein Stimmrecht des betreffenden Gläubigers einigen (§ 77 Abs. 2 InsO). Kommt eine Einigung nicht zustande, so entscheidet – unanfechtbar – das Insolvenzgericht über die Gewährung eines Stimmrechts; die Entscheidung kann das Insolvenzgericht jederzeit ändern (§ 77 Abs. 2 Sätze 2 und 3 InsO). 869

Nachrangige Gläubiger, also vor allem die Gläubiger kapitalersetzender Darlehen oder von Zinsen, sind teilnahmeberechtigt, aber nicht stimmberechtigt (§ 77 Abs. 1 Satz 2 InsO). Absonderungsberechtigte Gläubiger sind stimmberechtigt. 870

Ob nur die Stimmen der in der Gläubigerversammlung anwesenden bzw. vertretenen Gläubiger gezählt werden oder ob auch eine schriftliche Abstimmung möglich ist, kann dem Gesetz nicht klar entnommen werden. Aus dem Umstand, dass bestimmte Befugnisse, wie z. B. die Einigung über das Stimmrecht (§ 77 Abs. 2 InsO) oder den Antrag auf Änderung eines zugesprochenen Stimmrechts, das Erscheinen des betreffenden Gläubigers voraussetzen, im Übrigen aber auf das Erscheinen nicht abgestellt wird, kann geschlossen werden, dass eine **schriftliche Abstimmung** möglich ist, was vor allem in Großverfahren mit tausenden von Gläubigern sehr zweckmäßig ist. 871

4. Bindungswirkung

872 Die Beschlüsse der Gläubigerversammlung sind unabhängig von der Zahl der erschienenen Gläubiger für die Nichterschienenen verbindlich. Auf Antrag des Insolvenzverwalters, eines absonderungsberechtigten oder nicht nachrangigen Insolvenzgläubigers können Beschlüsse der Gläubigerversammlung vom Insolvenzgericht aufgehoben werden, wenn sie dem gemeinsamen Interesse der Insolvenzgläubiger widersprechen (§ 78 InsO).

VIII. Der Gläubigerausschuss

873 Die Entscheidung, ob im Insolvenzverfahren ein Gläubigerausschuss bestellt werden soll, liegt im Ermessen der Gläubigerversammlung bzw. zunächst des Gerichts (§ 67 InsO). Eine gesetzliche Verpflichtung zur Bestellung, wie z.B. bei einem Aufsichtsrat im Aktienrecht, besteht nicht. § 103 GenG, der in der Insolvenz der Genossenschaft stets einen Gläubigerausschuss forderte, ist aufgehoben worden (Art. 49 Nr. 20 EGInsO).

1. Bestellung

874 Der Gläubigerausschuss wird grundsätzlich durch die Gläubigerversammlung bestellt; da aber die Gläubigerversammlung für gewöhnlich erst geraume Zeit nach der Verfahrenseröffnung zusammentritt, kann das Insolvenzgericht, wenn es dies für notwendig erachtet, schon vorher – auch schon im Insolvenzantragsverfahren – einen Gläubigerausschuss einsetzen (§ 67 Abs. 1 InsO). Über die Frage, ob überhaupt ein Ausschuss zu bestellen ist, entscheidet dann jedoch die Gläubigerversammlung mit der relativen Mehrheit der Stimmen (§ 68 Abs. 1 InsO). Sie kann auch vom Gericht bestellte Mitglieder abwählen und andere oder zusätzliche Mitglieder wählen (§ 68 Abs. 2 InsO).

2. Zusammensetzung

Gem. § 67 Abs. 2 InsO sollen in dem vom Insolvenzgericht bestellten (vorläufigen) Gläubigerausschuss bestimmte Personengruppen vertreten sein, nämlich 875

- die absonderungsberechtigten Gläubiger,
- die Insolvenzgläubiger mit den höchsten Forderungen,
- die Kleingläubiger,
- die Arbeitnehmer.

Neu ist dabei lediglich die Einbeziehung der absonderungsberechtigten Gläubiger, die nach der InsO stärker in dasVerfahren integriert werden sollen. Alle übrigen Personengruppen konnten auch schon im Geltungsbereich der Konkursodnung bereits im Gläubigerausschuss repräsentiert werden. 876

Die Regelung des § 67 Abs. 2 InsO soll sicherstellen, dass die Interessen aller beteiligten Gläubigergruppen angemessen berücksichtigt werden.[373] 877

Sowohl nach bisherigen, als auch zukünftigem Recht können auch juristische Personen[374] sowie Personen, die selbst keine Gläubiger sind (§ 67 Abs. 3 InsO) im Gläubigerausschuss Mitglied sein. Letzteres betrifft insbesondere Vertreter bestimmter Gläubiger, aber auch Dritte, die besonders geeignet erscheinen, die Rechte der Gläubiger zu wahren. 878

In der ersten Gläubigerversammlung entscheidet die Gläubigerversammlung über die Beibehaltung und personelle Besetzung des vom Gericht bestellten Gläubigerausschusses bzw. wenn noch kein Gläubigerausschuss eingesetzt wurde, über die Wahl eines solchen Ausschusses (§ 68 InsO). 879

Im Einzelnen kann die Gläubigerversammlung beschließen: 880

- den Verzicht auf einen Gläubigerausschuss,
- die Abwahl einzelner vom Gericht bestimmter Ausschussmitglieder,
- die Wahl zusätzlicher Ausschussmitglieder,
- die erstmalige Einsetzung eines Gläubigerausschusses.

Beispiel 227

Abwahl eines Mitglieds

In der ersten Gläubigerversammlung wird der Vertreter des Finanzamtes, das Gläubigerauschussmitglied Gunther G., abgewählt. Er fragt in der Rechtsabteilung nach, welche Schritte er gegen die seiner Auffassung nach unberechtigte Abwahl unternehmen kann.

373 Vgl. Begr. RegE zu § 67 InsO in *Balz/Landfermann* Die neuen Insolvenzgesetze, 1995.

374 Vgl. Begr. RegE zu § 67 InsO in *Balz/Landfermann* Die neuen Insolvenzgesetze, 1995.

Keine. Der Beschluss über die Abwahl einzelner Ausschussmitglieder in der ersten Gläubigerversammlung ist nicht justiziabel, da die einstweilige Einsetzung durch das Insolvenzgericht noch keine gesicherte Rechtsstellung verschafft.

881 Anders als dem Insolvenzgericht steht es der Gläubigerversammlung frei, bestimmte Gläubigergruppen aus dem Gläubigerausschuss auszuschließen. Sie ist nicht an die Regelung des § 67 Abs. 2 InsO gebunden. Entgegen der früheren Fassung des jetzigen § 68 InsO hat nämlich das Insolvenzgericht nunmehr keine Möglichkeit mehr, die Zusammensetzung des Ausschusses zu korrigieren. Es hat vielmehr die von der Gläubigerversammlung Gewählten zu ernennen.

881a Da die Wahl der Gläubigerausschussmitglieder durch die Gläubigerversammlung gemäß § 76 InsO mit Summenmehrheit erfolgt (d.h., die in der Gläubigerversammlung zustimmenden Gläubiger müssen mehr als 50 % der Forderungen zustehen), repräsentiert der Gläubigerausschuss die jeweilige Gläubigerschaft im Sinne einer Interessenvertretung.

3. Aufgaben, Rechte und Pflichten des Gläubigerausschusses

882 Aufgabe des Gläubigerausschusses ist in erster Linie die Unterstützung und Überwachung der Geschäftsführung des Insolvenzverwalters (§ 69 InsO). In diesem Zusammenhang hat er sich über die Geschäfte des Verwalters zu unterrichten, die Bücher und Geschäftspapiere einzusehen und den Geldverkehr und -bestand zu überprüfen.

Dem Gläubigerausschuss stehen u.a. nachfolgende Rechte zu:[375]

- Antragsrecht auf Entlassung des Insolvenzverwalters (§ 59 Abs. 1 InsO),
- Prüfung und Kommentierung der Schlussrechnung (§ 66 InsO),
- Gläubigerausschuss ist zur Kassenkontrolle berechtigt (und verpflichtet; § 69 InsO),
- Einsichtnahme in die Bücher und Geschäftspapiere (§ 69 InsO),
- Anspruch auf Einberufung der Gläubigerversammlung (§ 75 Abs. 1 Nr. 2 InsO),
- Auskunftsanspruch gegen den Schuldner (§ 97 InsO),

375 Vgl. *Hegmanns* Der Gläubigerausschuß, S. 12f.; *Kübler* in *Kübler/Prütting* InsO § 69 Rz. 13; *Eickmann* in HK-InsO § 69 Rz. 1; *Delhaes* in *Nerlich/Römermann* InsO § 69 Rz. 29; *Hössl* in Frankfurter Kommentar InsO § 69 Rz. 8; *Blersch* in *Breutigam/Blersch/Goetsch* Insolvenzrecht § 69 Rz. 7; *Braun/Uhlenbruck* Unternehmensinsolvenz, S. 210.

- Entscheidung über die Hinterlegung von Wertgegenständen (§ 149 InsO),
- Zustimmung zum Antrag des Insolvenzverwalters auf Befreiung von der Aufzeichnungspflicht (§ 151 Abs. 3 InsO),
- Genehmigung zur Schließung des schuldnerischen Unternehmens vor dem Berichtstermin (§ 158 Abs. 1 InsO),
- Entscheidung über die Genehmigung besonders bedeutsamer Rechtshandlungen (§ 160 Abs. 1 InsO), vor allem bei
- Veräußerung des Unternehmens oder Betriebs im Ganzen oder erheblicher Anteile an einen anderen Unternehmen (§ 160 Abs. 2 Nr. 1 InsO),

Beispiel 228

Insolvenzverwalter Kurt E. plant, das insolvente Unternehmen des Filmmoguls K. an eine neu gegründete Auffanggesellschaft zu veräußern. Der überwiegend mit Bankenvertretern besetzte Gläubigerausschuss stimmt der geplanten Veräußerung zu.

- Aufnahme von Darlehen, welche die Masse erheblich belasten würden (§ 160 Abs. 2 Nr. 2 InsO),
- Anhängigmachung oder Aufnahme eines wirtschaftlich bedeutenden Rechtsstreites (§ 160 Abs. 2 Nr. 3 InsO),
- Abschluss eines wirtschaftlich bedeutsamen Vergleichs oder Schiedsvertrages (§ 160 Abs. 2 Nr. 3 InsO),
- Genehmigung zur Verteilung der Insolvenzmasse (§ 187 Abs. 3 InsO),
- Festsetzung des auszuzahlenden Bruchteils bei der Abschlagsverteilung (§ 195 InsO),
- Anhörung des Gläubigerausschusses vor der Einstellung des Insolvenzverfahrens (§ 214 Abs. 2 Satz 1 InsO),
- Mitwirkung bei der Aufstellung des Insolvenzplans (§ 218 Abs. 3 InsO),[376]
- Stellungnahme des Gläubigerausschusses zum Insolvenzplan (§ 232 Abs. 1 InsO),
- Zustimmung zum Antrag des Verwalters auf Festsetzung der Verwertung und Verteilung (§ 233 Satz 2 InsO),
- Überwachung der Planerfüllung (§ 261 InsO),
- Anhörung des Gläubigerausschusses vor der Bestätigung des Insolvenzplans (§ 248 Abs. 2 InsO),
- Zustimmung bei bedeutsamen Rechtshandlungen des Schuldners im Rahmen der Eigenverwaltung (§ 276 InsO).

376 S. allgemein zu den Unterstützungsaufgaben *Delhaes* in *Nerlich/Römermann* InsO § 69 Rz. 16.

4. Auskunftsansprüche

883 Der Insolvenzverwalter ist zur Unterrichtung des Gläubigerausschusses verpflichtet, und zwar über alle Einzelheiten des Verfahrens und der Abwicklung einschl. der kurz- oder längerfristigen Fortführung des Betriebs.[377] Der Auskunftsanspruch eines Gläubigerausschussmitglieds entfällt jedoch im Hinblick auf Tatsachen, die sich auf einen gerade gegen dieses Mitglied geplanten oder anhängigen Anfechtungsprozess beziehen[378].

Beispiel 229

Beschränkter Auskunftsanspruch

Insolvenzverwalterin Martina U. hat im Rahmen der Prüfung der schuldnerischen Bücher festgestellt, dass der Schuldner der Gläubigerin Z-OHG, die im Gläubigerauschuss durch ihren Gesellschafter Andreas Q. vertreten ist, kurz vor Insolvenzantragstellung in anfechtbarer Weise eine Sicherung gewährt hat. Die Insolvenzverwalterin ist aus prozesstaktischen Gründen in diesem Fall nicht gehalten, dem Q. alle anspruchbegründenden Tatsachen bzw. Einwendungen mitzuteilen.

5. Prüfungspflichten

884 Der Gläubigerausschuss hat in regelmäßigen Abständen durch ein Ausschussmitglied eine Prüfung des Geldverkehrs und des Geldbestandes vornehmen zu lassen.[379]

885 In diese Prüfung sind sämtliche Konten und Belege einzubeziehen.[380]Eine monatliche Kassenprüfung, wie sie noch in § 88 Abs. 2 Satz 2 KO vorgesehen war, ist nicht mehr erforderlich. Hinsichtlich der Häufigkeit der Prüfung ist nunmehr auf den Einzelfall abzustellen. So wird zu Beginn eines umfangreichen Verfahrens häufiger eine Prüfung angemessen sein, als zu einem späteren Zeitpunkt, zu dem ein Verfahrensabschluss nur noch wegen weniger anhängiger Prozesse aussteht.

886 Der Gläubigerausschuss kann auch einen sachverständigen Dritten auf Kosten der Insolvenzmasse mit der Prüfung beauftragen (vgl. den Wortlaut „... prüfen zu lassen"). Bei Großinsolvenzen, in denen die Buchhal-

---

377 *BGH* vom 22.04.1981 – VIII ZR 34/80 – VersR 1981, 847; *Merz* WM 1983, 106; *Delhaes* in *Nerlich/Römermann* InsO § 69 Rz. 21.

378 *Uhlenbruck* BB 1976, 199.

379 Vgl. zur KO: *BGH* vom 12.07.1965 – III ZR 41/64 – WM 1965, 1158, 1159.

380 *BGH* vom 10.11.1967 – 4 StR 512/66 – NJW 1968, 710; *Kübler* in *Kübler/Prütting* InsO § 69 Rz. 26; *Delhaes* in *Nerlich/Römermann* InsO § 69 Rz. 22; *Blersch* in *Breutigam/Blersch/Goetsch* Insolvenzrecht § 69 Rz. 5.

tung durch die EDV erfolgt, kann der Gläubigerausschuss daher einen Wirtschaftsprüfer mit der Rechnungsprüfung betrauen.[381]

Der Gläubigerausschuss kann von dem Insolvenzverwalter jederzeit Berichterstattung über den Verfahrensstand[382] und nach Maßgabe des § 66 Abs. 3 InsO Zwischenrechnungen verlangen. **887**

Schließlich muss ein Ausschussmitglied Quittungen des Insolvenzverwalters über den Empfang von Geldern, Wertpapieren oder Kostbarkeiten von der Hinterlegungsstelle (§ 149 Abs. 2 InsO) und Anweisungen des Insolvenzverwalters an die Hinterlegungsstelle mitunterzeichnen.[383] Ohne diese Mitzeichnung sind die genannten Unterlagen sowie die durch sie ausgelösten Rechtshandlungen und Rechtsgeschäfte ungültig (§ 149 Abs. 2 InsO). Von der Mitzeichnungspflicht kann die Gläubigerversammlung allerdings befreien (§ 149 Abs. 3 InsO). **888**

6. Genehmigungsvorbehalte

Der Gläubigerausschuss hat nicht das Recht dem Insolvenzverwalter Weisungen zu erteilen, jedoch hat der Insolvenzverwalter in einer Reihe von Fällen (z.B. die Veräußerung des Unternehmens als solches, s. auch die Bsp. oben) die Zustimmung des Gläubigerausschusses einzuholen, wenn ein solcher bestellt ist. **889**

Holt der Insolvenzverwalter die Zustimmung des Gläubigerausschusses nicht ein, wird davon die Wirksamkeit des Geschäfts im Außenverhältnis nicht berührt. **890**

Beispiel 230

Genehmigungsvorbehalt

Im Zusammenhang mit der Veräußerung des schuldnerischen Unternehmens stellt sich später heraus, dass der Insolvenzverwalter den Betrieb regelrecht „verschleudert“ hat. Ein hierfür bestellter Sonderverwalter verklagt aus diesem Grund den Verwalter aus Schadensersatz. Dieser wendet ein, dass der Gläubigerausschuss ihm schließlich die Zustimmung zur Veräußerung zu den Konditionen erteilt habe. Hat er mit dieser Einwendung Erfolg?

Die Einwendung ist unbeachtlich, da eine Zustimmung des Gläubigerausschusses den Insolvenzverwalter grundsätzlich nicht von seiner eigenen

381 *Kübler* in *Kübler/Prütting* InsO § 69 Rz. 19; *Hössl* in Frankfurter Kommentar InsO § 69 Rz. 6.
382 *Kuhn/Uhlenbruck* KO, § 88 Rz. 2.
383 *Delhaes* in *Nerlich/Römermann* InsO § 69 Rz. 24.

Verantwortlichkeit enthebt.[384] Die Genehmigung des Gläubigerausschusses kann nur insoweit entlastende Wirkung haben, als die Zustimmungsbefugnis reicht[385] und als es darum geht, ob eine vom Insolvenzverwalter vorgeschlagene zustimmungsbedürftige Maßnahme vertretbar ist.[386] Möglicherweise führt die Zustimmung des Gläubigerausschusses auch zur Eigen-Haftung der Gläubigerausschussmitglieder.

7. Haftung der Gläubigerausschussmitglieder

891 Die Gläubigerausschussmitglieder haften nach § 71 InsO nur gegenüber den Absonderungsberechtigten und den Insolvenzgläubigern, nicht gegenüber dem Schuldner und den Massegläubigern, deren Interessen nach Auffassung des Gesetzgebers durch die Aufsichtspflichten des Insolvenzgerichts und die Haftung des Insolvenzverwalters ausreichend geschützt werden.[387]

892 Hinsichtlich des Haftungsmaßstabes setzt die InsO eine schuldhafte Verletzung der insolvenzspezifischen Pflichten voraus.

TIPP **Die Prämien einer Vermögenshaftpflichtversicherung für die Gläubigerausschussmitglieder können bei Vorliegen besonderer Risiken als Auslagen geltend gemacht werden.**[388]

893 Die Ausschussmitglieder sind dazu verpflichtet, sich bei Aufnahme ihres Amtes über die ihnen obliegenden Pflichten zu informieren. Ein Unterlassen dieser Informationspflicht begründet bei Pflichtverletzungen eine vorwerfbare Fahrlässigkeit.[389] Die Gläubigerausschussmitglieder müssen über die erforderlichen Kenntnisse zur Überwachung des Insolvenzverwalters verfügen; anderenfalls ist das Amt abzulehnen, da bereits die Übernahme des Amtes ohne diese Kenntnisse ein Verschulden darstellen kann.[390]

---

384 *OLG Hamburg* vom 02.04.1982 – 11 U 187/80 – ZIP 1982, 599; *Kübler* in *Kübler/Prütting* InsO § 69 Rz. 21.

385 Vgl. § 160 InsO.

386 *BGH* vom 22.01.1985 – VI ZR 131/83 – WM 1985, 423.

387 Vgl. Begr. RegE zu § 71 InsO, abgedruckt in *Balz/Landfermann* Die neuen Insolvenzgesetze, 1995.

388 *Hess/Weis/Wienberg* InsO, § 17 InsVV Rz. 10 mit zahlreichen weiteren Nachweisen.

389 *RG* vom 17.02.1936 – VI 372/35 – *RGZ* 150, 286.

390 *Kuhn/Uhlenbruck* KO, § 89 Rz. 1b.

Beispiel 231

Haftung

> Dem neu bestellten alleinigen Gläubigerausschussmitglied Johann K. war u.a. die Pflicht zur Kassenprüfung nicht bekannt. Dadurch war es dem Insolvenzverwalter Bastian W. über längere Zeit möglich, größere Geldbeträge aus der Masse zu unterschlagen.

Schuldhafte Pflichtverletzungen sind auch dann anzunehmen, wenn die Gläubigerausschussmitglieder die Berichte und Unterlagen des Verwalters übernehmen, ohne sie zu überprüfen, bzw. nach § 69 InsO von einem geeigneten Sachverständigen überprüfen zu lassen. 894

IX. Die Vergütung der Gläubigerausschussmitglieder (§ 75 InsO)

Während nach § 91 KO die Vergütungsfestsetzung durch das Gericht erst nach einer Anhörung der Gläubigerversammlung erfolgt, bedarf es einer solchen Anhörung nach § 73 InsO nicht mehr. 895

Das Insolvenzgericht hat sich vielmehr an dem Zeitaufwand und dem Umfang der Tätigkeit zu orientieren. Hinsichtlich der genauen Modalitäten der Vergütungsfestsetzung verweist § 73 InsO auf die Regelungen über die Festsetzung der Insolvenzverwaltervergütung in §§ 64, 65 InsO. 896

Der Festsetzungsbeschluss ist von dem Insolvenzgericht – ohne Angabe der festgesetzten Beträge – öffentlich bekannt zu machen und an den Schuldner, den Verwalter und die Gläubigerausschuss zuzustellen. In der Veröffentlichung ist gleichzeitig darauf hinzuweisen, dass der vollständige Beschluss in der Geschäftsstelle eingesehen werden kann. 897

Nach §§ 73, 64 Abs. 3 InsO können der Insolvenzverwalter, der Schuldner und jeder Insolvenzgläubiger gegen den Beschluss sofortige Beschwerde einlegen. Dem Gläubigerausschuss steht jedoch weder nach § 73 InsO, noch nach § 64 InsO, auf den verwiesen wird, das Recht der sofortigen Beschwerde zu, obgleich er durch den Beschluss beschwert sein kann. Dabei handelt es sich offensichtlich durch ein gesetzgeberisches Versehen. 898

Die Höhe der festzusetzenden Gläubigerausschussvergütung berechnet sich nach Maßgabe des § 17 InsVV. Danach beträgt die Vergütung regelmäßig zwischen 25,00 und 50,00 € pro Stunde, wobei bei der Festsetzung des Stundensatzes der Umfang der Tätigkeit zu berücksichtigen 899 ist. Daneben können die Ausschussmitlieder Ersatz ihrer Auslagen verlangen.

899a Für den Fall einer Stundung der Verfahrenskosten nach § 4a InsO können die Mitglieder des Gläubigerausschusses ihren Vergütungsanspruch gemäß §§ 73 Abs. 2, 63 Abs. 2 InsO als Sekundäranspruch gegen die Staatskasse geltend machen, wenn das Vermögen des Schuldners bzw. die Insolvenzmasse nicht ausreichend sind, um diese Vergütungsansprüche zu decken.

1. Ende des Amtes

900 Die Mitgliedschaft im Gläubigerausschuss besteht grundsätzlich für die gesamte Verfahrensdauer, im Fall der Überwachung eines Insolvenzplans möglicherweise sogar darüber hinaus. Allerdings kann das Insolvenzgericht ein Ausschussmitglied aus wichtigem Grund entlassen (§ 70 InsO).

901 Die Mitglieder des Gläubigerausschusses können in entsprechender Anwendung der §§ 626, 627, 671 BGB ihr Amt kündigen, wobei die Kündigung wegen der möglicherweise sich daraus ergebenden Schadensersatzverpflichtung nicht zur Unzeit erfolgen darf.[391]

391 *Obermüller/Hess* InsO, Rz. 388.

K. Die Beendigung des Insolvenzverfahrens

I. Aufhebung des Verfahrens (§ 200 InsO)

Die Aufhebung des Insolvenzverfahren erfolgt nach dem Vollzug der Schlussverteilung, d.h. nach Abschluss der Verwertung und Verteilung der Masse. 902

Nach der Aufhebung des Insolvenzverfahrens können die Insolvenzgläubiger ihre restlichen Forderungen im Wege der Vollstreckung aus dem Tabellenauszug gegen den Schuldner unbeschränkt geltend machen (§ 201 InsO). Der Fall der Restschuldbefreiung (§§ 286 – 303 InsO) bleibt hiervon ausdrücklich vorbehalten. 903

Zuständig für die Erteilung der Vollstreckungsklausel sowie der Entscheidung über Einwendungen gegen den Anspruch ist nach § 202 InsO das Insolvenzgericht als Vollstreckungsgericht. Eine Ausnahme gilt für Streitgegenstände, die nicht in die Zuständigkeit des AG fallen. In diesem Fall ist das Landgericht, in dessen Bezirk sich das Insolvenzgericht befindet, zuständig. 904

Beispiel 232

Aufhebung des Verfahrens

Der Schuldner wendet sich im Wege der Vollstreckungsgegenklage nach § 767 ZPO gegen einen zur Tabelle festgestellten Anspruch über 20.000,00 € und macht geltend, der Anspruch sei zwischenzeitlich von einem Verwandten erfüllt worden.

II. Die Einstellung des Verfahrens mangels Masse (§ 207 InsO)

Sofern sich nach Eröffnung des Insolvenzverfahrens herausstellt, dass die Insolvenzmasse nicht ausreicht, um die Kosten des Verfahrens[392] zu decken, hat das Insolvenzgericht von Amts wegen das Verfahren mangels Masse einzustellen. 905

392 S.o. Rn. 727 ff.

906 Um eine umfassende Information des Gerichts zu gewährleisten und um den Beteiligten die Gelegenheit zur Leistung eines Kostenvorschusses zu eröffnen, sind die Gläubigerversammlung, der Insolvenzverwalter und die Massegläubiger vor der Einstellung des Verfahrens zu hören (§ 207 Abs. 2 InsO).

906a Die Einstellung des Verfahrens unterbleibt nicht, wenn ein ausreichender Geldbetrag vorgeschossen wird oder die Kosten des Verfahrens nach § 4a InsO gestundet werden. Hierdurch soll dem Schuldner als natürliche Person die Möglichkeit der Restschuldbefreiung offen gehalten werden.

907 Vor der Einstellung hat der Insolvenzverwalter die vorhandenen Barmittel zur Zahlung der Massekosten zu verwenden. Hierbei erfolgte eine Befriedigung in folgender Reihenfolge:

- Auslagen,
- sonstige Kosten des Verfahren, d.h. Gerichtskosten, Verwaltervergütung etc.

908 Sofern die vorhandenen Massemittel nicht zur Begleichung aller Verbindlichkeiten ausreichen, werden die Verbindlichkeiten anteilsmäßig befriedigt.

909 Zu weiteren Verwertungsmaßnahmen ist der Insolvenzverwalter nicht mehr verpflichtet.

III. Einstellung nach Anzeige der Masseunzulänglichkeit (§§ 211, 208 ff. InsO)

910 Die Vorschriften der §§ 208 bis 211 InsO regeln die Abwicklung von massearmen Insolvenzverfahren, d.h. solchen, in denen zwar die Kosten des Verfahrens gedeckt sind, nicht aber die sonstigen Masseverbindlichkeiten (geschweige denn die Insolvenzforderungen).

911 Nach § 208 InsO hat der Insolvenzverwalter dem Insolvenzgericht die eingetretene und drohende Masseunzulänglichkeit anzuzeigen.

Die Feststellung der Unmöglichkeit oder Gefährdung der gesetzmäßigen Befriedigung der Massegläubiger trifft allein der Insolvenzverwalter.[393] Eine weitergehende Prüfung der Masseunzulänglichkeit durch das Insolvenzgericht ist nicht vorgesehen. Es reicht daher aus, wenn das Insol-

393 Anders noch der § 318 des RegE, der eine Feststellung durch das Insolvenzgericht vorsah.

venzgericht die durch den Insolvenzverwalter erfolgte Anzeige auf ihre Schlüssigkeit hin überprüft. Der Insolvenzverwalter muss daher die Tatsachen, auf die er sich stützt, ebenfalls angeben.

Er muss in diesem Zusammenhang beispielsweise darlegen, welche Masse nach Durchführung der Aussonderungen, Absonderungen und der Aufrechnungen zur Verfügung stehen wird, welche Ansprüche von welchen Massegläubigern geltend gemacht werden, welche Massegläubiger bisher schon befriedigt worden sind. Um dieser Pflicht zu genügen, muss der Insolvenzverwalter die Umstände für die Wertermittlung der gegen die Masse geltend gemachten Forderungen und des vorhandenen Vermögens insoweit erläutern, dass seine Wertangaben nachvollziehbar sind und ggf. unter Beweis gestellt werden können.[394] **912**

Bei Meidung der eigenen Haftung aus §§ 60, 61 InsO ist der Insolvenzverwalter verpflichtet, den Eintritt der Masseunzulänglichkeit unverzüglich zur Kenntnis zu bringen. **913**

Die öffentliche Bekanntmachung der Masseunzulänglichkeit wird durch das Insolvenzgericht veranlasst (§ 208 Abs. 2 InsO). **914**

Anzeige der Masseunzulänglichkeit durch den Insolvenzverwalter

Amtsgericht Wiesbaden
Insolvenzgericht
Gerichtsstrasse
Wiesbaden

4 IN 1545/01

Wiesbaden, 24.2.2002

Insolvenzverfahren über das Vermögen der R-GmbH, Wiesbaden, Nerotalstr.9, Az. 4 IN 1545/01

In dem oben genannten Insolvenzverfahren zeige ich

Masseunzulanglichkeit

an.

Begründung:

Es ist eine Insolvenzmasse von 19.000,00 € vorhanden.

Die Insolvenzmasse setzt sich wie folgt zusammen:

- Barmittel in Höhe von 2.000,00 €
  <Übersicht Barmittel>
- zur Verwertung anstehende Massegegenstände in Höhe von ca. 17.000,00 €
  <Übersicht Massegegenstände>

394 *BAG* vom 30.10.1985 – 5 AZR 484/84 – KTS 1986, 485.

Es liegen fällige Masseverbindlichkeiten in Höhe von 25.000,00 € vor. Sie setzen sich wie folgt zusammen:

– Gerichtskosten ca.	5.000,00 €
– Verwaltervergütung ca.	12.000,00 €
– Arbeitnehmer ca.	5.000,00 €
– Finanzamt ca.	3.000,00 €

Vorsorglich weise ich darauf hin, daß am 01.03.2002 Masseverbindlichkeiten in Höhe von 8.000,00 € zu erfüllen sind.

Zu diesem Zeitpunkt wird die Masse voraussichtlich ebenfalls nicht ausreichen, um die Masseverbindlichkeiten zu erfüllen.

Schon jetzt ist auch für Massegläubiger die Zwangsvollstreckung in die Masse unzulässig.

Erwin S. als Insolvenzverwalter

915 Als Folge der angezeigten Masseunzulänglichkeit wird der Insolvenzverwalter berechtigt, die bestehenden Verbindlichkeiten nach Maßgabe der in § 209 InsO geregelten Rangfolge zu befriedigen. Nach Verteilung der zur Verfügung stehenden Masse stellt das Insolvenzgericht das Insolvenzverfahren ein (§ 211 InsO).

916 Die Insolvenzgläubiger werden in diesem Verfahren nicht mehr berücksichtigt; die Massegläubiger verlieren die Befugnis zur Einzelvollstreckung (§ 210 InsO). An deren Stelle tritt ein geordnetes Befriedigungsverfahren; gleichsam ein Insolvenzverfahren im Insolvenzverfahren. Die zu veröffentlichende Anzeige der Masseunzulänglichkeit hat somit eine dem Eröffnungsbeschluss im Insolvenzverfahren vergleichbare Funktion.

917 Die Verpflichtung des Insolvenzverwalters zur Verwertung bleibt, anders als bei der Einstellung mangels Masse gemäß § 208 Abs. 3 InsO, trotz der angezeigten Masseunzulänglichkeit bestehen. Dadurch soll eine möglichst umfängliche Befriedigung der Massegläubiger erreicht und bei juristischen Personen eine Vollabwicklung durch den Insolvenzverwalter ermöglicht werden. Da die Vergütung des Insolvenzverwalters im Fall der Masseunzulänglichkeit bei der Befriedigung der Masseverbindlichkeiten mit den sonstigen Kosten an erster Stelle steht, ist dem Insolvenzverwalter in diesem Fall, anders als bei der Einstellung mangels Masse, ein weiteres Tätigwerden zuzumuten.

918 Die Verwertungsbefugnis im masseunzulänglichen Verfahren richtet sich nach den allgemeinen Vorschriften. Anwendbar sind im Rahmen der Verwertung auch die Bestimmungen über den Verfahrenskosten- und Verwertungskostenbeitrag der absonderungsberechtigten Gläubiger.

Die neuen Masseverbindlichkeiten (§ 209 Abs. 1 Nr. 2 InsO), die nach festgestellter Masseunzulänglichkeit im weiteren Abwicklungsverfahren aus Handlungen des Insolvenzverwalters entstanden sind, werden im Rang direkt nach den Verfahrenskosten vor den übrigen Masseverbindlichkeiten (Altmasseverbindlichkeiten) befriedigt.[395] 919

Beispiel 233

Lohnkosten nach möglicher Kündigung

Der Insolvenzverwalter hat von der Kündigung des Buchhalters Stephan D. zunächst abgesehen, da er diesen noch für weitere 6 Monate für Abwicklungsarbeiten benötigt. Die Lohnkosten für den Zeitraum nach dem ersten möglichen Kündigungstermin stellen Neumasseverbindlichkeiten dar, die den früheren Masseverbindlichkeiten vorgehen.

Die Einstellung des Insolvenzverfahren erfolgt, sobald der Insolvenzverwalter die Insolvenzmasse verwertet hat. Sofern nach der Einstellung Massegegenstände ermittelt werden, ordnet das Insolvenzgericht eine Nachtragsverteilung an (§ 211 Abs. 3 InsO). 920

IV. Einstellung des Verfahrens wegen Wegfalls des Eröffnungsgrundes (§ 212 InsO)

Auf Antrag des Schuldners ist das Insolvenzverfahren einzustellen, wenn gewährleistet ist, dass nach der Einstellung beim Schuldner weder Zahlungsunfähigkeit, noch drohende Zahlungsunfähigkeit, noch soweit die Überschuldung Grund für die Eröffnung des Insolvenzverfahrens ist, Überschuldung vorliegt (§ 212 InsO). 921

Diese Möglichkeit räumt die InsO dem Schuldner wegen der schwerwiegenden Eingriffe, die eine Eröffnung des Insolvenzverfahrens für die Freiheit des Schuldners zur Verfügung über sein Vermögen mit sich bringt, ein. 922

Beispiel 234

Wegfall des Eröffnungsgrundes

Über das Vermögen des Kaufmanns Hans L. wurde am 01.06.1999 das Insolvenzverfahren eröffnet. Wenige Monate später stirbt die wohlhabende Tante des L. Mit dem Erbe kann L. alle seine Schulden ohne Probleme begleichen.

Einem Antrag des Schuldners kann jedoch nur dann entsprochen werden, wenn im Falle der Einstellung beim Schuldner weder Zahlungsunfä- 923

395 Vgl. demgegenüber zur KO: *BGH* vom 15.02.1984 – VIII ZR 213/82 – WM 1984, 568.

higkeit noch eine drohende Zahlungsunfähigkeit vorliegt und der Überschuldungstatbestand ausscheidet, da anderenfalls das Verfahren lediglich verschleppt würde.

924 Eine Einstellung nach § 212 InsO ist in der Praxis z.B. dann denkbar, wenn die Liquidität der Tochtergesellschaft durch Garantieerklärungen gegenüber den Gläubigern oder echten Patronatserklärungen gegenüber den Tochterunternehmen wieder hergestellt wird.

925 Der Einstellungsantrag des Schuldners ist gem. § 214 InsO öffentlich bekannt zu machen und auf der Geschäftsstelle des Insolvenzgericht zur Einsicht auszulegen. Die Insolvenzgläubiger können binnen einer Woche nach der öffentlichen Bekanntmachung Widerspruch gegen den Antrag erheben.

926 Die Entscheidung über die Einstellung trifft das Insolvenzgericht nach Anhörung:

- des Antragstellers,
- des Insolvenzverwalters,
- des Gläubigerausschusses und
- eventuell widersprechender Gläubiger.

927 Im Fall der Einstellung hat der Insolvenzverwalter die unstreitigen Masseansprüche zu begleichen und hinsichtlich der streitigen Sicherheit zu leisten.

V. Einstellung des Verfahrens mit Zustimmung der Gläubiger (§ 213 InsO)

928 Auf Antrag des Schuldners ist das Insolvenzverfahren einzustellen, wenn er nach Ablauf der Anmeldefrist die Zustimmung aller Insolvenzgläubiger beibringt, die Forderungen angemeldet haben (§ 213 Abs. 1 Satz 1 InsO).

929 Über die Frage, inwiefern eine Zustimmung von absonderungsberechtigten Gläubigern bzw. Gläubigern, deren Forderungen bestritten wurde, erforderlich ist, entscheidet das Insolvenzgericht.

930 Das vom Insolvenzgericht zu beachtende Verfahren entspricht der Einstellung wegen Wegfalls des Eröffnungsgrundes (s.o.).

Die Einstellung mit Zustimmung aller Insolvenzgläubiger dürfte in der Praxis keine besondere Bedeutung erlangen. Fälle, in denen eine Einstellung nach § 213 InsO erfolgt ist, sind den Verfassern bisher nicht bekannt geworden. 931

VI. Aufhebung des Verfahrens nach Rechtskraft des Insolvenzplans (§ 258 InsO)

Sobald die Bestätigung Insolvenzplan durch das Insolvenzgericht rechtskräftig ist, beschließt das Insolvenzgericht die Aufhebung des Insolvenzverfahrens.[396] 932

Der Beschluss und der Grund der Aufhebung sind öffentlich bekannt zu machen. Der Schuldner, der Insolvenzverwalter und die Mitglieder des Gläubigerausschusses sind vorab über den Zeitpunkt des Wirksamwerdens der Aufhebung (§ 9 Abs. 1 Satz 3 InsO) zu unterrichten (§ 258 Abs. 3 Satz 2 InsO). Die Information ist deshalb erforderlich, weil der Schuldner mit dem Wirksamwerden der Aufhebung das Verfügungsrechts über die Insolvenzmasse zurückerhält (§ 259 Abs. 1 InsO). 933

Versäumt das Gericht bei der Aufhebung des Verfahrens den genauen Tag der Veröffentlichung bekanntzugeben, genügt der Hinweis, dass die Veröffentlichung der Aufhebung veranlasst ist und die Aufhebung mit dem Ablauf des zweiten Tages nach der Veröffentlichung wirksam wird (§ 9 Abs. 1 Satz 3 InsO). 934

396 S.o. Rn. 258.

L. Verbraucherinsolvenzverfahren

I. Allgemeines

935 Die Insolvenzordnung trifft erstmals spezielle Vorschriften für die Insolvenz von Verbrauchern. Hintergrund dieser Neuregelung ist die Überlegung, dass sich das reguläre Verfahren bei Kleinstinsolvenzen in der Vergangenheit als wenig praktikabel erwiesen hat, weil es bei geringen Teilungsmassen als zu formalistisch und zu kostenintensiv erachtet wird.

936 Vor dem Hintergrund, dass zudem immer mehr private Haushalte in Deutschland überschuldet sind, war das neue Verfahren längst überfällig. Die Insolvenz natürlicher Personen stellt ein sozialpolitisches Problem dar.

Beispiel 235

Verbraucherinsolvenz

Die 24-jährige Tina M. steht nach der Scheidung von ihrem Mann Tobias M. vor einem Schuldenberg in Höhe von 150.000,00 €. Das gemeinsam erworbene Haus wurde zu einem Bruchteil des Wertes zwangsversteigert. Tina M. ist alleinsorgeberechtigt für die beiden Kleinkinder, ihr Exmann hat sich abgesetzt und zahlt weder Unterhalt noch Darlehensforderungen.

Mögliche Ursachen der Verbraucherinsolvenz können u.A. sein: 937

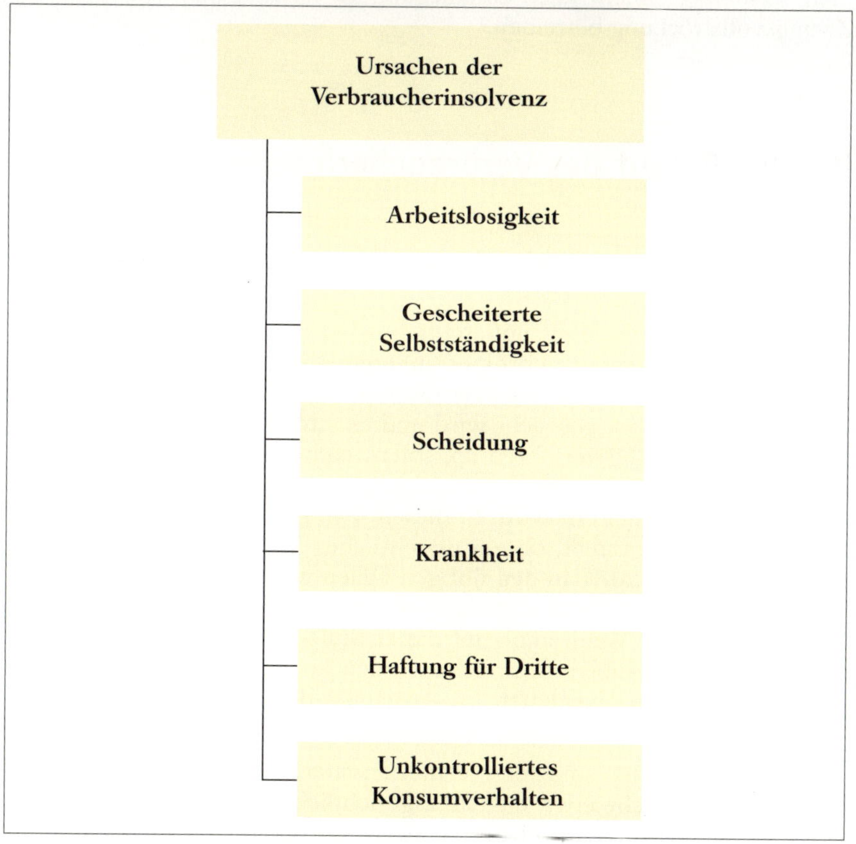

Ziel des in §§ 304 ff. InsO geregelten Verbraucherinsolvenzverfahrens ist 938
es, die Gerichte von Kleinverfahren dadurch zu entlasten, dass zunächst außerhalb eines gerichtsmäßigen Verfahrens die Regulierung der Verbindlichkeiten des Schuldners im Rahmen eines außergerichtlichen Schuldenbereinigungsplanes versucht wird.

Aus diesem Grund hat der Schuldner mit der Stellung des Insolvenzan- 939
trages die Bescheinigung einer geeigneten Stelle vorzulegen, aus der sich ergibt, dass in den letzten Monaten erfolglos versucht wurde, auf der Basis eines Schuldenbereinigungsplans eine außergerichtliche Einigung mit den Gläubigern herbeizuführen (§ 305 Abs. 1 Nr. 1 InsO).

In der Praxis hat sich dieses Zugangserfordernis bislang regelmäßig als 940
reine Formalhürde herausgestellt, da nur in den allerwenigsten Fällen die

Gläubiger einem außergerichtlichen Schuldenbereinigungsplan zustimmen, sondern vielmehr nach Offenlegung der Vermögensverhältnisse die Zwangsvollstreckung betreiben.

II. Der Ablauf des Verbraucherinsolvenzverfahrens

941 Der Ablauf des Verbraucherinsolvenzverfahrens ist grundsätzlich dreistufig konzipiert.[397]

942 In der ersten Stufe wird ein außergerichtlicher Schuldenbereinigungsplan erstellt. Schlägt der Versuch einer außergerichtlichen Einigung fehl, so hat der Schuldner einen Insolvenzantrag zu stellen, der in der Regel zunächst zum Ruhen gebracht wird und es schließt sich das gerichtliche Schuldenbereinigungsverfahren an, sofern nicht für das Gericht im Voraus erkennbar ist, dass der Versuch das (gerichtlichen) Schuldenbereinigungsverfahren scheitern wird. In diesem Fall ist es in das Ermessen des Insolvenzrichters gestellt, ob ein gerichtliches Schuldenbereinigungsverfahren versucht wird.[398] In den übrigen Fällen wird auch nach der Änderung der InsO zunächst das gerichtliche Schuldenbereinigungsverfahren durchgeführt. Erst wenn auch auf dieser Stufe keine Einigung zwischen Schuldner und Gläubigern erreicht werden kann, wird das vereinfachte Insolvenzverfahren eingeleitet. Im Anschluss daran kann der Schuldner in das Restschuldbefreiungsverfahren übergehen.

943 Die Reihenfolge der einzelnen Verfahrensstufen ist zwingend. Ein Verbraucher kann nicht etwa das außergerichtliche Schuldenbereinigungsverfahren überspringen und direkt die Restschuldbefreiung beantragen, selbst wenn er keinerlei Hoffnung auf eine Zustimmung seiner Gläubiger zu einem Schuldenbereinigungsplan hat.

Beispiel 236
Schuldenbereinigungsplan

Obgleich Anabel G. ihren Gläubigern im Rahmen des außergerichtlichen Schuldenbereinigungsplans nur die Abtretung ihrer pfändungsfreien Einkünfte in Höhe von 75,00 € monatlich anbieten kann (bei Gesamtverbindlichkeiten in Höhe von 250.000,00 €), muss sie auf dieser Basis eine Einigung versuchen.

397 S.o. Rn. 69.
398 Vgl. § 306 Abs. 1 Satz 2 InsO.

III. Das außergerichtliche Schuldenbereinigungsverfahren

Voraussetzung des gerichtlichen Verbraucherinsolvenzverfahrens ist, dass der Verbraucher zunächst außergerichtlich versucht hat, eine Schuldenbereinigung im Wege der Vereinbarung mit den Gläubigern zu erreichen. Ein solcher Schuldenbereinigungsversuch muss auf der Grundlage eines sog. Schuldenbereinigungsplanes erfolgen, in dem der Verbraucher seinen Vergleichsvorschlag festhält. **944**

Scheitert das außergerichtliche Schuldenbereinigungsverfahren, so kann der Verbraucher in die nächste Stufe, das gerichtliche Schuldenbereinigungsverfahren eintreten. Das Verfahren über dem Insolvenzantrag ruht während dieser Zeit. **945**

Beispiel 237

Leopold A. hat seinen Gläubigern eine außergerichtliche Schuldenbereinigung auf Basis einer monatlichen Ratenzahlung angeboten. Gläubiger Hans H. will sich nicht darauf einlassen und vollstreckt daher in das Vermögen des A.

Nach § 305a InsO gilt der Versuch des außergerichtlichen Schuldenbereinigungsverfahrens als gescheitert, wenn ein Gläubiger nach Aufnahme der Verhandlungen die Zwangsvollstreckung betreibt.

Das zwingende Erfordernis eines vorangegangenen außergerichtlichen Schuldenbereinigungsplans ergibt sich aus der in § 305 Abs. 1 InsO niedergelegten Pflicht des Schuldners, zusammen mit dem Antrag auf Eröffnung des Insolvenzverfahrens oder unverzüglich danach, eine Bescheinigung über das Scheitern eines außergerichtlichen Einigungsversuchs sowie den abgelehnten Schuldenbereinigungsplan vorzulegen. **946**

Dadurch wird zwar das gesetzgeberische Ziel, die Insolvenzgerichte zu entlasten verwirklicht, allerdings nicht in der vom Gesetzgeber intendierten Weise, dass vorher eine Einigung erfolgt, sondern, dass die in Verbraucherinsolvenzverfahren mühsame Aufbereitung der schuldnerischen Unterlagen bereits bei den Schuldnerberatungsstellen oder Anwälten erfolgt. **947**

Beispiel 238

Schuldenbereinigungsplan

Der Arbeiter Ralf J. sucht RA L. unter Vorlage eines Beratungshilfescheines auf und fragt, was er wegen seiner Schulden tun könne. Er hat eine grosse Plastiktüte bei sich, in der sich z.T. noch ungeöffnete Mahnungen, Gerichtsvollzieher- und Gläubigerschreiben befinden. Ralf J. ist nicht in der Lage die Unterlagen dergestalt aufzubereiten, dass alle gegen ihn gerichteten Forderungen ersichtlich sind. Anwalt L. beauftragt daher seine Rechtsanwaltsgehilfin Ute Z. mit der Erstellung einer Forderungsaufstellung auf Basis der vorgelegten Unterlagen. Anschließend werden alle insgesamt 37 Gläubiger angeschrieben und zur Übersendung einer aktualisierten Forderungsaufstellung aufgefordert (Portokosten allein 20 € zzgl. Lohn- und Materialkosten für RA L.). Unter Zugrundelegung eines pfändbaren Einkommens von 252 € monatlich und Gesamtverbindlichkeiten in Höhe von 40.000 € erstellt RA L. anschließend einen außergerichtlichen Schuldenbereinigungsplan (Portokosten wiederum 20 €). Wie zu erwarten war, stimmen 2 Gläubiger dem Plan nicht zu.

Zwar erhält der Rechtsanwalt, der einen Schuldner im Verfahren über den Insolvenzeröffnungsantrag und über den Schuldenbereinigungsplan vertritt, nach § 132 Abs. 4 BRAGO im Wege der Beratungshilfe eine Gebühr von 224 €, die sich bei mehr als 5, mehr als 10 und mehr als 15 Gläubigern um jeweils 112 € erhöht, d.h. maximal 560 € beträgt. Es muss nicht besonders betont werden, dass die Durchführung derartiger Verfahren für den RA eher eine wissenschaftliche als eine praktische Herausforderung darstellt und die Wirtschaftlichkeit eines solchen Mandats regelmäßig ausscheidet.

948 Persönlich haftende Unternehmer müssen demgegenüber die folgenden Verfahrensstufen absolvieren, um in eine Restschuldbefreiung zu gelangen:

- Durchführung des allgemeinen Insolvenzverfahrens
- gesetzliches Restschuldbefreiungsverfahren.

Beispiel 239

Restschuldbefreiung

Nachdem bereits über das Vermögen der T-GmbH das Insolvenzverfahren eröffnet wurde, kommt es einige Monate später auch zur Eröffnung des Insolvenzverfahren über das Vermögen des persönlich haftenden Gesellschafters Kunibert T.

949 Ausgangspunkt der Überlegungen ist daher eine Abgrenzung zwischen Nichtverbrauchern und Verbrauchern.

1. Abgrenzung des Verbrauchers vom Nichtverbraucher

950 Das Gesetz spricht in der Überschrift des Neunten Teils der InsO zunächst von Verbrauchern und definiert diese im Text des § 304 InsO als natürliche Personen, die keine oder nur eine geringfügige selbstständige wirtschaftliche Tätigkeit ausüben.

951 Geringfügig ist eine selbstständige wirtschaftliche Tätigkeit nach § 304 Abs. 1 Satz 2 InsO dann, wenn die Vermögensverhältnisse des Schuld-

ners überschaubar sind und gegen ihn keine Forderungen aus Arbeitsverhältnissen bestehen. Überschaubar sind die Vermögensverhältnisse nach § 304 Abs. 2 InsO nur dann, wenn der Schuldner zum Zeitpunkt der Insolvenzantragstellung weniger als 20 Gläubiger hat.[399] Durch diese Regelung sollen noch werbend tätige und ehemalige Kleingewerbetreibende dem Regelinsolvenzverfahren zugewiesen werden, sofern sie nicht ausnahmsweise einem Verbraucher gleichzusetzen sind.

Demgegenüber sind Schuldner, die keine selbstständige Tätigkeit ausüben oder ausgeübt haben, unabhängig von der Anzahl der Gläubiger immer Verbraucher in Sinne des § 304 Inso. 952

Beispiel 240

> Der nebenberuflich tätige Immobilienmakler Gundolf H. reicht einen Verbraucherinsolvenzantrag ein, aus dem sich ergibt, dass er gegenüber 15 Gläubigern Verbindlichkeiten hat. Die einzige stundenweise beschäftigte Arbeitnehmerin Susanne S. macht keine Ansprüche geltend, da sie seinerzeit den Nettolohn von H. erhalten hatte. Da H. den Gesamtsozialversicherungsbeitrag und die Lohnsteuer für S. nicht abgeführt hat, bestehen Forderungen auf Seiten der einziehenden Krankenkasse und des Finanzamtes.
>
> Der Terminus „Verbindlichkeiten aus Arbeitnehmerforderungen" ist nach dem Sinn und Zweck der Regelung weit zu verstehen, so dass nicht nur dieForderungen der Arbeitnehmer selbst, sondern auch beispielsweise die nach § 187 III SGB auf die BA übergegangenen Lohn- und Gehaltsansprüche, sowie Ansprüche des Finanzamtes auf Zahlung rückständiger Lohnsteuer und die Ansprüche auf Zahlung der Gesamtsozialversicherungsbeiträge hierunter fallen. H. muss daher ein Regelinsolvenzverfahren durchlaufen, da er nicht Verbraucher im Sinne des § 304 InsO ist.

Natürliche Personen, die nicht unter den Begriff des Verbrauchers fallen, können ohne den vorherigen Versuch eines außergerichtlichen Schuldenbereinigungsverfahrens und eines gerichtlichen Schuldenbereinigungsplans das Restschuldbefreiungsverfahren beantragen. Dabei kann es sich um Einzelunternehmer, die ein Kaufmannsgewerbe betreiben, und um persönlich haftende Gesellschafter einer OHG oder KG bzw. KGaA handeln. 953–954

Beispiel 241

Keine Verbraucherinsolvenz

> Diplomkaufmann Horst S. stellt, nachdem über das Vermögen der von ihm und seiner Ehefrau als Gesellschafter beherrschten S-GmbH bereits 1997 das Insolvenzverfahren mit mehreren Millionen Verbindlichkeiten und tausenden von Gläubigern eröffnet wurde, einen Verbraucherinsol-

399 Neuregelung durch das InsO-ÄnderungsG; zur bisherigen Definition des Verbrauchers, vgl. die erste Aufl dieses Werkes.

venzantrag und reicht zeitgleich einen Schuldenbereinigungsplan ein. S., der seit zwei Jahren nicht mehr kaufmännisch tätig war, haftet persönlich gegenüber mehreren hundert Gläubigern auf eine Gesamtsumme von 18 Mio. €. Aus § 304 InsO ergibt sich, dass vorliegend trotz der Einstellung der kaufmännischen Tätigkeit des S. das Verbraucherinsolvenzverfahren nicht einschlägig ist, weil die Vermögensverhältnisse nicht überschaubar sind. Das Insolvenzgericht wird daher keine gerichtliche Schuldenbereinigung durchführen, sondern – eventuell nach Anordnung von Sicherungsmaßnahmen – über den Insolvenzantrag entscheiden.

2. Form des Plans

955 Der **Schuldenbereinigungsplan** ist vom Schuldner **schriftlich** niederzulegen und den Gläubigern zu übermitteln.

956 Aus Sinn und Zweck der Regelung ergibt sich, dass der Plan bestimmten Mindestanforderungen genügen muss, ohne die ein Gläubiger die Entscheidung über eine Zustimmungserteilung nicht treffen kann.

957 Erforderlich sind danach

- ein Vermögensverzeichnis des Schuldners, das auch über das Einkommen Aufschluss gibt,
- ein Gläubigerverzeichnis, in dem die gegen den Schuldner gerichteten Forderungen nach Art und Höhe enthalten sind bzw. die Angabe der Gesamtverbindlichkeiten,
- die Maßnahmen, die der Schuldner zur einvernehmlichen Bereinigung der Insolvenz beabsichtigt,
- die Auswirkungen des Schuldenbereinigungsplanes auf die Sicherheiten der Gläubiger.

a) Vermögensverzeichnis

958 Das von dem Schuldner erstellte Vermögensverzeichnis sollte sich an den für die Abnahme der Eidesstattlichen Versicherung nach § 807 ZPO verwendeten Formularen orientieren. Sofern der Schuldner in der letzten Zeit vor der Vorlage des Schuldenbereinigungsplanes bereits eine Eidesstattliche Versicherung abgegeben hat, kann er dem Schuldenbereinigungsplan eine Kopie der Niederschrift mit den erforderlichen Änderungen beifügen.

In dem Vermögensverzeichnis müssen Angaben über das schuldnerische Vermögen (z.B. Bargeld, Wertpapiere, Einrichtungsgegenstände, Fahrzeuge etc.) und die Einkommensverhältnisse enthalten sein. Hierbei muss der Schuldner sein genaues Arbeitsentgelt (Brutto, Netto, Zulagen) benennen sowie etwaige Rentenversorgungsbezüge etc. 959

b) Gläubigerverzeichnis

Soweit ein Gläubigerverzeichnis vorgelegt wird, hat es Angaben über Namen und Adressen der Gläubiger und die von ihnen geltend gemachten Forderungen nach Art, Höhe, Schuldgrund, Zinssatz und Sicherheiten zu enthalten. 960

Streitige Forderungen hat der Schuldner mit dem vollen Betrag anzusetzen, den der Gegner fordert. 961

c) Mitwirkung einer geeigneten Stelle

Der außergerichtliche Schuldenbereinigungsplan muss unter Mitwirkung einer sog. geeigneten Stelle (§ 305 Abs. 1 Nr. 1 InsO) zustande kommen. Dadurch soll gewährleistet werden, dass die außergerichtliche Schuldenbereinigung tatsächlich ernsthaft betrieben wird. Als geeignete Stellen kommen in erster Linie Schuldnerberatungsstellen, aber auch Rechtsanwälte in Betracht. 962

Wer als „geeignete Person oder Stelle" in Betracht kommt, bestimmt das Landesrecht.[400] Dadurch soll u.a. gewährleistet werden, dass keine Gefälligkeitsbescheinigungen ausgestellt werden[401] Zum anderen muss sichergestellt werden, dass nur hinreichend qualifizierte Personen eingeschaltet werden. Solange das Landesrecht keine Bestimmung getroffen hat, müssen die Gerichte im Einzelfall prüfen, ob derjenige, der das Scheitern des 963

400 S. hierzu u.a.: Baden-Württembergisches Gesetz zur Ausführung der Insolvenzordnung (GBl. Nr. 13 S. 436), Bayerisches Gesetz zur Ausführung des Verbraucherinsolvenzverfahrens nach der Insolvenzordnung (AGInsO; GBl. Nr. 14. S. 414), Hamburgisches Ausführungsgesetz zur Insolvenzordnung (HmbAGInsO; GVBl. Nr. 22 S. 105), Hessisches Gesetz zur Ausführung der Insolvenzordnung und zur Anpassung des Landesrechts an die Insolvenzordnung (GVBl. Nr. 8 S. 191), Nordrhein-Westfälisches Gesetz zur Ausführung der Insolvenzordnung (AGInsO), Gesetz des Landes Rheinland-Pfalz zur Ausführung der Insolvenzordnung (AGInsO; GVBl. 216).

401 S.o. Gesetzesmaterialien Rn. 3.

Schuldenbereinigungsversuchs bestätigt, als dafür geeignet anzuerkennen ist. In erster Linie ist dabei an Rechtsanwälte, Steuerberater oder Wirtschaftsprüfer zu denken, in Betracht kommen aber auch Schuldnerberatungsstellen[402], Sozialämter und Gütestellen i.S.v. § 794 Abs. 1 Nr. 1 ZPO.[403] Wichtig ist, dass die außergerichtliche Schuldenbereinigung von einer unabhängigen und uneigennützig handelnden Stelle versucht wird.[404] Das Risiko, dass der Schuldner eine ungeeignete Stelle auswählt, geht zu seinen Lasten.

Beispiel 242

Außergerichtliche Schuldenbereinigung

Der Kleingewerbetreibende Olaf C. sucht RAin Tamara Z. auf und bittet sie um Hilfe bei der Bereinigung seiner Schulden. Bei Zusammenrechnung aller Vermögenswerte des C. kann eine (unpfändbare) Masse von 10.000,00 € zugrunde gelegt werden. Dem stehen Schulden in Höhe von 125.000,00 € gegenüber. Z. wird wie folgt tätig:

Analyse der persönlichen und wirtschaftlichen Situation des C

die Ermittlung der Gesamtverbindlichkeiten durch Beschaffung abhanden gekommener Titel, die Erstellung von Forderungsaufstellungen, Ermittlung der Verteilungsmasse, Schriftwechsel oder Besprechungen mit den Gläubigern

Aufstellung des Schuldenbereinigungsplanes einschließlich der dazugehörigen Verzeichnisse

Änderung und Aktualisierung des Schuldenbereinigungsplans

- Einholung der Zustimmung der Gläubiger zum Plan
- Mitteilung an den Schuldner

Olaf C. überreicht Tamara Z. zur Abdeckung ihrer Gebühren einen Beratungshilfeschein. Welche Anwaltsgebühren kann Z. abrechnen wenn der Schuldenbereinigungsplan scheitert?

Olaf C. kann, da es sich bei dem Schuldenbereinigungsversuch um einen zivilrechtlichen Vergleich handelt, Beratungshilfe nach dem Gesetz über Rechtsberatung und Vertretung für Bürger mit geringem Einkommen (Beratungshilfegesetz) in Anspruch nehmen. Die Beratungshilfe wird in zivilrechtlichen Angelegenheiten gewährt, wenn der Rechtssuchende die erforderlichen Mittel nach seinen persönlichen und wirtschaftlichen Verhältnissen nicht aufbringen kann, keine anderen zumutbaren Hilfsmöglichkeiten zur Verfügung stehen und die Wahrnehmung seiner Rechte nicht mutwillig ist (§ 1 Beratungshilfegesetz). Diese Voraussetzungen sind bei der außergerichtlichen Schuldenbereinigung regelmäßig gegeben, da es sich hierbei um ein gesetzlich vorgesehenes Verfahren handelt.

402 *Schuhmacher* ZEuP 1995, 576, 580; *Beule* ZInsO 1998, 200.
403 *Forsblad* Restschuldbefreiung, S. 199 f.
404 *Forsblad* Restschuldbefreiung, S. 201.

Die Gebühren für die Beratungshilfe sind in § 132 BRAGO geregelt. Hiernach fallen folgende Gebühren an[405]:

Schriftlicher Rat oder Auskunft,	
§ 132 Abs.1 i.V.m. 4 BRAGO: 2 x 23 €	46 €
Tätigkeit i.S.d. § 118 BRAGO gemäß	
§ 132 Abs. 2 i.V.m. Abs. 4 BRAGO: 2 x 56 €	112 €
wenn die Tätigkeit zu einem Vergleich (Schuldenbereinigungsplan) führt,	
§§ 132 Abs. 3 i.V.m. Abs. 4 BRAGO: 2 x 102 €	204 €
Porto, Auslagen, pauschal	
§ 26 BRAGO	20 €
Summe:	**382,00 €**
zzgl. 16 % MwSt.	**443,12 €**

d) Schuldenbereinigungsvorschlag

964 Hinsichtlich der inhaltlichen Gestaltungsmöglichkeiten hat der Gesetzgeber keine besonderen Anforderungen an den Plan normiert. Die Ausgestaltung des Schuldenbereinigungsplanes obliegt daher in erster Linie der Parteiautonomie.

Beispiel 243
Schuldenbereinigungsvorschlag

Gerd F. bietet seinen Schuldnern eine monatliche Quote von 5 % auf ihre Forderungen auf die Dauer von 8 Jahren an; zusätzlich erklärt sich seine Schwester bereit, einmalig eine Summe von 2.500,00 € zur Verfügung zu stellen; damit erhalten die Gläubiger mehr, als sie im Fall eines Verbraucherinsolvenzverfahrens erhalten hätten.

Derartige Regelungen, wonach sich Dritte, z.B. Verwandte des Schuldners bereit erklären, eine gewisse Summe an die Gläubiger auszubezahlen, wenn der Schuldner dadurch von den übrigen Verpflichtungen freigestellt wird, dürften in der Regel gute Erfolgsaussichten haben, da für die Gläubiger eine schnelle Befriedigung wesentlich interessanter ist, als kostenträchtige und aussichtslose Pfändungsversuche.

965 Der Schuldenbereinigungsplan kann z.B. Regelungen über Ratenzahlungen, Stundungen, Zinsverzichte, Zinssenkungen etc. enthalten. Der Schuldner kann auch einen Vorschlag auf Basis der Restschuldbefreiung unter-

405 Vgl. zum Insolvenzgebührenrecht die informativen Aufsätze von *Enders* JurBüro 1999, 113 (Teil I), S. 169 (Teil II) und S. 225 (Teil III).

breiten, indem er sich verpflichtet, seine Lohn- und Gehaltsbezüge für die Dauer von 6 Jahren abzutreten.

966 Allerdings wird er in diesem Fall damit rechnen müssen, dass Gläubiger, die bereits Lohn- oder Gehaltspfändungen ausgebracht haben, mit dem Plan nicht einverstanden sein werden, da ihnen daran gelegen ist, die pfändbaren Beträge so lang wie möglich allein zu vereinnahmen. Da die Pfändungen aber auch mit Ablauf von 2 Jahren nach einer Verfahrenseröffnung gem. § 114 Abs. 1 InsO unwirksam werden, wird es ihr Bestreben sein, den Beginn der 2-Jahresfrist möglichst weit hinauszuschieben.

967 Der Schuldner kann darüber hinaus versuchen, einen sogenannten Null-Plan durchzusetzen. Ein derartiger Plan kommt in Betracht, sofern der Schuldner innerhalb der 6-jährigen Restschuldbefreiungsfrist kein über die Pfändungsgrenzen hinausgehendes Einkommen zu erwarten hat.

Beispiel 244

Null-Plan

> Der Langzeitarbeitslose Michael Q. versucht die Gläubiger zu einem Forderungsverzicht zu bewegen. Da das Gesetz an den Schuldenbereinigungsplan keine inhaltlichen Anforderungen stellt, sondern jedwede Vereinbarungen der Parteien zulässt, ist auch ein Null-Plan unter den o.g. Voraussetzungen als zulässig anzusehen.

968 Eine weitere inhaltliche Gestaltungsmöglichkeit kann darin liegen, dass der Schuldner sich zu überobligatorischen Leistungen im Gegenzug mit einer Verkürzung der 7-jährigen Wohlverhaltenspflicht einverstanden erklärt.

Beispiel 245

Verfallklausel

> Schuldner Özmir T. erklärt sich bereit, den Gläubigern Teile seines nichtpfändbaren Arbeitsentgelts zu überlassen. In einem solchen Fall ist es für die Gläubiger ratsam, eine Verfallklausel in den Schuldenbereinigungsplan mit aufzunehmen, da ein vorweggenommener Verzicht auf den Pfändungsschutz nicht möglich ist, und die Gläubiger anderenfalls Gefahr laufen, aus dem Plan nicht vollstrecken zu können.

969 Vereinbart werden kann auch eine Stundung der Forderungen, die jedoch dem Schuldner relativ wenig Vorteile bringt, da er weiterhin verpflichtet bleibt, seine Verbindlichkeiten voll zu erfüllen, ohne auf die Regelungen der Restschuldbefreiung zurückgreifen zu können.

3. Verfahren

Der Schuldner, bzw. sein anwaltlicher Vertreter muss den Schuldenbereinigungsplan an die Gläubiger übermitteln und um Antwort innerhalb einer von ihm zu bestimmenden angemessenen Frist ersuchen. Zumutbar dürfte in der Regel eine Monatsfrist sein. Sofern sich der Gläubiger nicht äußert, wird es dem Schuldner zumutbar sein, zum Nachweis der Ernsthaftigkeit seines Schuldenbereinigungsversuches nochmals um Antwort zu ersuchen. 970

TIPP

In der Praxis hat es sich in vielen Fällen als sinnvoll erwiesen, zunächst die Gläubiger anzuschreiben und die Übersendung einer aktualisierten Forderungsübersicht anzufordern, da es häufig nicht möglich ist, die Forderungshöhe anhand der vorliegenden – häufig unvollständigen Unterlagen zu ermitteln. Die Gläubiger sind auf Anforderung des Schuldners verpflichtet, auf ihre Kosten dem Schuldner zur Vorbereitung des Forderungsverzeichnisses eine schriftliche Aufstellung ihrer Forderungen und deren Aufgliederung in Hauptforderung, Zinsen und Kosten zu erteilen, sofern die Forderung des Schuldners einen Hinweis auf einen bereits eingereichten oder in Zukunft beabsichtigten Eröffnungsantrag enthält (§ 305 Abs. 2 InsO). Die Bestimmung des § 305 InsO steht zwar im Zusammenhang mit dem gerichtlichen Schuldenbereinigungsverfahren, allerdings kann sie auf die vergleichbare Situation der außergerichtlichen Einigung entsprechend angewandt werden.

Diese Vorgehensweise erspart die Nachbesserung des Schuldenbereinigungsplans, da ansonsten häufig einzelne Gläubiger einwenden werden, dass die im Schuldenbereinigungsplan ermittelte Quote nicht korrekt sei.

Während des Schuldenbereinigungsversuches sind die Gläubiger nicht daran gehindert, Zwangsvollstreckungsmaßnahmen gegen den Schuldner auszubringen, da Zwangsvollstreckungsmaßnahmen frühestens nach dem Insolvenzeröffnungsantrag untersagt oder einstweilig eingestellt werden können (§ 21 Abs. 1 Nr. 3 InsO). Allerdings gilt in diesem Fall das außergerichtliche Schuldenbereinigungsverfahren als gescheitert. 971

Zinsen, die während der Verhandlungsperiode anfallen, sind ebenfalls unbeschränkt in einem späteren Verfahren geltend zu machen, da § 39 InsO nur die Zinsen für die Zeit nach der Eröffnung eines Insolvenzverfahrens als nachrangig einstuft. 972

Beispiel 246

Verhandlungsperiode

Schuldner Ingo P. hat seinen Gläubigern einen außergerichtlichen Schuldenbereinigungsplan zugesandt. Bevor alle Antworten eingegangen sind, stellt die Gläubigerin A-OHG ihrerseits einen Insolvenzantrag. Ist der Antrag zulässig?

Während des Versuches einer außergerichtlichen Einigung sind die Gläubiger weder an Vollstreckungsmaßnahmen, noch an der Stellung eines Insolvenzantrages gehindert, da das Gesetz für diesem Fall ein außergerichtliches Schuldenbereinigungsverfahren nicht voraussetzt. Der Antrag ist daher zulässig[406]. Dem Schuldner ist aber vor der Entscheidung über die Eröffnung des Insolvenzverfahrens Gelegenheit zu geben, einen Insolvenzantrag zu stellen. Ingo P. kann in diesem Fall seinerseits einen Insolvenzantrag stellen, mit der Folge, dass das Gericht das Verfahren über den Antrag auf Eröffnung des Insolvenzverfahren bis zur Dauer von maximal 3 Monaten aussetzen kann. Allerdings ist er in diesem Fall nicht verpflichtet, zunächst das außergerichtliche Schuldenbereinigungsverfahren durchzuführen. Er kann vielmehr direkt zum gerichtlichen Schuldenbereinigungsplan übergehen.

4. Das Zustandekommen des außergerichtlichen Schuldenbereinigungsplans

973 Sofern sämtliche Gläubiger dem vom Schuldner vorgeschlagenen Plan zustimmen, ist ein Insolvenzverfahren überflüssig. Anders als im Insolvenzplanverfahren oder im gerichtlichen Schuldenbereinigungsverfahren kann die Ablehnung eines Gläubigers nicht durch einen Mehrheitsentscheid ersetzt werden, selbst wenn der Gläubiger keinen sachlichen Grund zur Ablehnung des Planes hat.

Beispiel 247

Zustandekommen des Schuldenbereinigungsplans

Von 20 Gläubigern stimmen 19 zu. Bei dem ablehnenden Gläubiger handelt es sich um den Exmann der Schuldnerin, der aus persönlichen Gründen zu keiner Einigung bereit ist. Dieser eine Gläubiger kann das Zustandekommen des Schuldenbereinigungsplans verhindern.

974 Der Schuldenbereinigungsplan hat die Wirkung eines außergerichtlichen Vergleichs i.S.d. § 779 Abs. 2 BGB. Da er selbst keinen Vollstreckungstitel darstellt, muss die Vollstreckbarkeit ggf. durch die notarielle Beurkundung als sogenannte Unterwerfungserklärung (§ 794 Abs. 1 Nr. ZPO) hergestellt werden. Dies ist jedoch nur dann möglich, wenn der Schuldenbereinigungsplan seinem Inhalt nach der Vollstreckung zugänglich ist, d.h. wenn sich der Schuldner zur Zahlung einer bestimmten Geldsumme verpflichtet.

406 Vgl. § 306 Abs. 3 InsO.

5. Das Scheitern des außergerichtlichen Schuldenbereinigungsversuchs

Sofern die Gläubiger den Schuldenbereinigungsplan ablehnen, kann der Schuldner nunmehr in das gerichtliche Schuldenbereinigungsverfahren übergehen. Er ist jedoch auch berechtigt, nochmals im Wege des außergerichtlichen Einigungsversuches nachzubessern, z.B. indem er die Regelungen des Schuldenbereinigungsplanes ändert. 975

Das Schweigen des Gläubigers gilt nicht als Zustimmung zum Schuldenbereinigungsplan, sondern hat die Wirkung einer Ablehnung. 976

IV. Gerichtliches Schuldenbereinigungsverfahren

Sofern die außergerichtliche Schuldenbereinigung gescheitert ist, kann der Schuldner nunmehr in der zweiten Verfahrensstufe eine gerichtliche Schuldenbereinigung auf der Grundlage eines Schuldenbereinigungsplanes versuchen. Im Gegensatz zum außergerichtlichen Schuldenbereinigungsverfahren ist hierbei nicht mehr die Zustimmung sämtlicher Gläubiger erforderlich. 977

Von einem gerichtlichen Schuldenbereinigungsverfahren kann nach der Neuregelung des § 306 InsO abgesehen werden, wenn das Scheitern des Schuldenbereinigungsplans ersichtlich ist. Die Entscheidung, ob eine gerichtliche Schuldenbereinigung versucht werden soll, obliegt dem Insolvenzrichter nach pflichtgemäßem Ermessen. Damit er Anhaltspunkte für die Erfolgsaussichten des gerichtlichen Schuldenbereinigungsversuchs hat, muss der Schuldner bei Insolvenzantragstellung den gescheiterten Plan beifügen und die Gründe für sein Scheitern darlegen (§ 305 Abs. 1 Nr. 1 InsO). 977a

1. Antrag

Das gerichtliche Schuldenbereinigungsverfahren wird durch einen Antrag des Schuldners, in dem er gleichzeitig die Eröffnung des Insolvenzverfahrens für den Fall des Scheiterns des Schuldenbereinigungsplanes beantragt, eingeleitet (§ 305 InsO). 978

Beispiel 248

Stundung der Verfahrenskosten

Joachim Z. ist als Packer am Fließband tätig. Er hat das Schuldenbereinigungsverfahren bereits mit Hilfe eines Anwaltes durchgeführt. Mit dem Antragsformular des Insolvenzgerichts ist er überfordert. Er sucht daher erneut den RA auf und bittet diesen um Hilfe. Zur Zahlung der Rechtsanwalts- und Gerichtskosten ist er nicht in der Lage. Kann er hierfür Beratungshilfe in Anspruch nehmen?

Sofern der Schuldner nicht selbst in der Lage ist, die einzelnen Anträge in gesetzlich korrekter Form zu stellen, hat er die Möglichkeit fachkundige Beratung durch Anwälte oder Schuldnerberatungsstellen in Anspruch zu nehmen. Die hierdurch anfallenden Kosten fallen nicht mehr unter das Beratungshilfegesetz.

Dies hatte nach In-Kraft-Treten der InsO zur Folge, dass sich binnen kurzer Zeit ein nahezu uferloser Streit um die Problematik entfachte, ob dem Schuldner Prozesskostenhilfe für das gerichtliche Schuldenbereinigungsverfahren bzw. das nachfolgende Restschuldbefreiungsverfahren zu gewähren ist.[407] Der unbefriedigende Zustand der Rechtsunsicherheit, der dadurch entstanden war, dass die Gerichte teilweise Prozesskostenhilfe gewährten und zum Teil versagten, führte zur Einführung der §§ 4a – 4d InsO. Die allgemeine Gewährung von Prozesskostenhilfe nach §§ 114 ff. ZPO erschien für die Justizhaushalte der Länder zu aufwändig. Es wurde aus diesem Grund die – vermeintlich weniger belastende Variante – einer Stundung der Kosten bis zur Restschuldbefreiung gewählt. Dies bedeutet, dass die Kosten bis zur Restschuldbefreiung gestundet werden, wenn mit dem vorhandenen Vermögen die Verfahrenskosten nicht gedeckt werden können. Es besteht die Hoffnung, dass über den Neuerwerb die gestundeten Kosten bezahlt werden können. Das Stundungsmodell soll gegenüber einer antsprechenden Anwendung der §§ 114 ff. ZPO im Insolvenzverfahren erhebliche Vorteile bieten, weil die Verfahrenskosten nicht entgültig von der Staatskasse übernommen werden, sondern die Fälligkeit der Kostenansprüche lediglich hinausgeschoben wird. Nach einer wirtschaftlichen Erholung hat der Schuldner die Verfahrenskosten selbst zu tragen. Diese Kosten sind deshalb in der sog. Wohlverhaltensphase vorab vom Treuhänder zu berichtigen, bevor Leistungen an die Insolvenzgläubiger erbracht werden können.

Z. wird daher den Antrag stellen, ihm die Verfahrenskosten zu stunden, sowie einen Rechtsanwalt beizuordnen.

979, 980 Der Antrag des Schuldners muss zunächst den allgemeinen Anforderungen an einen Insolvenzantrag (§ 13 ff. InsO; s.o. Rn. 260 ff.) genügen, der Schuldner muss also einen Insolvenzgrund, nämlich die drohende oder eingetretene Zahlungsunfähigkeit (§§ 17, 18 InsO) darlegen. Aus dem

407 Vgl. zu der Flut von Entscheidungen die 1. Aufl. mit zahlreichen Nachweisen.

Antrag müssen darüber hinaus die persönlichen Angaben des Schuldners hervorgehen, z.B. Name und Wohnort.

Dem Antrag beizufügen ist die Bescheinigung einer sogenannten geeigneten Stelle[408] über das Scheitern einer außergerichtlichen Schuldenbereinigung auf der Basis eines Schuldenbereinigungsplanes innerhalb der letzten 6 Monate vor dem Eröffnungsantrag (§ 305 Abs. 1 Nr. 1 InsO). Hierdurch soll gewährleistet werden, dass der Schuldner eine außergerichtliche Schuldenbereinigung tatsächlich ernsthaft versucht hat. Beizufügen ist auch der außergerichtliche Schuldenbereinigungsplan. Die wesentlichen Gründe für sein Scheitern sind dazulegen, damit das Gericht die Erfolgsaussichten eines gerichtlichen Schuldenbereinigungsversuchs abschätzen kann. **981**

Beispiel 249

Kein ernsthafter Einigungsversuch

Kein ernsthafter Einigungsversuch soll nach dem BayObLG (vom 28.07. 1999 – 4 Z BR 1/99) vorliegen, wenn der vom Schuldner beauftragte RA die Gläubiger dergestalt angeschrieben hat, dass diese gebeten werden, auf ihre Forderung durch Ankreuzen auf einem Formular zu verzichten und diese Erklärung umgehend an den Schuldner zurückzusenden.

Dem Eröffnungsantrag des Schuldners ist darüber hinaus beizufügen: **981a**

- der Restschuldbefreiungsantrag bzw. die Erklärung, dass Restschuldbefreiung nicht beantragt werden soll (§ 305 Abs. 1 Nr. 2 InsO).
- ein Vermögens- und Schuldenverzeichnis (§ 305 Abs. 1 Nr. 3 InsO). In dem Schuldenverzeichnis kann auch auf beigefügte Forderungsaufstellungen der Gläubiger Bezug genommen werden.
- der Schuldenbereinigungsplan (§ 305 Abs. 1 Nr. 4 InsO).

Inzwischen liegen amtliche Antragsvordrucke für das Verbraucherinsolvenzverfahren sowie das Restschuldbefreiungsverfahren vor.[409] **982**

Der gerichtliche Schuldenbereinigungsplan kann nach § 305 InsO alle Regelungen enthalten, die unter Berücksichtigung der Gläubigerinteressen sowie der Vermögens-, Einkommens- und Familienverhältnisse des Schuldners geeignet sind, zu einer angemessenen Schuldenbereinigung zu führen. **983**

In dem Schuldenbereinigungsplan muss der Schuldner angeben, ob und inwieweit Bürgschaften, Pfandrechte und andere Sicherheiten der Gläubiger vom Plan berührt werden. **984**

408 Zum Begriff s.o. Rn. 962 ff.
409 Vgl. unten S. 319 ff.

985 Derartige Angaben sind notwendig, um die beteiligten Gläubiger über die Wirkung des Schuldenbereinigungsplanes zu informieren. So erlöschen z.B. akzessorische Sicherungen (wie Bürgschaften, Pfandrechte) kraft Gesetzes, Hypotheken werden zu Eigentümergrundschulden, während bei abstrakten Sicherheiten der Sicherungsgeber u.U. einen Freigabeanspruch erwirbt.

2. Die Stundung der Verfahrenskosten (§§ 4a – 4d InsO)

a) Stundungsvoraussetzungen

985a Die Stundung der Kosten des Insolvenzverfahrens bewirkt einen zinsfreien Zahlungsaufschub bezüglich der fälligen Verfahrenkosten. Stundung bedeutet damit das Hinausschieben der Fälligkeit der Forderung bei bestehen bleibender Erfüllbarkeit. Die Stundung der Verfahrenskosten erfolgt konkludent bis zur Besserung der Vermögensverhältnisse des Schuldners, längstens bis nach der Gewährung der Restschuldbefreiung, sodass der Schuldner unaufgefordert zahlen muss, wenn er zur Leistung im Stande ist.[410]

985b Für die Stundung der Gerichtskosten gelten die gleichen Grundsätze wie für den Erlass der Gerichtskosten.

Die Gebührenbefreiungsgesetze der Länder sehen den Erlass von Gerichtskosten sowie der auf die Staatskasse übergegangenen Rechtsanwaltskosten für den Fall vor, dass

- die Einziehung für den Zahlungspflichtigen eine besondere Härte darstellt oder
- der Erlass der Kosten der Billigkeit entspricht.

985c Die Frage, ob die Einziehung der Verfahrenskosten eine besondere Härte darstellt, ist unter dem Gesichtspunkt des Verhältnismäßigkeitsprinzips zu untersuchen, nämlich danach, ob die Einziehung der Kosten einen schwerwiegenden Eingriff in die Rechte des Schuldners darstellt oder die Interessen des Kostengläubigers höher zu bewerten sind als die der Staatskasse, wobei zu beachten ist, dass der Gesetzgeber davon ausgeht, dass die Restschuldbefreiung für den Gläubiger nicht zum „Nulltarif" zu erlangen sein soll. Der Verhältnismäßigkeitsgrundsatz, der eine

410 Quelle: *Hess* InsO-ÄnderungsG Anhang 1; *RG* vom 22.01.1919 – Rep I 216/18 – RGZ 94, 290.

umfassende Interessenabwägung verlangt, hat eine enge Verbindung mit dem in Art. 1, 20 GG niedergelegten Sozialstaatsprinzip. Nimmt man das Sozialstaatsprinzip ernst, ergibt sich aus der Sozialstaatsentscheidung des GG (Art. 20, 28, 79 Abs. 3 GG) i.V.m. Art. 1 Abs. 1 GG eine aktuelle Staatspflicht auf Verschaffung, nicht nur auf Belassung mindestens des Existenzminimums und gewährt den Hilfsbedürftigen ein einklagbares subjektives öffentliches Recht auf Fürsorge.[410a]

Hat der Schuldner in der Wohlverhaltensphase keine Mittel erlangt, mit denen die Kosten bezahlt werden können, und bezieht er beispielsweise Sozialhilfe, wird die Einziehung der bisher gestundeten Gerichtskosten und der auf die Staatskasse übergegangenen Vergütung für den Insolvenzverwalter und Treuhänder, für den Schuldner eine besondere Härte darstellen, weil die Basis des Existenzminimums verringert wird. Besteht die Landesjustizkasse jedoch auf einer Bezahlung der entstandenen Kosten, wird der Schuldner wegen seines Anspruchs auf staatliche Fürsorge gegen den Sozialhilfeträger einen Anspruch auf Erstattung des Sonderaufwands, der sich aus der Bezahlung der Kosten des Insolvenzverfahrens ergibt, geltend machen können. **985d**

Damit die Stundung der Gerichtskosten tatsächlich nur dazu dient, dem Schuldner über die Restschuldbefreiung einen Neuanfang zu ermöglichen, kann die Stundung der Kosten nur gewährt werden, wenn der Schuldner einen Antrag auf Restschuldbefreiung gestellt hat. Der Antrag auf Stundung der Kosten soll, muss aber nicht mit dem Antrag auf Restschuldbefreiung gestellt werden (§ 287 InsO). Wird der Antrag auf Restschuldbefreiung gestellt, kann, wenn die Voraussetzungen vorliegen, der Stundungsantrag auch zu einem späteren Zeitpunkt gestellt werden. Wird der Stundungsantrag vor dem Restschuldbefreiungsantrag gestellt, ist der Antrag ebenfalls zu entscheiden. Vor der Abweisung des Antrages hat das AG auf die Stellung des Restschuldbefreiungsantrages hinzuwirken. **985e**

Die Stundung der Kosten wird in dem Umfang gewährt, wie das vorhandene Vermögen und das Neuvermögen des Schuldners nicht ausreicht, die Verfahrenskosten zu decken. **985f**

Da die Stundung der Kosten nur dann zu gewähren ist, wenn der Antrag auf Restschuldbefreiung Erfolg versprechend ist, hat der Schuldner eine Erklärung abzugeben, ob einer der Versagungsgründe des § 290 Abs. 1 Nr. 1 und 3 InsO vorliegt. Eine Stundung der Verfahrenskosten **985g**

410a *BVerwG* vom 24.06.1954 – Vc 78/54 – *NJW* 1954, 1541; *Dürig* in Maunz/Dürig, GG, Art. 1 Abs. 1 Rz. 44 m.w.N.

ist ausgeschlossen, wenn der Schuldner wegen einer Insolvenzstraftat nach §§ 283 – 283c StGB bestraft worden ist. Eine Bestrafung wegen Untreue (§ 266 StGB) oder Betrug (§ 263 StGB) rechtfertigt nicht, die Stundung der Verfahrenskosten zu versagen. Die Stundung der Kosten ist außerdem zu versagen, wenn dem Schuldner in den letzten 10 Jahren vor dem Antrag auf Eröffnung des Insolvenzverfahrens oder nach diesem Antrag ihm Restschuldbefreiung erteilt oder nach §§ 296, 297 InsO versagt worden ist (§ 290 Abs. 1 Nr. 3 InsO).

Obliegenheitsverletzungen des Schuldners rechtfertigen grundsätzlich nicht die Versagung der Kostenstundung, können aber nach § 4c InsO eine Aufhebung der Stundung begründen.

b) Verfahrenskosten

985h Die Stundung der Verfahrenskosten erfasst:

- die Gerichtskosten,
- die Auslagen des vorläufigen Insolvenzverfahrens,
- die Auslagen des gerichtlichen Schuldenbereinigungsplanverfahrens,
- die Vergütungsansprüche und Auslagen des vorläufigen Insolvenzverwalters,
- die Vergütungsansprüche und Auslagen des Insolvenzverwalters,
- die Vergütung und die Auslagen der evtl. eingesetzten Gläubigerausschussmitglieder,
- die Vergütung und die Auslagen des Treuhänders,
- die Vergütung und die Auslagen des Treuhänders im Restschuldbefreiungsverfahren. Nicht erfasst werden die Kosten des außergerichlichen Schuldenbereinigungsplans, da insoweit Beratungshilfe nach dem Beratungskostenhilfegesetz gewährt werden kann.[411]

985i Damit die Kosten gestundet werden können, wird dem vorläufigen Insolvenzverwalter, dem Insolvenzverwalter und dem Treuhänder hinsichtlich der Vergütungsansprüche und Auslagen ein Sekundäranspruch gegen die Staatskasse gewährt, wenn die Masse für die Begleichung der Kosten nicht ausreicht (§ 63 Abs. 2 InsO). Eine entsprechende Änderung erfolgt in der Anlage 1 zum GKG (Nr. 9017). Die Kosten können nach Ablauf des Stundungszeitraumes gegen den Schuldner geltend gemacht werden.

411 *Hess* in *Hess/Weis/Wienberg*, InsO, § 4 Rz. 90, § 305 Rz. 37 f. m.w.N.

c) Die Beiordnung eines Rechtsanwalts

Obwohl gerade im Verbraucherinsolvenzverfahren dem Gericht eine besondere Fürsorge gegenüber dem häufig rechtsunkundigen Schuldner obliegt, kann es im Einzelfall geboten sein, etwa aus Gründen der Waffengleichheit, dem Schuldner einen Rechtsanwalt beizuordnen. Da durch die Sonderregelung in den neuen §§ 4a ff. InsO eine Heranziehung der §§ 114 ff. ZPO ohne ausdrückliche Verweisung ausgeschlossen ist, musste in der InsO eine dem § 121 ZPO entsprechende Vorschrift geschaffen werden. Im Falle der Stundung kann somit dem Schuldner ein Anwalt beigeordnet werden, wenn – beispielsweise wegen der Schwierigkeit der Sach- und Rechtslage – eine Vertretung erforderlich erscheint.[412] Dass ein Gläubiger von einem Rechtsanwalt vertreten wird und der Rechtsanwalt eine Forderung angemeldet hat, reicht für die Beiordnung eines Rechtsanwalts nicht aus. **985j**

Hier kann die Rechtsprechung zur Beiordnung von Rechtsanwälten zum gerichtlichen Schuldenbereinigungsplan und zum Eröffnungsverfahren herangezogen werden.[413] **985k**

§ 4 Abs. 2 Satz 2 InsO gebietet in analoger Anwendung des § 121 Abs. 2 Satz 2 ZPO, dass ein beim Insolvenzgericht nicht zugelassener Rechtsanwalt nur beigeordnet werden kann, wenn dadurch keine weiteren Kosten entstehen.[414] **985l**

d) Stundungsfolgen

Die Stundung der Verfahrenskosten bewirkt, dass die Bundes- und Landeskasse die Kosten und Auslagen sowie die auf sie übergegangenen Ansprüche des beigeordneten Rechtsanwalts nur noch nach den Bestimmungen, die das Insolvenzgericht trifft, gegen den Schuldner geltend machen kann. Auch kann der beigeordnete Rechtsanwalt Ansprüche auf Vergütung nicht gegen den Schuldner geltend machen. **985m**

Nach § 4a Abs. 3 Satz 2 InsO erfolgt die Stundung für jeden Verfahrensabschnitt gesondert. Dies bedeutet, dass für jeden Verfahrensabschnitt **985n**

---

412 Begr. RegE zu § 4a Abs. 2 InsO.
413 S. eingehend mit einem Überblick über die ergangenen Entscheidungen *Hess* in *Hess/Weis/Wienberg*, InsO, § 305 Rz. 69.
414 Vgl. dazu ausführlich *Hess*, InsO-Änderungsgesetz § 4a Rz. 38 ff.

eine gesonderte Stundungsentscheidung des Gerichts ergeht. Im Regelinsolvenzverfahren für

- das Eröffnungsverfahren,
- das eröffnete Verfahren,
- die Ankündigung des Restschuldbefreiungsverfahrens,
- die Wohlverhaltensphase,
- die Restschuldbefreiung,

sodass die entstandenen Kosten im Regelfall bis zur Erteilung der Restschuldbefreiung nicht geltend gemacht werden können, wobei die Verpflichtung des Insolvenzverwalters/Treuhänders unberührt bleibt, aus eingehender Masse die Kosten zu begleichen.

985o Im Verbraucherinsolvenzverfahren bezieht sich die Verfahrenskostenstundung auf folgende Verfahrensabschnitte:

- das gerichtliche Schuldenbereinigungsverfahren,
- das Eröffnungsverfahren,
- das eröffnete Verbraucherinsolvenzverfahren,
- die Ankündigung des Restschuldbefreiungsverfahrens,
- die Wohlverhaltensphase,
- die Restschuldbefreiung.

985p Ist ein Antrag auf Stundung der Verfahrenskosten gestellt, treten einstweilig die Rechtsfolgen der Stundung bis zur Entscheidung des Gerichts ein, sodass von dem Schuldner keine Vorschüsse verlangt werden können.

e) Rückzahlung und Anpassung der gestundeten Beträge

985q Nach Erteilung der Restschuldbefreiung endet die Stundung der Kosten, sodass der Schuldner die gestundeten Beträge an die in § 120 Abs. 2 ZPO bezeichnete Staatskasse zu zahlen hat, sofern keine Ratenzahlungen bewilligt werden. Damit wird die auf die Insolvenzmasse beschränkte Nachhaftung des Schuldners aufgehoben.[415] Die grundlegende Zahlungsverpflichtung ergibt sich aus § 50 GKG, während § 4 GKG den Zahlungsgläubiger festlegt.

985r Die Erteilung der Restschuldbefreiung soll dem Schuldner einen wirtschaftlichen Neuanfang ermöglichen. Dieses Ziel würde jedoch verfehlt, wenn nach Ablauf der Stundung der Schuldner sich Kostenansprüchen ausgesetzt sehen würde, die seine wirtschaftliche Leistungsfähigkeit weit übersteigen. § 4b

---

415 *Ganter* in MK InsO, §§ 4a – d Rz. 15.

InsO stellt deshalb den Grundsatz auf, dass der Schuldner nach Ablauf der Wohlverhaltensperiode sein Einkommen und sein Vermögen zur Begleichung der gestundeten Beträge heranzuziehen hat, dass dabei jedoch die besonderen Bedürfnisse des Schuldners angemessen zu berücksichtigen sind. Ist der Schuldner nicht in der Lage, die noch ausstehenden Beträge durch eine Einmalzahlung zu begleichen, so wird die Stundung verlängert und es können angemessene Ratenzahlungen bewilligt werden.[416] § 4b Abs. 1 Satz 2 InsO verweist auf die analoge Anwendung von § 115 Abs. 1 und 2 sowie auf § 120 Abs. 2 ZPO, die ihrerseits auf die §§ 76, 76a, 79, 82, 88 BSHG verweisen.

f) Aufhebung der Stundung (§ 4c InsO)

Das Gericht kann die Stundung aufheben, wenn 985s

1. der Schuldner vorsätzlich oder grob fahrlässig unrichtige Angaben über Umstände gemacht hat, die für die Eröffnung des Insolvenzverfahrens oder die Stundung maßgebend sind, oder eine vom Gericht verlangte Erklärung über seine Verhältnisse nicht abgegeben hat;
2. die persönlichen oder wirtschaftlichen Voraussetzungen für die Stundung nicht vorgelegen haben; in diesem Fall ist die Aufhebung ausgeschlossen, wenn seit der Beendigung des Verfahrens vier Jahre vergangen sind;
3. der Schuldner länger als drei Monate mit der Zahlung einer Monatsrate oder mit der Zahlung eines sonstigen Betrages schuldhaft in Rückstand ist;
4. der Schuldner keine angemessene Erwerbstätigkeit ausübt und, wenn er ohne Beschäftigung ist, sich nicht um eine solche bemüht oder eine zumutbare Tätigkeit ablehnt; § 296 Abs. 2 Satz 2 und 3 InsO gilt entsprechend;
5. die Restschuldbefreiung versagt oder widerrufen wird.

Während § 4b Abs. 2 InsO bei grundsätzlich fortbestehender Stundung einer später eintretenden Veränderung der maßgebenden Verhältnisse Rechnung tragen will, soll § 4c InsO insbesondere eine Stundungsbewilligung beseitigen, die von Anfang an unrichtig war. Die Vorschrift orientiert sich an § 124 ZPO und stellt einen abschließenden Katalog der Aufhebungsgründe dar.[417] Durch die nachteilige Rechtsfolge soll der Schuldner zu ordnungsgemäßer Mitwirkung und Förderung des Verfahrens angehalten werden.[418] Die Aufhebung der Stundung kommt aber nur dann 985t

416 Begr. RegE zu § 4b.
417 *Ganter* in MK InsO, §§ 4a – d Rz. 17.
418 Begr. RegE zu § 4c.

infrage, wenn die unrichtigen Angaben oder die rechtsirrig angenommenen persönlichen oder wirtschaftlichen Verhältnisse für die gewährte Stundung ursächlich gewesen ist[419]. Hätte der Schuldner richtige Angaben gemacht oder wären die subjektiven Voraussetzungen richtig gewürdigt worden und hätte dann die Stundung ebenfalls gewährt werden müssen, findet eine Aufhebung der Stundung nicht statt[420].

985u Mit der Aufhebung der Stundung entfallen die Wirkungen des § 4a Abs. 3 InsO. Befindet sich das Verfahren noch im Eröffnungsstadium, so hat regelmäßig eine Abweisung mangels Masse gem. § 26 InsO zu erfolgen. Ist das Verfahren bereits eröffnet, so ist es nach § 207 InsO mangels Masse einzustellen.

Beispiel 250

Schuldenbereinigungsplan

Lucas T. hat in dem Schuldenbereinigungsplan u.a. eine Regelung vorgesehen, wonach der Sicherungsgläubiger J-Bank auf die Sicherungsabtretung seiner pfändbaren Lohnforderungen gegen Zahlung einer monatlichen Quote verzichtet, die insgesamt dem Wert der Abtretung für die Dauer von 3,5 Jahren entspricht. Damit würden 50 % der Gesamtforderung der Bank abgedeckt. Welche Überlegungen wird die J-Bank in diesem Zusammenhang anstellen?

Sofern der Schuldner seine Lohn- und Gehaltsansprüche bereits abgetreten hat, tritt die Besonderheit ein, dass ein Schuldenbereinigungsplan für die Gläubiger häufig uninteressant ist, da sich meistens keine anderen Befriedigungschancen bieten. Der Schuldner muss daher in dem Schuldenbereinigungsplan Regelungen vorsehen, die in das Recht des Zessionars eingreifen. Für die Zessionar J-Bank stellt sich in diesem Fall die Überlegung, ob sie dem Plan zustimmt, und in diesem Fall die übrigen Gläubiger an den Zessionserlösen teilhaben lässt, oder ob sie es riskiert, dass der Schuldner in das Insolvenzverfahren eintritt und damit die Vorausabtretungen drei Jahre nach der Verfahrenseröffnung ihre Wirksamkeit verlieren[421].

---

419 *OLG Oldenburg* vom 19.11.1992 – 5 W 106/92 – NJW 1994, 807.

420 *OLG Koblenz* vom 09.12.1998 – 1 W 815/98 – FamRZ 1999, 1144; **a.A.** *OLG Köln* vom 11.05.1987 – 14 WF 92/87 – FamRZ 1987, 1168.

421 Vgl. § 114 Abs. 1 InsO.

1	**Antrag auf Eröffnung des Insolvenzverfahrens (§ 305 InsO) des / der**	Vorname und Name Straße und Hausnummer Postleitzahl und Ort Telefon tagsüber Verfahrensbevollmächtigte(r)

2

An das Amtsgericht
– Insolvenzgericht –

in ______________________

3	**I. Eröffnungsantrag**	Ich stelle den **Antrag, über mein Vermögen das Insolvenzverfahren zu eröffnen**. Nach meinen Vermögens- und Einkommensverhältnissen bin ich nicht in der Lage, meine bestehenden Zahlungspflichten, die bereits fällig sind oder in absehbarer Zeit fällig werden, zu erfüllen.

4	**II. Restschuld-befreiungsantrag**	☐ Ich stelle den **Antrag auf Restschuldbefreiung** (§ 287 InsO).	☐ Restschuldbefreiung wird **nicht** beantragt.

5 **III. Anlagen**

	Personalbogen	(Anlage 1)	☒
	Bescheinigung über das Scheitern des außergerichtlichen Einigungsversuchs mit außergerichtlichem Plan	(Anlage 2)	☒
	Gründe für das Scheitern des außergerichtlichen Plans	(Anlage 2 A)	☒
	Abtretungserklärung nach § 287 Abs. 2 InsO	(Anlage 3)	☐
	Erklärung zur Abkürzung der Wohlverhaltensperiode	(Anlage 3 A)	☐
	Vermögensübersicht	(Anlage 4)	☒
	Vermögensverzeichnis mit den darin genannten Ergänzungsblättern	(Anlage 5)	☒
	Gläubiger- und Forderungsverzeichnis	(Anlage 6)	☒
	Schuldenbereinigungsplan für das gerichtliche Verfahren:		
	Allgemeiner Teil	(Anlage 7)	☒
	Besonderer Teil – Musterplan mit Einmalzahlung/festen Raten	(Anlage 7 A)	☐
oder	Besonderer Teil – Musterplan mit flexiblen Raten	(Anlage 7 A)	☐
oder	Besonderer Teil – Plan mit sonstigem Inhalt	(Anlage 7 A)	☐
	Besonderer Teil – Ergänzende Regelungen	(Anlage 7 B)	☒
	Erläuterungen zur vorgeschlagenen Schuldenbereinigung	(Anlage 7 C)	☐
	Sonstige: ______________________		☐

6	**IV. Auskunfts- und Mitwirkungs-pflichten**	Als Schuldner bin ich gesetzlich verpflichtet, dem Insolvenzgericht über alle das Verfahren betreffenden Verhältnisse vollständig und wahrheitsgemäß Auskunft zu erteilen, insbesondere auch jede Auskunft, die zur Entscheidung über meine Anträge erforderlich ist (§§ 20, 97 InsO). Können solche Auskünfte durch Dritte, insbesondere durch Banken und Sparkassen, sonstige Kreditinstitute, Versicherungsgesellschaften, Sozial- und Finanzbehörden, Sozialversicherungsträger, Rechtsanwälte, Notare, Steuerberater und Wirtschaftsprüfer erteilt werden, so obliegt es mir, auf Verlangen des Gerichts alle Personen und Stellen, die Auskunft über meine Vermögensverhältnisse geben können, von ihrer Pflicht zur Verschwiegenheit zu befreien.

7

______________________ (Ort, Datum)   ______________________ (Unterschrift)

Anlage 1
zum Eröffnungsantrag des / der ________________

Personalbogen: Angaben zur Person

8

Name			Akademischer Grad
Vorname(n) (Rufnamen unterstreichen) ____			Geschlecht ☐ männlich ☐ weiblich
Geburtsname		früherer Name	
Geburtsdatum	Geburtsort		
Wohnanschrift Straße			Hausnummer
Postleitzahl	Ort		
Telefon (privat)		Mobil	
Telefax		E-Mail	

9

Familienstand	☐ ledig	☐ verheiratet seit ____	☐ eingetragene Lebenspartnerschaft begründet seit ____ ☐ beendet seit ____	☐ geschieden seit ____	☐ getrennt lebend seit ____	☐ verwitwet seit ____

10

Unterhaltsberechtigte Personen	☐ nein	☐ ja, Anzahl: ____ , davon minderjährig: ____ (Einzelheiten siehe Ergänzungsblatt 5 J)

11

Beteiligung am Erwerbsleben		
	Erlernter Beruf	
	Zurzeit oder zuletzt tätig als	
	☐ ehemals selbständig als	
	☐ zurzeit unselbständig beschäftigt als ☐ Arbeiter(in) ☐ Angestellte(r) ☐ Beamter/Beamtin ☐ Aushilfe ☐ Sonstiges, und zwar: ____	☐ zurzeit keine Beteiligung am Erwerbsleben, weil ☐ Rentner(in)/Pensionär(in) seit ____ ☐ arbeitslos seit ____ ☐ Schüler(in) / Student(in) bis ____ ☐ Hausmann/Hausfrau ☐ Sonstiges, und zwar: ____

12

Verfahrensbevollmächtigte(r)		
☐ für das Verfahren insgesamt	Name	Akademischer Grad
☐ nur für das Schuldenbereinigungsplanverfahren	Vorname	Beruf
	ggf. Bezeichnung der geeigneten Stelle	
	Straße	Hausnummer
	Postleitzahl	Ort
☐ Vollmacht liegt an	Telefon	Telefax
☐ Vollmacht wird nachgereicht	E-Mail	
	Geschäftszeichen	Sachbearbeiter(in)

Anlage 2
zum Eröffnungsantrag des / der ______________________

Bescheinigung über das Scheitern des außergerichtlichen Einigungsversuchs (§ 305 Abs. 1 Nr. 1 InsO)

- Die Anlage 2 ist von der geeigneten Person oder Stelle auszufüllen -

13 **I. Bezeichnung der geeigneten Person oder Stelle**

Name	
Straße	Hausnummer
Postleitzahl	Ort
Ansprechpartner	

14 **II. Behördliche Anerkennung der geeigneten Person oder Stelle**

☐ Ja Anerkennende Behörde: ______________________

Datum des Bescheids: ______________ Aktenzeichen: ______________

☐ Nein, die Eignung ergibt sich jedoch aus folgenden Umständen:

☐ Rechtsanwalt ☐ Notar ☐ Steuerberater

☐ Sonstiges: ______________________

15 **III. Außergerichtlicher Einigungsversuch**

1. Der außergerichtliche Plan vom ______________ ist beigefügt.
2. Allen im Gläubigerverzeichnis benannten Gläubigern ist dieser Plan übersandt worden.

   ☐ Ja ☐ Nein. Begründung: ______________________

3. Der Einigungsversuch ist endgültig gescheitert am ______________ .
4. Die wesentlichen Gründe für das Scheitern des Plans ergeben sich aus der Darstellung in der Anlage 2 A.

16 **IV. Bescheinigung**

Ich bescheinige / Wir bescheinigen, dass die Schuldnerin bzw. der Schuldner

☐ mit meiner/unserer Unterstützung

erfolglos versucht hat, eine außergerichtliche Einigung mit den Gläubigern über die Schuldenbereinigung auf der Grundlage eines Plans zu erzielen.

______________________ (Ort, Datum)

______________________ (Unterschrift/Stempel der bescheinigenden Person oder Stelle)

Anlage 2 A
zum Eröffnungsantrag des / der ____________________

Gründe für das Scheitern des außergerichtlichen Schuldenbereinigungsplans (§ 305 Abs. 1 Nr. 1 InsO)

17 **I. Wesentliche Gründe für das Scheitern des Einigungsversuchs**

☐ Nicht alle Gläubiger haben dem ihnen übersandten außergerichtlichen Plan zugestimmt.

1. Anteil der zustimmenden Gläubiger nach Köpfen:
   _____ Gläubiger von _____ Gläubigern
2. Anteil der zustimmenden Gläubiger nach Summen:
   ____________ EUR von ____________ EUR
3. Anteil der Gläubiger ohne Rückäußerung:
   _____ Gläubiger von _____ Gläubigern

Als maßgebliche Gründe für die Ablehnung des Plans wurden genannt:

☐ Nachdem die Verhandlungen über die außergerichtliche Schuldenbereinigung aufgenommen wurden, ist die Zwangsvollstreckung betrieben worden von:

____

Aktenzeichen des Gerichts oder Gerichtsvollziehers: ______________________

Amtsgericht: ______________________

18 **II. Beurteilung des außergerichtlichen Einigungsversuchs und Aussichten für das gerichtliche Schuldenbereinigungsverfahren**

Der gerichtliche Plan unterscheidet sich von dem außergerichtlichen Plan

☐ nicht. ☐ in folgenden Punkten:

Nach dem Verlauf des außergerichtlichen Einigungsversuchs halte ich die Durchführung des gerichtlichen Schuldenbereinigungsplanverfahrens für

☐ aussichtsreich. ☐ nicht aussichtsreich.

Begründung:

Anlage 3
zum Eröffnungsantrag des / der ______________________________

Abtretungserklärung nach § 287 Abs. 2 InsO

- Die Anlage ist nur einzureichen, wenn auf dem Hauptblatt Restschuldbefreiung beantragt worden ist -

I. Erläuterungen zur Abtretungs-erklärung	Die nachfolgende Abtretung umfasst alle Bezüge aus einem Dienstverhältnis oder an deren Stelle tretende laufende Bezüge, also: - jede Art von Arbeitseinkommen, Dienst- und Versorgungsbezüge der Beamten, Arbeits- und Dienstlöhne, Arbeitsentgelt für Strafgefangene, - Ruhegelder und ähnliche fortlaufende Einkünfte, die nach dem Ausscheiden aus dem Dienst- oder Arbeitsverhältnis gewährt werden, sonstige Vergütungen für Dienstleistungen aller Art, die die Erwerbstätigkeit des Zahlungsempfängers vollständig oder zu einem wesentlichen Teil in Anspruch nehmen, - Bezüge, die ein Arbeitnehmer zum Ausgleich für Wettbewerbsbeschränkungen für die Zeit nach Beendigung seines Dienstverhältnisses beanspruchen kann, - Hinterbliebenenbezüge, die wegen des früheren Dienst- oder Arbeitsverhältnisses gezahlt werden, Renten, die aufgrund von Versicherungsverträgen gewährt werden, wenn diese Verträge zur Versorgung des Versicherungsnehmers oder seiner unterhaltsberechtigten Angehörigen geschlossen worden sind, - Renten und sonstige laufende Geldleistungen der Sozialversicherungsträger oder der Bundesanstalt für Arbeit im Fall des Ruhestands, der teilweisen oder vollständigen Erwerbsunfähigkeit oder der Arbeitslosigkeit, - alle sonstigen, den genannten Bezügen rechtlich oder wirtschaftlich gleichstehenden Bezüge. Soweit Sie nach Aufhebung des Insolvenzverfahrens eine selbständige Tätigkeit ausüben, sind Sie verpflichtet, während der Laufzeit der Abtretungserklärung die Insolvenzgläubiger durch Zahlungen an den gerichtlich bestellten Treuhänder so zu stellen, wie wenn Sie ein angemessenes Dienstverhältnis eingegangen wären (§ 295 Abs. 2 InsO).
19 **II. Abtretungs-erklärung**	**Für den Fall der gerichtlichen Ankündigung der Restschuldbefreiung trete ich hiermit meine pfändbaren Forderungen auf Bezüge aus einem Dienstverhältnis oder an deren Stelle tretende laufende Bezüge für die Zeit von sechs Jahren nach Eröffnung des Insolvenzverfahrens an einen vom Gericht zu bestimmenden Treuhänder ab.** Die von dieser Abtretungserklärung erfassten Forderungen auf Bezüge aus einem Dienstverhältnis oder an deren Stelle tretende laufende Bezüge ☐ habe ich zurzeit **nicht** an einen Dritten abgetreten oder verpfändet. ☐ habe ich bereits vorher abgetreten oder verpfändet. Die Einzelheiten sind in dem Ergänzungsblatt 5 H zum Vermögensverzeichnis dargestellt.

______________________________ (Ort, Datum)

______________________________ (Unterschrift)

Anlage 3 A
zum Eröffnungsantrag des / der ______________________

Erklärung zur Abkürzung der Wohlverhaltensperiode (§ 287 Abs. 2 Satz 1 InsO, Artikel 107 EG InsO)

– Die Anlage ist nur einzureichen, wenn Restschuldbefreiung beantragt wird und Zahlungsunfähigkeit vor dem 1. Januar 1997 bestand –

20

Ich war bereits vor dem 1. Januar 1997 zahlungsunfähig. Deshalb ist bei der gerichtlichen Ankündigung der Restschuldbefreiung und der Bestimmung des Treuhänders (§ 291 InsO) festzustellen, dass sich die Laufzeit der Abtretung nach § 287 Abs. 2 Satz 1 InsO auf fünf Jahre verkürzt.

Für die Tatsache, dass ich bereits vor dem 1. Januar 1997 zahlungsunfähig war, lege ich folgende Beweismittel vor:

☐ Kopie der Niederschrift über die abgegebene Eidesstattliche Versicherung (Offenbarungsversicherung) und des Vermögensverzeichnisses

☐ Bescheinigung des zuständigen Gerichtsvollziehers über einen erfolglosen Vollstreckungsversuch

☐ Sonstige *(bitte näher erläutern)*

____

Anlage 4
zum Eröffnungsantrag des / der ____________________

Vermögensübersicht
(Übersicht des vorhandenen Vermögens und des Einkommens, § 305 Abs. 1 Nr. 3 InsO)

21

I. Erklärung zur Vermögenslage	Hiermit erkläre ich, dass ich über folgendes Vermögen und Einkommen verfüge. ☐ Weitergehende Angaben habe ich in den Ergänzungsblättern zum Vermögensverzeichnis (Anlagen 5 A ff.) gemacht.

22

1.	**Vermögen**	**Ja**	**gemäß Ergänzungsblatt**	**Wert in EUR** (Gesamtbetrag)	**Sicherungsrechte Dritter** (Ergänzungsblatt 5 H)	**Nein**
1.1	Bargeld *(auch in ausländischer Währung)*	☐	-		☐ nein ☐ ja, in Höhe von ______ EUR	☐
1.2	Guthaben auf Girokonten, Sparkonten, Spar- und Bausparverträgen, Wertpapiere, Schuldbuchforderungen, Darlehnsforderungen	☐	5 A		☐ nein ☐ ja, in Höhe von ______ EUR	☐
1.3	Bescheidene Lebensführung übersteigende Hausratsgegenstände, Möbel, Fernseh- und Videogeräte, Computer, sonstige elektronische Geräte, wertvolle Kleidungsstücke, sonstige wertvolle Gebrauchsgegenstände (z. B. Kameras, Waffen, optische Geräte u.ä.), wertvolle Bücher (Anzahl, Gesamtwert)	☐	5 B		☐ nein ☐ ja, in Höhe von ______ EUR	☐
1.4	Bauten auf fremden Grundstücken (z. B. Gartenhaus, Verkaufsstände etc.)	☐	5 B		☐ nein ☐ ja, in Höhe von ______ EUR	☐
1.5	Privat genutzte Fahrzeuge (PKW, LKW, Wohnwagen, Motorräder, Mopeds usw.)	☐	5 B		☐ nein ☐ ja, in Höhe von ______ EUR	☐
1.6	Forderungen gegen Dritte (Außenstände, rückständiges Arbeitseinkommen, Forderungen aus Versicherungsverträgen, Rechte aus Erbfällen)	☐	5 C		☐ nein ☐ ja, in Höhe von ______ EUR	☐
1.7	Grundstücke, Eigentumswohnungen und Erbbaurechte, Rechte an Grundstücken	☐	5 D		☐ nein ☐ ja, in Höhe von ______ EUR	☐
1.8	Aktien, Genussrechte oder sonstige Beteiligungen an Kapitalgesellschaften, Personengesellschaften oder Genossenschaften	☐	5 E		☐ nein ☐ ja, in Höhe von ______ EUR	☐
1.9	Rechte oder Ansprüche aus Urheberrechten, immaterielle Vermögensgegenstände (z. B. Patente)	☐	5 F		☐ nein ☐ ja, in Höhe von ______ EUR	☐
1.10	Sonstiges Vermögen	☐	5 F		☐ nein ☐ ja, in Höhe von ______ EUR	☐

23

2.	**Monatliche Einkünfte**	**Ja**	**gemäß Ergänzungsblatt**	**Betrag monatlich netto in EUR**	**Sicherungsrechte Dritter** (Ergänzungsblatt 5 H)	**Nein**
2.1	Durchschnittliches Arbeitseinkommen (netto) einschließlich Zulagen und Zusatzleistungen	☐	5 G		☐ nein ☐ ja, in Höhe von ______ EUR	☐
2.2	Arbeitslosenunterstützung (Arbeitslosengeld, -hilfe, Unterhaltsgeld etc.)	☐	5 G		☐ nein ☐ ja, in Höhe von ______ EUR	☐
2.3	Krankengeld	☐	5 G		☐ nein ☐ ja, in Höhe von ______ EUR	☐
2.4	Rentenversicherungen, Betriebsrenten, Versorgungsbezüge (aus öffentlicher Kasse)	☐	5 G		☐ nein ☐ ja, in Höhe von ______ EUR	☐
2.5	Private Renten-, Spar- und sonstige Versicherungsverträge	☐	5 G		☐ nein ☐ ja, in Höhe von ______ EUR	☐
2.6	Sonstige Sozialleistungen (wie z. B. Sozialhilfe, Kindergeld, Erziehungsgeld, Wohngeld etc.)	☐	5 G		☐ nein ☐ ja, in Höhe von ______ EUR	☐
2.7	Sonstige monatliche Einkünfte (wie z. B. Einkünfte aus Unterhaltszahlungen)	☐	5 G		☐ nein ☐ ja, in Höhe von ______ EUR	☐

24

3.	Jährliche Einkünfte	Ja	gemäß Ergänzungsblatt	Betrag jährlich netto in EUR	Sicherungsrechte Dritter (Ergänzungsblatt 5 H)	Nein
3.1	Einkünfte aus nichtselbständiger Tätigkeit (z. B. Weihnachtsgeld, Tantiemen, sonstige Gratifikationen usw.)	☐	5 G		☐ nein ☐ ja, in Höhe von ________ EUR	☐
3.2	Einkünfte aus Vermietung und Verpachtung	☐	5 G		☐ nein ☐ ja, in Höhe von ________ EUR	☐
3.3	Einkünfte aus Kapitalvermögen	☐	5 G		☐ nein ☐ ja, in Höhe von ________ EUR	☐
3.4	Sonstige jährliche Einkünfte	☐	5 G		☐ nein ☐ ja, in Höhe von ________ EUR	☐

25

4.	Sonstiger Lebensunterhalt	☐ Ich habe keine bzw. keine ausreichenden regelmäßigen Einkünfte nach Ziffer 2 und 3. Den notwendigen Lebensunterhalt bestreite ich durch: ________________________________

26

5.	Regelmäßig wiederkehrende Zahlungsverpflichtungen	Ja	gemäß Ergänzungsblatt	Betrag monatlich in EUR	Nein
5.1	Unterhaltsverpflichtungen	☐	5 J	☐ Naturalunterhalt für ___ Personen ☐ Barunterhalt für ___ Personen in Gesamthöhe von _______ EUR	☐
5.2	Wohnkosten (Miete etc.)	☐	5 J	________ EUR	☐
5.3	Sonstige wesentliche Verpflichtungen	☐	5 J	________ EUR	☐

27

II. Erklärung zur Vermögenslosigkeit	☐ Hiermit erkläre ich, dass ich mit Ausnahme des unter Punkt I. 4 bezeichneten Lebensunterhalts weder über die vorstehend aufgeführten Vermögenswerte noch über sonstige Vermögenswerte verfüge (Vermögenslosigkeit).

28

III. Erklärung zu Schenkungen und Veräußerungen		
	Ich habe in den letzten vier Jahren vor dem Antrag auf Eröffnung des Insolvenzverfahrens Geld, Forderungen oder Gegenstände verschenkt (gebräuchliche Gelegenheitsgeschenke geringen Werts sind nicht anzugeben).	☐ nein ☐ ja, im Gesamtwert von ________ EUR gemäß Ergänzungsblatt 5 K
	Ich habe in den letzten zwei Jahren Vermögensgegenstände an nahe stehende Personen veräußert.	☐ nein ☐ ja, im Gesamtwert von ________ EUR gemäß Ergänzungsblatt 5 K

29

IV. Versicherung (§ 305 Abs. 1 Nr. 3 InsO)	Die **Richtigkeit und Vollständigkeit der in dieser Vermögensübersicht enthaltenen Angaben** versichere ich. Mir ist bekannt, dass vorsätzliche Falschangaben strafbar sein können und dass mir die Restschuldbefreiung versagt werden kann, wenn ich vorsätzlich oder grob fahrlässig unrichtige oder unvollständige Angaben gemacht habe (§ 290 Abs. 1 Nr. 6 InsO).

________________________ (Ort, Datum)

________________________ (Unterschrift)

Anlage 5
zum Eröffnungsantrag des / der ______________________________

Vermögensverzeichnis
(Verzeichnis des vorhandenen Vermögens und des Einkommens, § 305 Abs. 1 Nr. 3 InsO)

30

I. Erklärung zum Vermögensverzeichnis	Hinsichtlich meines Vermögens und meiner Einkünfte nehme ich auf die Angaben in der Vermögensübersicht Bezug. ☐ Ich ergänze diese Angaben entsprechend den beiliegenden und in der Vermögensübersicht bereits bezeichneten Ergänzungsblättern: ☐ 5 A (Guthaben auf Konten, Wertpapiere, Schuldbuchforderungen, Darlehensforderungen) ☐ 5 B (Hausrat, Mobiliar, Wertgegenstände und Fahrzeuge) ☐ 5 C (Forderungen, Rechte aus Erbfällen) ☐ 5 D (Grundstücke, Eigentumswohnungen und Erbbaurechte, Rechte an Grundstücken) ☐ 5 E (Beteiligungen, Aktien, Genussrechte) ☐ 5 F (Immaterielle Vermögensgegenstände, sonstiges Vermögen) ☐ 5 G (Laufendes Einkommen) ☐ 5 H (Sicherungsrechte Dritter und Zwangsvollstreckungsmaßnahmen) ☐ 5 J (Regelmäßig wiederkehrende Verpflichtungen) ☐ 5 K (Schenkungen und entgeltliche Veräußerungen) **Ich versichere, dass ich in den nicht beigefügten Ergänzungsblättern keine Angaben zu machen habe.**
II. Versicherung (§ 305 Abs. 1 Nr. 3 InsO)	Die **Richtigkeit und Vollständigkeit der in diesem Vermögensverzeichnis und den beigefügten Ergänzungsblättern enthaltenen Angaben** versichere ich. Mir ist bekannt, dass vorsätzliche Falschangaben strafbar sein können und dass mir die Restschuldbefreiung versagt werden kann, wenn ich vorsätzlich oder grob fahrlässig unrichtige oder unvollständige Angaben gemacht habe (§ 290 Abs. 1 Nr. 6 InsO).

______________________ ______________________
(Ort, Datum) (Unterschrift)

Ergänzungsblatt 5 A
zum Vermögensverzeichnis des / der ______________________

Guthaben auf Konten, Wertpapiere, Schuldbuchforderungen, Darlehnsforderungen

31

1.	**Guthaben auf Konten** *(Bezeichnung der Kontonummern, genaue Bezeichnung der Konto führenden Stelle)*	**Stichtag**	**Guthaben in EUR**
1.1 1.1.1	Girokonten (z. B. Gehaltskonto)		
1.2 1.2.1	Termin- oder Festgeldkonten		
1.3 1.3.1	Fremdwährungsgeldkonten		
1.4 1.4.1	Sparkonten, Sparverträge		
1.5 1.5.1	Raten- und Bausparverträge		
1.6 1.6.1	Sonstige Spareinlagen		

32

2.	**Wertpapiere, Schuldbuchforderungen und sonstige Darlehnsforderungen** *(genaue Bezeichnung: Name des Papiers, Typ, Serie, WKN, ggf. Name der Depotbank mit Depot-Nr., Fälligkeitsdatum, Name und Anschrift des Schuldners)*	**Stichtag**	**Kurs- oder Verkehrswert in EUR**
2.1 2.1.1	Investmentfondsanteile		
2.2 2.2.1	Pfandbriefe, Sparbriefe und ähnliche festverzinsliche Wertpapiere, Obligationen		
2.3 2.3.1	Schuldbuchforderungen		
2.4 2.4.1	Wechselforderungen		
2.5 2.5.1	Scheckforderungen		
2.6 2.6.1	Forderungen aus Hypotheken oder Grundschulden		
2.7 2.7.1	Gesellschafterdarlehen		
2.8 2.8.1	Sonstige Forderungen aus Darlehen oder ähnlichen Geldanlagen		

Ergänzungsblatt 5 B
zum Vermögensverzeichnis des / der ______________________

Hausrat, Mobiliar, Wertgegenstände und Fahrzeuge

33

1.	**Hausrat, sonstiges Mobiliar oder Wertgegenstände**	**Wert in EUR**
1.1	Bescheidene Lebensführung übersteigende Hausratsgegenstände, Möbel, Fernseh- und Videogeräte, Computer, sonstige elektronische Geräte, wertvolle Kleidungsstücke, sonstige wertvolle Gebrauchsgegenstände (z. B. Kameras, Waffen, Sportgeräte, optische Geräte u.ä.)	
1.1.1		
1.2	Sonstige Wertgegenstände (wie z. B. wertvolle Bücher, Kunstobjekte, Musikinstrumente, Uhren, Schmuck, Sammlungen, Gegenstände aus Edelmetall, Edelsteine, Perlen, Goldmünzen etc.)	
1.2.1		
1.3	Bauten auf fremden Grundstücken (z. B. Gartenhaus, Verkaufsstände etc.)	
1.3.1		

34

2.	**Kraftfahrzeuge** *(Bitte Typ/Fabrikat, Kennzeichen, Baujahr, km-Leistung und Aufbewahrungsort des Fahrzeugbriefes angeben)*	**Wert in EUR**
2.1	PKW	
2.1.1		
2.2	LKW	
2.2.1		
2.3	Wohnwagen, Anhänger u.ä.	
2.3.1		
2.4	Motorräder, Mopeds u.ä.	
2.4.1		
2.5	Land- und forstwirtschaftliche Maschinen, Geräte u.ä.	
2.5.1		

35

3. Erklärung zu unpfändbaren Gegenständen

☐ Die Gegenstände unter laufender Nummer ______________________ werden zur Fortsetzung der Erwerbstätigkeit benötigt.

Begründung:

Ergänzungsblatt 5 C
zum Vermögensverzeichnis des / der ______________________

Forderungen (z. B. aus Versicherungsverträgen), Rechte aus Erbfällen

	1.	**Forderungen**	**Wert in EUR**
36	1.1	**Forderungen aus Versicherungsverträgen** *(Name und Anschrift der Versicherungsgesellschaft oder Kasse und Vertragsnummer, Versicherungsleistung bzw. Beitragserstattung, ggfs. Rückkaufwert, Name des Begünstigten)*	
		Kapital-Lebensversicherungsverträge, Sterbekassen	
		private Rentenversicherungen	
		private Krankenversicherung	
		sonstige Versicherungen *(z.B. Ansprüche gegen Hausrat-, Haftpflichtversicherung, sonstige verwertbare Versicherung)*	
37	1.2	**Rückständiges Arbeitseinkommen**	
	1.2.1	*Name / Firma, vollständige Anschrift des Arbeitgebers, Art des rückständigen Einkommens (z. B. Urlaubsgeld, Weihnachtsgeld, rückständiger Lohn von – bis)*	
38	1.3	**Steuererstattungsansprüche**	
		Finanzamt	
		Steuernummer / Die Steuererklärung wurde zuletzt abgegeben für das Kalenderjahr	
39	1.4	**Sonstige Zahlungsansprüche, z. B. aus Schadensfällen oder aus noch nicht erfüllten Verträgen**	
	1.4.1	*Name / Firma, vollständige Anschrift des Schuldners Art des Zahlungsanspruchs (genaue Bezeichnung des Rechtsgrunds; ggf. Angaben zur Einbringlichkeit der Forderung)*	

40	**2.**	**Rechte und Ansprüche aus Erbfällen**	**Wert in EUR**
		(Bezeichnung der Beteiligung bzw. des Anspruchs, z. B. Erbengemeinschaft, Pflichtteilsanspruch, Beteiligung an einer fortgesetzten Gütergemeinschaft etc.)	

Ergänzungsblatt 5 D
zum Vermögensverzeichnis des / der ______________________

Grundstücke, Eigentumswohnungen und Erbbaurechte, Rechte an Grundstücken

41

1.	**Genaue Bezeichnung des Grundvermögens** *(evtl. gesonderte Aufstellung oder Grundbuchauszüge beifügen)*			
lfd. Nr.	Lage des Objektes (Straße, Ort), Nutzungsart	Grundbuchbezeichnung (Amtsgericht, Grundbuchbezirk, Band, Blatt)	Eigentums-anteil	Verkehrswert in EUR (ca.)
1.1 1.1.1	Eigentum an Grundstücken oder Eigentumswohnungen			
1.2 1.2.1	Erbbaurechte			
1.3 1.3.1	Grunddienstbarkeiten, Nießbrauchsrechte			
1.4 1.4.1	Sonstige im Grundbuch eingetragene Rechte			

42

2.	**Belastungen dieses Grundvermögens** *(evtl. gesonderte Aufstellung oder Grundbuchauszüge beifügen)*			
lfd. Nr. zu 1.	Art der Belastung	Grundbuch-eintragung in a) Abteilung b) lfd. Nr.	Name des Gläubigers	Wert der derzeitigen Belastung in EUR

43

3.	**Ist die Zwangsversteigerung oder –verwaltung dieses Grundstückes angeordnet?**		
lfd. Nr. zu 1.	Zwangs-versteigerung	Zwangs-verwaltung	Zuständiges Amtsgericht (mit Geschäftszeichen)
	☐	☐	
	☐	☐	
	☐	☐	
	☐	☐	

Ergänzungsblatt 5 E
zum Vermögensverzeichnis des / der ______________________

Beteiligungen (Aktien, Genussrechte, sonstige Beteiligungen)

44 **1. Aktien, Genussrechte und sonstige Beteiligungen an Kapitalgesellschaften** (AG, GmbH, KGaA)
– evtl. gesonderte Aufstellung oder Depotauszug beifügen –

lfd. Nr.	a) Beteiligungsform b) Name und Anschrift der Gesellschaft c) WKN, Depot-Nr. und -bank bzw. Registergericht mit HRB-Nr.	Nennbetrag je Gesellschaft in EUR	Kurs- bzw. Verkehrswert in EUR	Fällige Gewinnansprüche in EUR
1.1				

45 **2. Beteiligung an Personengesellschaften**
(oHG, KG, Partnerschaftsgesellschaft, Gesellschaft des bürgerlichen Rechts, EWIV u.ä.)
– evtl. gesonderte Aufstellung beifügen –

lfd. Nr.	a) Name und Anschrift der Gesellschaft b) Eingetragen im Register des Amtsgerichts unter HRA-Nr. c) Beteiligungsform	Nennbetrag je Gesellschaft in EUR	Verkehrswert in EUR	Fällige Gewinnansprüche in EUR
2.1				

46 **3. Beteiligungsform als stiller Gesellschafter**
– evtl. gesonderte Aufstellung beifügen –

lfd. Nr.	a) Name und Anschrift des Unternehmens b) Eingetragen im Register des Amtsgerichts c) unter HRA/HRB-Nr.	Nennbetrag je Gesellschaft in EUR	Verkehrswert in EUR	Fällige Gewinnansprüche in EUR
3.1				

47 **4. Beteiligungen an Genossenschaften** *(auch Anteile von Genossenschaftsbanken, Spar- und Darlehnskassen)*
– evtl. gesonderte Aufstellung beifügen –

lfd. Nr.	a) Name und Anschrift der Genossenschaft b) Eingetragen im Register des Amtsgerichts c) unter Nr.	Geschäftsguthaben in EUR	Fällige Gewinnansprüche in EUR
4.1			

Ergänzungsblatt 5 F
zum Vermögensverzeichnis des / der ______________________

Immaterielle Vermögensgegenstände und sonstiges Vermögen

48

1.	**Immaterielle Vermögensgegenstände** (z. B. Urheber-, Patent-, Verlags- oder ähnliche Rechte)	
lfd. Nr.	Genaue Bezeichnung und – soweit registriert - Angabe der Registerbehörde (z. B. Deutsches Patentamt), des Geschäftszeichens der Registerbehörde; Angaben über Nutzungsverträge u.ä.	**Wert in EUR**
1.1		

49

2.	**Sonstiges Vermögen**	
lfd. Nr.		**Wert in EUR**
2.1		

Ergänzungsblatt 5 G
zum Vermögensverzeichnis des / der ____________________

Laufendes Einkommen

50 **I. Einkünfte aus nichtselbständiger Arbeit und sonstigen Dienstverhältnissen**

Berufliche Tätigkeit (Aufgabenbereich)	Berufliche Tätigkeit				
Genauer Name (Firma) und Anschrift des Arbeitgebers oder der sonstigen auszahlenden Stelle	Name / Firma				
	Straße			Hausnummer	
	PLZ	Ort			
	Personal-Nr. o.ä.				
	☐ Lohn- oder Gehaltsbescheinigungen der letzten 2 Monate sind beigefügt				
			Zahlungsweise	Abzweigungsbetrag bei Pfändung oder Abtretung in EUR	Auszahlungsbetrag in EUR
1. **Arbeitseinkommen**	☐ Nein	☐ Ja	monatlich		
2. **Zulagen** (durchschnittlich)	☐ Nein	☐ Ja	monatlich		
3. **Zusätzliche Leistungen des Arbeitgebers** (z. B. vermögenswirksame Leistungen)	☐ Nein	☐ Ja	monatlich		
4. **Weihnachtsgeld**	☐ Nein	☐ Ja	jährlich		
5. **Urlaubsgeld**	☐ Nein	☐ Ja	jährlich		
6. **Einkünfte aus sonstigen Dienstverhältnissen, Aufwandsentschädigungen und gewinnabhängige Tantiemen**	☐ Nein	☐ Ja	monatlich		
			jährlich		
7. **Abfindungen bei Beendigung eines Dienst- oder Arbeitsverhältnisses**	☐ Nein	☐ Ja	gesamt		

51 **II. Einkünfte im Rahmen des Ruhestands**

			Abzweigungsbetrag bei Pfändung oder Abtretung in EUR	monatlicher Auszahlungsbetrag in EUR
1. **Leistungen der gesetzlichen Rentenversicherung**	☐ Nein	☐ Ja - Auszahlende Stelle und Geschäftszeichen: ☐ Rentenbescheid ist beigefügt		
2. **Versorgungsbezüge**	☐ Nein	☐ Ja - Auszahlende Stelle und Geschäftszeichen: ☐ Versorgungsbescheid ist beigefügt.		
3. **Betriebsrenten**	☐ Nein	☐ Ja - Auszahlende Stelle und Geschäftszeichen: ☐ Rentenbescheid ist beigefügt		

4. Sonstige fortlaufende Einkünfte infolge des Ausscheidens aus einem Dienst- oder Arbeitsverhältnis	☐ Nein	☐ Ja - Auszahlende Stelle und Geschäftszeichen: ☐ Nachweis ist beigefügt		
5. Renten aus privaten Versicherungs- oder Sparverträgen	☐ Nein	☐ Ja - Auszahlende Stelle und Vertrags-Nr.: ☐ Nachweis ist beigefügt		

52 **III. Unterhaltszahlungen**

☐ Nein	☐ Ja *Name, vollständige Anschrift der unterhaltspflichtigen Person(en)*	Abzweigungsbetrag bei Pfändung oder Abtretung in EUR	monatlicher Auszahlungsbetrag in EUR

53 **IV. Leistungen aus öffentlichen Kassen**

			Abzweigungsbetrag bei Pfändung oder Abtretung in EUR	monatlicher Auszahlungsbetrag in EUR
1. Arbeitslosengeld	☐ Nein	☐ Ja - Auszahlende Stelle und Geschäftszeichen: ☐ Bewilligungsbescheid ist beigefügt		
2. Arbeitslosenhilfe	☐ Nein	☐ Ja - Auszahlende Stelle und Geschäftszeichen: ☐ Bewilligungsbescheid ist beigefügt		
3. Krankengeld	☐ Nein	☐ Ja - Auszahlende Stelle und Geschäftszeichen: ☐ Bewilligungsbescheid ist beigefügt		
4. Sozialhilfe	☐ Nein	☐ Ja - Auszahlende Stelle und Geschäftszeichen: ☐ Bewilligungsbescheid ist beigefügt		
5. Wohngeld	☐ Nein	☐ Ja - Auszahlende Stelle und Geschäftszeichen: ☐ Bewilligungsbescheid ist beigefügt		
6. Unterhaltsgeld	☐ Nein	☐ Ja - Auszahlende Stelle und Geschäftszeichen: ☐ Bewilligungsbescheid ist beigefügt		

7. **Kindergeld**	☐ Nein	☐ Ja - Auszahlende Stelle und Geschäftszeichen: ☐ Bewilligungsbescheid ist beigefügt		
8. **Berufs- oder Erwerbs-unfähigkeitsrenten**	☐ Nein	☐ Ja - Auszahlende Stelle und Geschäftszeichen: ☐ Bewilligungsbescheid ist beigefügt		
9. **Hinterbliebenen-, Unfall-, Kriegsopferrenten**	☐ Nein	☐ Ja - Auszahlende Stelle und Geschäftszeichen: ☐ Bewilligungsbescheid ist beigefügt		
10. **Sonstige Leistungen aus öffentlichen Kassen**	☐ Nein	☐ Ja - Auszahlende Stelle und Geschäftszeichen: ☐ Bewilligungsbescheid ist beigefügt		

54

V. Einkünfte aus Vermietung und Verpachtung

☐ Nein	☐ Ja *Bezeichnung des Miet- oder Pachtobjekts; Name und Anschrift der Mieter oder Pächter*	monatlich	jährlich	Abzweigungsbetrag bei Pfändung oder Abtretung in EUR	Einkünfte in EUR
		☐	☐		
		☐	☐		
		☐	☐		

55

VI. Zinseinkünfte und sonstige laufende Einkünfte

☐ Nein	☐ Ja *genaue Bezeichnung der Einkunftsart; Name und Anschrift der zahlungspflichtigen Person oder Stelle*	monatlich	jährlich	Abzweigungsbetrag bei Pfändung oder Abtretung in EUR	Einkünfte in EUR
		☐	☐		
		☐	☐		
		☐	☐		
		☐	☐		
		☐	☐		

Ergänzungsblatt 5 H
zum Vermögensverzeichnis des / der ____________

Sicherungsrechte Dritter und Zwangsvollstreckungsmaßnahmen

56

1.	Eigentumsvorbehalte, Sicherungsübereignungen			
lfd. Nr.	Gegenstand	Datum des Vertrags	Name und Anschrift des Verkäufers bzw. Sicherungsnehmers	Restschuld (ca.) in EUR
1.1				

57

2.	Lohnabtretungen, Sicherungsabtretungen					
lfd. Nr.	Abgetretene Forderung *(z. B.: Lohn/Gehalt bei Fa. ..., Ansprüche aus Lebensversicherung ...)*	Abtretung ist offen gelegt	pfändbarer Teil wird abgeführt	Datum der Abtretung	Name und Anschrift des Lohn- bzw. Sicherungsabtretungsgläubigers	gegenwärtige Höhe der gesicherten Schuld (ca.) in EUR
2.1		☐	☐			
		☐	☐			
		☐	☐			

58

3.	Freiwillige Verpfändungen			
lfd. Nr.	Verpfändeter Gegenstand bzw. verpfändete Forderung	Datum der Verpfändung	Name und Anschrift des Pfandgläubigers	gegenwärtige Höhe der gesicherten Schuld (ca.) in EUR
3.1				

59

4.	Zwangsvollstreckungen und Pfändungen			
lfd. Nr.	Gegenstand und Datum der Zwangsvollstreckung / Pfändung (mit Angabe von Gerichtsvollzieher und DR-Nr. des Pfändungsprotokolls bzw. von Gericht und Aktenzeichen des Pfändungs- und Überweisungsbeschlussses)	Datum der Pfändungsmaßnahme	Name und Anschrift des Gläubigers	Restschuld (ca.) in EUR
4.1				

Ergänzungsblatt 5 J
zum Vermögensverzeichnis des / der ______________________

Regelmäßig wiederkehrende Verpflichtungen

60

I. Unterhaltsleistungen an Angehörige	Name, Vorname und Geburtsdatum, Anschrift (nur, wenn sie von Ihrer Anschrift abweicht)	Familienverhältnis *(Kind, Ehegatte, Eltern, Lebenspartner, usw.)*	Unterhaltsleistung	Eigene Einnahmen der Empfänger
	1.		☐ Naturalunterhalt ☐ Barunterhalt, monatlich EUR	☐ Nein ☐ Ja, monatlich netto EUR ☐ Nicht bekannt
	2.		☐ Naturalunterhalt ☐ Barunterhalt, monatlich EUR	☐ Nein ☐ Ja, monatlich netto EUR ☐ Nicht bekannt
	3.		☐ Naturalunterhalt ☐ Barunterhalt, monatlich EUR	☐ Nein ☐ Ja, monatlich netto EUR ☐ Nicht bekannt
	4.		☐ Naturalunterhalt ☐ Barunterhalt, monatlich EUR	☐ Nein ☐ Ja, monatlich netto EUR ☐ Nicht bekannt
	5.		☐ Naturalunterhalt ☐ Barunterhalt, monatlich EUR	☐ Nein ☐ Ja, monatlich netto EUR ☐ Nicht bekannt

61

II. Wohnkosten	Wohnungsgröße in qm	Kaltmiete monatlich in EUR	Nebenkosten monatlich in EUR	Gesamtmiete monatlich in EUR	Ich zahle darauf monatlich EUR	Mitbewohner zahlen monatlich EUR

62

III. Weitere wesentliche Zahlungsverpflichtungen, besondere Belastungen	Art der Verpflichtung bzw. außergewöhnlichen Belastung (z. B. Lebensversicherungsbeiträge, Verpflichtungen aus Kredit-, Abzahlungskauf- oder Leasingverträgen, Pflege- und Krankheitsaufwendungen)	Monatliche Höhe der Verpflichtung bzw. Belastung in EUR	Mitverpflichtete zahlen darauf monatlich in EUR

Ergänzungsblatt 5 K
zum Vermögensverzeichnis des / der ______________________

Schenkungen und entgeltliche Veräußerungen
(§§ 132, 133, 134 InsO)

63

1.	**Unentgeltliche Veräußerung von Vermögensgegenständen (Schenkungen)**			
	☐ Ich habe in den letzten 4 Jahren vor dem Antrag auf Eröffnung des Insolvenzverfahrens folgende Geldbeträge, Forderungen oder Gegenstände verschenkt (gebräuchliche Geschenke von geringem Wert sind nicht anzugeben):			
lfd. Nr.	Name und Anschrift des Empfängers	Datum	Gegenstand	Wert in EUR
1.1				

64

2.	**Entgeltliche Veräußerung von Vermögensgegenständen an nahe stehende Personen**			
	☐ Ich habe in den letzten 2 Jahren vor dem Antrag auf Eröffnung des Insolvenzverfahrens folgender nahe stehenden Person folgende Vermögensgegenstände (auch Forderungen) entgeltlich veräußert:			
lfd. Nr.	Name der nahe stehenden Person (§ 138 InsO)	Datum	Gegenstand	Wert in EUR
2.1	☐ Ehegatte oder Lebenspartner (vor, während oder nach der Ehe oder Lebenspartnerschaft)			
2.2	☐ Lebensgefährte oder andere Personen, die mit mir in häuslicher Gemeinschaft leben oder im letzten Jahr vor der Veräußerung gelebt haben			
2.3	☐ Kinder oder Enkelkinder			
2.4	☐ meine oder meines Ehegatten Eltern, Großeltern, Geschwister und Halbgeschwister			
2.5	☐ Ehegatten der zuvor genannten Personen			

65

Anlage 6
zum Eröffnungsantrag des / der ______________________

Gläubiger- und Forderungsverzeichnis

(Verzeichnis der Gläubiger und Verzeichnis der gegen den Schuldner gerichteten Forderungen, § 305 Abs. 1 Nr. 3 InsO)

lfd. Nr. des Gläubigers im SB-Plan AT	Name/Kurzbezeichnung des Gläubigers *(vollständige Angaben im Allgemeinen Teil des Schuldenbereinigungsplans)*	Nahestehende Person (§ 138)	Hauptforderung in EUR (je Hauptforderung eine Zeile)	Zinsen Höhe in EUR	Zinsen berechnet bis zum	Kosten in EUR	Forderungsgrund; ggf. Angaben zum Bestand und zur Berechtigung der Forderung	Forderung tituliert	Summe aller Forderungen des Gläubigers in EUR
			Hinsichtlich der Angaben zu Hauptforderung, Zinsen, Kosten, Forderungsgrund und Titulierung kann durch einen Hinweis in der Spalte „Forderungsgrund" auf beigefügte Forderungsaufstellungen der Gläubiger Bezug genommen werden (§ 305 Abs. 2 Satz 1 InsO).						
		☐						☐	
		☐						☐	
		☐						☐	
		☐						☐	
		☐						☐	
		☐						☐	
		☐						☐	
		☐						☐	
		☐						☐	
		☐						☐	
		☐						☐	
		☐						☐	
		☐						☐	
		☐						☐	

65

Anlage 6
zum Eröffnungsantrag des / der ______________________________

Gläubiger- und Forderungsverzeichnis

(Verzeichnis der Gläubiger und Verzeichnis der gegen den Schuldner gerichteten Forderungen, § 305 Abs. 1 Nr. 3 InsO)

lfd. Nr. des Gläubigers im SB-Plan AT	Name/Kurzbezeichnung des Gläubigers *(vollständige Angaben im Allgemeinen Teil des Schuldenbereinigungsplans)*	Nahestehende Person (§ 138)	Hauptforderung in EUR (je Hauptforderung eine Zeile)	Zinsen Höhe in EUR	Zinsen berechnet bis zum	Kosten in EUR	Forderungsgrund; ggf. Angaben zum Bestand und zur Berechtigung der Forderung	Forderung tituliert	Summe aller Forderungen des Gläubigers in EUR
			Hinsichtlich der Angaben zu Hauptforderung, Zinsen, Kosten, Forderungsgrund und Titulierung kann durch einen Hinweis in der Spalte „Forderungsgrund" auf beigefügte Forderungsaufstellungen der Gläubiger Bezug genommen werden (§ 305 Abs. 2 Satz 1 InsO).						
		☐						☐	
		☐						☐	
		☐						☐	
		☐						☐	
		☐						☐	
		☐						☐	
		☐						☐	
		☐						☐	
		☐						☐	
		☐						☐	
		☐						☐	
		☐						☐	
		☐						☐	
		☐						☐	

66

Anlage 7 **zum Eröffnungsantrag des / der**	Vorname und Name
	Straße und Hausnummer
	Postleitzahl und Ort
	Verfahrensbevollmächtigte(r)

Schuldenbereinigungsplan für das gerichtliche Verfahren
(§ 305 Abs. 1 Nr. 4 InsO)

Allgemeiner Teil

Neben diesem Allgemeinen Teil besteht der Schuldenbereinigungsplan aus dem Besonderen Teil (Anlagen 7 A und 7 B). Dort sind für jeden Gläubiger die angebotenen besonderen Regelungen zur angemessenen Bereinigung der Schulden dargestellt. Ergänzende Erläuterungen zur vorgeschlagenen Schuldenbereinigung können in der Anlage 7 C erfolgen.

67

Datum des Schuldenbereinigungsplans: ____________________

68

Unter Berücksichtigung der Gläubigerinteressen sowie meiner Vermögens-, Einkommens- und Familienverhältnisse biete ich den nachstehenden Gläubigern zur Bereinigung meiner Schulden folgenden Schuldenbereinigungsplan an:	☐ Plan mit Einmalzahlung oder festen Raten gemäß dem in Anlage 7 A beiliegenden Plan und den in Anlage 7 B aufgeführten ergänzenden Regelungen ☐ Plan mit flexiblen Raten gemäß dem in Anlage 7 A beiliegenden Plan und den in Anlage 7 B aufgeführten ergänzenden Regelungen ☐ Sonstiger Plan (als Anlage 7 A beigefügt) mit den in Anlage 7 B aufgeführten ergänzenden Regelungen ☐ Erläuterungen zur vorgeschlagenen Schuldenbereinigung (Anlage 7 C)

69

Beteiligte Gläubiger

lfd. Nr.	Gläubiger *(möglichst in alphabetischer Reihenfolge)*	Verfahrensbevollmächtigte(r) für das Insolvenzverfahren	Summe aller Forderungen des Gläubigers in EUR	Anteil an der Gesamtverschuldung in %
1.	Name, Vorname bzw. Firma	Name, Vorname, Firma		
	Straße, Hausnummer	Straße, Hausnummer		
	Postleitzahl, Ort	Postleitzahl, Ort		
	Geschäftszeichen	Geschäftszeichen		
	gesetzlich vertreten durch			
2.	Name, Vorname bzw. Firma	Name, Vorname, Firma		
	Straße, Hausnummer	Straße, Hausnummer		
	Postleitzahl, Ort	Postleitzahl, Ort		
	Geschäftszeichen	Geschäftszeichen		
	gesetzlich vertreten durch			
3.	Name, Vorname bzw. Firma	Name, Vorname, Firma		
	Straße, Hausnummer	Straße, Hausnummer		
	Postleitzahl, Ort	Postleitzahl, Ort		
	Geschäftszeichen	Geschäftszeichen		
	gesetzlich vertreten durch			

lfd. Nr.	Gläubiger	Verfahrensbevollmächtigte(r) für das Insolvenzverfahren	Summe aller Forderungen des Gläubigers in EUR	Anteil an der Gesamtverschuldung in %
	Name, Vorname bzw. Firma	Name, Vorname, Firma		
	Straße, Hausnummer	Straße, Hausnummer		
	Postleitzahl, Ort	Postleitzahl, Ort		
	Geschäftszeichen	Geschäftszeichen		
	gesetzlich vertreten durch			
	Name, Vorname bzw. Firma	Name, Vorname, Firma		
	Straße, Hausnummer	Straße, Hausnummer		
	Postleitzahl, Ort	Postleitzahl, Ort		
	Geschäftszeichen	Geschäftszeichen		
	gesetzlich vertreten durch			
	Name, Vorname bzw. Firma	Name, Vorname, Firma		
	Straße, Hausnummer	Straße, Hausnummer		
	Postleitzahl, Ort	Postleitzahl, Ort		
	Geschäftszeichen	Geschäftszeichen		
	gesetzlich vertreten durch			
	Name, Vorname bzw. Firma	Name, Vorname, Firma		
	Straße, Hausnummer	Straße, Hausnummer		
	Postleitzahl, Ort	Postleitzahl, Ort		
	Geschäftszeichen	Geschäftszeichen		
	gesetzlich vertreten durch			
	Name, Vorname bzw. Firma	Name, Vorname, Firma		
	Straße, Hausnummer	Straße, Hausnummer		
	Postleitzahl, Ort	Postleitzahl, Ort		
	Geschäftszeichen	Geschäftszeichen		
	gesetzlich vertreten durch			
	Name, Vorname bzw. Firma	Name, Vorname, Firma		
	Straße, Hausnummer	Straße, Hausnummer		
	Postleitzahl, Ort	Postleitzahl, Ort		
	Geschäftszeichen	Geschäftszeichen		
	gesetzlich vertreten durch			

70

Anlage 7 A
zum Eröffnungsantrag des / der ______________________

Schuldenbereinigungsplan für das gerichtliche Verfahren

Besonderer Teil

- Musterplan mit Einmalzahlung bzw. festen Raten -

Datum des Schuldenbereinigungsplans: ______________

	Gesamtverschuldung in EUR	Gesamtregulierungsbetrag in EUR	Gesamtregulierungsquote in %	Monatliche Gesamtrate in EUR
In Verbindung mit den ergänzenden Regelungen gemäß Anlage 7 B biete ich den im Plan genannten Gläubigern zur angemessenen und endgültigen Bereinigung meiner Schulden die folgende Regelung an:				
	Zahlungsweise und Fälligkeit	**Anzahl der Raten**	**Zahlungsweise** ☐ einmalig ☐ monatlich zum ________ ☐ ________	
		☐ **Sonderzahlungen** (z. B. pfändbarer Teil des Weihnachtsgeldes) Anzahl der Sonderzahlungen: Zahlungsweise:		
		Beginn der Zahlungen		

lfd. Nr. des Gläubigers im SB-Plan AT	Name/Kurzbezeichnung des Gläubigers (vollständige Angaben im Allgemeinen Teil des Schuldenbereinigungsplans)	Hauptforderung in EUR	Zinsen		Kosten in EUR	Forderung gesichert	Zahlungsweise und Fälligkeit *(nur soweit nicht einheitlich wie oben angegeben)*	Höhe der festen Rate oder Einmalzahlung in EUR	jeweilige Höhe der Sonderzahlung(en)	Summe aller Zahlungen auf die Forderung in EUR	Regulierungsquote auf die Forderung in %
			Höhe in EUR	berechnet bis zum			*Anzahl der Raten* *p.m./p.a. zum ...*				
						☐					
						☐					
						☐					
						☐					
						☐					

lfd. Nr. des Gläubigers im SB-Plan AT	Name/Kurzbezeichnung des Gläubigers *(vollständige Angaben im Allgemeinen Teil des Schuldenbereinigungsplans)*	Hauptforderung in EUR	Zinsen		Kosten in EUR	Forderung gesichert	Zahlungsweise und Fälligkeit *(nur soweit nicht einheitlich wie oben angegeben)*	Höhe der festen Rate oder Einmalzahlung in EUR	jeweilige Höhe der Sonderzahlung(en)	Summe aller Zahlungen auf die Forderung in EUR	Regulierungsquote auf die Forderung in %
			Höhe in EUR	berechnet bis zum			*Anzahl der Raten* *p.m./p.a. zum ...*				
						☐					
						☐					
						☐					
						☐					
						☐					
						☐					
						☐					
						☐					
						☐					
						☐					
						☐					
						☐					
						☐					
						☐					
						☐					
						☐					
						☐					

71

Anlage 7 A
zum Eröffnungsantrag des / der ____________________

Schuldenbereinigungsplan für das gerichtliche Verfahren

Besonderer Teil

- Musterplan mit flexiblen Raten -

Datum des Schuldenbereinigungsplans: ____________

Gesamtverschuldung in EUR

derzeit pfändbarer Teil des Einkommens in EUR

In Verbindung mit den ergänzenden Regelungen gemäß Anlage 7 B biete ich den im Plan genannten Gläubigern zur angemessenen und endgültigen Bereinigung meiner Schulden die folgende Regelung an:

Zahlungsweise und Fälligkeit

Gesamtlaufzeit in Monaten

Zahlungsweise
☐ monatlich zum ____________
☐ ____________

Beginn der Laufzeit

Der Zahlbetrag ergibt sich aus
☐ dem jeweils pfändbaren Teil meines Einkommens gemäß §§ 850c ff. ZPO.
☐ den ergänzenden Regelungen in Anlage 7 B.

lfd. Nr. des Gläubigers im SB-Plan AT	Name / Kurzbezeichnung des Gläubigers *(vollständige Angaben im Allgemeinen Teil des Schuldenbereinigungsplans)*	Hauptforderung in EUR	Zinsen: Höhe in EUR	Zinsen: berechnet bis zum	Kosten in EUR	Forderung gesichert	Zahlungsweise und Fälligkeit *(nur soweit nicht einheitlich wie oben angegeben)* *Anzahl der Raten* *p.m./p.a. zum ...* *erstmals am ...*	Anteil der Forderung am Zahlbetrag in %
						☐		
						☐		
						☐		
						☐		
						☐		

lfd. Nr. des Gläubigers im SB-Plan AT	Name / Kurzbezeichnung des Gläubigers *(vollständige Angaben im Allgemeinen Teil des Schuldenbereinigungsplans)*	Hauptforderung in EUR	Zinsen		Kosten in EUR	Forderung gesichert	Zahlungsweise und Fälligkeit *(nur soweit nicht einheitlich wie oben angegeben)*			Anteil der Forderung am Zahlbetrag in %
			Höhe in EUR	berechnet bis zum			*Anzahl der Raten*	*p.m./p.a. zum ...*	*erstmals am ...*	
						☐				
						☐				
						☐				
						☐				
						☐				
						☐				
						☐				
						☐				
						☐				
						☐				
						☐				
						☐				
						☐				
						☐				
						☐				
						☐				
						☐				

lfd. Nr. des Gläubigers im SB-Plan AT	Name / Kurzbezeichnung des Gläubigers *(vollständige Angaben im Allgemeinen Teil des Schuldenbereinigungsplans)*	Hauptforderung in EUR	Zinsen Höhe in EUR	Zinsen berechnet bis zum	Kosten in EUR	Forderung gesichert	Zahlungsweise und Fälligkeit *(nur soweit nicht einheitlich wie oben angegeben)* *Anzahl der Raten*	*p.m./p.a. zum ...*	*erstmals am ...*	Anteil der Forderung am Zahlbetrag in %
						☐				
						☐				
						☐				
						☐				
						☐				
						☐				
						☐				
						☐				
						☐				
						☐				
						☐				
						☐				
						☐				
						☐				
						☐				
						☐				
						☐				

Anlage 7 B
zum Eröffnungsantrag des / der ______________________

Schuldenbereinigungsplan für das gerichtliche Verfahren

Besonderer Teil

- Ergänzende Regelungen -

Datum des Schuldenbereinigungsplans: ______________

72 **Ergänzende Regelungen**
(insbesondere Sicherheiten der Gläubiger, § 305 Abs. 1 Nr. 4 Halbsatz 3)

Es sollen folgende ergänzende Regelungen gelten (für die Sicherheiten der Gläubiger, z. B. Sicherungsabtretungen, Bürgschaften, vereinbarte oder durch Zwangsvollstreckung erlangte Pfandrechte, müssen Regelungen erfolgen):

Hinweisblatt
zu den Vordrucken für das Verbraucherinsolvenzverfahren und das Restschuldbefreiungsverfahren

Lesen Sie bitte die nachfolgenden Hinweise vor dem Ausfüllen der Antragsvordrucke sorgfältig durch. Füllen Sie die Vordrucke unter Beachtung der Hinweise vollständig und gewissenhaft aus. Wenn Sie beim Ausfüllen Schwierigkeiten haben, kann Ihnen in vielen Fällen die geeignete Person oder Stelle, die das Scheitern des außergerichtlichen Einigungsversuchs bescheinigt hat, behilflich sein. Allgemeine Fragen können Sie aber auch an das zuständige Insolvenzgericht richten.

Allgemeine Hinweise

Die Vordrucke für das Verbraucherinsolvenz- und Restschuldbefreiungsverfahren können Sie mit dem Computer, mit der Schreibmaschine oder handschriftlich – bitte **in lesbarer Druckschrift** – ausfüllen. Da es sich um amtliche Vordrucke handelt, **sind inhaltliche oder gestalterische Änderungen oder Ergänzungen nicht zulässig**. **Sollte der Raum im Vordruck nicht ausreichen, können Sie die Angaben auf einem besonderen Blatt machen**. In dem betreffenden Feld des Vordrucks ist dann auf das beigefügte Blatt hinzuweisen.

Die vollständig ausgefüllten Vordrucke sind zunächst ohne Abschriften (Kopien) bei dem zuständigen Insolvenzgericht einzureichen. Wenn das Insolvenzgericht die Durchführung des *gerichtlichen Schuldenbereinigungsplanverfahrens* ⇨ [66] anordnet, werden Sie gesondert aufgefordert, Abschriften des gerichtlichen Schuldenbereinigungsplans (Anlage 7, Anlage 7 A und Anlage 7 B) und der Vermögensübersicht (Anlage 4) in der für die Zustellung an die Gläubiger erforderlichen Anzahl nachzureichen. **Stellen Sie deshalb unbedingt sicher, dass Sie eine vollständige, inhaltsgleiche Kopie der an das Gericht übersandten Antragsunterlagen bei Ihren Verfahrensunterlagen behalten.**

Wichtiger Hinweis zur Umstellung auf den Euro:

Seit dem 1. Januar 2002 sind **alle Beträge ausschließlich in EUR** anzugeben; dies gilt auch für **Beträge**, die **vor dem 1. Januar 2002** in DM entstanden sind oder mitgeteilt wurden. Solche Beträge **müssen Sie nach dem amtlichen Umrechnungskurs** (1 EUR = 1,95583 DM) **umrechnen**.

Hauptblatt
(Eröffnungsantrag)

[1] In der Kopfzeile des Hauptblattes tragen Sie bitte nur Ihren **Vor- und Nachnamen mit Postanschrift und der Telefonnummer, unter der Sie tagsüber regelmäßig erreichbar sind**, sowie ggf. den Namen Ihres Verfahrensbevollmächtigten ein; **die vollständigen Angaben** zu Ihrer Person und zu Ihrem Verfahrensbevollmächtigten **werden in der Anlage 1 (Personalbogen) erfasst**. Bitte setzen Sie Ihren **Vor- und Nachnamen** auch in die **Kopfzeile aller Anlagen zum Eröffnungsantrag** ein.

[2] Das für Ihren Insolvenzantrag **zuständige Amtsgericht** wird Ihnen in aller Regel von der geeigneten Person oder Stelle, die das Scheitern des außergerichtlichen Einigungsversuchs bescheinigt hat, genannt. Sie können das zuständige Insolvenzgericht aber auch bei jedem Amtsgericht erfragen.

[3] Mit dem **Eröffnungsantrag** erklären Sie, dass Sie nach Ihrer Einschätzung zahlungsunfähig sind oder dass Zahlungsunfähigkeit unmittelbar bevorsteht. Auf Grund des Eröffnungsantrags kann das Gericht alle Maßnahmen ergreifen, die erforderlich sind, um Ihr noch vorhandenes Vermögen zu sichern. Kommt es auf Grund Ihres Eröffnungsantrags zur Eröffnung des Insolvenzverfahrens, so wird ein **Treuhänder** eingesetzt, der Ihr pfändbares Vermögen und Einkommen an die Gläubiger verteilt. Nach Abschluss dieser Verteilung wird das Insolvenzverfahren aufgehoben und es schließt sich, falls Sie einen Antrag auf Restschuldbefreiung gestellt haben, die so genannte *Wohlverhaltensperiode* ⇨ [19] an.

[4] Der **Antrag auf Restschuldbefreiung** kann nur in Verbindung mit einem eigenen Eröffnungsantrag gestellt werden. Er ist aber nicht Voraussetzung für die Durchführung des Insolvenzverfahrens, sodass Sie an dieser Stelle eindeutig erklären müssen, ob Sie einen Restschuldbefreiungsantrag stellen oder nicht. Wenn das Insolvenzverfahren nicht bereits durch einen erfolgreichen *gerichtlichen Schuldenbereinigungsplan* ⇨ [66] beendet wird, können Sie die Befreiung von Ihren Verbindlichkeiten nur erlangen, wenn Sie den Restschuldbefreiungsantrag stellen. Andernfalls können die Gläubiger ihre Forderungen, soweit sie nicht im Insolvenzverfahren erfüllt worden sind, nach Aufhebung des Insolvenzverfahrens weiterhin geltend machen. **Von der Restschuldbefreiung ausgenommen sind die in § 302 InsO genannten Forderungen**, insbesondere also Forderungen aus vorsätzlich begangener unerlaubter Handlung sowie Geldstrafen.

[5] Diejenigen **Anlagen**, die Sie Ihrem Insolvenzantrag zwingend beifügen müssen, sind bereits angekreuzt. Wenn Sie einen Restschuldbefreiungsantrag gestellt haben, ist zusätzlich die **Abtretungserklärung (Anlage 3)** beizufügen. Als **Anlage 7 A** müssen Sie als **Besonderen Teil des Schuldenbereinigungsplans** entweder einen der beiden *Musterpläne* ⇨ [70], [71] oder einen sonstigen Plan beifügen. Wenn Sie neben den in **Anlage 7 B** enthaltenen *Ergänzenden Regelungen* weitere Erläuterungen zu dem Schuldenbereinigungsplan machen wollen, können Sie die **Anlage 7 C** einreichen.

Welche **Ergänzungsblätter zum Vermögensverzeichnis** Sie beifügen, geben Sie nur im *Vermögensverzeichnis (Anlage 5)* ⇨ [30] an.

[6] Aufgrund Ihrer **gesetzlichen Auskunfts- und Mitwirkungspflicht** sind Sie nicht nur verpflichtet, selbst vollständig Auskunft über Ihre Vermögensverhältnisse zu erteilen; Ihnen obliegt es auch, auf Verlangen des Gerichts Dritte von ihrer Pflicht zur Verschwiegenheit zu entbinden. Ein Verstoß gegen diese Obliegenheit kann zur **Versagung der Restschuldbefreiung** führen.

[7] Ihre **eigenhändige Unterschrift** ist Voraussetzung für einen wirksamen Eröffnungsantrag. Bitte **unterschreiben Sie auch die Anlagen** zum Eröffnungsantrag, soweit dies in den Vordrucken vorgesehen ist, nämlich die Abtretungserklärung, die Vermögensübersicht, das Vermögensverzeichnis sowie das Gläubiger- und Forderungsverzeichnis.

Anlage 1
(Personalbogen: Angaben zur Person)

[8] Bitte geben Sie hier Ihre **Personalien** vollständig an; teilen Sie dem Gericht unverzüglich mit, falls sich Ihr Name, Ihre Anschrift oder sonstige Angaben im Laufe des Verfahrens ändern.

[9] Bei den Angaben zu Ihrem **Familienstand** geben Sie bitte ggf. das **genaue Datum** Ihrer Eheschließung, Scheidung usw. an.

[10] Wenn Sie anderen Personen **Unterhalt** (hierunter fällt auch der sogenannte „Naturalunterhalt" in Form von Unterkunft und Verpflegung) gewähren, geben Sie hier bitte **die Anzahl der unterhaltsberechtigten Personen** an und teilen Sie mit, ob darunter auch minderjährige Kinder sind; alle weiteren Angaben werden im *Ergänzungsblatt 5 J zum Vermögensverzeichnis* ⇨ [60] erfasst.

[11] Ihren **erlernten Beruf** sollten Sie so genau wie möglich angeben, ebenso Ihre **derzeitige oder letzte berufliche Tätigkeit**, soweit diese von Ihrem erlernten Beruf abweicht. Falls Sie früher selbständig tätig waren, müssen Sie Ihre ehemalige selbständige Tätigkeit genau bezeichnen. Sollten Sie im Zeitpunkt der Antragstellung noch selbständig tätig sein, müssen Sie die Eröffnung des Regelinsolvenzverfahrens beantragen. Die Vordrucke für das Verbraucherinsolvenzverfahren sind in diesem Fall nicht auszufüllen.

[12] Wenn Sie einen **Verfahrensbevollmächtigten** oder eine Verfahrensbevollmächtigte für das Insolvenzverfahren haben, teilen Sie bitte zunächst mit, ob sich diese Vollmacht über das gesamte Verfahren erstreckt oder auf die Durchführung des gerichtlichen Schuldenbereinigungsverfahrens beschränkt ist. Angehörige einer als geeignet anerkannten Stelle, die nicht über eine Zulassung nach dem Rechtsberatungsgesetz verfügen, sind als Verfahrensbevollmächtigte nur für das gerichtliche Schuldenbereinigungsverfahren zugelassen (§ 305 Abs. 4 InsO). Sie können eine **schriftliche Vollmacht, aus der sich der Umfang der Bevollmächtigung ergibt**, beifügen. Die Vollmacht kann auch nachgereicht werden.

Anlage 2
(Bescheinigung über das Scheitern des außergerichtlichen Einigungsversuchs)

Die **Anlage 2 ist nicht von Ihnen, sondern von einer geeigneten Person oder Stelle auszufüllen**. In der Regel wird das die Person oder Stelle sein, die den außergerichtlichen Einigungsversuch begleitet hat. Der außergerichtliche Einigungsversuch darf **im Zeitpunkt des Insolvenzantrags nicht länger als sechs Monate zurückliegen**.

[13] Neben dem **Namen und der Anschrift der geeigneten Person oder Stelle** sollte insbesondere bei Schuldnerberatungsstellen der Name der Person angegeben werden, die als **Ansprechpartner** für das außergerichtliche Verfahren zuständig war.

[14] In denjenigen Bundesländern, die eine **behördliche Anerkennung** der geeigneten Stellen eingeführt haben, sind die Einzelheiten der Anerkennung mitzuteilen; im Übrigen ist die Eignung **kurz** darzulegen.

15 Hier ist zunächst das **Datum des außergerichtlichen Schuldenbereinigungsplans** einzusetzen; der außergerichtliche Plan **muss** der Bescheinigung **in Kopie beigefügt werden**. Sofern der außergerichtliche Plan – ausnahmsweise – nicht allen Gläubigern übersandt wurde, ist dies zu begründen. Das **Ergebnis des außergerichtlichen Schuldenbereinigungsversuchs** ist mit dem **Zeitpunkt des endgültigen Scheiterns** mitzuteilen.

16 Die abschließende Bescheinigung ist **von der geeigneten Person oder einem Angehörigen der geeigneten Stelle zu unterschreiben**. Sofern ein Stempel vorhanden ist, sollte dieser zusätzlich zu der Unterschrift verwendet werden.

Anlage 2 A
(Gründe für das Scheitern des außergerichtlichen Schuldenbereinigungsplans)

17 Die **wesentlichen Gründe für das Scheitern des Einigungsversuchs** müssen von Ihnen kurz dargelegt werden, wobei die Anlage 2 A **im Zusammenwirken mit der geeigneten Person oder Stelle**, die das Scheitern des außergerichtlichen Schuldenbereinigungsversuchs bescheinigt, ausgefüllt werden kann.

Wenn der Einigungsversuch gescheitert ist, weil nicht alle Gläubiger zugestimmt haben, ist zunächst der **Anteil der ausdrücklich zustimmenden Gläubiger** mitzuteilen. Hilfreich für die Beurteilung der Erfolgsaussichten des gerichtlichen Schuldenbereinigungsverfahrens ist auch die **Angabe der Anzahl derjenigen Gläubiger, die sich zu dem außergerichtlichen Plan nicht geäußert haben**. Die wesentlichen Gründe, die von den Gläubigern zur Begründung ihrer Ablehnung genannt wurden, sollten kurz zusammengefasst werden.

Soweit der Einigungsversuch auf Grund der **Einleitung von Vollstreckungsmaßnahmen** als gescheitert gilt (§ 305a InsO), sind der Name des vollstreckenden Gläubigers, das Aktenzeichen des Gerichts und/oder des Gerichtsvollziehers sowie das zuständige Amtsgericht zu bezeichnen.

18 Um die **Aussichten für die Durchführung des gerichtlichen Schuldenbereinigungsplanverfahrens** beurteilen zu können, ist es für das Gericht zunächst hilfreich, zusammengefasst zu erfahren, **ob und in welchen Punkten sich der gerichtliche von dem außergerichtlichen Schuldenbereinigungsplan unterscheidet**. Wesentliche Unterschiede sollten kurz angeführt werden.

Darüber hinaus kann **Ihre Einschätzung**, **ob die Durchführung des gerichtlichen Schuldenbereinigungsverfahrens aussichtsreich erscheint**, für die Entscheidung des Gerichts von Bedeutung sein.

Anlage 3
(Abtretungserklärung nach § 287 Abs. 2 InsO)

19 Die **Abtretungserklärung** müssen Sie dem Eröffnungsantrag **immer dann beifügen**, wenn Sie einen **Restschuldbefreiungsantrag** gestellt haben. **Die Abtretungserklärung müssen Sie eigenhändig unterschreiben.** Auf der Grundlage der Abtretungserklärung wird Ihr pfändbares Einkommen nach der Aufhebung des Insolvenzverfahrens für die Dauer der Wohlverhaltensperiode, die im Regelfall sechs Jahre nach der Eröffnung des Insolvenzverfahrens endet, an den **Treuhänder** abgeführt und von diesem an Ihre Gläubiger verteilt. Bitte lesen Sie die in der Anlage 3 enthaltenen **Erläuterungen zur Abtretungserklärung** gründlich und prüfen Sie, ob Sie von der Abtretungserklärung erfasste Forderungen in der Vergangenheit **abgetreten oder freiwillig verpfändet** haben.

Auf Abtretungen oder freiwillige Verpfändungen – **nicht** auf Forderungspfändungen auf Grund eines Pfändungs- und Überweisungsbeschlusses – müssen Sie in der Abtretungserklärung hinweisen; die Einzelheiten sind dann im *Ergänzungsblatt 5 H zum Vermögensverzeichnis* ⇨ 57, 58 anzugeben.
Dort können Sie auch ggf. Kopien der Abtretungsvereinbarungen beifügen.

Anlage 3 A
(Erklärung zur Abkürzung der Wohlverhaltensperiode)

20 Die **Anlage 3 A** müssen Sie **nur einreichen, wenn Sie bereits vor dem 1. Januar 1997 zahlungsunfähig waren.** Das Gericht stellt dann in dem Beschluss über die Ankündigung der Restschuldbefreiung bei Aufhebung des Insolvenzverfahrens fest, dass die Laufzeit der Abtretungserklärung nicht sechs, sondern nur fünf Jahre beträgt. Dass Sie bereits vor 1997 zahlungsunfähig waren, müssen Sie **durch Vorlage geeigneter Belege glaubhaft machen**.

Anlage 4
(Vermögensübersicht)

21 Die Vermögensübersicht enthält mit Ihrer **Erklärung zur Vermögenslage** die gedrängte Zusammenfassung Ihres gesamten Vermögens und Einkommens. Sie dient den Gläubigern, denen das *Vermögensverzeichnis* ⇨ 30 nicht zugestellt wird, und dem Gericht dazu, sich einen **raschen und im Wesentlichen vollständigen Überblick über Ihre Vermögenssituation** zu verschaffen. Regelmäßig müssen Sie die Angaben in der Vermögensübersicht durch **weitergehende Angaben** in den *Ergänzungsblättern 5 A bis 5 K zum Vermögensverzeichnis* ⇨ 31 - 64 ergänzen.

22 Ihre Angaben zum **Vermögen** erfassen außer Ihrem **Bargeld** alle Vermögensgegenstände, die in den *Ergänzungsblättern 5 A bis 5 F zum Vermögensverzeichnis* ⇨ 31 - 49 aufgeführt sind. Um die Angaben vollständig und richtig zu machen, sollten Sie daher **diese Anlagen vor dem Ausfüllen sorgfältig durchgehen**. Der **Wert der Vermögensgegenstände** ist in der Vermögensübersicht jeweils mit dem **Gesamtbetrag** einer Vermögensgruppe anzugeben. Soweit Vermögensgegenstände **mit Sicherungsrechten Dritter belastet** sind (z. B. Pfändungen, Sicherungsabtretungen an Ihre Bank, Eigentumsvorbehalte, Grundschulden), ist in der Spalte „Sicherungsrechte Dritter" der derzeitige, ungefähre **Wert der Belastung**, der sich regelmäßig aus der Höhe Ihrer restlichen Verbindlichkeit ergibt, anzugeben. Genaue Angaben zu den Sicherungsrechten machen Sie bitte in dem *Ergänzungsblatt 5 H zum Vermögensverzeichnis* ⇨ 56 .

23 Um die Angaben zu Ihren **monatlichen Einkünften** vollständig machen zu können, gehen Sie bitte zunächst das *Ergänzungsblatt 5 G zum Vermögensverzeichnis* ⇨ 50 - 53 sorgfältig durch. Geben Sie dann jeweils den **Nettogesamtbetrag** der Einkünfte an. Soweit die Einkünfte **mit Sicherungsrechten Dritter belastet** sind (insbesondere Gehaltspfändungen und –abtretungen) ist in der Spalte „Sicherungsrechte" die ungefähre Höhe der gesicherten Schuld einzusetzen. Bestehen Sicherungsrechte zu Gunsten mehrerer Gläubiger, so sind diese zusammenzurechnen. Genaue Angaben zu den Sicherungsrechten machen Sie bitte in dem *Ergänzungsblatt 5 H zum Vermögensverzeichnis* ⇨ 56 - 59.

24 Ihre **jährlichen Einkünfte** umfassen **alle sonstigen, regelmäßigen Einkünfte**, die im Einzelnen im *Ergänzungsblatt 5 G zum Vermögensverzeichnis* ⇨ 50 , 54 , 55 aufgeführt werden und hier mit ihrem **Jahresnettogesamtbetrag** anzugeben sind.

25 Soweit Ihre Einkünfte nicht ausreichen, um Ihren Lebensunterhalt zu bestreiten, geben Sie bitte hier an, durch welche Zuwendungen Sie Ihren **notwendigen Lebensunterhalt** bestreiten. Soweit Sie Unterstützungsleistungen von dritter Seite (z. B. durch Angehörige oder Freunde) erhalten, sind diese genau zu bezeichnen (Unterkunft, Verpflegung etc.); Bargeldzuwendungen sind mit ihrer monatlichen Durchschnittshöhe anzugeben.

26 Ihre **regelmäßig wiederkehrenden Zahlungsverpflichtungen**, insbesondere die von Ihnen **tatsächlich erbrachten** Unterhaltsleistungen und Mietzahlungen, werden im *Ergänzungsblatt 5 J zum Vermögensverzeichnis* ⇨ 60 - 62 erfasst und hier zusammengefasst.

27 Die **Erklärung zur Vermögenslosigkeit** können Sie nur abgeben, wenn Sie im Vermögensverzeichnis und in den Ergänzungsblättern **keine Angaben** zu machen haben, weil Sie **weder über Vermögen noch über regelmäßge Einkünfte** (hierunter fällt auch der Bezug von Sozialhilfe) verfügen und Ihren notwendigen Lebensunterhalt ausschließlich durch die unter 25 erläuterten Leistungen bestreiten.

28 Soweit Sie in dem *Ergänzungsblatt 5 K zum Vermögensverzeichnis* ⇨ 63 - 64 Angaben zu **Schenkungen und Veräußerungen** zu machen haben, sind diese hier mit ihrem **Gesamtwert** anzugeben.

29 Gemäß § 305 Abs. 1 Nr. 3 Halbsatz 2 InsO müssen Sie Ihren Angaben in der Vermögensübersicht, im Vermögensverzeichnis und im Gläubiger- und Forderungsverzeichnis die Erklärung beifügen, dass die darin enthaltenen Angaben richtig und vollständig sind. Die Richtigkeit und Vollständigkeit Ihrer Angaben versichern Sie mit Ihrer **Unterschrift.** Bitte **prüfen Sie daher jeweils besonders sorgfältig, ob Sie die Fragen zutreffend und umfassend beantwortet haben**. Wenn Sie bewusst oder aus Nachlässigkeit falsche oder unvollständige Angaben gemacht haben, kann Ihnen auf Antrag eines Gläubigers die **Restschuldbefreiung versagt** werden. Wer bewusst falsche oder unvollständige Angaben macht, um einen Vermögensvorteil (z. B. die Restschuldbefreiung) zu erlangen, macht sich **wegen Betruges strafbar**.

Anlage 5
(Vermögensverzeichnis)

30 Das **Verzeichnis Ihres Vermögens und Einkommens** besteht aus den Angaben, die Sie in der Vermögensübersicht gemacht haben, und aus den weitergehenden Angaben in den *Ergänzungsblättern zum Vermögensverzeichnis* ⇨ 31 - 64, soweit Sie hierauf in der Vermögensübersicht Bezug genommen

haben. **Ergänzungsblätter, in denen Sie keine Angaben zu machen haben**, weil Sie die entsprechenden Fragen in der Vermögensübersicht mit „Nein" beantwortet haben, **brauchen Sie nicht beizufügen**.

Ergänzungsblatt 5 A
(Guthaben auf Konten, Wertpapiere, Schuldbuchforderungen, Darlehensforderungen)

31 Bitte geben Sie zunächst den **genauen Namen des Kreditinstituts** (Bank, Sparkasse usw.) an, bei dem Sie das jeweilige Konto unterhalten, sodann die **genaue Kontonummer** und zu Nr. 1.2 bis 1.6 zusätzlich die **Art des Kontos**. Bei Termin-, Tagegeld- oder Festgeldkonten sowie bei Sparkonten und Ratensparverträgen ist zusätzlich der genaue Zeitpunkt der **Fälligkeit der Einlagen** anzugeben. In die Spalte „Stichtag" tragen Sie bitte den Zeitpunkt ein, zu dem Sie den Kontostand ermittelt haben. Dabei sollte die Angabe zeitnah zum Insolvenzantrag erfolgen, also zum Zeitpunkt der Antragstellung möglichst nicht älter als drei Wochen sein. Bei **Konten, die im Soll geführt werden**, ist dies in der Spalte „Guthaben" durch ein **vorangestelltes, deutlich sichtbares Minuszeichen** kenntlich zu machen. **Geschäftsanteile an Genossenschaftsbanken** sind in dem *Ergänzungsblatt 5 E* ⇨ 47 anzugeben. **Zinseinkünfte** tragen Sie bitte in dem *Ergänzungsblatt 5 F* ⇨ 55 ein.

32 Bitte geben Sie hier an, falls Sie **Wertpapiere** besitzen, falls Ihnen **offene Scheck- oder Wechselforderungen** zustehen oder falls Sie sonstige – auch private – **Darlehensforderungen gegen Dritte** geltend machen können. Soweit bei Wertpapieren vorhanden, sollte die **WKN** (Wertpapier-Kennnummer, auch WPKN) angegeben werden. **Aktien** sind als Beteiligungen an Kapitalgesellschaften in dem *Ergänzungsblatt 5 E* ⇨ 44 aufzuführen. Sofern Sie ein **Depot** unterhalten, geben Sie bitte die **Depot-Nr.** und den Namen der Bank oder Einrichtung an, die das Depot führt.

Ergänzungsblatt 5 B
(Hausrat, Mobiliar, Wertgegenstände und Fahrzeuge)

33 Anzugeben sind alle **Wertgegenstände, die sich dauerhaft in Ihrem Besitz befinden**; auf die Eigentumsverhältnisse ist ggf. im *Ergänzungsblatt 5 H zum Vermögensverzeichnis* ⇨ 56 einzugehen. Bitte geben Sie, soweit Sie **wertvollen Hausrat** besitzen, insbesondere also bei höherwertigen Stereoanlagen, Computern, Fernsehgeräten und anderen Geräten der Unterhaltungselektronik, **das ungefähre Alter der Geräte sowie deren Neupreis** an; der von Ihnen geschätzte **Zeitwert** ist in der Spalte „Wert" einzusetzen. Gleiches gilt für wertvolle Kleidungsstücke (insbesondere echte Pelze), Sportgeräte (z. B. Rennräder oder Sportboote) und alle übrigen Wertgegenstände in Ihrem Besitz.

34 Anzugeben sind alle **Kraftfahrzeuge, die sich dauerhaft in Ihrem Besitz befinden**. Ggf. ist auf den **gesonderten Aufbewahrungsort des Kraftfahrzeugbriefs** hinzuweisen; auf die Eigentumsverhältnisse ist ggf. im *Ergänzungsblatt 5 H zum Vermögensverzeichnis* ⇨ 56 einzugehen.

35 Sofern Sie die aufgeführten Gegenstände zur **Fortsetzung Ihrer Erwerbstätigkeit** benötigen, können Sie dies hier angeben und kurz begründen.

Ergänzungsblatt 5 C
(Forderungen, Rechte aus Erbfällen)

36 Soweit Sie **private Lebensversicherungen**, **Berufsunfähigkeits-** oder **Rentenversicherungen** abgeschlossen haben, besteht, auch wenn die Versicherungsleistungen noch nicht fällig sind, für den Fall der Auflösung des Versicherungsvertrags regelmäßig ein **Anspruch auf Auszahlung des Rückkaufwertes**. Bitte ermitteln Sie daher bei solchen Versicherungen möglichst den derzeitigen Rückkaufwert. Die **Versicherungsbeiträge** hinsichtlich dieser Versicherungen müssen Sie als regelmäßige Zahlungsverpflichtung im *Ergänzungsblatt 5 J* ⇨ 62 angeben. Im Übrigen können Forderungen aus Versicherungsverträgen etwa bestehen wegen **Beitragsrückerstattungen** oder wegen **Erstattungsansprüchen aus der Haftpflicht-, Hausrat- oder privaten Krankenversicherung**.

37 Wenn Sie noch **Ansprüche gegen Ihren derzeitigen oder einen früheren Arbeitgeber** haben, die **nicht** als **laufende Einkünfte** im *Ergänzungsblatt 5 G zum Vermögensverzeichnis* ⇨ 50 anzugeben sind, geben Sie hier bitte die vollständige Anschrift des Arbeitgebers sowie die Art und die Höhe der geschuldeten Leistungen an.

38 Geben Sie bitte nicht nur bereits durch Bescheid **festgestellte Steuererstattungsansprüche** an, sondern teilen Sie auch mit, wenn Sie auf Grund einer abgegebenen Steuererklärung **mit einer Steuererstattung rechnen**.

39 Hier sind **alle sonstigen Zahlungsansprüche** anzugeben, die nicht - wie etwa Ihre Rückzahlungsansprüche aus einem privaten Darlehen *(Ergänzungsblatt 5 A zum Vermögensverzeichnis)* ⇨ 32 - bereits

in einer anderen Rubrik erfasst werden. Hierunter fällt z. B. auch der Anspruch auf Rückzahlung einer von Ihnen geleisteten **Mietkaution**. Ggf. können Sie hier auch Angaben zur **Einbringlichkeit des Zahlungsanspruchs** machen, wenn etwa der Zahlungsanspruch von dem Gegner bestritten wird oder wenn sich der Schuldner der Forderung im Vermögensverfall befindet.

40 Soweit Ihnen nach einem **Erbfall** möglicherweise Rechte **als Erbe bzw. Miterbe** oder **Pflichtteilsansprüche** zustehen, teilen Sie bitte die Art und den ungefähren Wert Ihres Anspruchs auch dann mit, wenn die Rechtsnachfolge noch ungeklärt ist.

Ergänzungsblatt 5 D
(Grundstücke, Eigentumswohnungen, Rechte an Grundstücken)

41 Geben Sie bitte zunächst die **Lage des Grundbesitzes** sowie die **Nutzungsart** (selbst bewohnt, vermietet, verpachtet, gewerblich genutzt, leer stehend usw.) an. Teilen Sie dann die **genaue Grundbuchbezeichnung** mit oder fügen Sie einen **vollständigen, inhaltlich aktuellen Grundbuchauszug** bei. In der Spalte „Eigentumsanteil“ tragen Sie bitte „1/1“ ein, wenn Ihnen der Grundbesitz allein gehört; bei mehreren Eigentümern ist der entsprechende Bruchteil anzugeben (1/2, 1/4, 1/9 usw.). Bei **Eigentumswohnungen** ist **nur der Eigentumsanteil an dem Sondereigentum** anzugeben. Den **Verkehrswert** können Sie – etwa unter Zugrundelegung des von Ihnen gezahlten Kaufpreises – **schätzen**.

42 Die **Belastungen des Grundvermögens** (Grundschulden, Hypotheken usw.) ergeben sich entweder aus dem von Ihnen **beigefügten Grundbuchauszug** oder sie sind aus einem inhaltlich aktuellen Grundbuchauszug in die Rubrik zu übernehmen. Auch wenn Sie einen Grundbuchauszug beigefügt haben, müssen Sie den **derzeitigen Wert jeder Belastung**, das ist die Höhe, in der die zugrunde liegende Darlehensforderung einschließlich Zinsen und Kosten noch besteht, in der dafür vorgesehenen Spalte eintragen.

43 Falls die **Zwangsversteigerung** des Grundvermögens betrieben wird oder falls **Zwangsverwaltung** angeordnet wurde, sind hier das zuständige **Amtsgericht** und das **Geschäftszeichen** anzugeben.

Ergänzungsblatt 5 E
(Beteiligungen)

44 Soweit Sie Aktien oder sonstige Beteiligungen an Kapitalgesellschaften besitzen, geben Sie bitte neben der Beteiligungsform (Aktie usw.) Namen und Anschrift der Gesellschaft und – soweit vorhanden – die **WKN** (Wertpapier-Kennnummer, auch WPKN) sowie ggf. **die Depot-Nr.** und den **Namen der Depotbank** an. **Registergericht und HRB-Nr**. sind etwa **bei GmbH-Beteiligungen** anzugeben.

45 Wenn Sie **Gesellschafter** einer offenen Handelsgesellschaft (oHG), einer Partnerschaftsgesellschaft, einer Europäischen Wirtschaftlichen Interessenvereinigung (EWIV) oder einer Gesellschaft bürgerlichen Rechts (GbR) bzw. Komplementär oder Kommanditist einer Kommanditgesellschaft (KG) sind, sind hier die erforderlichen Angaben – auch zum Wert des Gesellschaftsanteils – zu machen.

46 Falls Sie an einer Kapital- oder einer Personengesellschaft als sogenannter **stiller Gesellschafter** beteiligt sind, müssen Sie dies hier angeben.

47 Eine **Beteiligung an einer Genossenschaft** liegt auch vor, wenn Sie bei einer **Genossenschaftsbank** (Volksbank, Raiffeisenbank, Sparda-Bank usw.) ein Konto besitzen und zu diesem Zweck einen **Geschäftsanteil** erworben haben.

Ergänzungsblatt 5 F
(Immaterielle Vermögensgegenstände und sonstiges Vermögen)

48 Wenn Sie Inhaber von **Urheber- oder Leistungsschutzrechten** oder Inhaber von **Patenten, Mustern** oder sonstigen **gewerblichen Schutzrechten** sind, geben Sie die Einzelheiten hier bitte so genau wie möglich an.

49 Bitte geben Sie hier Ihr **sonstiges Vermögen** an, soweit dies nicht bereits in einer anderen Rubrik erfragt worden ist.

Ergänzungsblatt 5 G
(Laufendes Einkommen)

50 Bitte bezeichnen Sie, wenn Sie derzeit **Einkünfte aus nichtselbständiger Arbeit** haben, zunächst Ihre **genaue Tätigkeit**. Soweit sich Ihr Tätigkeitsbereich in den vergangenen zwei Jahren wesentlich geändert hat, weisen Sie darauf bitte hin. Geben Sie sodann **Namen und Anschrift Ihres Arbeitgebers** an und teilen Sie – soweit vorhanden – auch die **Personal-Nr.** mit, unter der Sie bei Ihrem Arbeitgeber geführt werden. Um Ihre Angaben zu belegen, können Sie die **Verdienstbescheinigungen der letzten zwei Monate** beifügen.

1. Tragen Sie hier bitte Ihr **regelmäßiges Monatseinkommen** mit dem **Auszahlungsbetrag** (also abzüglich Steuern, Sozialabgaben und ggf. einbehaltener Pfändungs- bzw. Abtretungsbeträge) ein. Werden Beträge auf Grund von Pfändungen oder Lohnabtretungen einbehalten, so tragen Sie den **Abzweigungsbetrag** bitte ebenfalls ein. Nähere Angaben zu Pfändungen und Abtretungen machen Sie in diesem Fall bitte im *Ergänzungsblatt 5 H* ⇨ 57 - 59.

2. Soweit Sie **regelmäßige Zulagen** (Überstunden-, Nachtzuschläge usw.) erhalten, geben Sie bitte den **durchschnittlichen Monatsbetrag** ebenfalls mit dem Auszahlungsbetrag und ggf. mit dem Abzweigungsbetrag ein.

3. Soweit Ihr Arbeitgeber Ihnen **zusätzliche Leistungen** gewährt (z. B. vermögenswirksame Leistungen, Fahrtkostenzuschüsse, Verpflegungs- oder Unterkunftszuschüsse), tragen Sie diese bitte hier ein.

4. und 5. Soweit Sie im laufenden oder im vergangenen Jahr **Weihnachtsgeld** oder **Urlaubsgeld** erhalten haben, tragen Sie die zuletzt erhaltenen Zahlungen bitte hier ein.

6. Soweit Sie im Rahmen Ihrer Beschäftigung oder eines sonstigen Dienstverhältnisses **Tantiemen, Provisionen** oder zusätzliche **Aufwandsentschädigungen** erhalten, sind diese hier anzugeben, und zwar bei monatlicher Zahlungsweise in der Rubrik „monatlich", im Übrigen in der Rubrik „jährlich".

7. Sofern Sie infolge der Beendigung Ihres Arbeitsverhältnisses einmalig oder vorübergehend **Abfindungszahlungen** oder **Zahlungen aus einem Sozialplan** erhalten, geben Sie diese Zahlungen hier bitte **mit ihrem Gesamtbetrag** an.

51 Wenn Sie **Altersrente, Ruhestandsbezüge** oder sonstige **rentenähnliche Leistungen** erhalten, tragen Sie diese bitte hier mit ihrem **Auszahlungsbetrag** (also abzüglich Steuern, Sozialabgaben und ggf. einbehaltener Pfändungs- bzw. Abtretungsbeträge) ein. Werden Beträge auf Grund von Pfändungen oder Lohnabtretungen einbehalten, so tragen Sie den **Abzweigungsbetrag** bitte ebenfalls ein. Nähere Angaben zu Pfändungen und Abtretungen machen Sie in diesem Fall bitte im *Ergänzungsblatt 5 H* ⇨ 57 - 59. *Berufs- und Erwerbsunfähigkeitsrenten* sowie *Hinterbliebenen- und Unfallrenten* tragen Sie bitte weiter unten in der Rubrik *Leistungen aus öffentlichen Kassen* ⇨ 53 ein.

52 Soweit Sie **laufende Unterhaltszahlungen** (Barunterhalt) erhalten, sind Name und Anschrift der unterhaltspflichtigen Person(en) sowie die Höhe des regelmäßig gezahlten Unterhalts anzugeben. Werden Beträge auf Grund von Pfändungen oder Lohnabtretungen einbehalten, so tragen Sie den **Abzweigungsbetrag** bitte ebenfalls ein.

53 Hier sind Ihre regelmäßigen **Leistungen aus öffentlichen Kassen** anzugeben, also insbesondere **Arbeitslosengeld** sowie alle **Sozialleistungen** und alle **Renten mit Ausnahme der Altersrente**, die als *Leistung der Rentenversicherung* ⇨ 51 zu erfassen ist. Werden Beträge auf Grund von Pfändungen oder Lohnabtretungen einbehalten, so tragen Sie den **Abzweigungsbetrag** bitte ebenfalls ein.

54 Wenn Sie einen Gegenstand, ein Grundstück oder eine Wohnung **verpachten oder vermieten** (auch Untermiete), geben Sie hier bitte zunächst das Miet- oder Pachtobjekt sowie Namen und Anschrift der Mieter oder Pächter an. Ihre **Einkünfte** geben Sie bitte mit dem monatlichen oder jährlichen **Gesamtbetrag** (Bruttomiete einschließlich aller Vorauszahlungen auf Nebenkosten etc.) an.

55 Wenn Sie **Zinseinkünfte** haben, geben Sie den ungefähren Jahresbetrag dieser Einkünfte hier an. Daneben ist hier Raum für **weitere laufenden Einkünfte**, die nicht in einer anderen Rubrik erfasst sind.

Ergänzungsblatt 5 H
(Sicherungsrechte Dritter und Zwangsvollstreckungsmaßnahmen)

56 Wenn Sie Gegenstände (z. B. Ihren PKW) **unter Eigentumsvorbehalt erworben** oder **zur Sicherung übereignet** haben, geben Sie dies bitte hier an. Teilen Sie auch mit, wie hoch die gesicherte **Restschuld** derzeit noch ist. Nähere Angaben zum Wert des Sicherungsgegenstands machen Sie bitte im *Ergänzungsblatt 5 B* ⇨ 33 - 34.

57 Gleiches gilt, wenn Sie (etwa zur Sicherung eines Bankkredits) **Ihren Lohn** oder sonstige Forderungen **abgetreten** haben. Geben Sie hier bitte zusätzlich an, ob die Abtretung bei Ihrem Arbeitgeber offen gelegt ist, und ob der pfändbare Teil der Einkünfte abgeführt wird. Die **Höhe des Abzweigungsbetrags** ergibt sich aus Ihren Angaben im *Ergänzungsblatt 5 G* ⇨ 50 - 55 .

58 Soweit Sie Gegenstände oder Forderungen **freiwillig verpfändet** haben (z. B. in einem **Pfandleihhaus**), geben Sie dies bitte hier an. Teilen Sie auch mit, wie hoch die gesicherte **Restschuld** ist. Nähere Angaben zum Wert des Sicherungsgegenstands machen Sie bitte im *Ergänzungsblatt 5 B* ⇨ 33 - 34 .

59 Wenn Gegenstände im Wege der Zwangsvollstreckung **vom Gerichtsvollzieher gepfändet** wurden oder wenn Ihr Lohn oder sonstige Forderungen durch einen **Pfändungs- und Überweisungsbeschluss** des Vollstreckungsgerichts gepfändet wurde, ist dies im Einzelnen hier anzugeben. Die **DR-Nr.** (das ist das Aktenzeichen des Gerichtsvollziehers) ergibt sich aus dem Pfändungsprotokoll, **Name und Aktenzeichen des Vollstreckungsgerichts** befindet sich auf der Ihnen zugestellten Ausfertigung des Pfändungs- und Überweisungsbeschlusses.

Ergänzungsblatt 5 J
(Regelmäßig wiederkehrende Verpflichtungen)

60 Wenn Sie dritten Personen **tatsächlich regelmäßigen Unterhalt leisten**, geben Sie hier bitte die Personalien der Unterhaltsempfänger, das Familienverhältnis sowie Art und Höhe der regelmäßigen Unterhaltsleistung an. Soweit die Empfänger eigene Einnahmen haben, ist die Höhe dieser Einnahmen – soweit bekannt – mitzuteilen.

61 Ihre **Wohnkosten** ergeben sich regelmäßig aus Ihrem **Mietvertrag**. Anzugeben sind die darin ausgewiesene Kaltmiete und die Mietnebenkosten. Wenn die Nebenkosten nicht gesondert ausgewiesen werden, ist in der Rubrik „Kaltmiete" die Gesamtmiete und in der Rubrik „Nebenkosten" ein Strich einzutragen. Soweit neben Ihnen weitere Personen Teile der Miete zahlen, ist neben Ihrer Mietzahlung der Anteil Ihrer Mitbewohner anzugeben. Eine von Ihnen geleistete **Mietkaution** ist als *sonstiger Zahlungsanspruch* ⇨ 39 weiter oben zu erfassen.

62 **Weitere regelmäßige Zahlungsverpflichtungen** sind nur aufzuführen, soweit es sich nicht um unwesentliche Ausgaben im Rahmen der normalen Lebensführung handelt. Anzugeben sind etwa Verpflichtungen aus **Kredit-, Abzahlungskauf- oder Leasingverträgen** sowie **Lebensversicherungsbeiträge** ⇨ 36 und **außergewöhnliche Belastungen** (z. B. Mehraufwendungen bei Vorliegen einer Behinderung, regelmäßige Pflege- und Krankheitsaufwendungen usw.).

Ergänzungsblatt 5 K
(Schenkungen und entgeltliche Veräußerungen)

63 Wenn Sie in den vergangenen vier Jahren **Geld- oder Sachgeschenke** von nicht geringem Wert gemacht haben, die nach Ihren Lebensverhältnissen nicht als übliche Gelegenheitsgeschenke (Geburtstags-, Weihnachtsgeschenke usw.) anzusehen sind, müssen Sie hier den Empfänger sowie Gegenstand und Wert der Geschenke angeben.

64 Wenn Sie innerhalb der vergangenen zwei Jahre Gegenstände oder Forderungen an eine der im Antragsvordruck im Einzelnen aufgeführten **nahe stehenden Personen veräußert** haben, müssen Sie ebenfalls den Empfänger, den veräußerten Gegenstand und den Wert dieses Gegenstandes bzw. der von Ihnen erhaltenen Gegenleistung mitteilen.

Anlage 6
(Gläubiger- und Forderungsverzeichnis)

65 In dem Gläubiger- und Forderungsverzeichnis müssen Sie **alle Ihre Gläubiger mit allen gegen Sie gerichteten Forderungen** aufführen. Dabei genügt hier die **Kurzbezeichnung des Gläubigers**; die vollständigen Angaben zu den Gläubigern müssen Sie im *Allgemeinen Teil des Gerichtlichen Schuldenbereinigungsplans* ⇨ 69 erfassen. Achten Sie bitte darauf, dass die **lfd. Nr.** des Gläubigers im Schuldenbereinigungsplan und im Gläubigerverzeichnis jeweils übereinstimmt.

Zu jedem Gläubiger müssen Sie die Forderungen erfassen, die gegen Sie geltend gemacht werden, auch wenn Sie eine Forderung für unbegründet halten. Wenn ein Gläubiger **mehrere rechtlich selbständige**

Forderungen gegen Sie geltend macht, ist **jede Hauptforderung in eine neue Zeile** nach folgendem Beispiel einzutragen:

lfd. Nr.	Name des Gläubigers	Hauptforderung	Zinsen Höhe	Zinsen bis zum	Kosten	Forderungsgrund	Summe aller Forderungen
1	Mustermann	12.600,00	504,00	18.1.02	366,00	Vertrag vom ...	
		6.000,00				Schadenersatz wegen ...	19.470,00
2	Musterfrau GmbH	3.000,00	66,00	18.1.02	15,00	Warenlieferung vom ...	3.081,00

Die einzelnen Forderungen sind nach dem Betrag der **Hauptforderung**, den hierauf beanspruchten **Zinsen** und den vom Gläubiger geltend gemachten **Kosten** aufzuschlüsseln. Bei der **Berechnung der Zinsen** sollte möglichst für alle Gläubiger ein **einheitlicher Stichtag** zugrunde gelegt sein. Der Tag, bis zu dem die Zinsen berechnet sind, ist anzugeben. Wenn Sie die Forderung ganz oder teilweise für unbegründet halten, können Sie dies in der Spalte „Forderungsgrund" anmerken. In der letzten Spalte ist die **Summe aller Forderungen eines Gläubigers** einschließlich aller Zinsen und Kosten anzugeben.

Die **zweite Seite** des Gläubiger- und Forderungsverzeichnisses müssen Sie bei einem handschriftlichen Ausfüllen wegen der darauf befindlichen **Versicherung nach § 305 Abs. 1 Nr. 3 InsO** auch einreichen, wenn alle Angaben zu Gläubigern und Forderungen auf der ersten Seite Platz finden. Sollten mehr als 26 Forderungen einzutragen sein, kann die erste Seite des Verzeichnisses kopiert und eingelegt werden. Wenn der Vordruck mit dem Computer ausgefüllt wird, dürfen hier nach Aufhebung des Dokumentschutzes Zeilen eingefügt oder gelöscht werden.

Anlage 7
(Schuldenbereinigungsplan für das gerichtliche Verfahren - Allgemeiner Teil)

Der **gerichtliche Schuldenbereinigungsplan** enthält Ihre Vorschläge zu einer einvernehmlichen Einigung mit Ihren Gläubigern. Wenn das Gericht eine solche Einigung für möglich hält, ordnet es die Durchführung des gerichtlichen Schuldenbereinigungsplanverfahrens an. Es verzichtet auf die Durchführung, wenn eine Einigung unwahrscheinlich ist. Vor der Entscheidung des Gerichts erhalten Sie Gelegenheit zur Stellungnahme.

Eine **Annahme des Schuldenbereinigungsplans** im gerichtlichen Verfahren ist auch nach dem Scheitern eines inhaltsgleichen außergerichtlichen Einigungsversuchs möglich, **weil im gerichtlichen Verfahren das Schweigen der Gläubiger als Zustimmung zu dem Plan gilt**, und **weil das Gericht die Widersprüche einzelner Gläubiger auf Ihren Antrag hin ersetzen kann**, sofern die Mehrheit der Gläubiger dem Plan zugestimmt hat und die zustimmenden Gläubiger mehr als die Hälfte der Summe der gesamten Forderungen auf sich vereinigen.

66 Sie müssen in der Kopfzeile des Schuldenbereinigungsplans Ihren **Namen** und Ihre **vollständige Anschrift** einsetzen, weil der angenommene Schuldenbereinigungsplan wie ein gerichtlicher Vergleich einen Vollstreckungstitel darstellt, in dem die Beteiligten vollständig erfasst sein müssen.

67 Als **Datum des Schuldenbereinigungsplans** setzen Sie bitte zunächst das Datum des Insolvenzantrags ein. Wenn Sie im Verlauf des gerichtlichen Verfahrens einen **geänderten Schuldenbereinigungsplan** einreichen, ist hier jeweils das Datum der aktuellen Fassung einzusetzen.

68 In der **inhaltlichen Gestaltung** des Schuldenbereinigungsplans sind Sie weitgehend frei. Das Gesetz bestimmt lediglich, dass der Plan **Regelungen über die Sicherheiten der Gläubiger** enthalten muss. Deshalb sind neben dem *Allgemeinen Teil* stets auch die *ergänzenden Regelungen (Anlage 7 B)* ⇨ 72 einzureichen. Ob Sie für Ihr Angebot an die Gläubiger daneben den *Musterplan mit Einmalzahlung oder festen Raten* ⇨ 70, den *Musterplan mit flexiblen Raten* ⇨ 71 oder einen von diesen Vorgaben abweichenden *sonstigen Plan* verwenden, ist Ihnen freigestellt. Für **Gestaltung und Inhalt eines sonstigen Plans** bestehen **keine zwingenden Vorgaben**. Sie sollten aber stets darauf achten, dass sich aus dem Plan genau ergibt, wem Sie welche Leistungen zu welchem Zeitpunkt anbieten. Der Plan sollte präzise, verständlich und nachvollziehbar sein, damit Ihre Gläubiger und das Gericht zweifelsfrei erkennen können, **welche Rechte und Pflichten durch den Plan begründet werden**. Bitte beachten Sie auch, dass Ihren Gläubigern außer dem Plan nur die Vermögensübersicht zugestellt wird, sodass **sich alle wesentlichen Informationen zu Ihren Verbindlichkeiten** auch aus dem Plan ergeben sollten.

69 Jeder Ihnen **bekannte Gläubiger** ist mit seiner **vollständigen, zustellungsfähigen Anschrift** und, soweit – etwa bei Gesellschaften (GmbH, KG usw.) oder bei Minderjährigen – geboten, unter **Angabe des gesetzlichen Vertreters** anzugeben. Die **Angabe von Postfachanschriften ist nicht zulässig.** Soweit Ihnen ein Verfahrensbevollmächtigter des Gläubigers bekannt ist, können Sie diesen gleichfalls hier angeben. Die Gläubiger sind fortlaufend zu nummerieren. Aus Gründen der Übersichtlichkeit empfiehlt es sich, die Gläubiger **in alphabetischer Reihenfolge** zu sortieren. Zu jedem Gläubiger ist die **Gesamthöhe seiner Forderungen** sowie deren **prozentualer Anteil an der Gesamtverschuldung** mitzuteilen.

Bitte achten Sie darauf, dass Sie die Nummerierung auch im *Gläubiger- und Forderungsverzeichnis* ⇨ 65 und im *Besonderen Teil des Schuldenbereinigungsplans* ⇨ 70, 71 **einheitlich verwenden.**

Anlage 7 A
**(Schuldenbereinigungsplan für das gerichtliche Verfahren
Besonderer Teil - Musterplan mit Einmalzahlung oder festen Raten)**

70 Den **Musterplan mit Einmalzahlung bzw. festen Raten** können Sie verwenden, wenn Sie Ihren Gläubigern eine einmalige oder mehrere regelmäßige (meist monatliche) Zahlungen anbieten. Bitte geben Sie in der dem eigentlichen Zahlungsplan vorangestellten Rubrik zunächst Ihre **Gesamtverschuldung** (die Summe aller Forderungen Ihrer Gläubiger aus dem *Gläubiger- und Forderungsverzeichnis*), den **Gesamtregulierungsbetrag** (die Summe aller im Plan angebotenen Zahlungen) sowie die sich hieraus ergebende **Gesamtregulierungsquote** an. Bei Ratenzahlungen geben Sie bitte auch an, wie hoch die **monatliche Gesamtrate** (die Summe Ihrer monatlichen Zahlungen) ist.

Für die Durchführung des Plans besonders wichtig ist die Angabe der **Anzahl der Raten**, der **Zahlungsweise** und des **Zahlungsbeginns**. Auch **Sonderzahlungen**, die Sie zusätzlich zu den regulären Ratenzahlungen leisten wollen, sind hier genau zu bezeichnen. Soweit diese Angaben **für alle Gläubiger** in gleicher Weise gelten, machen Sie die Angaben bitte **nur in der** hierfür vorgesehenen **allgemein gültigen Rubrik „Zahlungsweise und Fälligkeit"**. Nur wenn für einzelne Gläubiger unterschiedliche Regelungen gelten sollen, müssen Sie die Spalte „Zahlungsweise und Fälligkeit" für diese Gläubiger ausfüllen.

Bitte beachten Sie bei der **Bestimmung des Zahlungsbeginns**, dass Sie die Zahlungen erst aufnehmen können, wenn das Gericht die **Annahme des Schuldenbereinigungsplans festgestellt** hat. Es empfiehlt sich daher, für den Beginn der Zahlungen keinen festen Zeitpunkt, sondern **eine auf die Annahme des Schuldenbereinigungsplans bezogene Regelung** vorzusehen (z. B.: „monatlich zum 3. Werktag, erstmals in dem auf die Feststellung der Annahme des Schuldenbereinigungsplans folgenden Monat").

Geben Sie in dem nachfolgenden Zahlungsplan nach der **lfd. Nr.** aus dem *Allgemeinen Teil des Schuldenbereinigungsplans* ⇨ 69 und der **Kurzbezeichnung** des Gläubigers die **Forderungen des Gläubigers**, wie im *Gläubiger- und Forderungsverzeichnis* ⇨ 65 erläutert, **jeweils nach Hauptforderung, Zinsen und Kosten aufgeschlüsselt** an. Die Aufschlüsselung dient hier zur Information der übrigen Gläubiger, denen das Gläubiger- und Forderungsverzeichnis nicht zugestellt wird. Geben Sie bitte auch an, ob die Forderung des Gläubigers **gesichert ist** (z. B. durch eine Lohnabtretung, eine Sicherungsübereignung, ein Pfandrecht oder eine Bürgschaft oder Mithaftung Dritter). Soweit dies der Fall ist, **müssen Sie** in den *Ergänzenden Regelungen (Anlage 7 B)* ⇨ 72 **angeben, inwieweit diese Sicherungsrechte von dem Plan berührt werden.**

Aus Gründen der Einheitlichkeit und Übersichtlichkeit sind auch im Schuldenbereinigungsplan **mehrere rechtlich selbständige Hauptforderungen eines Gläubigers** getrennt aufzuführen. Entsprechend ist die **Höhe der Einmalzahlung oder Rate für jede Forderung gesondert** anzugeben. Auch kann die **Regulierungsquote** (der prozentuale Anteil aller von Ihnen angebotenen Zahlungen an der Gesamtforderung des Gläubigers) bei mehreren Hauptforderungen eines Gläubigers unterschiedlich sein (etwa wegen nur teilweise bestehender Sicherungsrechte oder bei einer Forderung, deren Berechtigung Sie nicht oder nur teilweise anerkennen).

Anlage 7 A
**(Schuldenbereinigungsplan für das gerichtliche Verfahren
Besonderer Teil - Musterplan mit flexiblen Raten)**

71 Der **Musterplan mit flexiblen Raten** ist für die Fälle gedacht, in denen Sie Ihren Gläubigern keine festen Raten anbieten können oder wollen. Die Grundlage für die Berechnung der flexiblen Raten bildet dabei der **pfändbare Teil Ihres Einkommens**. Sie können Ihren Gläubigern **zusätzlich** zu dem pfändbaren Einkommensteil auch einen **Teil Ihres unpfändbaren Einkommens** anbieten oder bestimmen, dass Ihnen nach einer gewissen Laufzeit des Plans ein Teil des pfändbaren Einkommens verbleiben soll. Soweit der von Ihnen angebotene Zahlbetrag nicht dem jeweils pfändbaren Teil Ihres Einkommens entsprechen soll, müssen Sie dies in einer *Ergänzenden Regelung (Anlage 7 B)* ⇨ 72 eindeutig bestimmen.

Bitte geben Sie beim flexiblen Plan zunächst Ihre **Gesamtverschuldung** (die Summe aller Forderungen Ihrer Gläubiger aus dem *Gläubiger- und Forderungsverzeichnis*) sowie den **derzeit pfändbaren Teil Ihres Einkommens** an.

Für die Durchführung des Plans besonders wichtig ist die Angabe der **Gesamtlaufzeit des Plans**, der **Zahlungsweise** und des **Beginns der Laufzeit**. Soweit diese Angaben **für alle Gläubiger** in gleicher Weise gelten, machen Sie die Angaben bitte **nur in der** hierfür vorgesehenen **allgemein gültigen Rubrik „Zahlungsweise und Fälligkeit"**. Nur wenn für einzelne Gläubiger unterschiedliche Regelungen gelten sollen, müssen Sie Spalte „Zahlungsweise und Fälligkeit" für diese Gläubiger ausfüllen.

Bitte beachten Sie bei der **Bestimmung des Beginns der Laufzeit**, dass Sie Zahlungen erst aufnehmen können, wenn das Gericht die **Annahme des Schuldenbereinigungsplans festgestellt** hat. Es empfiehlt sich daher, für den Beginn der Laufzeit keinen festen Zeitpunkt, sondern **eine auf die Annahme des**

Schuldenbereinigungsplans bezogene Regelung vorzusehen (z. B.: „monatlich zum 3. Werktag, erstmals in dem auf die Feststellung der Annahme des Schuldenbereinigungsplans folgenden Monat").

Geben Sie in dem nachfolgenden Zahlungsplan nach der **lfd. Nr.** aus dem *Allgemeinen Teil des Schuldenbereinigungsplans* ⇨ 69 und der **Kurzbezeichnung** des Gläubigers bitte zunächst an, ob die Forderung des Gläubigers **gesichert ist** (z. B. durch eine Lohnabtretung, eine Sicherungsübereignung, ein Pfandrecht oder eine Bürgschaft oder Mithaftung Dritter). Soweit dies der Fall ist, **müssen Sie** in den *Ergänzenden Regelungen (Anlage 7 B)* ⇨ 72 regeln, **inwieweit diese Sicherungsrechte von dem Plan berührt werden**.

Sodann sind die **Forderungen des Gläubigers**, wie im *Gläubiger- und Forderungsverzeichnis* ⇨ 65 erläutert, **jeweils nach Hauptforderung, Zinsen und Kosten aufgeschlüsselt** anzugeben. Die Aufschlüsselung dient hier zur Information der übrigen Gläubiger, denen das Gläubiger- und Forderungsverzeichnis nicht zugestellt wird.

Aus Gründen der Einheitlichkeit und Übersichtlichkeit sind auch im Schuldenbereinigungsplan **mehrere Forderungen eines Gläubigers** getrennt aufzuführen. Auch kann der **Anteil des Gläubigers am Zahlbetrag** bei mehreren Hauptforderungen eines Gläubigers unterschiedlich sein (etwa wegen nur teilweise bestehender Sicherungsrechte oder bei einer Forderung, deren Berechtigung Sie nicht oder nur teilweise anerkennen).

Anlage 7 B
(Schuldenbereinigungsplan für das gerichtliche Verfahren Besonderer Teil – Ergänzende Regelungen)

72 Soweit Forderungen der Gläubiger **gesichert sind** (z. B. durch eine Lohnabtretung, eine Sicherungsübereignung, ein Pfandrecht, eine Bürgschaft oder Mithaftung Dritter), müssen Sie hier regeln, **inwieweit diese Sicherungsrechte von dem Plan berührt werden**. Sie können hier z. B. bestimmen, dass während der Laufzeit alle **Pfändungsmaßnahmen und Abtretungen ruhen** und **nach vollständiger Erfüllung des Plans wegfallen**. Auch können Sie regeln, ob und in welchem Umfang die **Mithaftung anderer Personen** (z. B. Bürgen) entfallen soll.

Falls gegen Sie die Zwangsvollstreckung betrieben wird und das Gericht im Anschluss an Ihren Insolvenzantrag die **Zwangsvollstreckung vorläufig einstellt**, sollten Sie hier auch regeln, ob die vorläufig nicht an die Gläubiger ausgezahlten Pfändungsbeträge beim Zustandekommen des Schuldenbereinigungsplans an die Pfändungsgläubiger ausgekehrt oder im Rahmen des Zahlungsplans anteilig an die Gläubiger verteilt werden sollen.

Ob und in welchem Umfang Sie darüber hinaus **ergänzende Regelungen** in Ihren Schuldenbereinigungsplan aufnehmen, ist Ihnen überlassen. Über die vielfältigen Gestaltungsmöglichkeiten kann Sie die Person oder Stelle beraten, die den außergerichtlichen Schuldenbereinigungsversuch begleitet hat. In Betracht kommen insbesondere **Verschlechterungs- oder Besserungsklauseln**, die einerseits Sie bei einer Verschlechterung Ihrer wirtschaftlichen Situation davor schützen, Ihre Zahlungsverpflichtungen aus dem Plan nicht mehr erfüllen zu können, andererseits den Gläubigern das Recht geben, bei einer deutlichen Besserung Ihrer Vermögensverhältnisse eine Anpassung der Zahlungen zu verlangen. Sinnvoll im Hinblick auf die mögliche **Zustimmungsersetzung durch das Insolvenzgericht** kann darüber hinaus die Aufnahme einer **Verfallklausel** sein, wonach die Gesamtforderung Ihrer Gläubiger für den Fall, dass Sie Ihre Zahlungspflichten aus dem Plan nicht erfüllen, unter bestimmten Voraussetzungen wieder in voller Höhe auflebt.

Anlage 7 C
(Schuldenbereinigungsplan für das gerichtliche Verfahren Erläuterungen zur vorgeschlagenen Schuldenbeeinigung)

73 Die **Erläuterungen zur vorgeschlagenen Schuldenbereinigung** sind **kein notwendiger Bestandteil des Schuldenbereinigungsplans**. Sie dienen dazu, einzelne Regelungen des Schuldenbereinigungsplans für die Gläubiger verständlich zu machen. So kann es sich beispielsweise empfehlen, die quotenmäßige Besserstellung eines Gläubigers zu erklären, um Einwendungen der schlechter gestellten Gläubiger entgegenzuwirken.

3. Weiterer Verfahrensgang

Nachdem der Schuldner den Antrag eingereicht hat, prüft das Insolvenzgericht zunächst die Zulässigkeit des Antrags sowie die Vollständigkeit der Unterlagen und fordert den Schuldner ggf. auf, das Fehlende unverzüglich zu ergänzen. Gem. § 305 Abs. 3 InsO gilt der Insolvenzantrag des Schuldners als zurückgenommen, wenn die erforderlichen Unterlagen nicht binnen eines Monats nach Aufforderung beigebracht werden. Der Schuldner kann in diesem Fall jedoch einen neuen Antrag stellen, muss jedoch darauf achten, dass der außergerichtliche Schuldenbereinigungsversuch nicht länger als 6 Monate zurückliegt[422]. **986**

Das Verfahren über den Eröffnungsantrag ruht bis zur Entscheidung über den Schuldenbereinigungsplan. Dieser Zeitraum soll gem. § 306 Abs. 1 InsO drei Monate nicht überschreiten. **987**

Innerhalb dieser Zeit prüft das Insolvenzgericht zunächst, ob ein gerichtliches Schuldenbereinigungsverfahren durchgeführt werden soll oder nicht. Sofern erkennbar ist, dass der Versuch eines gerichtlichen Schuldenbereinigungsverfahrens scheitern wird, ist es in das Ermessen des Insolvenzgerichts gestellt, ob dieser Verfahrensabschnitt durchgeführt werden soll oder bei Vorliegen der Eröffnungsvoraussetzung direkt in die 3. Stufe, das vereinfachte Verfahren, übergegangen wird.[423] Die Prognose trifft das Insolvenzgericht anhand der vorliegenden Unterlagen, insbesondere auf Grundlage des beigefügten gescheiterten außergerichtlichen Schuldenbereinigungsplans. **987a**

Beispiel 251

Durchführung des gerichtl. Schuldenbereinigungsverfahrens

> RA Walter U. reicht für seine Mandantin Marianne C. einen Verbraucherinsolvenzantrag nebst Anlagen ein. Anhand des gescheiterten außergerichtlichen Schuldenbereinigungsplans kann Insolvenzrichter Uwe A. erkennen, dass sich die Tante der C. Bereit erklärt hat, die Gläubiger ihrer Nichte zu 50 % zu befriedigen.
>
> Aus der beigefügten Erklärung des U. ergibt sich, dass der Plan lediglich an der Weigerung des Exfreundes E. der C. scheiterte.
>
> Insolvenzrichter A. wird daher das gerichtliche Schuldenbereinigungsverfahrens durchführen und die Zustimmung des E. gegebenenfalls nach § 309 InsO ersetzen. Er fordert daher von RA U. die für eine Zustellung an alle Gläubiger erforderliche Anzahl von Abschriften von Schuldenbereinigungsplan und Vermögensübersicht an (§ 306 Abs. 2 S. 2 InsO).

422 Vgl. § 305 Abs. 1 Nr. 1 InsO.
423 Vgl. Rz. 1004 ff. (1033)

Beispiel 252

Absehen vom gerichtl. Schuldenbereinigungsverfahrens

Hannelore T. kann ihren Gläubigern nur einen „Nullplan“ anbieten, da sie von Sozialhilfe lebt und nicht über pfändbares Vermögen verfügt. Für Insolvenzrichter A. ist erkennbar, dass die Durchführung des gerichtlichen Schuldenbereinigungsverfahrens eine reine Formalie bedeuten würde, wenn dem außergerichtlichen Plan 90 % der Gläubiger widersprochen haben. Er wird daher nach Anhörung der T.[424] die Fortsetzung des Verfahrens über den Eröffnungsantrag anordnen und direkt in das vereinfachte Verfahren übergehen.

987b Trotz des Ruhens des Verfahrens kann das Gericht Sicherungsmaßnahmen, z.B. ein allgemeines Verfügungsverbot an den Schuldner erlassen oder Maßnahmen der Zwangsvollstreckung einstellen oder untersagen (§§ 306 Abs. 2; 21 InsO). Die Einsetzung eines vorläufigen Insolvenzverwalters ist im Verbraucherinsolvenzverfahren demgegenüber nicht vorgesehen, da selbst im endgültigen Verfahren kein Insolvenzverwalter bestellt wird, sondern lediglich ein Treuhänder.

988 Sofern das Gericht ein gerichtliches Schuldenbereinigungsverfahren als erfolgversprechend ansieht, leitet es den Schuldenbereinigungsplan mit der Vermögensübersicht den vom Schuldner genannten Gläubigern gem. § 307 InsO zu. Die Gläubiger sind in dem Begleitschreiben darauf hinzuweisen, dass das Gläubiger- und Forderungsverzeichnis beim Insolvenzgericht zur Einsicht niedergelegt sind. Diese Verzeichnisse sind aus Kostengründen nicht zuzustellen.[425] Gleichzeitig werden die Gläubiger vom Insolvenzgericht aufgefordert, binnen einer Notfrist von einem Monat zu den Verzeichnissen und dem Schuldenbereinigungsplan Stellung zu nehmen. Die Zustellung erfolgt von Amts wegen förmlich, ohne dass die Zustellungserleichterung des § 8 InsO Anwendung finden.

989 Die Gläubiger sind gehalten, binnen der 1-Monatsfrist zu den Verzeichnissen und dem Schuldenbereinigungsplan Stellung zu nehmen. Ihnen obliegt die Überprüfung der Verzeichnisse und ggf. die Ergänzung ihrer Forderungen (§ 307 Abs. 1 InsO). Sofern ein Gläubiger dies versäumt, ist er mit einer Forderung, die der Schuldner in dem Verzeichnis nicht oder in geringerem Umfang aufgenommen hat, an der Abstimmung über den Plan ausgeschlossen. Im Fall der Annahme des Schuldenbereinigungsplanes erlischt die Forderung gem. § 308 Abs. 3 InsO.

---

424 Vgl. § 306 Abs. 1 S. 2 InsO.
425 Vgl. *Hess* InsO-Änderungsgesetz 2001, Rz. 1, 3.

4. Die Abstimmung über den Schuldenbereinigungsplan

Die Gläubiger stimmen über den Schuldenbereinigungsplan gem. §§ 307, 990
308 InsO im schriftlichen Verfahren ab. Eine ausdrückliche Zustimmung ist nicht erforderlich, auch im Schweigen liegt eine Annahme. Sofern ein Gläubiger dem Plan nicht zustimmt, sollte er zweckmäßigerweise die Gründe hierfür angeben, damit dem Schuldner die Möglichkeit der Nachbesserung gegeben wird.

Beispiel 253

Ergänzung der Angaben

Gläubigerin Uta M. teilt mit, dass sich ihre Forderung zwischenzeitlich erhöht habe und die ihr zustehende Quote daher nicht zutreffend ermittelt sei.

Sofern die Gläubiger in ihrer ersten Stellungnahme dem Plan nicht zu- 991
stimmen, hat das Gericht zu entscheiden, ob damit der gerichtliche Schuldenbereinigungsversuch gescheitert ist, oder ob ein erneuter Versuch zu unternehmen ist. Die Entscheidung hierüber trifft das Insolvenzgericht anhand der Stellungnahmen der Gläubiger. Sofern erforderlich, muss es dem Schuldner Gelegenheit geben, den Schuldenbereinigungsplan zu ändern oder zu ergänzen (§ 307 Abs. 3 InsO). In diesem Fall wird das Abstimmungsverfahren nochmals in Gang gesetzt.

Sofern sich die Gläubiger in der zweiten Abstimmung einverstanden 992
erklären, ist der Plan angenommen. Sofern kein einstimmiges Ergebnis erzielt wird, muss danach unterschieden werden, ob mehr als die Hälfte der Gläubiger den Schuldenbereinigungsplan abgelehnt haben oder ob die ablehnenden Gläubiger mehr als die Hälfte der Forderungen halten, in diesem Fall ist der Plan endgültig gescheitert und der Schuldner muss in das vereinfachte Insolvenzverfahren übergehen. Haben demgegenüber mehr als die Hälfte der Gläubiger zugestimmt, die mehr als Hälfte der Forderungen repräsentieren, so hat das Insolvenzgericht die Möglichkeit, die Zustimmung der widersprechenden Gläubiger (§ 309 InsO) zu ersetzen.

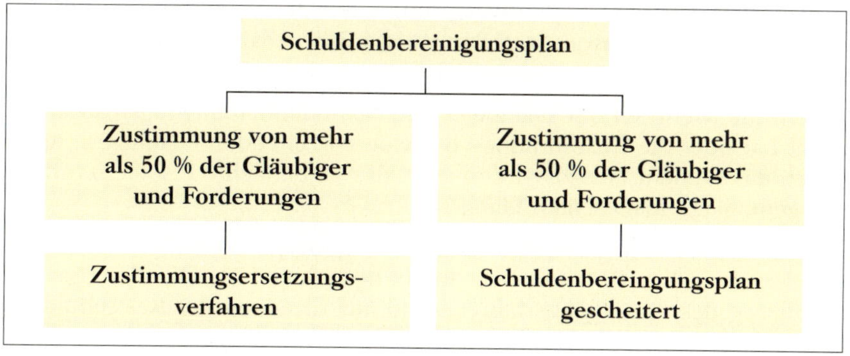

993 Die Ersetzung der Zustimmung eines widersprechenden Gläubigers kommt auf Antrag eines anderen Gläubigers oder des Schuldners in Betracht, sofern der widersprechende Gläubiger im Verhältnis zu den anderen Gläubigern angemessen beteiligt ist und durch den Schuldenbereinigungsplan wirtschaftlich nicht schlechter gestellt wird, als er bei Erteilung einer Restschuldbefreiung stünde. Das Kriterium der angemessenen Beteiligung stellt eine Ausprägung des Gleichheitsgrundsatzes gem. § 294 Abs. 2 InsO dar und fordert, dass Gläubiger gegen ihren Willen nicht schlechter gestellt werden dürfen, als andere ihnen rechtlich gleichgestellte Gläubiger.

Beispiel 254
Keine Schlechterstellung

> Durch den Schuldenbereinigungsplan erhält der Gläubiger für die Dauer von 6 Jahren eine Quote aus der Abtretung der pfändbaren Lohnforderungen. Bei Durchführung eines Verbraucherinsolvenzverfahrens und anschließendem Restschuldbefreiungsverfahren würde Gläubigerin Ilse P. in dem Insolvenzverfahren über das Vermögen der Ottilie K. nicht mehr erhalten, da kein sonstiges pfändbares Vermögen vorhanden ist.

994 Der widersprechende Gläubiger ist vor der Entscheidung des Insolvenzgerichts zu hören. Er hat die Gründe, die einer Ersetzung der Einwendungen durch eine Zustimmung entgegenstehen glaubhaft zu machen. Das Gericht hat sodann eine Vergleichsrechnung anzustellen, in dem die Befriedigungschancen im Fall der Restschuldbefreiung und im Fall der Annahme des Schuldenbereinigungsplanes gegenübergestellt werden. Hierbei schreibt § 309 Abs. 1 Nr. 2 InsO vor, daß die zum Zeitpunkt des Eröffnungsantrages maßgeblichen Einkommens-, Vermögens- und Familienverhältnisse des Schuldners für das gesamte Verfahren zugrunde gelegt werden können.

995 Gegen den Beschluss des Insolvenzgerichts über die Ersetzung der Zustimmung steht dem Antragsteller und dem Gläubiger, dessen Zustimmung ersetzt wird, die sofortige Beschwerde gem. § 309 Abs. 2 Satz 2 InsO zu.

995a In Falle der Zustimmungsverweigerung kann der Schuldner die Beiordnung eines Rechtsanwaltes verlangen (§§ 309 Abs. 2 i.V.m. § 4a Abs. 2 InsO).

996 Sofern die Mehrheit der Gläubiger den Schuldenbereinigungsplan abgelehnt hat oder die Zustimmung von widersprechenden Gläubigern nicht durch das Gericht ersetzt wird, nimmt das vereinfachte Insolvenzverfahren gem. § 311 InsO seinen Gang.

997 Im Fall der Annahme des Schuldenbereinigungsplanes stellt das Gericht das Ergebnis der Abstimmung durch Beschluss fest. Die Anträge auf Eröffnung des Insolvenzverfahrens und auf Erteilung der Restschuldbe-

freiung gelten in diesem Fall als zurückgenommen (§ 308 Abs. 2 InsO). Der festgestellte Schuldenbereinigungsplan hat gem. § 308 Abs. 1 InsO die Wirkung des Vergleiches i.S.d. § 794 Abs. 1 Nr. 1 ZPO.

§ 310 InsO regelt, dass den Gläubigern kein Anspruch auf Erstattung der Kosten, die ihnen im Zusammenhang mit dem Schuldenbereinigungsplan erwachsen sind, zusteht. Hiervon erfasst wird sowohl der gerichtliche Kostenerstattungsanspruch, als auch außergerichtlich entstandene Kosten. **998**

Das Gericht hat etwaige Sicherungsmaßnahmen (z.B. ein allgemeines Verfügungsverbot) aufzuheben. Bezüglich der begonnenen, aber durch einstweilige Einstellung gem. § 21 unterbrochenen Zwangsvollstreckungsmaßnahmen, ist eine Fortsetzung nur dann möglich, wenn in dem Schuldenbereinigungsplan keine abweichende Regelung getroffen wurde. Sofern die Forderung, wegen der die Zwangsvollstreckung betrieben wurde, im Rahmen des Schuldenbereinigungsplanes erlassen oder reduziert wurde, muss der Schuldner im Wege der Vollstreckungsgegenklage gem. § 767 ZPO vorgehen. **999**

Beispiel 255

Keine Zwangsvollstreckung

> Trotz des Teilerlasses der Forderung des Rudi K. und der Zahlung einer jährlichen Quote, unternimmt Rudi K. erneut Zwangsvollstreckungsversuche gegen den Schuldner Waldemar U.

Materiellrechtlich hat der Schuldenbereinigungsplan die Wirkung eines Vergleiches, d.h. die Forderungen der Gläubiger können nur noch in der Höhe und zu dem Zeitpunkt geltend gemacht werden, wie in dem Schuldenbereinigungsplan vereinbart. Forderungen, auf die ein Gläubiger verzichtet hat, leben im Fall des Schuldnerverzuges nur dann wieder auf, wenn eine Verfallklausel in dem Plan vorgesehen war. **1000**

Sofern der Schuldner mit der Erfüllung der in dem Plan vorgesehenen Forderungen in Verzug gerät, kann ein erneutes Insolvenzverfahren in Gang kommen. **1001**

Beispiel 256

Erfüllung des Plans

> Gerlinde L. hat mit ihren Gläubigern im Rahmen eines Schuldenbereinigungsplanes die Zahlung von monatlichen Raten in Höhe ihres pfändbaren Einkommens vereinbart. Kurze Zeit nach Zustandekommen des Schuldenbereinigungsplanes erkrankt L. schwer und verliert infolgedessen ihren Arbeitsplatz. Mit dem Arbeitslosengeld kann sie die monatlichen Zahlungen nicht mehr erbringen.

Der Schuldenbereinigungsplan kann, da er den Vorschriften über den Prozessvergleich unterliegt, unwirksam sein, sofern der zugrunde gelegte Sachverhalt der Wirklichkeit nicht entspricht, der Streit oder die Unge- **1002** wissheit bei Kenntnis der Sachlage nicht entstanden sein würde (§ 779 Abs. 1 BGB, der auch auf Prozessvergleiche anwendbar ist).

1003 Daneben kommt u.U. eine Anfechtung wegen arglistiger Täuschung in Betracht.

Beispiel 257

Anfechtung

Adalbert E. hat seinen Gläubigern verschwiegen, dass er noch eine Ferienvilla in Marbella besitzt, dessen Verkehrswert die Schulden des E. bei weitem übersteigen. Gläubiger Urban O., der den E. bislang nicht persönlich getroffen hat, trifft den E. zufällig in einer Strandbar. Von seiner Freundin Luisa erfährt O., dass E. außerdem Eigentümer einer Yacht ist.

V. Das vereinfachte Verbraucherinsolvenzverfahren

1004 Scheitert auch das gerichtliche Schuldenbereinigungsverfahren oder erachtet das Gericht die Durchführung dieses Verfahrens als wenig aussichtsreich,[426] so wird das Verfahren über den Eröffnungsantrag des Schuldners von Amts wegen gem. § 311 InsO wieder aufgenommen. Der Schuldner kann in diesem Verfahrensstadium seinen Insolvenzantrag jedoch noch zurücknehmen (§ 13 Abs. 2 InsO). Da die meisten Schuldner das Verbraucherinsolvenzverfahren in Hinblick auf das Restschuldbefreiungsverfahren durchlaufen, ist eine Rücknahme des Antrages in diesem Stadium des Verfahrens jedoch relativ selten.

1005 Sofern der Antrag aufrecht erhalten bleibt, hat das Gericht über ihn nach den allgemeinen Regeln zu entscheiden. Zu prüfen ist also, ob ein Insolvenzgrund, d.h. Zahlungsunfähigkeit oder drohende Zahlungsunfähigkeit (§§ 17, 18 InsO) vorliegt (der Insolvenzgrund der Überschuldung findet auf natürliche Personen keine Anwendung). Das Insolvenzgericht kann des Weiteren Sicherungsmaßnahmen erlassen, sofern dies nicht bereits geschehen ist.

1006 Im Fall der Verfahrenseröffnung normieren die §§ 312 bis 314 InsO eine Reihe von Verfahrensvereinfachungen.

426 Vgl. oben Rz. 987a.

Der Ablauf des Verfahrens ist gestrafft, die Termine wurden auf ein Minimum reduziert. Gegenüber dem normalen „Insolvenzverfahren" gibt es folgende Besonderheiten: 1007

- Die in § 88 InsO vorgesehene Rückschlagssperre beträgt an Stelle eines Monates 3 Monate; d.h. Sicherungen, die Insolvenzgläubiger im Verlauf des letzten Vierteljahres vor Verfahrenseröffnung erlangt hat, sind unwirksam (§ 312 Abs. 1 InsO).
- Die Bekanntmachungen im vereinfachten Insolvenverfahren erfolgen aus Kostengründen nur auszugsweise. Auf wiederholte Bekanntmachungen wird verzichtet (§ 312 Abs. 1 InsO).
- Anstelle eines Insolvenzverwalters wird ein Treuhänder bestellt (§ 313 InsO). Die Rechtsstellung des Treuhänders im vereinfachten Insolvenzverfahren entspricht zum Teil der des Insolvenzverwalters. Die §§ 56 bis 66 InsO bezüglich der Abwahl des Verwalters, Haftung, Rechnungslegung, Aufsicht etc. finden entsprechende Anwendung (§ 313 Abs. 1 InsO). Die Verteilung der Insolvenzmasse erfolgt nach den allgemeinen Regeln, es gelten die Rangfolgen des ordentlichen Insolvenzverfahrens. Zur Verwertung s.u.
- Es gibt keinen Berichtstermin, da die Gläubiger bereits im gerichtlichen Schuldenbereinigungsverfahren die Möglichkeit einer Stellungnahme hatten. Stattdessen findet nur ein Prüfungstermin statt (§ 312 Abs. 1 InsO).
- Das Verfahren kann gesamt oder teilweise schriftlich durchgeführt werden, sofern die Vermögensverhältnisse überschaubar und die Zahl der Gläubiger oder die Höhe der Verbindlichkeiten gering ist (§ 312 Abs. 2 InsO); beispielsweise, wenn die Schuldnerin Ilona P. 5 Gläubiger hat, denen sie insgesamt 15.000,00 € schuldet.
- Die Regelung über den Insolvenzplan und die Eigenverwaltung finden keine Anwendung (§ 312 Abs. 3 InsO).
- Das Recht der Insolvenzanfechtung wird durch die Gläubiger ausgeübt (§ 313 Abs. 2 InsO).

Beispiel 258

Insolvenzanfechtung

> Omar T. hat seiner Ehefrau Shalifa vor Insolvenzantragstellung einen wertvollen Perserteppich weit unter Wert verkauft. Der Gläubiger Mohammed P. hat davon erfahren und berichtet der Gläubigerversammlung hiervon. Die Gläubiger ermächtigen den P. den Anfechtungsprozess zu führen. Nachdem P. die Veräußerung weitgehend erfolgreich angefochten hat, entnimmt er dem an ihn gezahlten Betrag die ihm auferlegten Kosten und leitet das übrige Geld dem Treuhänder zu, der den Erlös unter der Gläubigergesamtheit verteilt.

- Die Verwertung von Absonderungsrechten obliegt ebenfalls den Gläubigern (§ 313 Abs. 3 InsO). Da im vereinfachten Verbraucherinsolvenzverfahren das Verwertungsrecht bei Absonderungsrechten den Absonderungsberechtigten zusteht (§ 313 Abs. 3 InsO), entfallen die Verwertungskostenbeiträge gem. §§ 170, 171 InsO zugunsten der Masse.

Beispiel 259

Absonderungsrechte

Nachdem die Eröffnung des Verbraucherinsolvenzverfahren über das Vermögen der Veronika L. erfolgt ist, verlangt ihre Bank den sicherungsübereigneten PKW heraus.

- Das Gericht kann auf Antrag des Treuhänders und nach vorheriger Anhörung der Schuldner eine vereinfachte Verteilung der Insolvenzmasse anordnen (§ 314 Abs. 1 InsO), bei der auf eine Verwertung ganz oder teilweise verzichtet werden kann, sofern der Schuldner einen vom Gericht bestimmten Betrag, der dem Wert der Masse entspricht, innerhalb einer Frist an den Treuhänder zahlt. Da es sich in der Praxis allerdings derzeit regelmäßig um Schuldner handelt, die vom Gerichtsvollzieher bereits häufiger als von sonstigen Personen besucht wurden, ist in den meisten Fällen so gut wie kein verwertbares Massevermögen vorhanden.

1008 Die Verwertung der Masse ist vor allem dann einer Ausgleichszahlung vorzuziehen, wenn Meinungsverschiedenheiten über den Wert der Massegegenstände zu befürchten sind. Interessant ist eine Ausgleichszahlung für solche Gegenstände, die aufgrund ihres relativ geringen Gebrauchswertes, einen niedrigen Veräußerungserlös erwarten lassen, aber für den Schuldner einen hohen Nutzungswert darstellen. Vor der Entscheidung über die Anordnung einer Ausgleichszahlung hat das Gericht die Gläubiger zu hören.

1009 Die Anordnung einer Ausgleichszahlung ist nicht zulässig für Gegenstände an denen Absonderungsrechte bestehen, da sich die Anordnung in § 314 Abs. 1 InsO nur auf die Gegenstände bezieht, zu deren Verwertung der Treuhänder berechtigt ist.

Beispiel 260

Keine Ausgleichszahlung

Um zu vermeiden, dass in dem Verbraucherinsolvenzverfahren über das Vermögen ihrer Schwester Lisbeth auch noch der PKW, den diese für den Weg zur Arbeitsstätte benötigt – das einzige werthaltige Vermögen – veräußert wird, stellt Frauke O. ihrer Schwester 3.500,00 € zur Verfügung. Dies entspricht dem bei einer Veräußerung erzielbaren Wert.

1010 Die Rechtswirkungen der Verfahrenseröffnung entsprechen denen des normalen Insolvenzverfahrens, d.h. der Schuldner verliert die Verwaltungs- und Verfügungsbefugnis über sein zur Masse gehörendes Vermögen (§ 80 InsO). Anstelle eines Insolvenzverwalters übernimmt jedoch der vom Gericht bestimmte Treuhänder die Verwaltungs- und Verfügungsbefugnis.

Die Insolvenzmasse besteht wie im „normalen" Insolvenzverfahren aus dem gesamten der Zwangsvollstreckung unterliegenden Vermögen des Schuldners gem. §§ 35, 36 InsO. **1011**

Sofern Aussonderungsrechte bestehen, können die betroffenen Gegenstände gem. § 47 InsO aus der Insolvenzmasse ausgesondert werden. **1012**

Beispiel 261

Aussonderung

> Ute K. hat sich den Zweitwagen ihres Freundes Karsten U. ausgeliehen. U. verlangt den PKW vom Treuhänder Tobias G. heraus.

Die Entscheidung über einen Antrag des Schuldners auf Erteilung der Restschuldbefreiung kann seitens des Gerichts erst nach Abschluss der Verteilung bzw. der vereinfachten Verteilung gem. § 314 InsO – in diesem Fall nach Zahlung des Ablösungsbetrages – getroffen werden. Die Restschuldbefreiung ist gem. § 314 Abs. 3 InsO auf Antrag eines Insolvenzgläubigers zu versagen, wenn der Schuldner die Ausgleichszahlung auch nach Ablauf einer Nachfrist von 2 Wochen nicht gezahlt hat. Der Schuldner ist darauf hinzuweisen und vor der Entscheidung anzuhören[427]. **1013**

427 Vgl. im Übrigen zur Restschuldbefreiung unten Rn. 1014 ff.

M. Die Restschuldbefreiung

I. Allgemeines

1014 Die Vorschriften über die Restschuldbefreiung sollen es dem redlichen Schuldner ermöglichen, einer oft lebenslangen Nachhaftung zu entgehen.

Beispiel 262

Restschuldbefreiung

Thea F. stand nach dem frühen Tod Ihres Mannes vor einem nicht abbezahlten Haus und Verbindlichkeiten aus einer laufenden Autofinanzierung. Wegen ihrer drei kleinen Kinder, von denen eines behindert ist, kann sie nur eine Teilzeittätigkeit aufnehmen. Durch die Behinderung ihrer jüngsten Tochter hat sie weitere zusätzliche finanzielle Belastungen für Fördermaßnahmen, die die Krankenkasse nicht erstattet. Mit den knapp 750,00 € Nettoverdienst und einer Witwenrente von weiteren 1.000,00 €, die sie erhält, kann sie die Darlehensraten und sonstigen Verbindlichkeiten nicht mehr aufbringen. Das Haus wird versteigert, Thea F. und die Kinder müssen in eine 3-Zimmer-Wohnung ziehen. Der Gerichtsvollzieher wird zu einem häufigen Gast. Dadurch, dass die Gläubiger wiederholt Vollstreckungsversuche unternehmen wird die Verjährung immer wieder unterbrochen. 1998 durchläuft Thea F. das außergerichtliche Schuldenbereinigungs- und Verbraucherinsolvenzverfahren. Nach dem Abschluss des Verfahrens geht sie in das Restschuldbefreiungsverfahren über.

1015 Restschuldbefreiung kann nach § 286 InsO nur natürlichen Personen gewährt werden. Hintergrund dieser Regelung ist der Umstand, dass Gesellschaften ohne Rechtspersönlichkeit und juristische Personen ohnehin regelmäßig durch die Eröffnung des Insolvenzverfahrens aufgelöst werden. Aufgrund eines Insolvenzplanes, in dem der Fortbestand der Gesellschaft vorgesehen wird, kann allerdings ihre Fortsetzung beschlossen werden.[428]

---

428 Vgl. z.B. § 274 Abs. 2 Nr. 1 AktG, § 60 Abs. 1 Nr. 4 GmbHG, § 117 Abs. 1 GenG.

II. Zulässigkeit des Antrages auf Restschuldbefreiung

Das Restschuldbefreiungsverfahren ist erst zulässig, nachdem der Schuldner ein Insolvenzverfahren durchlaufen hat. Handelt es sich bei dem Schuldner um einen Verbraucher i.S.d. §§ 304 ff. InsO, so muss er zunächst das Verbraucherinsolvenzverfahren über sich ergehen lassen, das heißt, das außergerichtliche und gegebenenfalls gerichtliche Schuldenbereinigungsverfahren und nach dessen Scheitern das vereinfachte Insolvenzverfahren. **1016**

1. Vorrang des Insolvenzverfahrens

Das Restschuldbefreiungsverfahren kann erst durchgeführt werden, nachdem ein Insolvenzverfahren stattgefunden hat. Persönlich haftende Unternehmer müssen hierzu zunächst das reguläre Insolvenzverfahren durchlaufen, in dem die zur Verfügung stehende Masse verwertet und verteilt wird. Verbraucher haben, sofern sie selbst einen Insolvenzantrag stellen, zunächst das außergerichtliche und gerichtliche Schuldenbereinigungsverfahren[429] zu durchlaufen, bevor sie in das vereinfachte Insolvenzverfahren eintreten. **1017**

Stellt der Schuldner keinen eigenen Insolvenzantrag, ist es fraglich, ob aufgrund des Gläubigerantrages ohne Durchführung eines Schuldenbereinigungsverfahrens dem Schuldner die Restschuldbefreiung gewährt werden kann.[430] **1017a**

Der Gesetzgeber geht zu Recht davon aus, dass eine unterschiedliche Behandlung der Verbraucherinsolvenzverfahren, bei denen ein Eigenantrag vorliegt, und solchen, bei denen ein Gläubiger die Eröffnung des Insolvenzverfahrens beantragt hat, nicht gerechtfertigt ist. Das Schuldenbereinigungsverfahren würde entwertet, wenn der Schuldner durch den Insolvenzantrag eines ihm z.B. wohl gesonnenen Gläubigers den außergerichtlichen und den gerichtlichen Einigungsversuch umgehen kann. Das Schuldenbereinigungsverfahren will zum einen eine gütliche Bereinigung der Insolvenzsituation fördern und dem Rechtsfrieden dienen, zum anderen aber auch zur Entlastung der Insolvenzgerichte beitragen, bei- **1017b**

429 S.o. Rn. 942 ff.
430 Quelle: *Hess* InsolvenzrechtsänderungsG.

spielsweise dadurch, dass im außergerichtlichen Einigungsverfahren die Verschuldungsgeschichte des Schuldners aufgearbeitet, die Unterlagen geordnet und ein Status über die Vermögenssituation erstellt wird. Es darf deshalb nicht in das Belieben des Schuldners gestellt werden, ob er den ersten Verfahrensabschnitt durchführen muss.

1017c Die Restschuldbefreiung kann deshalb nur erlangt werden, wenn der Schuldner einen eigenen Insolvenzantrag stellt und den Antrag auf Restschuldbefreiung regelmäßig mit dem Eröffnungsantrag verbindet (§ 287 Abs. 1). Stellt der Schuldner die beiden Anträge nicht gemeinsam, etwa aus Unkenntnis über die Möglichkeit einer Restschuldbefreiung, so hat er dies innerhalb von 2 Wochen nachzuholen, nachdem er gem. § 20 Abs. 2 InsO über die Möglichkeit der Restschuldbefreiung belehrt worden ist.

1017d Mit der Regelung ist eine Gleichstellung des Regelinsolvenzverfahrens und des Verbraucherinsolvenzverfahrens erfolgt, da sowohl im Verbraucherinsolvenzverfahren als auch im Regelinsolvenzverfahren spätestens nach der in § 20 Abs. 2 InsO vorgesehenen Belehrung der Schuldner sowohl im Regel- als auch im Verbraucherinsolvenzverfahren die Restschuldbefreiung beantragen muss.

1018 Sofern ein Insolvenzverfahren von vornherein mangels Masse abgelehnt wird (§ 26 InsO) oder aus sonstigen Gründen nicht eröffnet wird, so scheidet auch das Restschuldbefreiungsverfahren aus.

1019 Allerdings besteht auch hier wieder die Möglichkeit der Gewährung von Prozesskostenhilfe.

1020 Das Restschuldbefreiungsverfahren scheidet auch dann aus, wenn das Verfahren vorzeitig mangels Masse gemäß § 207 InsO wieder eingestellt wird. Findet dagegen im Fall des § 209 InsO eine Verwertung und Verteilung vor der Einstellung des Insolvenzverfahrens statt, so bleibt das Restschuldbefreiungsverfahren zulässig.

2. Antrag des Schuldners

1021 Voraussetzung der Restschuldbefreiung ist ein Antrag des Schuldners, den er – sofern es sich um einen persönlich haftenden Unternehmer handelt – zusammen mit dem Eröffnungsantrag oder spätestens 2 Wochen nach dem Hinweis des Gerichts gemäß § 20 Abs. 2 InsO stellen kann.

1022 Handelt es sich bei dem Schuldner um einen Verbraucher, so hat er den Antrag gemeinsam mit dem Eröffnungsantrag und dem Schuldenbereinigungsplan beim Insolvenzgericht vorzulegen (§ 305 Abs. 1 Nr. 2 InsO). Fehlt eine Äußerung des Schuldners zur Frage der Restschuldbefreiung, so fordert das Insolvenzgericht ihn auf, innerhalb einer bestimmten Frist hierzu Stellung zu nehmen. Schweigt der Schuldner daraufhin, so gilt sein Eröffnungsantrag insgesamt als zurückgenommen. Im Fall eines Gläubigerinsolvenzantrages kann der Schuldner den Antrag auf Restschuldbefreiung spätestens im Berichtstermin stellen.

Der Antrag ist schriftlich einzureichen oder zu Protokoll der Geschäfts- **1023**
stelle zu erklären (§ 287 Abs. 2 Satz 2 InsO).

3. Abtretung des Arbeitsentgelts

Dem Restschuldbefreiungsantrag ist eine Erklärung des Schuldners bei- **1024**
zufügen, dass er den pfändbaren Anteil seines Arbeitseinkommens oder an dessen Stelle tretende Bezüge für die Dauer von 6 Jahren an einen vom Gericht zu bestimmenden Treuhänder abtritt.

In der Vergangenheit wurde die seinerzeit eingeführte 7-jährige Wohlver- **1024a**
haltensperiode, während der der Schuldner den pfändbaren Teil seiner Bezüge aus einem Dienstverhältnis an einen Treuhänder abzutreten hat, für einen durchschnittlichen Schuldner als zu lang angesehen, da ein solcher nur schwer in der Lage sei, über einen so erheblichen Zeitraum sein Leben an den Pfändungsfreigrenzen auszurichten.

Die Neuregelung hilft dem Schuldner zum einen dadurch, dass die Wohl- **1024b**
verhaltensperiode von 7 auf 6 Jahre abgekürzt wird, und zum anderen die Laufzeit der Abtretung nicht erst mit der Aufhebung, sondern bereits mit der Eröffnung des Insolvenzverfahrens beginnt. Dies wird zu einer deutlichen Erleichterung für den Schuldner beitragen, da in der Vergangenheit die durchschnittliche Laufzeit eines Insolvenzverfahrens zwischen einem und zwei Jahren lag.[431]

Die Abkürzung der Wohlverhaltensphase war deshalb gerechtfertigt, weil **1024c**
dadurch in die Rechtsposition der Gläubiger nicht unverhältnismäßig eingegriffen wird.

Die Festlegung des Beginns der Laufzeit der Abtretung auf den Zeit- **1024d**
punkt der Verfahrenseröffnung beseitigt die für den Schuldner unbefriedi-

---

431 S. hierzu *Pape* ZInsO 2001, 587, 593, der darauf hinweist, dass damit Verzögerungen, die der Schuldner nicht zu vertreten hat, auch nicht zu seinen Lasten gehen.

gende Situation, dass durch die Dauer des Insolvenzverfahrens der Eintritt in die Wohlverhaltensphase nachhaltig verzögert wird.

1024e Auch unter Gleichbehandlungsgesichtspunkten hält es der Gesetzgeber für kaum vermittelbar, wenn in ähnlich gelagerten Fällen ein Schuldner deutlich später in das Restschuldbefreiungsverfahren gelangt, als ein vergleichbarer anderer Schuldner. Es ist daher zu begrüßen, dass die Laufzeit der Abtretung mit einem Ereignis beginnt, das einerseits leicht feststellbar ist, andererseits von der Dauer des Insolvenzverfahrens, die teilweise auch von der Gerichtsbelastung beeinflusst ist, unabhängig wird.

1025 Die vom Schuldner erklärte Abtretung steht unter dem Vorbehalt, dass das Insolvenzgericht das Restschuldbefreiungsverfahren zulässt und einen Treuhänder bestellt. Dementsprechend erfolgt die Annahme der Abtretung erst mit Rechtskraft des Annahmebeschlusses (§ 289 InsO).

1026 Von der Abtretungserklärung erfasst werden die pfändbaren Bezüge aus einem Dienstverhältnis mit dem gegenwärtigen oder künftigen Arbeitgeber für die Dauer von 6 Jahren. Handelt es sich bei dem Schuldner nicht um einen Arbeitnehmer, so treten an die Stelle der Dienstbezüge sonstige laufende Bezüge wie z.B. Renten. Dem Bestimmtheitsgrundsatz wird Rechnung getragen, sofern die Vorausabtretung der künftigen Forderungen individualisierbar ist. Ausreichend ist es hierfür, wenn die Abtretung uneingeschränkt auf den pfändbaren Teil der Lohnansprüche bezogen ist.

1027 Um zu verhindern, dass die Restschuldbefreiung an bestehenden Abtretungsverboten scheitert, erklärt § 278 Abs. 3 InsO derartige Abtretungsverbote und auch Zustimmungsvorbehalte innerhalb des Restschuldbefreiungsverfahrens für unwirksam, soweit sie eine Abtretung zum Zweck der Restschuldbefreiung vereiteln oder sonst beeinträchtigen würden.

1028 Frühere Abtretungen des Schuldners oder Verpfändungen werden gem. § 114 Abs. 3 InsO auf einen Zeitraum von 2 Jahren beschränkt. Der Schuldner ist gem. § 287 Abs. 2 Satz 2 InsO verpflichtet in seinem Restschuldbefreiungsantrag auf derartige Abtretungen oder Verpfändungen hinzuweisen. Auf die Zulassung des Restschuldbefreiungsantrages hat dies keinen Einfluss, der Hinweis soll lediglich den Gläubigern Klarheit über die zu erwartenden Geldeingänge verschaffen.

Beispiel 263
Abtretung

> Schuldner Paul O. hat die Ansprüche auf den pfändbaren Teil seiner Lohnforderungen an die K-Bank abgetreten.

1029 § 114 Abs. 3 InsO beschränkt die Wirksamkeit von Pfändungen, die vor Verfahrenseröffnung ausgebracht wurden, auf die Bezüge des zur Zeit der Eröffnung des Verfahrens laufenden Kalendermonates. Sofern die Eröffnung nach dem 15. Tag eines Monats erfolgt ist, erfasst die Pfändung auch den darauffolgenden Monat.

Beispiel 264

Wirksamkeit von Pfändungen

> Das Versandhaus M. hat in den Lohn des Volker K. gepfändet. Am 16.08. wird über das Vermögen des K. das Verbraucherinsolvenzverfahren eröffnet. Die Pfändung hat sowohl im August, als auch September Bestand, ab Oktober ist sie unwirksam.

Sofern die Pfändung innerhalb des letzten Monats vor dem Eröffnungsantrag ausgebracht wurde, greift daneben § 88 InsO ein, der eine rückwirkende Unwirksamkeit des Pfändungspfandrechtes zur Folge hat. **1030**

Beispiel 265

Wirksamkeit von Pfändungen

> Die K-Bank hat am 05.12. gepfändet, am 28.12 wird das Insolvenzverfahren eröffnet. Die Pfändung ist nach § 88 InsO unwirksam.

Während des Verfahrens sind Zwangsvollstreckungen in künftige Forderungen grundsätzlich gem. § 89 Abs. 2 Satz 1 unzulässig. Eine Ausnahme gilt für Unterhalts- und Deliktsgläubiger bezüglich des erweitert pfändbaren Teiles der Bezüge (§ 114 Abs. 3 Satz 3, § 89 Abs. 2 Satz 2 InsO). **1031**

Beispiel 266

Pfändung wegen Unterhaltsansprüchen

> Über das Vermögen des Bernhard K. wurde das Insolvenzverfahren eröffnet. Obgleich Pfändungen wegen § 89 InsO während des Verfahrens grundsätzlich unwirksam sind, kann seine Exfrau wegen ihrer Unterhaltsansprüche gem. § 89 Abs. 2 Satz 2 InsO i.V.m.§ 850d ZPO bei K. eine Pfändung ausbringen lassen. Hintergrund dieser Ausnahmeregelung ist der Umstand, dass durch eine Pfändung des für andere Gläubiger unpfändbaren Teil des Lohns die Masse nicht beeinträchtigt wird. Zudem soll verhindert werden, dass ansonsten die Angehörigen des Schuldners der Sozialhilfe zur Last fallen.

4. Vorschlag des Treuhänders

In seinem Restschuldbefreiungsantrag kann der Schuldner gem. § 288 InsO dem Insolvenzgericht einen Treuhänder vorschlagen. **1032**

Beispiel 267

Vorschlagsrecht

> Gunda T. schlägt RAin Nicole P. vor, die ihr bei der Erstellung des Schuldenbereinigungsplans behilflich war.

Als Treuhänder kommen für den jeweiligen Einzelfall geeignete natürliche Personen in Betracht, z.B. der bisherige Insolvenzverwalter, aber auch Freunde oder Verwandte des Schuldners. **1033**

1034 Das Vorschlagsrecht bezüglich des Treuhänders steht auch den Gläubigern zu. Die endgültige Entscheidung über die Bestimmung des Treuhänders trifft allerdings das Insolvenzgericht. Es ist nicht an die Vorschläge der übrigen Beteiligten gebunden.

III. Die Entscheidungen des Insolvenzgerichts

1035 Das Insolvenzgericht hat gem. § 289 InsO über den Antrag des Schuldners auf Restschuldbefreiung durch Beschluss zu entscheiden. Hierzu hat es die Insolvenzgläubiger und den Insolvenzverwalter im Schlusstermin anzuhören.

1. Versagungsgründe

1036 Die Restschuldbefreiung ist zu versagen, wenn einer der Insolvenzgläubiger dies im Schlusstermin beantragt und einer der in § 290 InsO genannten Versagungsgründe vorliegt.

1037 Der Gläubiger hat hierbei in seinem Antrag den Versagungsgrund glaubhaft zu machen.

1038 Versagungsgründe sind:

- rechtskräftige Verurteilungen wegen einer Straftat nach §§ 283 – 283c StGB

Beispiel 268

Versagungsgründe

- Hans D. wurde wegen der Nichtführung von Handelsbüchern und Verschleuderung von auf Kredit angeschafften Waren wegen Bankrotts nach § 283 StGB verurteilt.
- Immobilienkaufmann S. wird wegen Untreue und Betrugs verurteilt. Der zunächst angeklagte Tatbestand des Bankrottes gelangt nicht zu einer Verurteilung, so dass ein Versagungsgrund nicht vorliegt.

- der Schuldner hat in den letzten 3 Jahren vor dem Eröffnungsantrag oder danach vorsätzlich/grob fahrlässig falsche oder unvollständige Angaben über seine wirtschaftlichen Verhältnisse zur Erlangung von Krediten oder Leistungen aus öffentl. Kassen oder zur Vermeidung von Zahlungspflichten gegenüber öffentlichen Kassen (z.B. Finanzamt!) gemacht

> – Landwirt Ludwig J. hat bei der Stellung eines Subventionsantrages falsche Angaben über die Anzahl seiner Milchkühe gemacht.
> – Frederick L. gibt im Rahmen seiner Steuererklärung Einkünfte in Höhe von 60.000,00 € nicht an.

Beispiel 269

Versagungsgründe

– Erteilung von Restschuldbefreiung in den letzten zehn Jahren oder Versagung der Restschuldbefreiung gemäß §§ 295, 296 InsO wegen eines Obliegenheitsverstosses

> 2001 wird dem Werner E. die Restschuldbefreiung versagt, weil er eine angetretene Erbschaft verschwiegen hat. 2007 stellt E. erneut den Antrag auf Restschuldbefreiung.

Beispiel 270

Versagungsgrund

– grob fahrlässige/vorsätzliche Beeinträchtigung der Befriedigung der Insolvenzgläubiger durch Begründung unangemessener Verbindlichkeiten oder Verschwendung des Vermögens oder durch Verzögerung des Insolvenzverfahrens bei fehlender Aussicht auf wirtschaftliche Besserung

> Thomas L. bestellt sich trotz seiner finanziellen Krise ein neues BMW-Cabrio und erhöht dadurch seine Verbindlichkeiten um weitere 35.000,00 €.

Beispiel 271

Versagungsgrund

– grob fahrlässige/vorsätzliche Verletzung von Auskunfts- und Mitwirkungspflichten während des Insolvenzverfahrens

> Claus W. weigert sich dem Insolvenzverwalter eine Vollmacht zur Veräußerung seines im Ausland befindlichen Grundbesitzes zu erteilen.

Beispiel 272

Versagungsgrund

– grob fahrlässige/vorsätzlich falsche oder unvollständige Angaben in den Gläubiger-, Einkommens- oder Schuldnerverzeichnissen nach § 305 InsO.

> Erik O. verschweigt bei seinen Einkommensangaben Zusatzeinkünfte aus seiner Nebentätigkeit als Fußballtrainer.

Beispiel 273

Versagungsgrund

2. Versagung der Restschuldbefreiung

Versagt das Insolvenzgericht die Restschuldbefreiung, so hat es nach Rechtskraft des Versagungsbeschlusses das Insolvenzverfahren aufzuheben. In diesem Fall können die Gläubiger ihr unbeschränktes Nachforderungsrecht nach § 201 InsO gegen den Schuldner geltend machen. **1039**

Beispiel 274

Vollstreckbarer Tabellenauszug

Nach Aufhebung des Insolvenzverfahrens über das Vermögen des Jan M. lässt sich Gläubigerin Tanja K. einen vollstreckbaren Tabellenauszug erteilen und pfändet in den Lohn des M.

1040 Gegen die Versagung der Restschuldbefreiung kann der Schuldner die sofortige Beschwerde einlegen (§§ 289 Abs. 2, 6 InsO).

3. Zulassung der Restschuldbefreiung

1041 Sofern ein ordnungsgemäßer Restschuldbefreiungsantrag gegeben ist und keine Versagungsgründe vorliegen, kündigt das Gericht gem. § 291 InsO in dem Beschluss an, dass der Schuldner Restschuldbefreiung erlangt, wenn er den gesetzlichen Obliegenheiten des § 295 InsO nachkommt und Versagungsgründe nach §§ 297, 298 InsO nicht vorliegen. In dem Zulassungsbeschluss bestimmt das Gericht gleichzeitig den Treuhänder, auf den nunmehr die pfändbaren Bezüge des Schuldners übergehen. Der Zulassungsbeschluss ist nach Eintritt der Rechtskraft zusammen mit dem Beschluss über die Aufhebung des Insolvenzverfahrens öffentlich bekannt zu machen (§ 289 Abs. 2 InsO).

1042 Mit Rechtskraft des Beschlusses über die Ankündigung der Restschuldbefreiung und der Aufhebung des Insolvenzverfahrens endet sowohl das Amt des Insolvenzverwalters als auch des Gläubigerausschusses. Die Verwaltungs- und Verfügungsbefugnis über das Schuldnervermögen erlangt der Schuldner zurück.

IV. Wohlverhaltensphase

1. Allgemeines

1043 Während der 6-jährigen Wohlverhaltensphase sind Zwangsvollstreckungen für einzelne Insolvenzgläubiger in das Schuldnervermögen nicht zulässig (§ 294 Abs. 1 InsO).

1044 Die Aufrechnungsbefugnis des Arbeitgebers ist während des Restschuldbefreiungsverfahrens dahingehend eingeschränkt, dass er mit Forderungen, die vor der Eröffnung des Insolvenzverfahrens entstanden sind, nur gegen die Forderungen auf die Bezüge für 2 Jahre nach dem Ende der Zeit der Verfahrenseröffnung laufende Kalendermonate aufrechnen kann (§§ 294 Abs. 3, 114 Abs. 2 InsO).

Beispiel 275

Wohlverhalten

> Die L-GmbH hat ihrem insolventen Arbeitnehmer Fabian Z. 1997 ein Darlehen über 20.000 € gewährt. Im Juni 1999 wird das Insolvenzverfahren eröffnet. Eine Aufrechnung ist nur hinsichtlich der Lohnforderungen des Z. bis einschließlich Juni 2002 möglich.

Im Übrigen ist auch dem Arbeitgeber eine Aufrechnung in den von § 96 Nr. 2 bis 4 InsO geregelten Fällen verwehrt (§ 114 Abs. 2 Satz 2 InsO). 1045

Beispiel 276

Aufrechnungsverbot

> Der Arbeitgeber hat den Kredit, den er D. gewährt hat, kurz vor Stellung des Insolvenzantrages gekündigt, um das Darlehen zurückfordern zu können.

2. Obliegenheiten des Schuldners

Die Obliegenheiten des Schuldners während des Restschuldbefreiungsverfahrens beurteilen sich nach § 295 InsO. 1046

Der Schuldner ist gem. § 295 Abs. 1 Nr. 1 InsO verpflichtet, während der Laufzeit der Abtretungserklärung eine angemessene Erwerbstätigkeit auszuüben. Sofern er keine Beschäftigung hat, hat er sich um eine solche zu bemühen und darf eine zumutbare Tätigkeit nicht ablehnen. An die Zumutbarkeit sind hierbei strenge Anforderungen zu stellen. Der Schuldner ist z.B. auch verpflichtet eine berufsfremde Arbeit oder eine auswärtige Tätigkeit auszuüben. Sofern in dem bisherigen Beruf keine Aussichten auf Beschäftigung bestehen, kann es dem Schuldner auch zumutbar sein, eventuell Fort- oder Weiterbildungsmaßnahmen in Anspruch zu nehmen, wobei dies allerdings nur zeitweise während der 6 Jahresperiode erfolgen kann. 1047

Beispiel 277

Angemessene Tätigkeit

> Gisela L. hat eine Ausbildung als Grundschullehrerin. Da in ihrem Beruf keine Aussichten auf Beschäftigung bestehen, ist sie verpflichtet, die angebotene Tätigkeit als Erzieherin in einer Kindertagesstätte anzunehmen.

Sofern der Schuldner selbstständig ist, hat er die Insolvenzgläubiger durch Zahlungen an den Treuhänder so zu stellen, als sei er ein angemessenes Dienstverhältnis eingegangen (§ 295 Abs. 2 InsO). Eine Vorausabtretung ist insoweit nicht möglich, da die Umsätze des Schuldners nicht voraus- 1048 sehbar sind und häufig schwanken werden, zum Beispiel wenn die Schuldnerin Brigitta U. einen kleinen Zeitschriftenstand führt.

1049 Der Schuldner hat Erbschaften oder sonstiges Vermögen, das er von Todes wegen erlangt, während der Laufzeit der Abtretungserklärung zur Hälfte den Gläubigern zu überlassen. Der Treuhänder hat trotz dieser Obliegenheit des Schuldners keinen eigenständigen Anspruch auf Herausgabe der Erbschaft. Die Obliegenheitsverletzung stellt allerdings einen Versagungsgrund dar.

1050 Dem Schuldner soll die Hälfte der Erbschaft belassen werden, um ihn davon abzuhalten, die Erbschaft auszuschlagen.

Beispiel 278
Erbschaft

> Kurt U. erbt nach dem Tode seiner Großmutter 250.000,00 €. Würde er die Erbschaft ausschlagen, so stünde dieses Erbe zu gleichen Teilen seinen minderjährigen Kindern zu.

1051 Der Schuldner ist weiterhin verpflichtet jeden Wohnsitzwechsel oder Wechsel der Beschäftigungsstelle unverzüglich dem Insolvenzgericht und dem Treuhänder anzuzeigen. Er darf die von der Abtretungserklärung erfassten Bezüge und die Erbschaften und sonstigen von Todes wegen erlangten Vermögensgegenstände nicht verheimlichen und ist verpflichtet dem Gericht und dem Treuhänder auf Verlangen Auskunft über die Erwerbstätigkeit oder seine Bemühungen dahingehend, sowie über seine Bezüge und sein Vermögen zu erteilen (§ 295 Abs. 1 Nr. 3 InsO).

1052 § 295 Abs. 1 Nr. 4 InsO enthält im Zusammenwirken mit § 294 Abs. 2 InsO das Verbot von Sonderabkommen zugunsten einzelner Insolvenzgläubiger.

Beispiel 279
Sonderabkommen

> Die Gläubigerin W-GmbH bedrängt den Schuldner Immanuel O., ihr eine höhere monatliche Rate zu zahlen.

3. Rechtsstellung des Treuhänders

1053 Die Rechtsstellung des Treuhänders beginnt mit Rechtskraft des Beschlusses über die Ankündigung der Restschuldbefreiung. Sie endet mit der Erteilung der Restschuldbefreiung oder der vorzeitigen Beendigung des Restschuldbefreiungsverfahrens gem. § 299 InsO.

1054 Das Gericht ist berechtigt, den Treuhänder aus wichtigem Grund zu entlassen (§ 292 Abs. 3 Satz 2 i.V.m. § 59 Abs. 1 InsO). Genau wie beim

Insolvenzverwalter ist die Entlassung von Amts wegen auf eigenen Antrag des Treuhänders und auf Antrag eines Gläubigers möglich.

Ein Entlassungsgrund liegt beispielsweise dann vor, **1055**

- wenn der Treuhänder unfähig oder ungeeignet ist,

> Der Treuhänder wird aufgrund einer fortschreitenden Geisteskrankheit geschäftsunfähig.

Beispiel 280

Entlassungsgrund

- wenn er durch Krankheit an der Ausübung seines Amtes gehindert ist,

> Der Treuhänder erkrankt unheilbar an Krebs und muss sich ständig ärztlichen Behandlungen unterziehen.

Beispiel 281

Entlassungsgrund

- bei schuldhaften Pflichtverletzungen,

> Der Treuhänder veruntreut ihm anvertraute Gelder.

Beispiel 282

Entlassungsgrund

- bei bestehenden Interessenkollisionen.

> Der Treuhänder verliebt sich in die Schuldnerin und heiratet sie.

Beispiel 283

Entlassungsgrund

Die in § 292 InsO definierte Rechtsstellung des Treuhänders ist der des Insolvenzverwalters angenähert. Seine Verwaltungs- und Verfügungsbefugnis bezieht sich allerdings lediglich auf die abgetretenen Bezüge. Genau wie der Insolvenzverwalter steht er unter der Aufsicht des Insolvenzgerichts und ist verpflichtet nach Beendigung seines Amtes Rechnung zu legen (§ 292 Abs. 3 i.V.m. § 59 InsO). **1056**

Seine Hauptaufgabe besteht darin, die abgetretenen Bezüge des Schuldners einzuziehen und an die Gläubiger auszukehren. Zu diesem Zweck hat er die Zessionen gegenüber dem Arbeitgeber offen zu legen und ihn zur Zahlung an sich aufzufordern. Die Auszahlung der Gelder erfolgt einmal jährlich. Während des laufenden Jahres hat der Treuhänder die eingezogenen Gelder zinsbringend anzulegen. Dies folgt aus dem Wesen des Treuhandverhältnisses. Hierzu hat er möglichst ein offenes Treuhandkonto bei einer Bank zu eröffnen. **1057**

Von den zu verteilenden Geldern hat er im Falle einer Stundung nach § 4a InsO zunächst die gestundeten Verfahrenskosten abzüglich der Kosten für die Beiordnung eines Rechtsanwaltes zu berichtigen. Erst dann erfolgt eine Befriedigung der Gläubiger. Nach der Konzeption der in §§ 4a ff. InsO entwickelten Stundungslösung soll ein Einsatz öffentlicher Mittel nur erfolgen, wenn der Schuldner auch unter Heranziehung wäh- **1058** rend des Verfahrens erlangten Neuerwerbs nicht in der Lage ist, die Verfahrenskosten abzudecken.[432]

1058a § 292 Abs. 1 Satz 3 InsO ordnet an, dass in der Treuhandphase des Restschuldbefreiungsverfahrens die Vorschriften der ZPO entsprechend angewendet werden mit der Folge, dass auch den Fallkonstellationen Rechnung getragen wird, für die die pauschalierten Pfändungsfreigrenzen nicht sachdienlich sind. In § 292 Abs. 1 Satz 3 InsO wird auf die in § 36 Abs. 1 Satz 2 InsO angeführten Vorschriften des § 811 Abs. 1 Nr. 4 und 9 ZPO verwiesen. Dies bedeutet, dass für das Restschuldbefreiungsverfahren die §§ 850, 850a, 850c, 850e, 850f Abs. 1, §§ 850g – 850i ZPO entsprechend gelten. Durch die Verweisung auf § 36 Abs. 4 InsO wird deutlich, dass auch im Restschuldbefreiungsverfahren das Insolvenzgericht für die Entscheidung zuständig sein soll, welche Gegenstände der Zwangsvollstreckung unterliegen und damit abtretbar sind.

1059 Um dem Schuldner das Durchhalten der Wohlverhaltensphase erträglich zu machen, wird sein Selbstbehalt nach Ablauf von 4 Jahren erstmals erhöht. Der Treuhänder hat ihm von den eingezogenen Geldern

- nach 4 Jahren 10 % und
- nach 5 Jahren 15 %

zu überlassen.

1059a Der Motivationsrabatt für den Schuldner besteht darin, dass dem Schuldner von den abgetretenen Beträgen ein Anspruch auf Rückzahlung eines wachsenden Teils der beim Treuhänder eingegangenen Beträge zusteht. Die Regelung soll den Gläubigern zugute kommen, da sie den Schuldner möglicherweise anhält, seinen Obliegenheiten nachzukommen. Es sei auch im Interesse der Staatskasse, wenn eine vorzeitige Beendigung des Restschuldbefreiungsverfahrens verhindert würde. Dies sei insbesondere bei Schuldnern angezeigt, die sich bereits seit Jahren mit dem pfändungsfreien Teil ihres Einkommens begnügen mussten und auf öffentliche Unterstützungsleistungen angewiesen waren. Um zu verhindern, dass dem Schuldner während der Wohlverhaltensperiode ein höherer Teil seines Einkommens als nach Erteilung der Restschuldbefreiung verbleibt, ist durch § 292 Abs. 1 Satz 4 InsO sichergestellt, dass der sog. Motivationsrabatt nicht über das hinausgeht, was ihm bei angeordneten Ratenzahlungen nach § 115 ZPO verbleiben würde.

1060 Die Vergütung des Treuhänders ist in § 293 InsO geregelt. Der Treuhänder hat hiernach Anspruch auf eine seinem Zeitaufwand und dem Umfang

432 *Hess* InsO-Änderungsgesetz, § 292 Rz. 2.

seiner Tätigkeit entsprechenden Vergütung nach Maßgabe des § 14 InsVV. Hiernach ist die Vergütung dergestalt gestaffelt, dass der Treuhänder

- von den ersten eingezogenen 25.000 € 5 % erhält,
- von dem Mehrbetrag bis 50.000 € 3 % und
- von dem darüber hinausgehenden Betrag 1 % als Vergütung erlangt.

Als Mindestvergütung sieht § 14 Abs. 2 InsVV jährlich einen Betrag von 100,00 € vor. **1061**

Beispiel 284

Vergütung des Treuhänders

Schuldnerin Sabine I. hat ein Nettoeinkommen von monatlich 1370 €. Sie ist gegenüber ihrer minderjährigen Tochter unterhaltspflichtig. Der pfändbare Teil ihres Einkommens beträgt daher monatlich 45 €. Auf der Grundlage dieser Zahlen berechnet sich die Treuhändervergütung wie folgt:

1. Berechnung der Masse:

eingezogene Beträge im 1. bis 4. Jahr : jeweils 151,50 x12 =	540,00 €
d.h. in vier Jahren	1.160,00 €
eingezogene Beträge im 5. Jahr: 45,00 – 10 %= 40,50 x 12 =	486,00 €
eingezogene Beträge im 6. Jahr: 45,00 – 15% = 38,25 x 12=	459,00 €
Summe der eingezogenen Beträge während der 6 Jahre:	**3.105,00 €**

2. Bestimmung der Vergütung

5 % aus 3.105,00 € =	155,25 €
d.h. pro Jahr:	25,86 €

3. Anpassung der Vergütung

Gem. § 14 Abs. 3 InsVV beträgt die jährliche Mindestvergütung 100,00 €; diese ist auch hier zugrunde zu legen.

Die Gesamtvergütung beträgt daher	600,00 €
zzgl. 16 % MwSt.	96,00 €
Summe:	**696,00 €**

4. Versagung während der Wohlverhaltensphase

§ 298 InsO schreibt vor, dass der Schuldner zumindest in der Lage sein muss, die Mindestvergütung des Treuhänders zu tragen. Erst auf Antrag des Treuhänders hat das Insolvenzgericht die Restschuldbefreiung zu **1062** versagen, wenn die abgeführten Beträge für das vorangegangene Jahr seiner Tätigkeit die Mindestvergütung nicht decken und der Schuldner den fehlenden Betrag nicht binnen einer vom Gericht bestimmten Frist nachzahlt. Dies gilt nicht, wenn die Kosten des Insolvenzverfahrens nach § 4a InsO gestundet werden. Mit der Regelung in § 298 Abs. 1 Satz 2 InsO ist eine Klarstellung erfolgt, da dem Treuhänder nach § 293 Abs. 2 ein Sekundäranspruch gegen die Staatskasse hinsichtlich seiner Vergütung eingeräumt ist, so dass die Kosten des Treuhänders im Fall der Verfahrenskostenstundung immer gedeckt sind.

1063 Sofern der Schuldner während der Laufzeit der Abtretungserklärung einer seiner in § 295 InsO definierten Obliegenheiten verletzt hat, versagt das Insolvenzgericht auf Antrag des Insolvenzgläubigers die Restschuldbefreiung, wenn der Schuldner den Obliegenheitsverstoß verschuldet hat. Der Antrag des Schuldners ist nur innerhalb eines Jahres nach Bekanntwerden der Obliegenheitsverletzung zulässig. Die Obliegenheitsverletzung und die o.g. Fristeinhaltung müssen von dem Gläubiger glaubhaft gemacht werden.

1064 Das Insolvenzgericht hat vor einer Entscheidung den Schuldner, Insolvenzgläubiger und den Treuhänder anzuhören.

1065 Gegen die Entscheidung steht dem Antragsteller und dem Schuldner die sofortige Beschwerde zu.

1066 Im Fall der Versagung der Restschuldbefreiung ist diese öffentlich bekannt zu machen (§ 296 Abs. 3 InsO).

1067 Das Insolvenzgericht kann die Restschuldbefreiung daneben auf Antrag eines Insolvenzgläubigers nach § 297 InsO versagen, sofern der Schuldner zwischen Schlusstermin und Aufhebung des Insolvenzverfahrens oder während der Wohlverhaltensphase wegen einer Straftat nach den §§ 283 bis 283c StGB rechtskräftig verurteilt wurde.

V. Die Entscheidung über die Erteilung der Restschuldbefreiung

1068 Nach Ablauf der Wohlverhaltensphase entscheidet das Insolvenzgericht über die Gewährung der Restschuldbefreiung, sofern das Restschuldbefreiungsverfahren nicht bereits zuvor durch eine Versagung nach den §§ 296 ff. InsO vorzeitig beendet wurde.

Der Entscheidung geht eine Anhörung der Insolvenzgläubiger, des Treuhänders und des Schuldners voran. Das Insolvenzgericht hat die Restschuldbefreiung auf Antrag eines Insolvenzgläubigers zu versagen, sofern die Voraussetzungen eines Obliegenheitsverstoßes oder einer Bestrafung wegen eines Insolvenzdeliktes vorliegen. Um dem Schuldner das Durchhalten der Wohlverhaltensphase erträglich zu machen, wird sein Selbstbehalt nach Ablauf von 4 Jahren erstmals erhöht. Der Treuhänder hat ihm von den eingezogenen Geldern nach 4 Jahren 10 % und nach 5 Jahren 15 % zu überlassen. **1069**

Die Vergütung des Treuhänders ist in § 293 InsO geregelt. Der Treuhänder hat hiernach gem. § 147 InsVV Anspruch auf eine seinem Zeitaufwand und dem Umfang seiner Tätigkeit entsprechenden Vergütung. Sofern die Mindestvergütung des Treuhänders nicht gedeckt wird, kann auf Antrag des Treuhänders die Restschuldbefreiung versagt werden. **1070**

Durch die Verweisung auf § 63 Abs. 2 InsO wird dem Treuhänder ein Sekundäranspruch zur Durchsetzung seiner Vergütungsansprüche gegen die Staatskasse eingeräumt, sofern die an ihn abgeführten Beträge seine Vergütung nicht decken. **1070a**

Sofern kein Versagungsantrag gestellt wird, hat das Insolvenzgericht die Restschuldbefreiung unabhängig davon zu erteilen, ob und in welcher Höhe eine Befriedigung der Gläubiger eingetreten ist. Das Gericht hat Versagungsgründe daher nicht von Amts wegen zu ermitteln. **1071**

Sofern das Gericht dem Schuldner die Restschuldbefreiung erteilt hat, wird er von seinen gegenüber den Insolvenzgläubigern noch nicht erfüllten Verbindlichkeiten befreit (§ 301 InsO). Die Restschuldbefreiung wirkt gegen alle Gläubiger, auch wenn sie ihre Forderungen im Insolvenzverfahren nicht angemeldet haben. **1072**

Beispiel 285

Nicht angemeldete Forderungen

> Marianne R. hat davon abgesehen, ihre Forderung gegenüber der Schuldnerin Hilde L. im Insolvenzverfahren anzumelden, da sie aus früheren Konkursverfahren wusste, dass sie allenfalls eine geringe Quote zu erwarten hat. Ca. 10 Jahre später erfährt sie zufällig, dass das Insolvenzverfahren über das Vermögen der Marianne L. inzwischen abgeschlossen sei und dass diese nunmehr 600.000 Mio. € im Lotto gewonnen habe. Abgesehen von der Verjährung ihrer Forderung ist einem Vollstreckungsversuch entgegen zu halten, dass ihre Forderung gemäß § 301 Abs. 1 Satz 2 InsO von der Restschuldbefreiung erfasst wurde.

Von der Restschuldbefreiung nicht erfasst werden Forderungen, die auf einer vorsätzlichen unerlaubten Handlung des Schuldners beruhen sowie Geldstrafen, Geldbußen, Ordnungsgelder und Zwangsgelder (§ 302 InsO). Die Rechte der Insolvenzgläubiger gegenüber Mitschuldnern und Bürgen **1073** werden von dem Restschuldbefreiungsverfahren ebensowenig berührt, wie Rechte aus einer zur Sicherung eingetragenen Vormerkung und Absonderungsrechten.

VI. Widerruf der Restschuldbefreiung

1074 Sofern sich nachträglich herausstellt, dass der Schuldner eine seiner Obliegenheiten verletzt und dadurch die Befriedigung der Insolvenzgläubiger erheblich beeinträchtigt hat, kann das Insolvenzgericht auf Antrag eines Insolvenzgläubigers die Restschuldbefreiung widerrufen (§ 303 InsO).

Beispiel 286

Widerruf

Der Schuldner Oliver K. ist selbstständig. Er hat im Rahmen der Wohlverhaltensphase einen Teil seiner Einkünfte verschwiegen und dadurch die Verteilung von insgesamt 35.000 € an die Gläubiger verhindert.

1075 Da ein derartiger Widerruf nur bei erheblichen Beeinträchtigungen der Gläubiger möglich ist und der Antrag der Gläubiger nur innerhalb eines Jahres nach Rechtskraft der Entscheidung über die Restschuldbefreiung zulässig ist, ist die Widerrufsmöglichkeit stark eingeschränkt. Dem unredlichen Schuldner steht daher unter bestimmten Umständen die Möglichkeit offen, durch die Beiseiteschaffung von Vermögen Restschuldbefreiung zu erlangen, ohne große Opfer zu erbringen.

Stichwortverzeichnis

Es wird auf die Randnummern der Inhaltsseiten verwiesen.